Thomas Burkart · Gerhard Kleining · Harald Witt

Dialogische Introspektion

Thomas Burkart
Gerhard Kleining · Harald Witt

Dialogische Introspektion

Ein gruppengestütztes Verfahren
zur Erforschung des Erlebens

Dialogic Introspection

A group-based method to explore
personal experience by self-observation

Bibliografische Information der Deutschen Nationalbibliothek
Die Deutsche Nationalbibliothek verzeichnet diese Publikation in der
Deutschen Nationalbibliografie; detaillierte bibliografische Daten sind im Internet über
<http://dnb.d-nb.de> abrufbar.

1. Auflage 2010

Alle Rechte vorbehalten
© VS Verlag für Sozialwissenschaften | Springer Fachmedien Wiesbaden GmbH 2010

Lektorat: Kea S. Brahms

VS Verlag für Sozialwissenschaften ist eine Marke von Springer Fachmedien.
Springer Fachmedien ist Teil der Fachverlagsgruppe Springer Science+Business Media.
www.vs-verlag.de

Das Werk einschließlich aller seiner Teile ist urheberrechtlich geschützt. Jede Verwertung außerhalb der engen Grenzen des Urheberrechtsgesetzes ist ohne Zustimmung des Verlags unzulässig und strafbar. Das gilt insbesondere für Vervielfältigungen, Übersetzungen, Mikroverfilmungen und die Einspeicherung und Verarbeitung in elektronischen Systemen.

Die Wiedergabe von Gebrauchsnamen, Handelsnamen, Warenbezeichnungen usw. in diesem Werk berechtigt auch ohne besondere Kennzeichnung nicht zu der Annahme, dass solche Namen im Sinne der Warenzeichen- und Markenschutz-Gesetzgebung als frei zu betrachten wären und daher von jedermann benutzt werden dürften.

Umschlaggestaltung: KünkelLopka Medienentwicklung, Heidelberg
Umschlagbild: „Koffermänner" von Georg Schulz; Foto: Harald Witt
Gedruckt auf säurefreiem und chlorfrei gebleichtem Papier

ISBN 978-3-531-17165-4

Inhalt

ZUSAMMENFASSUNG 13

SUMMARY 19

1 METHODOLOGIE UND METHODE 25

2 BEISPIELE 63

3 ANWENDUNGSFELDER 115

4 GESCHICHTE 163

5 INTROSPEKTION UND ERLEBEN 191

LITERATUR 219

ÜBER DIE AUTORIN UND DIE AUTOREN 233

Inhaltsverzeichnis

ZUSAMMENFASSUNG 13

SUMMARY 19

1 METHODOLOGIE UND METHODE 25

1.1 Das Wichtigste in Kürze (Gerhard Kleining) 25
    1.1.1 Was ist Dialogische Introspektion? 25
    1.1.2 Wie gut ist die Methode der Dialogischen Introspektion zur Untersuchung von psychologischen und sozialwissenschaftlichen Fragestellungen geeignet? 27

1.2 Die Dialogische Introspektion als Forschungsverfahren (Friedrich Krotz) ... 30
    1.2.1 Dialogische Introspektion: Erhebungsmethode oder Forschungsverfahren? 30
    1.2.2 Dialogische Introspektion – wissenschaftliche Methode oder Mittel der Selbsterfahrung? 31
    1.2.3 Vom inneren Erleben Einzelner zum intersubjektiv gültigen Sachverhalt 34
    1.2.4 Überlegungen zu Einsatzfeldern der Dialogischen Introspektion 35

1.3 Die heuristische Methodologie der Dialogischen Introspektion (Thomas Burkart) 36
    1.3.1 Methodologie 37
    1.3.2 Forscherrolle 40
    1.3.3 Das Erleben der Dialogischen Introspektion 42

1.4 Die Methode der Dialogischen Introspektion (Thomas Burkart) 43
    1.4.1 Die Auswahl des Forschungsgegenstandes 44
    1.4.2 Die Datenerhebung 44
    1.4.3 Die Analyse 51
    1.4.4 Die Gruppenbildung 51

1.5 Die Methode der Datenanalyse (Gerhard Kleining) 52
    1.5.1 Auswahl eines Textteiles 53
    1.5.2 Analyse auf Gemeinsamkeiten 54
    1.5.3 Gemeinsamkeiten der Gemeinsamkeiten 55
    1.5.4 Ein exploratives Experiment 56
    1.5.5 Anmerkungen zum Analyseprozess 57
    1.5.6 Der Übergang zum Bericht 59
    1.5.7 Zusammenfassung 60

2 BEISPIELE 63

2.1 Erleben eines Bahnhofs (Gerhard Kleining) 64
2.1.1 Der Forschungsgegenstand 64
2.1.2 Methoden und Forschungsverlauf 65
2.1.3 Die Atmosphäre des Altonaer Bahnhofs 65
2.1.4 Das Reiseerlebnis 67
2.1.5 Erinnerungen an positiv erlebte Bahnhöfe 72
2.1.6 Zusammenfassung der Ergebnisse 74
2.1.7 Bewertung 74

2.2 Ärger und andere Gefühle (Thomas Burkart) 75
2.2.1 Methode und Übersicht 75
2.2.2 Zur Phänomenologie des Fühlens 76
2.2.3 Zur Funktion von Gefühlen 81
2.2.4 Diskussion und weitergehende Forschungen 83

2.3 Rezeption eines Kurzfilms (Thomas Burkart) 85
2.3.1 Ablauf 85
2.3.2 Rezeption als dialogischer Prozess 86
2.3.3 Rezeption als aktive Sinnsuche 88
2.3.4 Rezeptionsstile 89
2.3.5 Fazit 91

2.4 Zwei Sendungen Tagesschau – aktuell und historisch (Heinz Schramm) ... 92
2.4.1 Die Vorgehensweise 92
2.4.2 Ergebnisse der Analyse 93
2.4.3 Zusammenfassung und Bewertung 99

2.5 Was ist eine Tafel? (Gerhard Kleining) 101
2.5.1 Hintergrund und Methode 101
2.5.2 Skizze der Ergebnisse 102
2.5.3 Erweiterung der Datenbasis 103
2.5.4 Bedeutungsforschung durch gruppengestützte Dialogische Introspektion 106
2.5.5 Kommentar zum methodischen Ablauf 107

2.6 Erleben eines Schrecks (Harald Witt & Gerhard Kleining) 107
2.6.1 Vorgeschichte und Verlauf 107
2.6.2 Inhaltliche und formale Analyse 108
2.6.3 Anmerkung zum Verfahren und weiterführende Überlegungen 111
2.6.4 Schlussbetrachtung 114

3 ANWENDUNGSFELDER 115

3.1 Introspektion in der Supervision der Sozialen Arbeit und Sozialpädagogik (Peter Mayer) 116
- 3.1.1 Supervision als berufsbezogene Form der Introspektion 116
- 3.1.2 Die Balintgruppe: Vorgehen und Ziele... 118
- 3.1.3 Supervision als heuristisch Dialogische Gruppenintrospektion............. 121
- 3.1.4 Diskussion.. 122

3.2 Introspektion in der Pädagogik (Peter Mayer)... 124
- 3.2.1 Die pädagogische Begründung der Reflexion 124
- 3.2.2 Kompetenztheoretischer Aspekt der Selbstreflexion 125
- 3.2.3 Methodische Mittel und Wege zur Selbstreflexion................................ 126
- 3.2.4 Anwendungsmöglichkeiten der Dialogischen Introspektion in der Pädagogik . 129
- 3.2.5 Fazit 132

3.3 Psychotherapie und Introspektion (Thomas Burkart) 133
- 3.3.1 Introspektion in der Psychoanalyse 133
- 3.3.2 Integrative Therapie... 134
- 3.3.3 Gesprächspsychotherapie.. 136
- 3.3.4 Kognitive Therapie und moderne Verhaltenstherapie 138
- 3.3.5 Die psychotherapeutische Nutzung der Dialogischen Introspektion.... 138

3.4 Introspektion in der Gestaltungstherapie (Odila Tapfer) 140
- 3.4.1 Die Maltherapie... 140
- 3.4.2 Praktisches Vorgehen 141
- 3.4.3 Die Methode der gruppengestützten Dialogischen Introspektion 142
- 3.4.4 Die Studie „Akzeptanz und Wirksamkeit der Kunst- und Gestaltungstherapie" 142
- 3.4.5 Ergebnisse.. 142
- 3.4.6 Schlussfolgerung.. 144

3.5 Die Dialogische Introspektion in der forschenden Lehre – Ein Werkstattbericht über sozialwissenschaftliches Schreiben und seine Blockaden (Markus R. Friederici & Roman Langer)............................. 145
- 3.5.1 Wissenschaftshistorischer Hintergrund.. 145
- 3.5.2 Arrangement und Verlauf des Experiments 146
- 3.5.3 Datenanalyse und Ergebnisse... 147
- 3.5.4 Empfehlungen zur Vermeidung von Schreibblockaden: Aller guten Dinge sind acht... 150
- 3.5.5 Diskussion, Bewertung und Ausblick 152

3.6 Die Dialogische Introspektion als Element der Beratung von Non-Profit-Organisationen (Markus R. Friederici) 154
- 3.6.1 Die NPO-Beratung.. 154
- 3.6.2 Methoden(vielfalt) in der NPO-Beratung 156
- 3.6.3 Die Dialogische Introspektion in der Beratung von NPOs................... 157

3.6.4 Probleme und Potentiale der Dialogischen Introspektion in der Beratung von NPOs 159
3.6.5 Fazit 160

4 GESCHICHTE 163

4.1 Aspekte des alltäglichen und historischen Verständnisses von Introspektion (Hartmut Schulze) 164
4.1.1 Introspektion als alltägliche „Innenschau" 165
4.1.2 Introspektion als passive, innere Wahrnehmung 165
4.1.3 Introspektion als gleichzeitige und geplante innere Selbstbeobachtung 165
4.1.4 Introspektion als nachfolgende aktive Retrospektion 166
4.1.5 Verhaltensbeobachtung macht Introspektion überflüssig 166
4.1.6 Lautes Denken als Zugang zu Bewusstseinsvorgängen ohne gleichzeitige Selbstbeobachtung 167

4.2 Die methodische Entwicklung der Introspektion (Peter Mayer) 167
4.2.1 Einleitung 167
4.2.2 Die klassische individuelle Introspektion 168
4.2.3 Der naturwissenschaftlich-experimentelle Ansatz Wundts 169
4.2.4 Die Würzburger Schule 170
4.2.5 Introspektion in der Psychoanalyse 171
4.2.6 Dialogische Introspektion 173
4.2.7 Zusammenfassung 174

4.3 Zugänge zum eigenen Bewusstsein (Harald Witt) 175
4.3.1 Zeitgleiche Zugänge (parallel, direkt) 175
4.3.2 Zeitversetzte Zugänge (retrospektiv, indirekt) 178
4.3.3 Fazit 181

4.4 Die Kritik an Introspektionsmethoden (Thomas Burkart) 182
4.4.1 Gleichzeitigkeit von Selbstbeobachtung und Denken ist unmöglich – das Spaltungsargument 182
4.4.2 Introspektion verändert oder stört das Erleben – die Reaktivität der Methode .. 182
4.4.3 Mangelnde Reliabilität 183
4.4.4 Fehlende inter- und intrasubjektive Nachprüfbarkeit 184
4.4.5 Begrenzte Anwendbarkeit 185
4.4.6 Fazit 186

4.5 Erzeugt Dialogische Introspektion gruppenkonforme Antworten? (Thomas Burkart) 186
4.5.1 Sherifs Untersuchung zum autokinetischen Effekt 186
4.5.2 Der Asch-Effekt und Folgeuntersuchungen 187
4.5.3 Minoritäteneinfluss 188
4.5.4 Gruppenpolarisierung, Gruppendenken und Gehorsam gegenüber unmoralischen Befehlen (Milgram-Experimente) 189

    4.5.5   Diskussion der Experimente und ihr Bezug zur Dialogischen Introspektion 190
    4.5.6   Zusammenfassung 190

5   INTROSPEKTION UND ERLEBEN 191

5.1   Erleben in Philosophie, Psychiatrie und Psychologie (Peter Mayer) 192
    5.1.1   Erleben in der Lebensphilosophie und Phänomenologie 192
    5.1.2   Die Psychologie des Erlebens der Würzburger Schule 196
    5.1.3   Die Erlebnispsychologie in den zwanziger Jahren 197
    5.1.4   Das Ende der Erlebnispsychologie 198
    5.1.5   Derzeitige Bezüge auf Erleben 198
    5.1.6   Erleben in der gegenwärtigen Philosophie 201
    5.1.7   Erleben aus Sicht der Dialogischen Introspektion 202
    5.1.8   Fazit 203

5.2   Dialogische Introspektion, Erleben und Symbolischer Interaktionismus (Friedrich Krotz) 203
    5.2.1   Zum Zusammenhang von Theorie und Methode der Datenerhebung 205
    5.2.2   Introspektion, Erleben und innere Prozesse 207
    5.2.3   Introspektion als Gruppenprozess 209
    5.2.4   Schlussbemerkungen 210

5.3   Wege zur Erforschung des Erlebens (Gerhard Kleining) 211
    5.3.1   Erleben im Alltag 211
    5.3.2   Drei Wege zum Erleben 211
    5.3.3   Die Eignung der Dialogischen Introspektion für das Studium des Erlebens 214
    5.3.4   Begrenzungen, Bedenken 216
    5.3.5   Fazit 218

LITERATUR 219

ÜBER DIE AUTORIN UND DIE AUTOREN 233

Zusammenfassung

Selbstbeobachtung, Selbstwahrnehmung, Selbstexperiment oder lateinisch *Introspektion* war die Hauptmethode der Psychologie am Ende des neunzehnten und zu Beginn des zwanzigsten Jahrhunderts, als sie sich als eigenständige Wissenschaft etablierte. Das eigene Erleben sollte die Basis abgeben für die Erforschung des Seelischen. Eine Reihe von Verfahren wurde vorgestellt und erprobt. Selbstbeobachtung hatte bereits Tradition, sie war attraktiv für die Aufklärung und galt zum Teil als höchster Grad der psychologischen Erkenntnis.[1]

Im Verlauf des zwanzigsten Jahrhunderts geriet die Methode zuerst in Gegnerschaft zur *objektiven Psychologie* und zum Behaviorismus (Watson, 1913), dann in Verruf und zuletzt weitgehend in Vergessenheit. Dazu haben wissenschaftsinterne Gründe beigetragen, vor allem der Vorwurf der Verhaltenspsychologie, die Introspektion sei subjektiv, ihr Ergebnis nicht prüfbar und deswegen unwissenschaftlich. In Deutschland verursachten Vertreibung, Krieg und Holocaust im Nazismus den Abbruch der wissenschaftlichen Entwicklung, auch der introspektiven Techniken wie die der Psychoanalyse. Die Wiederaufnahme von Forschung und Lehre nach 1945 hat nur vereinzelt an die früheren Entwicklungen angeknüpft. Heute hat in der akademischen Psychologie lediglich das *Laute Denken* eine gewisse Akzeptanz, weil es mechanisch abzulaufen scheint, ohne selbst vom Subjektivismus-Vorwurf frei zu sein.

Das von der Hamburger Forschungswerkstatt[2] entwickelte Verfahren der *gruppengestützten Dialogischen Introspektion* soll die methodische Lücke schließen, die durch den Bruch in der Weiterentwicklung der klassischen Introspektion entstanden ist. Dabei sind die heutigen Ansprüche an eine wissenschaftliche Methode zu erfüllen, vor allem die Wiederholbarkeit bzw. Nachvollziehbarkeit des Ablaufs, die Intersubjektivität der Resultate und die Angabe ihres Geltungsbereiches. Wir schlagen deswegen nicht nur eine isolierte Methode zur Datenerhebung vor, sondern ein Verfahren, das wir als Teil einer umfassenden Forschungsstrategie verstehen, nämlich einer *qualitativ-heuristischen Methodologie* (http://www.heureka-hamburg.de).

Das Verfahren beinhaltet, dass sich eine *face-to-face* Gruppe von ca. 5-15 Teilnehmenden unter Anleitung einer Leitungsperson mit einem Forschungsgegenstand beschäftigt, z.B. einem Film, wobei sie aufmerksam ihre inneren Prozesse während der Rezeption des Films beobachtet, sich Notizen machen kann und dann ihr Erleben mitteilt, wobei die anderen zuhören aber keinerlei Wertungen oder Kommentare abgeben. Dann beginnt ein zweiter Durchlauf. Indem die Teilnehmenden voneinander hören, wie sie das gleiche

---

[1] „Hier beginnt die Wahrheit der Menschenkenntnis, denn der Selbstkenner wird sich in Andere am besten und ohne Schwierigkeit versezzen und am treffendsten errathen, nemlich *aus sich selbst*." (Carus, 1808, S. 59)

[2] Diese informelle und interdisziplinäre Gruppe für Psychologie und Sozialwissenschaften an der Hamburger Universität widmet sich seit 1996 der Erprobung und Weiterentwicklung introspektiver Methoden. Zu deren Aktivität siehe http://www.introspektion.net, zur Geschichte Mayer & Burkart, 2008.

Ereignis erlebt haben, werden sie animiert, sich erneut mit ihren eigenen Erfahrungen zu beschäftigen und ihren Bericht zu ergänzen. Die Berichte in der Gruppe werden aufgezeichnet, transkribiert und außerhalb der Gruppe in Einzelarbeit analysiert. Die Analyse wird nach der Methodologie der qualitativen Heuristik vorgenommen. Methode und Methodologie sind in Kapitel 1 ausführlich beschrieben und begründet.[3]

Die Dialogische Introspektion unterscheidet sich von andern Gruppenverfahren, z. B. der *Focus Group* oder der *Gruppendiskussion*, die derzeit die kommerzielle qualitative Forschung beherrschen (Merton, Fiske & Kendall 1956, S. 135-169; Kleining, 2007, S. 203). Diese Gruppenmethoden sind zur Erforschung seelischer Prozesse *nicht* optimal geeignet, weil die Gruppenstruktur die Aussagen stark beeinflusst und teilweise verfälscht. Die Dialogische Introspektion vermeidet dagegen gruppendynamisches Verhalten und öffnet den Weg zu den in Vorstellung und Erinnerung aufbewahrten individuellen Gehalten. Sie verbessert in dieser Hinsicht die Focus Group Methode und bettet die Datenerhebung in eine entdeckende oder heuristische Methodologie ein, die Kriterien für das gesamte Forschungsprogramm liefert, wie auch das Sampling oder die Analyse.

Dialogische Introspektion reproduziert *Erleben* so dass wir auf *Erlebnispsychologie* verwiesen wurden, die schon Thema der Würzburger introspektiven Denkexperimente war (Bühler, 1927/1965, S. 13 f.), auf gewisse Anliegen der *Lebensphilosophie* und generell auf Phänomenologie.

Erlebnisse, Erinnerungen und *Erfahrungen* sind sehr komplexe und variable Gebilde, zum Teil ganz flüchtig, zum Teil seit langem beständig. Im weitesten Sinne umfassen sie sowohl die *aktuellen Erlebnisse*, die aus ihnen zusammengefassten und aufbewahrten *Erinnerungen* und die lebenspraktischen *Erfahrungen*. Sie sind eine differenzierte Einheit aus inneren und äußeren, aktuellen und *aufbewahrten*, frischen und mehr oder weniger verarbeiteten mentalen Ereignissen.[4]

Dem Subjekt stellen sie sich strukturiert dar, mit eigener Dynamik und Wirkung. Manche Bereiche des Erlebens sind dem Bewusstsein direkt zugänglich, wie das Denken oder die Wahrnehmung, andere sind schwer oder kaum fassbar, wie innere Konflikte, aversive Erfahrungen oder ins Unbewusste verdrängtes Erleben. Aktuelle Erlebnisse mischen sich – in der Regel – mit Teilen aus früherem Erleben, bewusstes Wahrnehmen oder Introspektionen verbinden sich mit Retrospektionen. Andere Bereiche sind nur retrospektiv zugänglich, z. B. solche, die ausgeprägte eigene Reflexionen enthalten. Dies muss die Präsenz und Lebendigkeit ihrer Inhalte nicht schwächen.

Die Verarbeitung von Erlebnissen ermöglicht es dem Subjekt, sich in einer sich beständig wandelnden Umwelt zu orientieren, sich zu behaupten und unter den jeweils gegebenen Bedingungen zu versuchen, angemessen zu handeln.

Introspektion ist eine genuin psychologische Methode, ihr Gegenstand ist die eigene Psyche. Die gruppengestützte Dialogische Introspektion kann aber auch bestimmte sozialpsychologische, soziologische oder ethnographische Fragestellungen untersuchen, solche nämlich, bei denen das Erleben eine Rolle spielt. Da wenig in der menschlichen Gesellschaft zu Stande kommt ohne die Produktion und Reproduktion in der Psyche, durch Rezeption, Verarbeitung, Bewertung, Planung von Erfahrungen und Erlebnissen, erscheinen die Forschungsgegenstände vielfältig. Wir halten das Verfahren, mindestens probeweise,

---

[3] Vergl. http://www.heureka-hamburg.de
[4] Nach Piaget & Inhelder (1966, 158) bilden die psychischen Aspekte eine Einheit, „der affektive und der kognitive Aspekt sind weder voneinander zu trennen noch aufeinander zurückzuführen".

auch für die Exploration von Problemstellungen für geeignet, welche den Sozialwissenschaften oder auch den Kultur- und Geisteswissenschaften zugeordnet werden. Dass jede Methode immer nur einen bestimmten und damit eingeschränkten Zugang zu einem Fragenbereich öffnen kann, deswegen immer auch kombiniert werden sollte mit anderen Verfahren, ergibt sich schon aus der Variationsregel der entdeckenden Methodologie, die wir hier anwenden (Kleining, 1982 a).

Das Buch stellt das Verfahren der gruppengestützten Dialogischen Introspektion vor und einige Ergebnisse.

- *Kapitel 1: Methodologie und Methode.* Es erläutert das Verfahren selbst und zeigt die Technik der Anwendung von der Planung bis zur Analyse. Darüber hinaus werden die Verankerung des Verfahrens in der qualitativen Heuristik und die Überlegungen zu den Merkmalen der qualitativen Forschungsstrategie verdeutlicht. Interessenten sollten damit selbst Introspektionen nach diesem Verfahren entwerfen, ausführen und analysieren können.
- *Kapitel 2: Beispiele.* Es stellt Untersuchungen über unterschiedliche Erlebnisinhalte und Erlebnisformen vor. Dies zeigt, dass sehr verschiedene Forschungsthemen der Introspektion zugänglich sind, veranschaulicht, auf welche Weisen das Verfahren angewendet werden kann, wie die Versuchsausführung variiert und die Analyse der gewonnenen Daten gehandhabt wird.
- *Kapitel 3: Möglichkeiten.* Das Kapitel diskutiert die Chancen des Verfahrens in einigen benachbarten wissenschaftlichen Disziplinen und soll anregen, seinen Einsatz in verschiedenen Forschungsbereichen zu prüfen. Hier liegen noch keine praktischen Erfahrungen vor. Es werden aber Vorschläge entwickelt, um eine Umsetzung durch Experten in diesen Feldern zu erleichtern.
- *Kapitel 4: Geschichte.* Hier behandeln die Autoren die Stellung der gruppengestützten Dialogischen Introspektion in der Geschichte der introspektiven Methoden. Sie stützen sich auf die Versuchsanordnungen und die Methodologie der ausgeführten Untersuchungen, referieren und diskutieren kritische Einwände gegen die *klassische* Methode der Introspektion und unser eigenes Verfahren und erläutern alternative Vorgehensweisen.
- *Kapitel 5: Introspektion und Erleben.* Die Beiträge zeigen die methodologischen Möglichkeiten des Zuganges zum Erleben durch Introspektion, beschreiben ihr Verhältnis zu bestimmten Praxisfeldern der *Psychiatrie* und der (analytischen) *Psychologie*, und prüfen mögliche Verbindungen mit der *soziologischen* Theorie des *Symbolischen Interaktionismus.* Insbesondere stellt sich die Frage, wie der Forschungsgegenstand des *Erlebens* zwischen Psychologie und Sozialwissenschaften verortet werden kann.

Erleben erweist sich als ein mit dem Verfahren der Dialogischen Introspektion gut studierbarer Prozess, der zu Unrecht seine Bedeutung innerhalb der theoretischen und angewandten Psychologie verloren hat, den er in den ersten Jahrzehnten des vorigen Jahrhunderts in Kontinentaleuropa besaß. Einer der Gründe mag sein, dass der Begriff im angloamerikanischen Sprachraum keine Entsprechung hat – *experience,* die übliche Übersetzung in diesem Zusammenhang, heißt im Deutschen eher *Erfahrung* und beinhaltet Erkenntnisse aus praktischen Anwendungen. Der Begriff hat einen pragmatischen Hintergrund, während *Erleben* ein mentaler Vorgang ist, der nicht unbedingt in Handeln umgesetzt werden muss.[5]

Unsere Forschungen mit der gruppengestützten Dialogischen Introspektion haben die folgenden *Vorzüge* ergeben:

- Forschungsgegenstände können alle diejenigen sein, die erlebt werden können, von konkreten Ereignissen wie Ärger, Schreck oder einer Fernsehsendung bis zu mehr abstrakten Erfahrungen, die sich beispielsweise im Begriff einer *Tafel* verdichten.
- Nachdem die Forschungsgruppe etabliert und die Informationen über den Versuchsablauf gegeben sind, können relativ rasch – zumeist innerhalb einer Stunde einschließlich individueller Introspektion – ausführliche Berichte zum Forschungsthema gesammelt werden, die üblicherweise stark persönlich gefärbt sind.
- Die Mitteilungen in der Gruppe sind durch Vermeidung störender gruppendynamischer Einflüsse erleichtert; anders als bei Gruppendiskussionen oder Focus Groups, bei denen Diskussion und Argumentation im Vordergrund stehen.
- Das Verfahren erbringt üblicherweise eine neue Sicht der behandelten Themen, die sich aus der Vielfalt der persönlichen und eigenständigen Erfahrungen aus der jeweils individuellen Biografie ergeben.
- Die Dialogische Introspektion ist ein Verfahren der entdeckenden oder heuristischen Psychologie, die mit offenen verbalen oder *qualitativen* Daten arbeitet. Die Methodologie ist gut dokumentiert.[6]
- Sie schließt sich methodisch an frühere Versuche zur Erforschung psychischer Abläufe an, die bis zu denen der Würzburger-Schule zu Beginn des zwanzigsten Jahrhunderts reichen. Sie ist durch die Einführung der Gruppe methodisch verbessert, systematisiert und einer hinterfragbaren Methodologie unterworfen worden.

Die Grenzen des Verfahrens oder die Vorbehalte ihm gegenüber sind die folgenden:

- Die Ausführung der dialogischen Introspektion stützt sich auf die Bereitschaft der Teilnehmenden und ihre Fähigkeit, den Blick *nach innen* zu lenken und darüber zu berichten. Ein gewisses verbales Geschick ist von Nutzen. Die Teilnehmenden am Thema zu interessieren und zur Mitwirkung zu animieren ist, wie bei allen Befragungsverfahren, Aufgabe der den Versuch leitenden Person.
- Möglicherweise gibt es soziale Barrieren. Bisher wurden Versuche mit Intellektuellen, Wissenschaftlern und Studierenden vorgenommen, aber auch mit Hausfrauen. Bei diesen erwies es sich als sinnvoll, vorab zu erläutern, was unter Introspektion zu verstehen sei, also das eigene Erleben des Forschungsgegenstandes und was nicht, z. B. seine Bewertung nach bestimmten Kriterien. Danach ergaben sich keine Schwierigkeiten. Auch kulturelle Normen können die Mitteilung des eigenen Erlebens in der Gruppe erschweren oder verhindern, z. B. wurde mitgeteilt, dass es Inuit nicht für schicklich hielten, ihre eigene Befindlichkeiten mitzuteilen.

Die entdeckende Kapazität des Verfahrens kann in Fällen, in denen die Teilnehmenden derselben sozialen Einheit angehören – z. B. Familie, Arbeitsplatz, Freundeskreis – und bei

---

[5] Ein Baby hat nicht unbedingt *Erfahrung* mit der Umwelt, kann aber *erleben*.
[6] http://www.heureka-hamburg.de

der Introspektion über sonst private Themen zu unbeabsichtigten negativen Veränderungen im Erleben und Verhalten führen, Es können sich aber auch *befreiende* Aspekte auftun. Unter schwierigen Umständen sollen Forschende die Teilnehmenden schützen.

Summary

Described in this volume and suggested for psychological research is a research technique to investigate personal experience by using a new form of personal introspection in groups.

Self-observation (*Selbstbeobachtung*), *self-perception* (*Selbstwahrnehmung*) and *self-experiments* (*Selbstexperimente*) or lat. *introspection* formed the main methods used by psychology at the end of the nineteenth and start of the twentieth century, as it established itself as an independent science. The German *erleben* refers here to the spontaneous mental reaction toward an event, (*perceived experience* or *self-experience*) as opposed to accumulated and organized experience over time (*Erfahrung*). It was taken as the basis for investigating emotional events. A range of different processes were introduced and tested. Self-observation already has a long tradition. During the Age of Romanticism it was seen as the highest form of psychological recognition.[7]

Over the course of the twentieth century the method of introspection clashed with "Objective Psychology" and Behaviourism (Watson, 1913) and then became discredited and for the most part forgotten. This was mainly due to internal scientific reasons, in particular the accusation from Behavioural Psychology that introspection was subjective and that its results could not be validated and were therefore unscientific. In Germany, expulsion, war, and the Holocaust under Nazism prevented further scientific development, including in introspective techniques, such as psychoanalysis. Education and research after 1945 built on earlier developments only in isolated cases. Today only the technique of "thinking aloud" (*lautes Denken*) is accepted in academic psychology as it appears to take place mechanically, although it is not completely free from the accusation of being subjective.

A research workshop at the University of Hamburg[8] has developed a method for *group-based dialogic introspection* intended to fill the methodological gaps which arose due to the caesura in the development of classic introspection. In doing so, the current requirements of scientific methods had to be met, in particular the repeatability and replicability of the method, the inter-subjectivity of the results and the representation of its validity. We therefore propose using not an isolated method for collecting data but a process, which should be understood as part of a comprehensive research strategy, namely a *qualitative-heuristic methodology* (http://heureka-hamburg.de).

The method of dialogic introspection is based on "face-to-face" groups of 4–12 people guided by an instructor, where a certain research subject is tested, e.g. a film. The participants are encouraged to explore their own reactions, i.e. to explore their own minds and

---

[7] "Here begins the truth of knowledge into human nature, as he who knows himself (*der Selbstkenner*) will be able to deploy his abilities and conjecture best, namely from within himself (*aus sich selbst*)." (Carus, 1808, p 59)

[8] An informal and interdisciplinary group for psychology and social sciences at the University of Hamburg has been developing and testing introspective methods since 1996. For more information about their activities, see http://www.introspektion.net

inner processes while watching the film. During the session they may record their own personal experiences, their notes remain private. Subsequently, participants are invited to report, one after another, on their own introspection. Comments or evaluations of other people's reactions are not allowed. There is no discussion whatsoever of the reports and all information is welcomed. A second round of responses provides opportunities for the participants to add to their introspection report. Hearing the response+ of other participants to the same material provides stimulation to add further detail to their own report. The reports are tape recorded, transcribed and then analysed away from the group.

The analysis is based on "qualitative heuristic methodology" – a general methodology of discovery. It is compressed into 4 "rules" guiding the research process.

Basically the methodology intends (1) to make the research person more open to new experiences, (2) to retain flexibility in defining the research object (3) to provide variability in the selection of research positions and samples, requesting *maximal structural variation of perspectives* and (4) to apply *analysis of homologies,* in order to discover structures in the data. It provides a methodological basis for the rules and combines them in a process of discovery, which is led *dialogically* and therefore stimulates *active* as well as *receptive* behaviour by the participants.[9]

Dialogic introspection differs from other techniques for group-based research, e.g. *Focus Groups, Group Interviews* or *Group Discussions*, which currently dominate commercial qualitative research (Merton, Fiske & Kendall 1956, pp 135-169; Kleining, 2007, p 203). Focus Groups are not really suitable for investigating inner personal experiences, as group structure strongly influences and distorts individual statements. In contrast, dialogic introspection avoids group dynamics and provides the means for perception and recall of individual responses. In this respect, it is an improvement on the Focus Group method.

Dialogic introspection reproduces experience; we were therefore redirected towards "Experience Psychology" (*Erlebnispychologie*) – the subject of the Würzburg School's introspective thought experiments (Bühler, 1927/1965, p 13 f.), which is also expressed in the Philosophy of Life (*Lebensphilosophie*).

Experiences in the sense of spontaneous "perceived" or "felt" experience (*Erlebnisse*) are very complex and variable entities that may be fleeting or long lasting. In the widest sense, they include collected experiences (*Erfahrungen*) as well as summarized and stored recollections (*Erinnerungen*). Together, they form a differentiated unit, which is a combination of the inner and the external, of actual and previous experiences.[10]

They form the subject in a structured manner with its own dynamic and effect. Some areas of experience can be accessed directly by the consciousness, e.g. thought or perception, other areas are difficult to recall, e.g. inner conflicts, aversive experiences or experiences that have been suppressed by the subconscious. Actual experiences are generally mixed with elements from previous experiences, conscious perception or introspection is combined with retrospection. Other areas can only be accessed retrospectively, e.g. those containing distinct individual reflections. This doesn't necessarily weaken the presence and vitality of their contents.

---

[9] Explained in more detail at http://www.introspektion.net.
[10] According to Piaget & Inhelder (1966/1972, p 158) the psychological aspects form a unit, "the affective and cognitive aspect can neither be separated from nor attributed to one another."

The processing of "perceived or felt" experiences (*Erlebnisse*) enables the subject to orientate themselves in a constantly changing environment, to assert themselves and to react in an appropriate manner under the corresponding conditions.

Introspection is a genuine psychological method, whose subject is the individual psyche. Group-based dialogic introspection can also be used to investigate particular social-psychological, sociological or ethnographical issues, where "perceived experience" (*Erleben*) plays a role. As few things take place in human society without production and reproduction in the psyche, through reception, processing, evaluation and planning of experiences and perceived experiences (*Erlebnisse and Erfahrungen*). Numerous research topics may be investigated by this method, actually everything which may be perceived (*erlebt*). In our opinion, the technique is also suitable, at least experimentally, for investigating issues from the field of social sciences or cultural studies and humanities. The fact that each method can only provide access to a particular and therefore limited view, and as a result should always be used together with other techniques, demonstrates how variation is one of the key requirements of the explorative discovery methods (heuristic methodology) applied here (Kleining, 1982b).

The book demonstrates the methods of group-based dialogic introspection and presents some results.

- Chapter 1 explains the *method itself* and its implementation from planning to analysis. In addition, its place within qualitative heuristics is outlined and further reflections on the characteristics of the qualitative research strategy are discussed. Interested research persons are requested to test this method to develop, conduct and analyse introspections.
- Chapter 2 provides *examples* of studies and different types of experience (*Erlebnisinhalte*) and forms of experience (*Erlebnisformen*). It is intended to demonstrate how a wide range of research topics can be investigated using introspection. At the same time, it illustrates the different ways that the method can be applied, how different types of application vary and how the data analysis can be handled.
- Chapter 3 discusses *possibilities* for the method in neighbouring scientific fields and is intended to stimulate debate about its application in other areas of research. There are some practical examples from these fields; however concrete plans for using the techniques are outlined to enable experts in these areas to apply them.
- Chapter 4 looks at dialogic introspection within the context of the *history* of introspection. In doing this, we base our development on the experimental designs and methodologies of empirical investigations conducted and cross-reference and discuss critical objections to "classic" methods and our own method and illustrate alternative approaches.
- Chapter 5 discusses some aspects of the relationship between introspection and *Erleben*, shows different ways to study it. It locates dialogic introspection within its relationship to particular areas of practice in *philosophy, psychiatry* and (analytical) *psychology* that use introspective techniques and examines connections to the *sociological* theory of symbolic interactionism, as a theory capable of contributing to a reciprocal cross-fertilisation.

Experience has shown itself to be a process that can be thoroughly investigated using dialogic introspection, which has unjustly lost the recognition within theoretical and applied psychology, which it enjoyed in Europe during in the first decades of the twentieth century. One of the reasons for this might be the fact that the concept has no proper linguistic equivalent in the Anglo-American sprachraum – where "experience" is the standard translation. Experience signifies practical experience (which would be *Erfahrung*) with a pragmatic background. Experience in the sense of "perceiving" or "feeling" (*Erleben*) is a spontaneous inner, mental process, which does not necessarily have to be converted into action.[11]

Our research using dialogic introspection has brought to light the following benefits:

- Research objects can be anything that can be "experienced", from concrete events such as anger, fear or a television programme to more abstract experiences, which can be summarized, for example by describing the term „blackboard" or the concept of "confidence".
- Once the group has been established and the process has been explained, detailed and normally very personal responses can be collected in reports about the research subject, within at most one hour, including time for individual introspection.
- Responses within the group are free from any disturbing group dynamics (this is not the case with Focus Groups, where priority is given to discussion and argumentation).
- The method normally provides fresh insights into the topics investigated, providing a range of personal and very individual experiences, all based on the corresponding individual biographies of the participants involved.
- Dialogic introspection is a method firmly grounded in explorative or heuristic psychology, which works with open verbal or "qualitative" data. Its methodology is well documented.[12]
- It builds on the methodological attempts of earlier research attempts into psychic processes that date back to the Würzburg School at the beginning of the twentieth century. Through the introduction of the group-based method it has been methodologically improved, systemised and subjected to a methodology which has been debated and documented.

Limits of the method or reservations towards it are as follows:

- Application of the method is based on the willingness of the participants and their ability to look "inside themselves" and report back about this. Good communication skills make matters easier. As with all interview techniques, interesting the participants in the subject and encouraging participation is the responsibility of the person leading the group.
- There may well be social barriers to overcome. We have conducted research with intellectuals, scientists and students, but also with housewives. When working with the latter group, it proved useful to explain in advance what was meant by introspection,

---

[11] For example, a baby might have "strong feelings" about its surroundings and certainly "experience" them (*Erleben*) but not yet be an experienced expert (*Erfahrung*).
[12] http://www.heureka-hamburg.de

i.e. one's own experience of the research object and not for example one's evaluation according specific criteria. There were no difficulties after this. Cultural norms can also affect or complicate reporting of one's own experience within a group, e.g. for the Inuit people it is not usual to talk about inner emotions. Attention should be paid to the cultural limits of the method.

1 Methodologie und Methode

In diesem Kapitel wird gezeigt, wie man die Methode der Dialogischen Introspektion in Forschungsvorhaben einsetzen kann. Es werden sowohl die methodologischen Grundannahmen und die Regeln zur praktischen Handhabung der Dialogischen Introspektion demonstriert, als auch die Protokollierung der Introspektionsdaten und die Anfertigung der Analyse erläutert.

Wenn die Leser sich für eine Fragestellung entschieden haben, dann können sie in Kapitel 1.2.4 überprüfen, ob diese Fragestellung zu den Einsatzfeldern der Dialogischen Introspektion passt und dann sofort mit einer Untersuchung beginnen. Selbst wenn die Analyse der Daten anfangs schwierig scheint, so spricht doch nichts dagegen, zunächst die Datenerhebung zu erproben und dann – mit viel mehr Zeitaufwand und Mühe – die Analyse zu versuchen. In Kapitel 2.1 wird das Analysebeispiel aus diesem Kapitel noch weiter fortgeführt, so dass dort noch weitere Hinweise zu finden sind.

In allen Beispielen hat sich gezeigt, dass die Menge und Vielfalt der Daten so erfreulich sind, dass eine Analyse fast immer auch zum Erfolg führt. Probieren Sie es doch einfach mal aus!

1.1 Das Wichtigste in Kürze (Gerhard Kleining)

1.1.1 Was ist Dialogische Introspektion?

Definition: Dialogische Introspektion ist ein in der Gruppe vorgenommenes systematisches Verfahren, in dem individuelle Erlebnisgehalte mitgeteilt, dokumentiert und einer Analyse zugänglich gemacht werden.

Der praktische Versuchsablauf sieht in etwa so aus: Eine Gruppe von 5 bis 15 Personen trifft sich zu einer Introspektionsuntersuchung. Der Untersuchungsleiter stellt den Introspektionsgegenstand vor (zeigt z.B. einen Kurzfilm), die Teilnehmenden achten auf ihr inneres Erleben beim Betrachten des Gegenstandes und notieren während und nach der Präsentation in Kurzform ihre inneren Prozesse. Reihum tragen alle Teilnehmenden anhand ihrer Aufzeichnungen ihr Erleben mit. In einer zweiten Runde können sie ihre Mitteilungen erweitern und ergänzen. Alle Mitteilungen werden aufgezeichnet und später durch die Forschenden nach den Regeln der heuristischen Textanalyse ausgewertet und in einem Bericht zusammengefasst.

Anhand der Bestandteile der oben angeführten Definition der *Dialogischen Introspektion* soll jetzt ein erster Eindruck vom Verfahren der *Dialogischen Introspektion* vermittelt werden.

- *Introspektion* (lat. Hineinschau) ist Selbstbeobachtung, Selbstbetrachtung, Selbstwahrnehmung. Sie betrifft die parallel laufenden Prozesse des Erlebens und Handelns und des (Selbst-) Beobachtens dieses Erlebens und Handelns. Ähnliche Begriffe sind Selbstreflexion, Retrospektion.
- *Dialogisch* ist das Verfahren auf zweierlei Weise: zum einen, weil es die Teilnehmenden zu einem Inneren Dialog mit selbst gestellten Fragen und Antworten und damit zur Erforschung des eigenen Inneren anregt, zum anderen, weil in der Gruppe weitere Mitteilungen stattfinden, die den Inneren Dialog vertiefen und erweitern können.
- *Systematisch* ist das Verfahren, weil viele Komponenten des Verfahrens (zur Auslösung, zur Förderung, zur Dokumentation und zur Analyse der Introspektion) festgelegt sind und regelgeleitet angewandt werden.
- *Gruppe* in der Dialogischen Introspektion ist eine *kleine Gruppe* – face to face – , die zur gemeinsamen Introspektion über ein zu erforschendes Thema zusammen kommt, zumeist zwischen 5 und 15 Personen und die regelgeleitet die Introspektion ausführt und dokumentiert.
- *Erlebnisgehalte* sind alle gefühlten, gedachten, gewollten Gehalte, besonders Gefühle, Affekte, Gedanken, Absichten, welche eine Person jetzt oder früher gehabt oder erfahren hat, die im Alltagsleben selten voll bewusst und in ihrer Vielfalt wenig beachtet werden, durch das Gruppenverfahren unter bestimmten Bedingungen dem Erleben jedoch wieder zugänglich gemacht werden können. Die Erlebnisgehalte können variieren von aktuellen oder sehr kurz zurückliegenden bis zu sehr lang vergangenen, von sehr flüchtigen bis zu stark verfestigten.
- *Dokumentation* der Erlebnisgehalte geschieht zumeist durch digitale Aufnahme verbaler Aussagen der Teilnehmenden entlang persönlicher Notizen. Sie kann durch schriftliche (private) Notizen ergänzt und erweitert werden.
- *Analyse.* Die Dialogische Introspektion ist nicht nur eine Methode zur Datengewinnung, sondern kann in eine entdeckende – *qualitativ-heuristische* – Methodologie des Suchens und Findens eingebunden werden, was die Analyse der Daten auf Gemeinsamkeiten verlangt. Dabei werden Daten in ihrer alltagssprachlichen Form verwandt *(qualitativ)*. Durch Dialogische Introspektion gewonnene Informationen können aber auch anderen Verfahren der Datenanalyse unterworfen werden und sie müssen oder sollten durch weitere Daten ergänzt werden.
- *Methodische Weiterentwicklung.* Gruppengestützte Dialogische Introspektion verbindet individuelle introspektive Verfahren aus den klassischen Introspektionsuntersuchungen, sowie Elemente aus gesprächstherapeutischen oder analytischen Methoden mit Gruppenexperimenten oder Gruppendiskussionen *(Focus groups)* mit dem Versuch, die Vorzüge der verschiednen Ansätze zusammen zu führen.
- *Kombination.* Die gruppengestützte Dialogische Introspektion kann gut mit anderen Verfahren kombiniert werden, wie Beobachtung, Experiment, Befragung, Textanalyse, besonders aber mit anderen introspektiven Verfahren, wie individuelle Introspektion und Retrospektion. Die Kombination wird ausdrücklich von der entdeckenden, qualitativ-heuristischen Methodologie nahegelegt *(maximale strukturelle Variation der Perspektiven)*.

1.1.2 Wie gut ist die Methode der Dialogischen Introspektion zur Untersuchung von psychologischen und sozialwissenschaftlichen Fragestellungen geeignet?

Die Handhabung der Methode der Dialogischen Introspektion zeigt auf der einen Seite deutliche Stärken als heuristisch, entdeckendes Verfahren. In den Abschnitten 3, 4, und 5 dieses Kapitels werden die methodologischen und methodischen Grundlagen ausführlich dargestellt. Die Methode ist aber auch an die Einhaltung bestimmter Regeln und an das Vorhandensein bestimmter Voraussetzungen gebunden. In einer knappen Gegenüberstellung sollen hier Stärken und Schwächen erläutert werden.

Die positiven Seiten der Untersuchungstechnik

- Dialogische Introspektion hat ein *weites Anwendungsfeld*. Sie bringt Verhältnisse und Prozesse ins Bewusstsein, die jetzt oder früher erlebt oder erfahren wurden und dokumentiert sie. Beispiele zeigen die Kapitel 2 und 3. Gegenüber anderen Verfahren, die spontane oder erinnerte Aktionen und Reaktionen bestimmen, zeichnet sich die Dialogische Introspektion durch die Breite der Antworten und durch eine größere Tiefe aus, da den Mitteilungen eine Introspektionsphase vorgeschaltet ist.
- Die Dialogische Introspektion ist eine *Alltagstechnik*. Sie bedarf eines Raumes mit Sitzgelegenheit, in dem 5 bis 15 Personen Platz haben und dort eine bis eineinhalb Stunden in der Runde verbringen können, keines Teststudios mit Einweg-Spiegel oder mit Testapparatur. Ein digitales Aufnahmegerät zur Dokumentation des Gesagten ist wünschenswert. Alles andere ist „normal": die Teilnehmenden sollen sich in einer bestimmten Situation selbst beobachten (z.B. beim Betrachten eines Kurzfilms) danach sich ihre Selbstbeobachtungsdaten in fünf bis zehn Minuten vor Augen rufen, sich dabei möglichst Notizen machen und dann über ihre Erlebnisse und Erfahrungen in der Runde berichten. Kennen sich die Teilnehmenden, bedarf es keiner besonderen Einführung, wenn nicht, sollten sie sich bekannt machen oder vorgestellt werden. Auch ist es nötig, den Sinn der Veranstaltung, die Regeln, die Art der Dokumentation und deren spätere Verwendung zu erklären, besonders die Vertraulichkeit und den rechtlichen Rahmen des Datenschutzes.
- Die Methode ist zur Untersuchung *subjektiver Befindlichkeiten* geeignet. Subjektivität oder Privatheit ist dadurch gegeben, dass jede teilnehmende Person ihre Aufmerksamkeit zunächst individuell auf ihre Selbstbeobachtung richtet, danach in sich hineinhorcht und in einem Vorgang der inneren Erkundung das eigene Erleben wachzurufen und zu protokollieren sucht. Was davon der Gruppe mitgeteilt wird, ist den Teilnehmenden überlassen. Um sich zu äußern, bedarf es eines gewissen Vertrauens in die Ernsthaftigkeit und Seriosität der anderen Teilnehmenden. Es zeigt sich aber, dass dieses durch Ähnlichkeit der Interessen oder Vergleichbarkeit der Lebenslage der Teilnehmenden gefördert wird. In der Praxis zeigt sich, dass schon in einer erneuten Runde der Mitteilungen sich ein Vertrauen einstellt, so dass häufig weitere und mehr private Mitteilungen gemacht werden. Auch nimmt die Offenheit bei erneutem Zusammentreffen der gleichen Gruppe zu.
- Dialogische Introspektion ist ein *variables Verfahren*. Das individuelle Introspektieren und die Mitteilung in der Gruppe sind essentielle Teile des Verfahrens. Dagegen kön-

nen die Umstände der Erhebung und die Art der Dokumentation den jeweiligen Themen und den Untersuchungsbedingungen angepasst werden. Bei Kindern wird man andere Versuchsanordnungen schaffen als bei Erwachsenen etc.

- Das Verfahren ist *methodologiegeleitet*. Dialogische Introspektion in der Gruppe ist eines der Forschungsverfahren, das aus einer als umfassend verstandenen Forschungsmethodologie entwickelt wurde, der heuristischen, und das deren Kennzeichen in sich trägt:

  die Variation der Perspektiven – hier die *Variation* der Teilnehmenden, der Dokumentation schriftlich/mündlich, der Aussagen in der ersten und zweiten Runde – und der dialogischen Abfolge, auch hier mit mehreren Möglichkeiten der Erkundung: des (passiven) Hineinhorchens, des (aktiven) Befragens, einer Abfolge in der Art eines *inneren Dialogs*, Notizen anzufertigen, nach einiger Zeit von anderen Aussagen zum Thema zu hören, selbst die eigenen Eindrücke zu formulieren, nochmals über das nachzudenken, was man selbst gesagt hat und was andere mitgeteilt haben.

  Diese Möglichkeiten sind flexibel zu verwenden und gleichwohl Teil einer allgemeinen Strategie, welche die Variation der Perspektiven erfordert. Die Analyse auf *Gemeinsamkeit* als der Regel für die Verarbeitung der Daten wird erst nach der Sammlung der Informationen angewandt. Sie gehört zur Variation bei der Datensammlung und ist ein nicht verzichtbarer Teil der heuristischen Methodologie. Werden dagegen Daten nach vorgegebenen Schemata klassifiziert oder quantifiziert, geht die Möglichkeit der *Entdeckung des Gemeinsamen im Verschiedenen* verloren. Aus der heuristischen Methodologie folgt auch die Empfehlung, die Methoden zu variieren, was in unserem Falle besagt, dass zusätzlich zur Dialogischen Introspektion z. B. qualitative Interviews, qualitative Textanalyse oder auch Repräsentativumfragen mit eigens formulierten Fragen zum Forschungsthema verwendet werden können.

- Die Methode liefert *reichhaltige Daten* bei *geringem Zeitaufwand*. Wer mit anderen Erhebungsverfahren schon gearbeitet hat, weiß zu schätzen, dass durch dieses Verfahren sehr vielgestaltiges und für entdeckende Forschung im Allgemeinen sehr gut geeignetes Material erzeugt werden kann.

Schwachpunkte der Dialogischen Introspektion:

- Die Teilnehmenden an Dialogischer Introspektion müssen sich *öffnen*. Mitteilungen von Gefühlen und Erlebnissen setzen Vertrautheit mit den anderen Teilnehmenden voraus und Sicherheit, dass mit den Informationen nicht zum eigenen Schaden umgegangen wird. Nützlich ist es, wenn Teilnehmenden selbst Interesse an der Ausführung von Versuchen haben, bei denen ihre eigenen Erfahrungen benötigt werden.
- Das Erhebungsverfahren muss *kontrolliert* werden. Damit die Mitteilungen aus den introspektiven Prozessen nicht zum Gegenstand einer öffentlichen Bewertung und damit in Frage gestellt werden, wird eine Diskussion über sie verhindert. Dies wird durch den Untersuchungsleiter zu Beginn der Veranstaltung mitgeteilt, gegebenenfalls während der Introspektion nochmals bekräftigt. Die Sitzung fördert den *inneren* Dialog, der offene Dialog wird nicht zugelassen. Natürlich können Teilnehmenden nach Abschluss der Introspektion sich auf beliebige Weise darüber austauschen und es ist auch sinnvoll, die Teilnehmenden später über die Ergebnisse der Forschung zu unterrichten.

- Die Erhebung setzt die Fähigkeit und die Bereitschaft zum *verbalen Ausdruck* voraus. Wer Schwierigkeiten hat, über sich selbst zu reden, aus welchen Gründen auch immer, wird mit den Anforderungen der Methode nicht glücklich sein. Es kann sinnvoll sein, prospektive Teilnehmenden vorab zu unterrichten, wie die Dialogische Introspektion abläuft, damit sie wissen, worauf sie sich einlassen. In besonderen Fällen können auch andere Formen der Äußerung, wie nichtverbale Mitteilungen durch Bild oder Ton gewählt werden.
- Die Datenanalyse ist aufwendig und erfolgt *immer separat*. Analyse auf Gemeinsamkeiten bedarf in aller Regel eines gewissen, manchmal nicht unerheblichen Zeitaufwandes. Dies ist ein Kennzeichen vieler Bemühungen, die auf Entdeckung gerichtet sind; etwas zu finden, das so nicht gesehen wurde, vielleicht überhaupt neu ist, braucht seine Zeit. Das heißt nicht, dass es nicht möglich sei, in einem vertretbaren Zeitaufwand zu einem stichhaltigen Ergebnis zu kommen. Aber eine Schnelldiagnose, die auch noch richtig ist, ist eine große Seltenheit. Man würde sie nur sehr erfahrenen Forschenden zugestehen, die aber, gerade durch ihre Erfahrung gewitzt, vor Schnelldiagnosen zurückschrecken und den mühsameren Weg der Belege und Prüfungen aller Daten bis zur Lösung eines Problems gehen. Der erste Eindruck und das Alltagsverständnis sind häufig falsch und sollen als vorläufig angesehen werden und leider führt auch nicht jeder Suchprozess zum Ziel. Deswegen muss vor allem auf Sorgfalt bei der Analyse geachtet werden und die dafür ausreichende Zeit verfügbar sein. Erfahrung in Suchprozessen hilft, bietet aber keine Sicherheit des Findens.
- *Analytische Tiefe* ist durch Dialogische Introspektion nicht erreichbar. Der methodologische Unterschied zu Psychoanalyse und Psychotherapie wie auch zu anderen Formen der Tiefenanalyse besteht darin, dass die Behandlung kontinuierlich ist während die Dialogische Introspektion in aller Regel mit *einer* Sitzung pro Thema auskommen will. Der Preis dafür ist eine geringere *Tiefe* der Aussage, die eine oder, bei erneutem Durchgang, zwei Mitteilungen einer teilnehmenden Person produziert. Jedoch sind solche Mitteilungen im Allgemeinen umfänglicher, persönlicher und differenzierter als Meinungen, die in einem „normalen" Gespräch geäußert werden.
- Die Geltung einer Analyse ist auf die *Reichweite* der Introspektionsgruppe beschränkt. Sie vermag die Struktur eines Sachverhalts aufzuklären – ob diese Struktur aber auch anderswo oder von anderen so gesehen wird, bleibt weiterer Forschung vorbehalten. In dieser Hinsicht unterscheidet sich die Dialogische Introspektion nicht von anderen Einzelfall-Studien, deren Ergebnisse durch die Reichweite begrenzt sind, die durch das Sample der Teilnehmenden bestimmt wird. Ist eine Sitzung ausgeführt und analysiert, werden sich die Forschenden fragen, wie die Gültigkeitsbereiche bestimmt bzw. die Grenzen der Gültigkeit getestet werden können, etwa durch anders zusammengestellte Gruppen, durch Einbeziehung anderer Sprachen, Kulturkreise etc. Die Reichweite der Ergebnisse sollte schon bei der Anlage der Untersuchung berücksichtigt werden.

1.2 Die Dialogische Introspektion als Forschungsverfahren (Friedrich Krotz)

Der folgende Abschnitt begründet, warum Dialogische Introspektion ein wissenschaftliches Forschungsverfahren ist, das den Anspruch auf gültige Forschungsergebnisse stellt. Der Text setzt sich ferner mit der Frage auseinander, unter welchen Bedingungen man die Dialogische Introspektion in verschiedenen Disziplinen einsetzen kann.

1.2.1 Dialogische Introspektion: Erhebungsmethode oder Forschungsverfahren?

Wissenschaftliche Forschung als eine Form regelgeleiteten Handelns besteht – über alle Methodologien und Wissenschaftstheorien hinweg – immer aus bestimmten Schritten (Krotz, 2005): Man verfügt zu Anfang immer über ein bestimmtes Vorwissen, auf dessen Grundlage man eine oder mehrere Forschungsfragen formuliert, und zur Lösung dieser Forschungsfragen konzipiert man dann eine Untersuchung. Sowohl die Forschungsfragen als auch die geplante Konzeption können sich im Laufe ihrer Umsetzung ändern; trotzdem ist es wichtig, im Verlaufe eines Forschungsprozesses darüber Bescheid zu wissen, was man genau wissen und wie man dieses Wissen erwerben will.

Zu jeder sozialwissenschaftlichen Untersuchung gehören dann weiter eine oder mehrere Phasen der Datenerhebung, zum Beispiel durch Interviews, teilnehmende Beobachtung oder auf andere Weise. Dazu muss das Forscherteam insbesondere festlegen, wie und bei wem man Daten erhebt. Beide Entscheidungen müssen natürlich plausibel begründet werden, wenn man eine nachvollziehbare Untersuchung ausführen will; dafür liegen, wie die einschlägigen Methodenbücher zeigen, ja auch im allgemeinen Regeln oder mindestens Empfehlungen vor. Nach einer Phase der Datenerhebung oder in stetem Wechsel mit der Datenerhebung muss man die Daten auswerten und daraus Schlussfolgerungen ziehen für das weitere Vorgehen. Im Sinne der heuristischen Sozialforschung (Kleining, 1995) kann dies eine Modifikation der Erhebungsmethoden, der Fragestellung, der Stichprobe oder der Analysemethoden betreffen. Manchmal, etwa, wenn man nach der Grounded Theory (Glaser & Strauss, 1967) vorgeht, betrifft es eher nur die Erhebung weiterer Daten, manchmal, etwa, wenn man Hypothesen testet und Auswertungen mit Datenaggregationen anstrebt, darf man solche Modifikationen im Verlaufe der Untersuchung (aus logischen Gründen) nicht durchführen. Zum Ende jeder Studie müssen die Ergebnisse zusammengefasst, publiziert und in die wissenschaftliche Diskussion eingeführt werden. Wie das im Prinzip abläuft, zeigt das folgende Schema.

Abbildung 1: Phasen wissenschaftlicher Untersuchungen

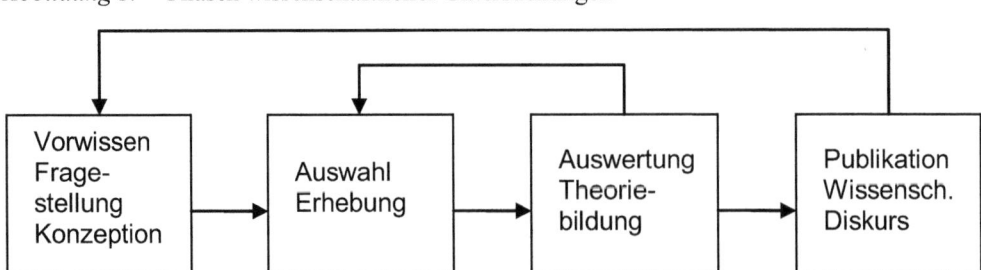

Man spricht in diesem Zusammenhang von *Methoden der Forschung*. Der Begriff der Methoden wird in dieser Hinsicht offensichtlich doppeldeutig verwendet. Einerseits bezeichnet man damit die Datenerhebung, also etwa Befragung, Beobachtung, Inhaltsanalyse oder Gruppendiskussion. Methoden sind dann also *Methoden der Datenerhebung.* Andererseits spricht man aber auch von qualitativen und quantitativen Methoden und meint damit mehr als nur die Datenerhebung: Um Forschungsfragen zu beantworten und Untersuchungen durchzuführen, bedarf es immer einer umfassenden Gesamtkonzeption, wie man die Untersuchung ausführen will; dazu gehört insbesondere auch, wie man die erhobenen Daten auswertet. Auch dieses Gesamtkonzept wird mit dem Begriff der Methoden bezeichnet. Für diesen übergreifenden Methodenbegriff wird in dem vorliegenden Buch der Begriff des *Forschungsverfahrens* benutzt. Man muss sich also, wenn man Forschung betreibt, nicht nur um die (Datenerhebungs-) Methoden, sondern um das Forschungsverfahren insgesamt kümmern.

Im Rahmen eines Forschungsverfahrens zur Beantwortung einer Forschungsfrage kann man durchaus verschiedene Datenerhebungsmethoden anwenden. Klar ist auch, dass die Art, wie man beispielsweise eine Befragung ausführt, davon abhängt, in welchem Rahmen das geschieht – im Rahmen eines quantitativen Forschungsverfahrens meistens mit einem standardisierten Befragungsbogen mit vorgegebenen Antwortkategorien, im Rahmen einer heuristischen Untersuchung meist als Leitfadeninterview und jedenfalls ohne solche vorgegebenen Antwortmöglichkeiten.

Introspektion ist nun im klassischen Wortsinn zunächst einmal eine Methode der Datenerhebung, in diesem Buch definiert als *wissenschaftliche Methode*, die am bewussten *Erleben der eigenen inneren Zustände und Prozesse unter kontrollierten Bedingungen* ansetzt, diese feststellt und sie dokumentiert. In einer Weiterentwicklung von Introspektion (im Vergleich zu früheren Anwendungsweisen) wird hier *Dialogische Introspektion in der Gruppe* als *geplante aktive oder rezeptive Registrierung des eigenen Erlebens... verstanden, die in einer dafür eigens gebildeten Introspektions-Gruppe* durchgeführt wird und deren *subjektive Dokumentation durch Analyse auf Gemeinsamkeiten ... in intersubjektive Gültigkeit* überführt wird, wie es in der Darstellung von Kleining in dem vorliegenden Band heißt. *Dialogische Introspektion* wird hier also im Sinne eines Verfahrens verwendet, das einerseits die regelgeleitete Erhebung von Introspektionsdaten in Gruppen meint und andererseits die Analyse auf Gemeinsamkeiten nach den Regeln der Heuristik.

Wir können zusammenfassen: Introspektion ist zunächst eine Methode der Datenerhebung. Als *Dialogische Introspektion* wird sie hier als eigenständiges Forschungsverfahren dargestellt und diskutiert. Dazu wird im Wesentlichen einerseits verlangt, dass die Datenerhebung in einer entsprechend zusammengesetzten Gruppe nach den aufgeführten Regeln als Introspektion stattfindet und dass die erhobenen Daten dann nach dem Verfahren der heuristischen Analyse auf Gemeinsamkeiten hin ausgewertet werden.

1.2.2 Dialogische Introspektion – wissenschaftliche Methode oder Mittel der Selbsterfahrung?

Daran anschließend stellt sich nun die Frage, wie und worüber man mit Forschungsverfahren der Dialogischen Introspektion Aussagen machen kann und welchen Status sie beanspruchen. In der oben zitierten Definition ist von der Überführung subjektiver Dokumentation in intersubjektive Gültigkeit die Rede. Das lässt zunächst offen, was genau das subjektive Erleben ist, das da dialogisch-introspektiv erhoben wird, und wie das dann intersubjektive Gültigkeit gewinnt, ja sogar, inwiefern aus Aussagen über subjektives Erleben und innere Zustände subjektübergreifende Aussagen gewonnen werden können.

Wenn zum Beispiel ein Teilnehmender einer Gruppe zum Erleben der Tagesschau im Fernsehen auf eine Meldung über den Krieg in Afghanistan mit Wut reagiert – inwiefern und wie gewinnt dann diese Wut als subjektives Erleben einer persönlichen Emotion intersubjektive Gültigkeit? Man kann daran zwar erkennen, dass Nachrichten wütend machen und Emotionen hervorrufen können. Im Rahmen eines psychotherapeutischen Prozesses oder in einer Selbsterfahrungsgruppe könnte eine solche introspektiv erlebte und berichtete Wut auch mit der Biographie des entsprechenden Teilnehmenden verknüpft und analysiert werden – der Teilnehmende hat vielleicht Verwandte in Afghanistan. Aber in welcher Weise können solche privaten Emotionen eines Gruppen-Teilnehmenden zu einem obendrein partiellen Sachverhalt, nämlich einer einzigen Meldung, im Rahmen einer wissenschaftlichen Methode intersubjektive Gültigkeit beanspruchen? Müssen sie nicht ausgeblendet werden, weil das Phänomen der Wut in diesem Zusammenhang nur aussagt, dass sie eben entstehen kann?

Im Kapitel 2 dieses Bandes wird nun dargestellt, wie man mittels introspektiver Berichte über die eigene Medienrezeption den allgemeinen Prozess der Medienrezeption untersuchen und charakterisieren kann. Dort stellt Thomas Burkart Forschungsergebnisse vor, die mittels Dialogischer Introspektion gewonnen wurden und die durch die heuristische Auswertung zu Aussagen über insgesamt vier verschiedene Sachverhalte führen:

- Medienrezeption kann allgemein als *explorativer dialogischer Prozess*, verstanden werden, der kein passives Berieseln ist, sondern der aktive Elemente enthält.
- Es ist möglich, Rezeption als Verstehensprozess zu charakterisieren, der „mit dem Bemühen um Sinnerkenntnis verbunden" ist.
- Rezeption kann zugleich als Aneignung des medialen Produkts verstanden werden, in dessen Verlauf sich der Rezipient das Kommunikat aneignet, indem er es mit seinen eigenen für relevant erachteten Kontexten in Bezug setzt.
- Es ergeben sich Einsichten über die Art der Rezeption, d.h. es werden drei Rezeptionsstile voneinander unterschieden.

Burkarts Analyse bleibt also nicht bei den subjektiven Erlebnisweisen stehen, sondern gewinnt gültige Einsichten in prinzipiell intersubjektiv rekonstruierbare Sachverhalte, die aus dem subjektiven Erleben der Teilnehmenden erschlossen werden können und dann von dem einzelnen Erleben einer Person nicht mehr abhängen.

Die gleiche Einsicht ergibt sich aus dem Beispiel der Analyse des Erlebens eines Bahnhofs, ein introspektiver Forschungsprozess, der in Kapitel 1 und Kapitel 2 des vorliegenden Bandes dargestellt wird. Diese Analyse führt zu allgemeinen Aussagen über die *Atmosphäre eines Bahnhofs* bzw. über deren Nichtvorhandensein in spezifischen Fällen. Diese allgemeinen Aussagen erheben schon von ihrer grammatikalischen Form her den Anspruch auf überpersonale Gültigkeit, (die damit allerdings nicht zeitlich unbegrenzt bestehen muss). Auch die anderen in dem vorliegenden Buch umrissenen Beispiele für Forschung mit Dialogischer Introspektion zeigen: Es geht im Ergebnis nicht um individuelle Befindlichkeiten oder gar deren Aggregation, es geht auch nicht wie in einer Selbsterfahrungsgruppe oder unter therapeutischen Bedingungen um die entdeckende Verknüpfung individueller Sachverhalte mit weiteren biographischen Sachverhalten oder wie in Supervisionsgruppen um Bezüge zu aktuellen sozialen Beziehungen eines Menschen oder deren Bedingungen. Sondern es geht darum, etwas über Konzepte wie *Filmrezeption*, *Bahnhofsatmosphäre* oder in Bezug auf die Frage, was ein *Gefühl* ist, herauszufinden.

Das Forschungsverfahren der Dialogischen Introspektion beginnt also mit systematisch und kontrolliert erhobenen Aussagen über subjektives Erleben und gewinnt aus diesen subjektiven Aussagen der beteiligten Individuen Aussagen, die vom Individuum unabhängig sind und sich auf den jeweiligen Forschungsgegenstand beziehen, auf den sich die Forschungsfrage richtet.

Dialogische Introspektion wird hier also folgendermaßen verstanden:

- Dialogische Introspektion ist in der vorliegenden Form als wissenschaftliches Forschungsverfahren konzipiert, das wie jedes andere wissenschaftliche Forschungsverfahren der Untersuchung spezifischer psychologischer, soziologischer, politikwissenschaftlicher oder in anderen Disziplinen angesiedelter Phänomene dient und sich in ihrem Anspruch von keinem anderen wissenschaftlichen Verfahren unterscheidet. Über das Besondere daran werden wir uns im nächsten Abschnitt dieses Textes noch Gedanken machen.
- Die Datenerhebung, die Methode der Introspektion gewissermaßen, knüpft dabei am individuellen Erleben an. Den Ergebnissen des gesamten Forschungsverfahrens der Dialogischen Introspektion – zwangsläufig handelt es sich dabei um Aussagen oder Texte, die diese Ergebnisse darstellen – soll am Ende intersubjektive Gültigkeit zukommen. Dies wird dadurch erreicht, dass die verschiedenen Aussagenzusammenhänge, die die Gruppenmitglieder introspektiv erheben und mitteilen, mittels heuristischer Analyse auf Gemeinsamkeiten analysiert werden. Wieso sich daraus intersubjektive Gültigkeit ergibt – darauf wird im nächsten Abschnitt noch eingegangen.
- Dialogische Introspektion, wie sie hier vorgestellt und diskutiert wird, ist dementsprechend kein Verfahren der Selbsterfahrung, der Psychotherapie oder der Supervision, sondern ein wissenschaftliches Forschungsverfahren.
- Das schließt aber natürlich nicht aus, dass das Verfahren der Dialogischen Introspektion auch für weitere Zwecke angewandt werden kann. Dies ist deshalb möglich, weil Dialogische Introspektion (wie im Rahmen heuristischer Forschung alle Forschungsverfahren) explizit als Verfahren verstanden wird, das im Alltag wurzelt, denn auch im Alltag beobachten wir uns ja kontinuierlich oder immer wieder selbst. Im vorliegenden Buch geht es jedoch um die Darstellung eines Forschungsverfahrens, das für wissenschaftliche Zwecke nach klaren Regeln rekonstruierbar durchgeführt wird.
- Falls Introspektion im Rahmen eines Selbsterfahrungsprozesses oder einer Psychotherapie eingesetzt werden soll, so muss man sich darüber eigenständig Gedanken machen, wie man das umsetzen will; dies wird an dieser Stelle nicht weiter verfolgt.

1.2.3 Vom inneren Erleben Einzelner zum intersubjektiv gültigen Sachverhalt

Das Verfahren der Dialogischen Introspektion wurde, wie die in diesem Band beschriebenen Beispiele zeigen, bisher vor allem auf die systematische Untersuchung von Phänomenen angewandt, die im oder am Bereich der Psychologie liegen: beispielsweise am Erleben von Medien und der Frage, was eigentlich Medienrezeption heißt, am Erleben einer Bahnhofsatmosphäre oder am Erleben eines Gefühls. Diese Fragen sind natürlich auch für Sozialwissenschaften von Interesse, wurden hier aber in erster Linie in einem psychologischen Kontext analysiert. Seine Anwendbarkeit ist aber natürlich breiter. Worauf gründet nun der Anspruch des Verfahrens auf intersubjektive Gültigkeit der Analyseergebnisse und was macht das Besondere der Dialogischen Introspektion aus?

Introspektion setzt am Erleben an – siehe hierzu auch den Beitrag von Peter Mayer (Kapitel 5). Erleben ist zunächst einmal individuelles und subjektives Erleben, ein situatives, spontanes, vom Individuum selbst wahrgenommenes bzw. beobachtetes inneres Geschehen. Natürlich gehen in dieses zunächst anscheinend rein persönliche und private Erleben auch kulturelle und soziale, beispielsweise sprachliche Rahmenbedingungen ein, und jedes Wahrnehmen und Erleben drückt eine bestimmte Perspektive auf das und ein Verhältnis zu dem aus, was erlebt und wahrgenommen wird. Am jeweiligen Erleben sind ganz unterschiedliche Einflüsse wie Alltagstheorien, persönliche oder berufliche Erfahrungen, die Einstellungen und Betroffenheiten, biographisch begründete Gefühle, vielleicht Intentionen, jedenfalls Sinnkonstruktion und alles mögliche andere beteiligt, wie zum Beispiel die Tatsache zeigt, dass sich manche von einer Nachricht im Fernsehen betroffen fühlen, andere nicht. Man kann hier vielleicht von dem jeweiligen Standpunkt und der jeweiligen Perspektive eines Befragten bzw. eines Beteiligten an einer gruppengestützten Dialogischen Introspektion sprechen, um das jeweilige subjektive Gesamt zu bezeichnen, das dann auf der Basis von inneren Dialogen als konkretes Erleben mitgeteilt wird und so in die heuristische Analyse eingeht. Auch über den Mitteilungs- und Auseinandersetzungsprozess in der Dialogischen Introspektionsgruppe sind Kultur und Gesellschaft in den Ergebnissen der Dialogischen Introspektion präsent – aber der Ansatzpunkt ist in jedem Fall und zu aller erst das eigene subjektive Erleben.

Dieser Bezug auf das subjektive Erleben charakterisiert die Dialogische Introspektion nun als etwas ganz eigenes: Das Verfahren geht in seinen Grundannahmen davon aus, dass die Menschen durch ihre Orientierung an ihrem Erleben, dessen Beobachtung und Beschreibung und auch durch Hinterfragen und Bewerten dieses Erlebens Aussagen machen können, die zur wissenschaftlichen Erkenntnisgewinnung benutzt werden können. Diese Annahme unterscheidet introspektive Verfahren von allen anderen Verfahren, etwa von der heute gelegentlich praktizierten Methode des Lauten Denkens, bei der die Probanden ohne weiteres Nachdenken das in Worte fassen sollen, was ihnen beim Lösen eines Problems gerade durch den Kopf geht. Diese Annahme unterscheidet Dialogische Introspektion aber auch von den typischen standardisierten Befragungen, denn bei denen ist es die implizite oder explizite Regieanweisung, dass die Befragten über die Antworten nicht weiter nachdenken, sondern spontan das antworten sollen, was ihnen in den Sinn kommt. Demgegenüber geht die gruppengestützte Dialogische Introspektion als nicht behaviouristisches Verfahren davon aus, dass die Menschen über ein Bewusstsein und über innere Prozesse verfügen, die es themenbezogen systematisch zu erheben und auszuwerten gilt. Der Mensch besitzt danach also prinzipiell die Fähigkeit, seine inneren psychischen und körperlichen

Prozesse in einer bestimmten Situation explizit und aufmerksam zu beobachten, das wahrgenommene Geschehen als eigenes Erleben innerlich zu protokollieren und hinterher schriftlich zu fixieren bzw. in der Gruppe mitzuteilen, unabhängig davon, ob er in der jeweiligen Situation aktiv tätig ist oder nur partizipiert.

Wenn sich Forschungsverfahren wie Lautes Denken und Dialogische Introspektion in den Annahmen darüber unterscheiden, wie man Daten erhebt und warum man das so macht, so müssen sie sich auch darin unterscheiden, wie sie ausgewertet werden, denn daraus sollen sich dann ja beschreibende und theoretische Aussagen konstruieren lassen. Für die Dialogische Introspektion muss sinnvoller Weise eine Art der Auswertung gewählt werden, die individuelles Handeln und Erleben als etwas versteht, was sinngeleitet und in Bezug auf innere Prozesse der Menschen stattfindet. Denn die Regieanweisung introspektiver Verfahren, das eigene Erleben zu berichten, setzt ja den Menschen als sinnvoll handelndes und urteilendes Wesen voraus, wie wir eben erläutert haben. Deswegen ist hier das heuristische Analyseverfahren nach Kleining (1995) angemessen: Es versteht Aussagen als Aussagen in der Perspektive der handelnden und erlebenden Subjekte und erschließt daraus intersubjektiv gültige Einsichten über den jeweiligen Sachverhalt. Dazu konzentriert sich die heuristische Analyse auf die Gemeinsamkeiten, die sich in und durch die Aussagen der verschiedenen beteiligten Individuen ausdrücken – und in diesen Gemeinsamkeiten sind die individuellen Besonderheiten gerade aufgehoben, d.h. sie stehen in Bezug zum Individuum; weil es aber um die Gemeinsamkeiten in den Aussagen aller beteiligten geht, beziehen sie sich nicht mehr nur auf ein Individuum, sondern auf den in Frage stehenden Sachverhalt. Anders ausgedrückt, weil ja in dem Datenerhebungsprozess das Erleben gefragt ist, das sich auf soziale oder psychische Phänomene beziehen soll, auf die die Forschungsfrage zielt, und dann das herausgearbeitet wird, was allen Erlebnisberichten gemeinsam ist, so müssen sich daraus Eigenschaften des in Frage stehenden Phänomens und nicht mehr des einzelnen Individuums ergeben. Dialogische Introspektion setzt mithin also am subjektiven Erleben der Individuen an und führt dann durch die Analyse auf Gemeinsamkeiten zu allgemeinen, überindivduell geltenden Aussagen. Genaueres ist bei Kleining (1995), Qualitative Heuristik (2008), Qualitativ-heuristische Psychologie und Sozialforschung Hamburg (2010) oder auch in Krotz (2005) nachzulesen.

1.2.4 Überlegungen zu Einsatzfeldern der Dialogischen Introspektion

Angesichts der vorliegenden Texte in diesem Band können wir sagen, dass die dargestellten Anwendungen des Verfahrens der Dialogischen Introspektion gezeigt haben, dass es für psychologische Fragestellungen interessant ist. Hier soll abschließend etwas dazu gesagt werden, unter welchen Bedingungen Dialogische Introspektion über die in diesem Band dargestellten Beispiele und über die Psychologie als Anwendungsfeld hinaus mit guten Ergebnissen eingesetzt werden kann.

Dialogische Introspektion kann generell im Rahmen von Forschung eingesetzt werden, für die ein konstitutiver Bezug auf das subjektive Erleben der mit dem Forschungsgegenstand befassten Menschen hilfreich ist. Welche Bereiche damit genau gemeint sind, hängt in gewisser Weise von der Fragestellung, aber auch von der theoretischen Sichtweise der Forschenden. Geht man davon aus, dass *das Soziale* und *das Kulturelle* im Gegensatz zur Natur von den Menschen in ihrem Handeln gemacht ist, so lassen sich die sozialen und kulturellen Phänomene mindestens auf der Mikro- und Mesoebene aller Kultur- und Sozialwissenschaften ergiebig mittels Dialogischer Introspektion untersuchen.

Wenn man jedoch etwas über die Institution Fernsehen herausfinden will, kann man zwar vermutlich nicht alle Dimensionen dieses Phänomens durch Dialogische Introspektion herausarbeiten. Aber man kann damit die verschiedenen Ebenen von Fernsehen untersuchen, insofern man die Teilnehmenden einer oder mehrerer Introspektionssitzungen entsprechend auswählt. Allerdings wird man – wie bei allen wissenschaftlichen Untersuchungen – zusätzlich auf andere Methoden zurückgreifen müssen, weil jede Methode unterschiedliche Einsatzbedingungen und so unterschiedliche Vor- und Nachteile hat.

Auch die Institution Schule kann man beispielsweise mit Hilfe Dialogischer Introspektion vermutlich mit viel Gewinn untersuchen, weil man hier verschiedene Standpunkte und Perspektiven identifizieren kann, zu denen man je Dialogische Introspektionsgruppen einrichten kann: Schüler, Eltern, Lehrer etc. – und Dialogische Introspektion bietet sich hier an, weil alle dazu über perspektivisch gebundene, aber einschlägige Erfahrungen verfügen.

Auch das, was die Marktforschung derzeit vor allem mit den so genannten Fokusgruppen erforscht, lässt sich vermutlich mit mindestens ebenso tragfähigen Ergebnissen mit Dialogischer Introspektion untersuchen.

Wichtig ist bei jeder Anwendung vor allem die Einschränkung, dass die sozialen oder politischen Phänomene, um die es geht, auf der Basis individuellen Erlebens in Kultur und Gesellschaft erfahrbar sein müssen. Strukturelle Bedingungen, insofern sie als gegeben angenommen und unterstellt sind, sind deshalb sicherlich schwieriger damit zu erfassen. Insofern können wir zusammenfassend sagen, dass man das Verfahren der Dialogischen Introspektion in der Gruppe, wie es in dem vorliegenden Band dargestellt wird, generell auf sozialwissenschaftliche, aber auch auf ökonomische oder weitere disziplinäre Fragestellungen anwenden kann, wenn es sich um Fragen handelt, für die das individuelle Erleben einen Zugang bildet.

1.3 Die heuristische Methodologie der Dialogischen Introspektion (Thomas Burkart)

Das methodologische Kennzeichen der Dialogischen Introspektion ist eine Verbindung von klassischer Introspektion, die individuell vom Forschenden selbst durchgeführt wurde, und der Introspektion in der Würzburger Schule, die in Versuchen mit Einzelpersonen erfolgte (Kleining & Mayer, 2002; vgl. Kapitel 4.2). Zusätzlich ist die Dialogische Introspektion erweitert durch die Verwendung der Gruppe zur Verbesserung des Datengewinns (vgl. Kapitel 4.2): Die Teilnehmenden einer Dialogischen Introspektion bilden eine Gruppe, die den Prozess der Datengewinnung gemeinsam (dialogisch) gestalten, die Mitglieder der Gruppe sind dabei zugleich Forschungsobjekte (wie in der Würzburger Schule) und Forschungssubjekte (wie in der klassischen Introspektion). [13]

Das Forschungsverfahren bezieht sich weiterhin auf die qualitativ-heuristische Methodologie: Datenerhebung und Analyse werden durch Regeln bestimmt, die der Reichhaltigkeit der Daten und der Sicherung der Intersubjektivität des Verfahrens dienen.

---

[13] Dies gilt für die Mitglieder der Hamburger Forschungswerkstatt, die in ihrer Rolle als Forschungsperson, die eine Untersuchung plant, durchführt und auswertet, und der Rolle als Untersuchungsperson, alternierten. Für sonstige Untersuchungen muss dieses Merkmal nicht zutreffen.

1.3.1 Methodologie

Basis der gruppengestützten Dialogischen Introspektion ist die qualitativ-heuristische Methodologie von Gerhard Kleining (1982a, 1982b, 1994, 1995, 2005; Kleining & Witt, 2000, 2001, Qualitative Heuristik, 2008), die sowohl von einer deduktiv-nomologischen Methodologie, als auch von hermeneutisch-interpretativen Methodologien unterschieden ist. Sie wurde aus Merkmalen explorativen Handelns, als dessen Spezialfall forschendes Handeln gelten kann, und der Geschichte der empirischen und philosophischen Heuristik abstrahiert.

Die heuristische Methodologie ist durch vier Regeln gekennzeichnet:

1. *Offenheit der Forschungsperson:* Sie sollte bereit sein, ihr Vorverständnis über den Gegenstand zu verändern, wenn es nicht mit den Daten übereinstimmt. Anders als in der deduktiv-nomologischen Forschung werden nicht vorab festgelegte Hypothesen geprüft, sondern Strukturen exploriert.
2. *Offenheit des Forschungsgegenstandes:* Da das Ziel heuristischer Forschung in der Entdeckung von neuen Strukturen besteht, wird der Forschungsgegenstand als vorläufig betrachtet. Er kann sich im Verlauf der Forschung ändern und ist erst nach erfolgreich abgeschlossener Analyse vollständig bekannt.
3. *Maximale strukturelle Variation der Perspektiven* bei der Datenerhebung: Der Gegenstand wird aus maximal unterschiedlichen Positionen betrachtet, um Einseitigkeiten in seiner Exploration zu überwinden und seine wesentlichen Kennzeichen zu berücksichtigen. Wünschenswert ist es, Faktoren, die einen Einfluss auf den Untersuchungsgegenstand haben oder von denen dies vermutet wird, maximal zu variieren. Dazu zählen neben den oft erst im Verlauf der Forschung entdeckten gegenstandsspezifischen Faktoren, die Forschungsmethoden, die untersuchten Subjekte (z.B. deren Geschlecht, Alter, Sozialstatus, Persönlichkeit), die Fragen, die an den Gegenstand gestellt werden und eventuell auch die Forschungsperson selbst.
4. *Analyse auf Gemeinsamkeiten:* Die gesammelten Daten werden in Richtung auf Gemeinsamkeiten oder Ähnlichkeiten analysiert. Ziel ist es, eine gemeinsame Struktur zu erkennen, die alle Daten integriert.

Alle wissenschaftlichen Methoden sind Formen der Auseinandersetzung zwischen einem Subjekt (Forschungsperson) und einem Objekt (Forschungsgegenstand). Sie können – wie im Experiment – eher aktive oder – wie in der Beobachtung – eher eine rezeptive Haltung zum Forschungsgegenstand beinhalten. Auch die Introspektion besitzt eine aktive, eingreifende, *experimentelle* Seite, wenn Introspektierende sich beispielsweise Fragen zu ihrem Erleben stellen und eine eher rezeptive, beobachtende, abwartende Seite, wenn Introspektierende ihr Erleben nur registrieren.

Für den Forschungsprozess ist ein Dialog zwischen Forschungsperson und Forschungsgegenstand kennzeichnend, der durch Fragen an den Gegenstand in Bewegung gesetzt wird. Dieser antwortet, was zu neuen Fragen und Antworten führt. Dieser dialogische Frage-Antwort-Prozess wird solange fortgesetzt, bis eine Struktur gefunden ist, in der alle Daten über den Forschungsgegenstand aufgehoben sind. Der Forschungsprozess ist dialektisch, da er vom Besonderen (den konkreten Daten) zum Allgemeinen (der mit der

Analyse erkannten Struktur) führt, das das Besondere im Hegelschen Sinn als aufgeklärtes Besonderes enthält (Kleining, 2005).

Aus der Regel der maximal strukturellen Variation der Perspektiven ergibt sich die Samplestrategie, die anders als in deduktiv-nomologischen Untersuchungen nicht die Zufallsausfall, sondern das Extremgruppensample ist. Maximal variiert – in Extremgruppen – werden Faktoren einbezogen, die einen wesentlichen Einfluss auf den Gegenstand haben. „Extremgruppen-Sampling fordert nicht nur, dass ungewöhnliche, ausgefallene, ‚extreme' Situationen untersucht werden, sondern auch, dass das Besondere, für den Gegenstand charakteristische, mit ihm in der einen oder anderen Weise Verbundene, ausfindig gemacht und ... einbezogen wird" (Kleining, 1986, S. 734).

Die Analyse ist nicht interpretativ, hermeneutisch oder deduktiv, sondern heuristisch – bestimmt durch die in den Daten vorhandenen Gemeinsamkeiten (vgl. Kapitel 1.5). Die Formulierung von Hypothesen zu Beginn der Forschung und ihre Operationalisierung in Kategorienschemata wie in der deduktiv-nomologischen Methodologie wird ebenso wenig als hilfreich angesehen wie die Ausdeutung der Daten mit Konzepten des Forschenden. Anders als in quantitativen Ansätzen werden nicht Unterschiede, sondern Gemeinsamkeiten gesucht. Diese Suche nach Gemeinsamkeiten erfolgt dialogisch, indem die Forschungsperson Fragen an die gesammelten Daten stellt. In einer Introspektionsuntersuchung könnte beispielsweise gefragt werden: Welche Gefühle werden wie beschrieben? Die sich aus den Daten ergebenden Antworten werden auf Gemeinsamkeiten analysiert, indem – bezogen auf das Beispiel – gefragt wird: Was ist den Gefühlsschilderungen gemeinsam? Gemeinsamkeit bedeutet dabei nicht nur Identität oder Ähnlichkeit, sondern auch Gegensatz oder Negation. Aus ersten Gemeinsamkeiten, die Teile der Daten verbinden, für andere aber nicht passen, ergibt sich allmählich in einem dialektischen Prozess der Strukturierung und Restrukturierung die gesuchte Gesamtstruktur. Für sie gilt die *100%-Regel*. Wie in einem aufgelösten Puzzle muss jeder Befund, jedes Datum in der erschlossenen Struktur seinen Platz haben (Kleining & Burkart, 2001, S. 219). Diese Struktur ist zugleich eine Theorie des Gegenstands. Ihre Anwendungsbreite kann geprüft werden, indem sie explorativ mit neuen Daten konfrontiert wird, die die vermuteten Anwendungsränder repräsentieren (Kleining, 2005, S. 32).

Die Dialogische Introspektion hat wie alle wissenschaftliche Methoden eine Alltagsbasis, da Menschen im Alltag sich und ihr Erleben beobachten. Die Methode zielt auf eine Überwindung der Nachteile der Alltagsintrospektion, die oftmals selektiv, unsystematisch, einseitig und wertend eingesetzt wird, versucht aber ihr heuristisches Potenzial zu bewahren, das im unmittelbaren, natürlichen und ergiebigen Zugang zum Erleben besteht. Dies wird erreicht durch

- die systematische und kontrollierte Ausführung von Beobachtungsgelegenheiten,
- die systematische und variierte Dokumentation des Erlebens,
- die Trennung von Selbstbeobachtung und Analyse,
- die Kombination von individueller Introspektion und Introspektion der anderen Gruppenmitglieder mit einer Verschränkung von vielfältigen dialogischen Prozessen,
- die Kontrolle unerwünschter Gruppenprozesse.

Für ihre Erforschung müssen die Selbstbeobachtungen veräußerlicht werden. Dies kann, wie in Kapitel 1.4 genauer beschrieben, durch Verbalisierung, Verschriftung oder Umsetzung der Erlebnisinhalte in nicht-sprachliche Artefakte erfolgen. Mit der jeweiligen Dokumentationsform sind unvermeidlich ein Transformationsverlust und eine gewisse Einseitigkeit verbunden, weshalb sie variiert werden sollte. In der Regel werden mindestens drei verschiedene Dokumentationsformen eingesetzt: (1) Notizen während und (2) direkt im Anschluss an die Introspektion sowie (3) der mündliche Introspektionsbericht in der Gruppe.

Um eine Vermengung von Selbstbeobachtung mit deren Bewertung und Deutung zu vermeiden, die für die Alltagsintrospektion typisch ist, werden in der Dialogischen Introspektion die Selbstbeobachtung des Erlebens und die Analyse der Introspektionen strikt getrennt, wobei die Analyse immer mit verschrifteten Selbstbeobachtungen erfolgt (vgl. Kapitel 1.5). Die oftmals zeitaufwendige Analyse wird nicht in der Gruppe, sondern in Einzelarbeit durchgeführt, auch um unerwünschte Konformitäts- und Konsenuseffekte zu vermeiden – Konsens ist nicht gleichbedeutend mit *Wahrheit* oder Richtigkeit der Analyse – die sich leicht einstellen, wenn in der Gruppe über eine Analyse diskutiert wird.

Namensgebend für die Dialogische Introspektion sind die durch sie angestoßenen dialogischen Prozesse. Neben inneren Dialogen, in denen die Einzelnen ihr Erleben beobachten und versuchen, es angemessen zu dokumentieren, gibt es äußere Prozesse, in denen das einzelne Gruppenmitglied den anderen Gruppenmitgliedern sein beobachtetes Erleben mitteilt, die wiederum das Gehörte – das von ihnen verbal nicht kommentiert wird – zum eigenen Erleben in Beziehung setzen. Diese Verschränkung von dialogischen Prozessen mit einem Wechsel von aktiven und rezeptiven Haltungen erzeugt vielfältige Kontraste, die Dialoge stimulieren, die die Exploration des Erlebens erleichtern:

- Im *inneren Dialog* kann das vom einzelnen Gruppenmitglied Erlebte Diskrepanzen zu seinen Notizen und seinen Mitteilungen darüber zeigen. Es kann sich fragen, ob die Darstellung seiner Selbstbeobachtungen vollständig und zutreffend ist und sie, wenn nötig, ergänzen oder präzisieren.
- In der *Verschränkung von innerem dialogischen Prozessen und äußeren Mitteilungen in der Gruppe* können die Introspektionsberichte der Anderen die eigene Erinnerung beleben. Das einzelne Gruppenmitglied kann sich durch die Berichte der Anderen an Aspekte seines Erlebens erinnern, die es vergessen oder für unwichtig, peinlich oder zu schwierig für eine sprachliche Darstellung gehalten hatte.

Um Offenheit zu erleichtern, das Risiko von Konformität einzuschränken und um destruktive gruppendynamische Prozesse – wie sich aufschaukelnde Feindseligkeiten – zu verhindern, gelten in der Introspektionsgruppe bestimmte Gruppenregeln. Dazu zählen das Verbot von Kritik, von Nachfragen und Diskussion (vgl. Kapitel 1.4). Sie können von einem Forschungsleiter vermittelt werden, der auch auf ihre Einhaltung achtet. Darüber hinaus sollte die Gruppe so wenig wie möglich einen *hierarchischen Charakter* haben damit eine respektvolle und interessierte Kommunikation gefördert werden kann.

Die Dialogische Introspektion unterscheidet sich von der Gruppendiskussion (Focus Group), weil keine Diskussionen zugelassen sind, die zu unerwünschten Konsensbildungen mit kollektiven Meinungen und Bewertungen in der Gruppe führen können. Interessant ist gerade die Vielfalt der individuellen Introspektionen.

Gegenüber der Untersuchung von Einzelpersonen, wie sie in der klassischen und der Introspektionsforschung der Würzburger Schule üblich war, hat die gruppengestützte Ausführung wesentliche Vorteile. Sie ermöglicht eine *ökonomische Datenerhebung mit intra- und interindividuellen Variationen*, da die Gruppe nicht nur aus mehreren Selbstbeobachtenden besteht, sondern auch verschiedene Dokumentationen des Erlebens eines einzelnen Teilnehmenden entstehen lässt. Die Gruppendurchführung führt zu einer *erweiterten dialogischen Abfolge*, die die *Vervollständigung und Differenzierung von introspektiven Daten* erleichtern kann. Die gruppengestützte Ausführung der Dialogischen Introspektion leistet damit einen Betrag zum *Entstehen von Intersubjektivität* im Forschungsprozess, da sie die Erhebung von variierten Daten erleichtert, die dann auf Gemeinsamkeiten analysiert werden.

Trotz dieser Vorzüge hat die Dialogische Introspektion – wie alle anderen Forschungsmethoden auch – ihre Grenzen, die auf eine methodenspezifische Einseitigkeit zurückzuführen sind. Dazu zählt einerseits die Selbstbetroffenheit, die durch bewusste oder unbewusste Selektion von Erlebnisinhalten mit einer einseitigen Perspektive auf den Forschungsgegenstand verbunden sein kann. Nachteilig kann anderseits auch sein, dass die Methode aufmerksamkeitsintensiv ist und deshalb bei Handlungen, die sehr viel Aufmerksamkeit erfordern, nur mit Einschränkung, eventuell nur mit technischer Unterstützung (z.B. Videoaufzeichnung der Handlungen) anwendbar ist.

Wegen dieser methodenspezifischen Einseitigkeit ist es vorteilhaft, die Forschungsmethode zu variieren. Die Dialogische Introspektion kann beispielsweise durch qualitative (teilnehmende) Beobachtung, qualitative (offene) Befragung oder das qualitative Experiment (Kleining, 1986) ergänzt werden. Das qualitative Experiment ist in hervorragender Weise geeignet, Strukturen alltagsnah zu explorieren und in ihren Grenzen und in ihrer Entwicklung zu prüfen (Burkart, 2005a, S. 492-494).

Die Gütekriterien der Dialogischen Introspektion – *Verlässlichkeit, Gültigkeit und Geltung* – unterscheiden sich nicht von denen anderer qualitativ-heuristischer Methoden (Kleining, 1995, S. 273ff.). Sie sind der Forschung immanent und stellen sich – anders als bei quantitativer Forschung – bei korrekter Ausführung am Ende der Forschung zwangsläufig ein. Am Anfang eines Forschungsprozesses sind die Ergebnisse dagegen (ebenfalls zwangsläufig) wenig reliabel. Eine Dialogische Introspektion mit einer bestimmten Gruppe mag beispielsweise andere Resultate erbringen als die Introspektion zum selben Gegenstand mit einer anderen Gruppe, die sich in wesentlichen Merkmalen von der ersten unterscheidet. Im Verlauf weiterer Untersuchungen, wenn diese Unterschiede in der durch die Analyse erkannten Struktur erklärt werden können, ist dagegen Reliabilität gegeben. Auch die Validität entsteht im Forschungsprozess, wenn der Gegenstand maximal strukturell variiert wird, also seine wesentlichen Aspekte einbezogen werden und die Daten nach der „100%-Regel" auf Gemeinsamkeit analysiert werden. Die Geltung der Resultate qualitativ-heuristischer Forschung ist aber durch den sozialen und raumzeitlich begrenzten Charakter ihrer Gegenstände begrenzt. Der Gültigkeitsbereich hängt davon ab, wie eng oder breit der Gegenstand gefasst und in den Daten repräsentiert ist (Burkart & Kleining, 2007).

1.3.2 Forscherrolle

Die Dialogische Introspektion ist durch eine *gleichberechtigte Gruppensituation* mit *heuristischer Offenheit* gekennzeichnet. Die geforderte Offenheit, die als allgemeines Merkmal heuristischer Forschung gelten kann (vgl. Kleining, 2001), ist nicht beliebig, sondern *me-

thodisch kontrolliert. In der Dialogischen Introspektion umfasst sie die Aspekte *Selbstoffenheit, Rollenoffenheit und Offenheit für den Gegenstand* (Burkart, 2002, S. 95-96) und ist so gestaltet, dass die in ihr enthaltenen Maßnahmen zur Herstellung von Intersubjektivität nicht zu Lasten *der Alltagsnähe und „Natürlichkeit" des Forschungsgegenstands gehen.*

Im Unterschied zu vielen psychologischen und soziologischen Methoden (nicht jedoch der Psychoanalyse), die durch eine strikte Trennung zwischen *untersuchter Person (Versuchsperson, Proband)* und *Forschungsperson (ForscherIn)* gekennzeichnet sind, deren Subjektivität minimiert werden soll, um Objektivität herzustellen, können die Forschungspersonen in der Dialogischen Introspektion zugleich ihre eigenen Versuchspersonen sein und damit offen für sich selbst, ihre Subjektivität, ihre eigenen psychischen Prozesse. Diese Selbstoffenheit greift die oft gegebene Selbstbetroffenheit der Forschungsperson vom Forschungsgegenstand auf, der sich auf psychische oder soziale Phänomene bezieht, die für die Forschungsperson ebenfalls relevant sind.

Im Unterschied zur normalerweise festgeschriebenen Subjekt-Objekt-Trennung zwischen Forschendem und Versuchsperson gibt es in der Dialogischen Introspektion, sofern die Forschungspersonen auch als Versuchspersonen fungieren, eine Rollenoffenheit. Während sie am Anfang in einer reinen Forscherrolle gemeinsam und gleichberechtigt den vorläufigen Forschungsgegenstand und das konkrete Vorgehen bei der Datenerhebung festlegen, sind sie in der Datenerhebung Beobachter ihres eigenen Erlebens. In der Analyse dagegen besteht eine klare Subjekt-Objekt-Trennung mit dem Analysierenden einerseits und den transkribierten Introspektionsberichten andererseits, um das bereits in Kapitel 1.3.1 erwähnte Risiko einer Vermengung zwischen Selbstbeobachtung, Wertung und Deutung, das in der Alltagsintrospektion gegeben ist, zu reduzieren.

Diese flexible Rollenaufteilung ist eine Synthese der Introspektion bei Brentano (1874/1973), die durch eine *Einheit von Forschungsperson und Versuchsperson* gekennzeichnet war, und dem Vorgehen in der Würzburger Schule und bei Wundt (1873, 1907), (vgl. Kapitel 4.2) mit einer *Trennung von Forschungsperson und Versuchsperson.* Sie bewahrt zwar die Vorteile beider Positionen (Distanz für die wissenschaftliche Analyse, Anerkennung der Selbstbetroffenheit vom Gegenstand), überwindet aber ihre Nachteile. Sie bestehen in einer künstlichen Distanz mit Machtgefälle zwischen Versuchsperson und Forschungsperson, die den Gegenstand auswählt, die Fragen stellt, sich selbst aber nicht öffnet, sowie problematischen methodischen Einengungen (z.B. sind bei Wundt keine komplexen seelischen Sachverhalte für die Introspektion zugelassen, vgl. Kapitel 4.2).

Von der Forschungsperson wird eine Offenheit für den Gegenstand erwartet, den sie als vorläufig betrachtet und über den sie Neues erfahren will und der in seiner Alltagsvielfalt untersucht wird.

Die Datenerhebung wird flexibel dem Gegenstand angepasst, ist aber kein willkürliches Vorgehen, sondern ist durch die heuristische Regel bestimmt, den Gegenstand aus möglichst unterschiedlichen Perspektiven zu explorieren. Weder die Introspektion selbst noch der Introspektionsbericht werden durch vorgegebene Kategorien oder Fragen eingeengt.

Auch die Analyse wird nicht mit einem vorgegebenen Kategorieschema, sondern in einem offenen dialogischen Prozess durchgeführt. Nicht offen ist die Analyse aber für Interpretationen und Deutungen der Daten. Die Struktur des Gegenstands wird vielmehr durch Analyse auf Gemeinsamkeiten aus den Daten selbst erschlossen. Die Offenheit für den Gegenstand beinhaltet auch, die untersuchten Personen in ihrer Subjektivität, die in quantitativen psychologischen Methoden durch die Untersuchungsbedingungen und Methoden oft stark beschnitten wird, ohne Einschränkungen, also auch in ihren Nachteilen (wie der Einseitigkeit und dem Zurückhalten von Mitteilungen), zu respektieren, ja zu schützen. Es bleibt den Introspektierenden selbst überlassen, wie viel sie über ihr Erleben mitteilen wollen, ohne dass sie sich dem Risiko von Bewertungen aussetzten müssen. Die Einseitigkeit der einzelnen Introspektion durch bewusste oder unbewusste Selektion von Erlebnisinhalten kann durch die Introspektionen der anderen Gruppenmitglieder wieder ausgeglichen werden, zumal das Individuum durch die Berichte der anderen das eigene Erleben und die Mitteilung darüber prüfen und erweitern kann (Burkart, 2000).

1.3.3 Das Erleben der Dialogischen Introspektion

Die gruppengestützte Dialogische Introspektion ist ein Verfahren, das – wie unsere bisherigen Untersuchungen zeigten – als positiv, interessant und ergiebig erlebt wird. Die Gruppensituation selbst wird als unterstützend, anregend, wenngleich manchmal auch als gewöhnungsbedürftig erfahren.

Dennoch können bei Forschungen mit Dialogischer Introspektion sowohl spezielle Probleme (Burkart, 2002, S. 96-97) als auch allgemeine Probleme auftreten, wie sie von anderen heuristischen Methoden bekannt sind (Kleining, 1995, S. 231-249).

Als Forschungsperson offen zu sein, kann schwer fallen und zu Krisen führen, wenn die Daten wichtigen Überzeugungen oder präferierten Theorien widersprechen. Um sich offen zu halten, kann es nützlich sein, sich mit unterschiedlichen Theorien über den Gegenstand zu beschäftigen. Damit Vorurteile nicht im Verborgenen wirken, empfiehlt es sich, vor Beginn einer Untersuchung sich seines Vorverständnisses bewusst zu werden. Außerdem sollten gerade solche Daten nicht aus der Analyse ausgeschlossen werden, die als unangenehm oder banal erlebt werden – Einschätzungen, die einen Widerstand gegen die Aufgabe von Vorurteilen spiegeln können.

Die Forderung nach der Offenheit des Gegenstands widerspricht der deduktiv-nomologischen Methodologie, in der viele Forschungspersonen sozialisiert sind. Ihr zufolge sollte der Forschungsgegenstand am Anfang der Forschung möglichst genau definiert werden. Dies kann eine Sicherheit vermitteln, auf die der heuristisch orientierte Forscher verzichten muss.

Die maximal strukturelle Variation der Perspektiven kann als schwierig oder gar als überflüssig erlebt werden, weil sie verlangt, für Faktoren offen zu sein, die nicht nahe liegend sind.

Die Analyse auf Gemeinsamkeit ist der schwierigste Schritt, weil „er der natürlichen Alltagspraxis widerspricht, die auf das Erkennen und Bewerten von Differenzen abhebt" (Kleining, 1995, S. 243). Er widerspricht auch der üblichen psychologischen/sozialwissenschaftlichen Sozialisation, in der der Nachweis von Unterschieden in quantitativen Untersuchungen ein wesentlicher Inhalt ist. Die Daten in qualitativ-heuristischen Untersuchungen können zunächst chaotisch wirken und beim Analysierenden Frustration und Entmutigung („ich schaffe es nicht") auslösen. Im weiteren Verlauf über das fortschreitende Erkennen von Gemeinsamkeiten, die zunächst nur *lokal* (auf einen Teil der Daten bezogen) sind, und erst allmählich global werden (Gemeinsamkeiten von *lokalen* Gemeinsamkeiten) lichtet sich das Chaos. Die anfängliche Frustration kann Gefühlen von Erleichterung und Freude weichen.

Bei heuristischen Introspektionsuntersuchungen können sich weitere Schwierigkeiten aus der Selbstanwendung der Methode ergeben, die die Distanz zum Gegenstand erschwert, die aufwühlen kann und außerdem der Alltagspraxis widerspricht, das eigene Erleben selektiv zu beobachten und die Introspektion nach Belieben abzubrechen. Hinzu kommen können blockierende Erwartungseffekte („ich möchte etwas Interessantes beobachten"), die das Erleben reaktiv verändern können. Solche reaktiven Effekte verschwinden aber mit zunehmender Übung und Gewöhnung. Außerdem erleichtert gerade die Gruppensituation, die als Motivationsstütze wirken kann, die systematische Introspektion ohne vorzeitigen Abbruch, zumal die Aussicht, etwas Neues zu entdecken oder auch ein altes Problem zu lösen, in sich motivierend ist.

1.4 Die Methode der Dialogischen Introspektion (Thomas Burkart)

Die Dialogische Introspektion ist einerseits eine Systematisierung der Alltagsintrospektion, wie sie selbst jeder kennt und praktiziert, andererseits eine Weiterentwicklung der wissenschaftlich betriebenen Introspektion, wie sie vor der Verbannung der Introspektion durch den Behaviorismus gehandhabt wurde (vgl. Kapitel 4.2). Alltagsintrospektion kann zwar reichhaltige Ergebnisse erbringen. Sie wird aber zumeist selektiv und unsystematisch eingesetzt, mit einer Mischung von Selbstbeobachtungen, Wertungen und Reflexionen. Für wissenschaftliche Intersubjektivität müssen diese Nachteile der Alltagstechnik überwunden werden. In der Dialogischen Introspektion wird dies durch einen systematischen und geplanten Ausführungsprozess erreicht, dessen Merkmale im Folgenden beschrieben werden. Die wissenschaftliche Weiterentwicklung besteht in der verbesserten gruppengestützten Methode des Datengewinns, der systematischen Datendokumentation und der Datenanalyse, die durch heuristische Regeln bestimmt wird.

Der Forschungsprozess in der Dialogischen Introspektion besteht aus den drei Phasen:

- Auswahl des Forschungsgegenstandes,
- Datenerhebung mit den Stufen
    - Introspektion,
    - individuelle Dokumentation und
    - Introspektionsberichte (1. und 2. Runde) in der Gruppe und
- Analyse der verschrifteten Daten.

Diese Phasen können wiederholt durchlaufen werden, wenn sich in der Analyse neue Erkenntnisse über Faktoren ergeben, die einen wesentlichen Einfluss auf den Forschungsgegenstand haben und deshalb eine weitere Untersuchung erfordern (vgl. Kapitel 1.3). Datenerhebung und Analyse sollten wechselweise erfolgen: Wenn bereits beim Vorliegen erster Daten mit der Analyse begonnen wird; kann die Datenerhebung frühzeitig an die Erfordernisse des Gegenstandes angepasst werden und damit zur Qualität und zur Ökonomie des Forschungsprozesses beitragen.

1.4.1 Die Auswahl des Forschungsgegenstandes

Am Beginn des Forschungsprozesses steht die Auswahl des Forschungsgegenstands. Bei explorativ und heuristisch orientierter Forschung ist dies immer eine vorläufige Festlegung, da sich der Gegenstand im Prozess der Forschung verändern kann.

Was kann introspektiv untersucht werden? Introspektion ist sehr breit einsetzbar (vgl. auch Witt, 1999). Alles, was im Erleben enthalten ist, alles was erlebbar ist, was wir mit unserem Denken, Empfinden und Fühlen begleiten und was als bewusste innere Erfahrung vorhanden ist, ist der Introspektion zugänglich. *Gegenstände von Introspektion* können sein:

- Rezeption von Medien wie Filme, Texte, Bilder,
- Erfahrungen in gemeinsam oder einzeln erlebten Situationen,
- das Erleben des eigenen oder bei anderen beobachteten Handelns,
- innere Vorgänge wie Tagträume, Phantasien, Entscheidungs- oder Gefühlsprozesse.

Die Introspektionsgegenstände können sein: kurze oder lang andauernde Erfahrungen (z.B. ein Sekundenbruchteile andauerndes Schreckerlebnis vs. das Erleben eines mehrstündigen Staus nach einem Verkehrsunfall), belanglose oder bedeutsame Ereignisse (z.B. die Rezeption der Tagesschau vs. das Erleben einer lebensbedrohlichen Situation) nachhaltige oder flüchtige Erfahrungen (z.B. das Erleben von Alltagseinkäufen vs. das Erleben von einschneidenden Lebensentscheidungen). Neben aktuellen, können es lange zurückliegende Erfahrungen sein, die vom Subjekt erinnert und damit dem aktuellen Erleben zugänglich werden. Mit der Wahl des Introspektionsgegenstandes ist dabei noch keineswegs der Forschungsgegenstand bestimmt. Erst die Analyse der Introspektionsdaten bezogen auf einen bestimmten Introspektionsgegenstand (z.B. *die Tagesthemen*) kann zur Präzisierung der Forschungsfrage (z.B. „Wie kongruent werden Ton, Bild und Text in politischen Sendungen erlebt?") führen.

Bisherige Gegenstände in der Intropektionswerkstatt waren (vgl. Mayer & Burkart, 2009): das Erleben eines Schrecks, ausgelöst durch ein plötzliches Ereignis, die Rezeption von Filmen, von Nachrichtensendungen, von Internetchats, emotionales Erleben, die inneren Vorgänge bei der Lösung eines Problems und beim gemeinsamen Spielen, die Retrospektion von bedeutsamen und weniger bedeutsamen Lebensereignissen, das Erleben bei der Ausführung von qualitativer (auch introspektiver) Forschung, das Erleben von öffentlichen Gebäuden (Bahnhöfen), das Erleben der Interaktion mit einem schwierigen Klienten in einer sozialpädagogischen Beratung bzw. das Erleben eines Berichts darüber in einer Gruppensitzung, Erwägungen bei Entscheidungen, Prozesse beim Begriffsverstehen und Erleben von technischen Geräten (PC, Auto).

1.4.2 Die Datenerhebung

Die Datenerhebung kann durch eine Person angeleitet werden, die die Aufgabe hat, die Teilnehmenden über die Untersuchung zu informieren, sie bei ihrer Introspektion und deren Dokumentation anzuleiten und für Gruppenbedingungen zu sorgen, die eine reichhaltige und differenzierte Selbstwahrnehmung fördern.

1. Die Introspektion des Gegenstands

Vor der Introspektion werden die Teilnehmenden sorgfältig über die Forschungsmethode, den Ablauf der Forschung, die Art der Dokumentation und die Verwendung der Daten informiert. Dies beinhaltet auch eine Information über Datenschutzbestimmungen, wie insbesondere die nicht namentliche Nennung im Forschungsbericht, die Verschwiegenheit außerhalb des Forschungssettings, die Freiwilligkeit und eigene Kontrolle über die Teilnahme und die Zurverfügungstellung der Daten.

Für die dann folgende Introspektion sind je nach Untersuchungsanlage verschiedene Möglichkeiten denkbar:

- Die Konfrontation mit dem Introspektionsgegenstand kann *gemeinsam in der Gruppe* erfolgen oder von *jedem Teilnehmenden individuell* durchgeführt werden.
- Die Introspektion kann *einmalig* erfolgen oder aber *wiederholt* durchgeführt werden.
- Der Untersuchungsgegenstand kann entweder *gezielt hergestellt* oder aber im Alltag der Teilnehmenden in seinem *natürlichen* Auftreten beobachtet (*abgewartet*) werden.

Beispiele für die gemeinsame Ausführung der Introspektion in der Gruppe sind die Rezeption einer gemeinsam angeschauten Nachrichtensendung oder eines Films; Beispiel für die individuelle Ausführung ist die Introspektion beim Besuch eines öffentlichen Gebäudes, das von jedem Teilnehmenden alleine aufgesucht wird. Eine wiederholte Introspektion ist beispielsweise dann gegeben, wenn die Teilnehmenden ihre inneren Prozesse bei mehreren Internetchats beobachten. Beispiele für die gezielte Herstellung sind die Vorführung eines Films (Introspektionsgegenstand: Erleben während der Rezeption eines Films), die Konfrontation mit einem Problem (Introspektionsgegenstand: Erleben bzw. innere Prozesse beim Lösen eines Problems) oder mit einem überraschenden Schreckensreiz (Introspektionsgegenstand: Erleben von Überraschung/Schreck). Während der Beginn der Introspektion von den Teilnehmenden normalerweise erwartet wird, tritt er beim letzten Beispiel unerwartet ein. Wenngleich dies wegen der Eigenart des Introspektionsgegenstandes notwendig ist, sollten die Teilnehmenden darüber informiert sein („im Verlauf der heutigen Sitzung ist ein kleines Introspektionsexperiment geplant") und damit einverstanden sein. Beispiele für die Erfassung des Introspektionsgegenstandes im Alltag der Teilnehmenden sind die Selbstbeobachtung von Gefühlen (z.B. ein aktuell auftretendes Ärgergefühl), von Empfindungen (z.B. aktuell auftretender Kopfschmerz) oder sonstigen inneren Phänomenen wie Tagträumen, Erinnerungen oder Gedanken.

Der Introspektionsgegenstand kann ein spezifisches aktuell auftretendes inneres Phänomen (Gefühl, Empfindung, Gedanke, Tagtraum usw.) sein oder die Introspektion kann sich eher unspezifisch auf das gesamte Erleben beziehen, das beispielsweise bei bestimmten Ereignissen im Alltag der Teilnehmenden auftritt. So könnte für eine Untersuchung über interpersonelle Auseinandersetzungen das Erleben während aktueller Streitigkeiten introspektiert werden, gleichgültig, welcher Art die auftretenden inneren Prozesse sind. Im Unterschied zu Wundt und Ach (vgl. Kapitel 4.2) werden auch im Falle eines spezifischen Introspektionsfokus (z.B. „beobachten Sie ein aktuell auftretendes Ärgergefühl") keine sonstigen Einschränkungen für die Introspektion vorgegeben, wie z.B. Selbstbeobachtung in bestimmten vorgegebenen Kategorien oder Ausschluss von inneren Prozessen, die nicht in eine vordefinierte Ärgerkategorie fallen. Vielmehr wird das innere Erleben unter dem jeweiligen Introspektionsfokus in seiner ganzen Vielfalt erfasst (bezogen auf das Beispiel: alle inneren Prozesse beim aktuellen Ärgergefühl).

Durch die Leitungsperson können die Teilnehmenden sorgfältig *zur Introspektion angeleitet* werden. Neben der Erläuterung des Introspektionsgegenstandes, kann die eigentliche Introspektionstätigkeit beschrieben werden. Nützlich ist folgende Instruktion:

> Seien Sie offen und aufmerksam für alles, was während ... (des Erlebens des Introspektionsgegenstandes) in Ihnen vorgeht, Ihre Gedanken, Phantasien und Erinnerungen, Ihre Empfindungen und Gefühle.

Bei stark leistungsorientierten Teilnehmenden kann es günstig sein, wenn der Forschungsleiter darauf hinweist, dass es keine richtigen und falschen oder guten und schlechten Selbstbeobachtungen gibt, um einer unangemessenen Leistungsorientierung entgegen zu wirken, die sich blockierend auf das Erleben auswirken kann (vgl. Kapitel 1.2.2).

> Bitte berücksichtigen Sie, dass es keine richtigen und falschen Selbstbeobachtungen gibt und dass es auch nicht darum geht, etwas besonders Interessantes bei sich zu beobachten. Halten Sie Ihr Erleben fest, auch wenn es Ihnen ganz normal oder gewöhnlich vorkommt.

2. Die individuelle Dokumentation der Introspektion

Selbstbeobachtungen sind zunächst nur innerlich gegeben und auch nur unter bestimmten Bedingungen der eigenen Person zugänglich. Hilfreich ist sicher zum einen der Vorsatz, jetzt und in diesem Moment auf die eigenen Gefühle und Empfindungen zu achten, die Aufmerksamkeit gezielt darauf zu richten und quasi in einem inneren Dialog Begriffe, d.h. einen sprachlichen Ausdruck für die inneren Vorgänge zu finden. Diese gezielte Aufmerksamkeit scheint aber nicht der einzige Weg zu sein, um das Erleben zu erfassen. Es kann darüber hinaus auch gelingen, im Nachhinein – nachdem das kritische Ereignis geschehen ist – sich zu erinnern, was parallel zum Ereignis in einem vorgegangen ist. Es scheint, dass mehr oder weniger immer ein parallel zum Erleben laufender Beobachtungsprozess in uns abläuft, der oft sehr flüchtig ist und sofort wieder aus dem Gedächtnis verschwindet, den wir aber – indem wir rückwirkend unsere Aufmerksamkeit auf ihn richten – fixieren und dauerhaft machen können. Haben wir auf die eine oder andere Weise unsere inneren Prozesse in den Blick bekommen, müssen sie nun noch veräußerlicht werden, um Objekt wissenschaftlicher Erforschung werden zu können. Diese Veräußerlichung *des Erlebens* kann mit folgenden Dokumentationsformen erfolgen:

- Schriftliches Protokoll,
- mündlicher Bericht (Verbalisierung),
- Umsetzung der beobachteten Erlebnisinhalte in nicht-sprachliche Artefakte, wie z.B. Bilder, Zeichnungen oder Objekte und
- Umsetzung in andere nicht-sprachliche Ausdrucksformen wie z.B. Bewegung, Tanz oder Musik.

Diese Veräusserlichungsformen enthalten zwei Probleme. Zum einen können sie unmittelbar die Introspektion oder gar das Erleben stören, sofern sie während der Introspektion stattfinden (es findet jetzt u.U. ja schon ein dritter paralleler Prozess statt, der selber wieder Gegenstand der Introspektion werden kann, womit ein unendlicher Regress eingeleitet werden könnte); zum anderen ist mit der jeweiligen Dokumentationsform ein unvermeidlicher Transformationsverlust und eine gewisse Einseitigkeit verbunden, weshalb sie variiert werden sollte (vgl. auch Burkart, 2000). Es muss auch davon ausgegangen werden, dass es erhebliche individuelle Unterschiede in der Fähigkeit zur dokumentierenden Transformation des Erlebens gibt, auch Unterschiede in der Übung, in der Bereitschaft und in der Differenzierung des Ausdrucks, was auch den Einsatz der kreativen Transformationsformen (wie Bilder, Zeichnungen) begrenzt. Sie können allerdings unter bestimmten Bedingungen, wie der Introspektion im therapeutischen oder pädagogischen Umfeld (vgl. Kapitel 3.1 bis 3.4) oder aber bei noch nicht schreibkundigen Kindern sehr nützlich sein.

In der Dialogischen Introspektion wird in der Regel vorwiegend sprachlich dokumentiert, wobei mit folgender *Abfolge der Dokumentationsformen* gearbeitet wird:

- Individuelles schriftliches Protokoll durch jeden Teilnehmenden in Einzelarbeit,
- mündlicher Introspektionsbericht in der Gruppe durch jeden Teilnehmenden,
- individuelle Ergänzungen des mündlichen Introspektionsberichtes in der Gruppensitzung.

Es hat sich bewährt, die Selbstbeobachtungen zunächst individuell schriftlich festzuhalten, wobei dieses Protokoll erst nach Abschluss der Introspektion erstellt wird, um die Introspektion des Erlebens nicht zu stören. Um Vergessen entgegen zu wirken, werden die Teilnehmenden bei längerer Introspektionsdauer dazu aufgefordert, durch das Notieren stichpunktartiger *Anker* bereits während der Introspektion das Erinnern ihrer Erfahrungen zu unterstützen. Nach Abschluss der Introspektion werden sie dann gebeten, ihre Selbstbeobachtungen ausführlich schriftlich zu formulieren:

> Wenn Sie wollen und sich dadurch nicht gestört fühlen, notieren Sie bereits während ... (des Erlebens des Introspektionsgegenstandes) Stichpunkte zu Ihrem Erleben. Bitte schreiben Sie Ihre Selbstbeobachtungen dann anschließend ausführlich auf.

Die Protokolle der einzelnen Teilnehmenden bleiben im Standardablauf der Dialogischen Introspektion privat, worauf die Leitungsperson hinweisen kann, um den Teilnehmenden eine differenzierte und vollständige Protokollierung zu erleichtern, bei der nicht schon während des Protokollierens Daten der eigenen Zensur zum Opfer fallen.

> Dieses Protokoll ist nur für Sie selbst bestimmt. Was Sie davon später der Gruppe mitteilen, entscheiden Sie selbst.

Sofern die Introspektion in der Gruppe erfolgt, lässt die Leitungsperson den Gruppenmitgliedern ausreichend Zeit für ihr ausführliches schriftliches Protokoll. Erst wenn niemand in der Gruppe mehr Zeit für die Fixierung seiner Selbstbeobachtungen benötigt, wird zum nächsten Schritt des Versuchsablaufs übergangen. Trotz dieses Vorgehens war der Zeitbedarf für den schriftlichen Introspektionsbericht bei den meisten unserer Untersuchungen mit ca. 15-25 Minuten relativ gering.

Um das Ausmaß des Vergessens zu begrenzen, sollte möglichst rasch nach der Introspektion protokolliert werden. Dies gilt im besonderen Maße für flüchtige und *normale* innere

Prozesse. Da der innere Prozess bei beeindruckenden Erfahrungen in der Regel länger erinnerbar ist, erscheint eine verzögerte Dokumentation in solchen Fällen auch vertretbar, zumal es nicht immer praktikabel ist, bald nach dem Introspektionsereignis zu protokollieren.

3. Der Introspektionsbericht in der Gruppe

Nach der persönlichen Dokumentation der Selbstbeobachtungen folgt – abhängig von der Untersuchungsausführung – unmittelbar oder nach einiger Zeit (manchmal mehreren Tagen) eine Gruppenphase, in der sich alle Selbstbeobachtenden nach bestimmten Regeln über ihre Introspektionen austauschen. Dieser Austausch erfolgt normalerweise verbal in folgender *Gruppenkonstellation:*

- Die Teilnehmenden berichten reihum in der Gruppe über ihre Introspektion.
- Die anderen Gruppenmitglieder nehmen den Introspektionsbericht des berichtenden Teilnehmenden nur auf, ohne dazu Stellung zu nehmen.
- In einer zweiten Runde können die Teilnehmenden ihren Introspektionsbericht ergänzen.

Die Introspektionsberichte basieren auf den zuvor erstellten persönlichen Introspektionsprotokollen, werden jedoch normalerweise *frei berichtet* und nicht abgelesen, um die Privatsphäre der Teilnehmenden zu schützen, die bewusst entscheiden können, was sie in der Gruppe mitteilen wollen. Außerdem wird damit die Chance für Ergänzungen geschaffen, die sich ergeben können, wenn sich die Teilnehmenden für ihre Gruppenpräsentation erneut mit ihren Introspektionen befassen. In der Regel sind diese mündlichen Berichte erheblich länger und ausführlicher als die schriftlichen Notizen. Das differenzierte Aufschreiben der Introspektionen ist ein eher mühsamer Prozess während das mündliche Berichten erheblich leichter von der Hand geht.

Wenn der Reihe nach berichtet werden soll, entsteht dadurch natürlich ein gewisser Handlungsdruck, der aber dadurch gemildert wird, dass z.B. der Bericht auch sehr kurz sein kann, oder dass bestimmte Passagen des Berichtes auf der Metaebene stattfinden können („an dieser Stelle hatte ich aggressive Gedanken gegen xy, die ich hier nicht darstellen will") oder es auch zulässig sein könnte, die Reihenfolge zu durchbrechen und erst an späterer Stelle zu berichten.

Danach folgt eine zweite Runde, in der die Teilnehmenden ihren Introspektionsbericht in der Gruppe ergänzen können. Dadurch, dass die Teilnehmenden von den anderen Gruppenmitgliedern hören, wie sie das gleiche Ereignis erlebt haben, werden sie angeregt, sich ihre Erfahrung erneut zu vergegenwärtigen und ihren ersten Introspektionsbericht zu prüfen. Nicht selten erinnern die Teilnehmenden Erlebenselemente, die sie vergessen hatten oder sie werden durch die Berichte der anderen ermutigt, Details nachzuliefern, die sie zunächst für unbedeutend gehalten hatten. Ferner können die eigenen Introspektionen oder Erinnerungen daran durch die Berichte der anderen Teilnehmenden auch abgegrenzt werden, indem sie als deutlich verschieden von denen der anderen erlebt werden. Die Basis der Ergänzung der Introspektionsberichte in der Gruppe scheint ein *Resonanzphänomen* zu sein, ein Miterleben oder Mitgehen mit den anderen Introspektionen, die nachvollzogen werden können, wenn es sich um ähnliche Erfahrungen handelt, was zugleich die Erinnerung an eigene ähnliche innere Prozesse erleichtert (vgl. Witt, 1999). Die Erfahrung hat gezeigt, dass selbst bei ausführlicher und detaillierter Protokollierung der eigenen Introspektion nur relativ unvollständige Teilberichte angefertigt werden: das liegt zum einen sicher daran, dass das Introspektionsgeschehen reichhaltig, bunt, vielfältig, multimodal und heterogen ist und sich einer systematischen Protokollierung zu widersetzen scheint; zum anderen daran, dass es recht flüchtig ist und beim Aufschreiben Gedächtnisinhalte einfach entschwinden; zum dritten, dass die Inhalte banal oder sehr persönlich sein können, was beides einer Protokollierung nicht förderlich ist. Durch den Bericht in der Gruppe wird diesen Phänomenen entgegengearbeitet, d.h. flüchtige Eindrücke werden wieder präsent, Banales verliert von seiner Banalität, wenn es von anderen ebenso berichtet wird, Persönliches wird mitteilbar, wenn andere Ähnliches erlebt haben und Unsystematisches findet unversehens einen Platz in neu entdeckten Zusammenhängen. Dabei scheint die Gefahr, dass jemand nur Gehörtes für Eigenes hält, relativ gering zu sein, weil das Wiedererkennen von Eigenem genauso gut möglich zu sein scheint, wie die Abgrenzung von fremdem Erleben.

Falls von der Gruppe gewünscht, kann *abschließend ein Austausch der Gruppenmitglieder* mit einer Diskussion der Selbstbeobachtungen durchgeführt werden. Diese Phase erscheint insbesondere bei erstmaliger Introspektion wichtig, weil sie den Teilnehmenden eventuell eine Verarbeitung der Introspektionserfahrung erleichtert. Außerdem kann damit die Einseitigkeit der Datengewinnung – die Teilnehmenden werden weggeschickt, wenn sie ihre Introspektionen abgeliefert haben – abgemildert werden. Diese Diskussion ist normalerweise nicht Gegenstand der Auswertung, kann aber manchmal nützliches ergänzendes Material enthalten, wenn die Teilnehmenden in der Diskussion weitere Details zu ihrem Erleben nachliefern. Außerdem erschließen sich darüber eventuell die Sichtweisen der Teilnehmenden – ihre Interpretationen ihres Erlebens und der Untersuchung.

4. Die Gruppenregeln

Um unerwünschte gruppendynamische Prozesse zu minimieren, die die Arbeit in der Introspektionsgruppe behindern können, gelten die folgenden *Gruppenregeln* (vgl. auch Kleining & Burkart, 2001; Burkart, 2002):

1. Kritik oder wertende Kommentare, auch solche nonverbaler Art, sind unerwünscht.
2. Jeder Teilnehmenden kann das von seinem beobachteten Erleben mitteilen, was er möchte, im Extremfall auch gar nichts.
3. Unterbrechungen eines Introspektionsberichtes, auch solche für Nachfragen oder Diskussionen, sind nicht gestattet.
4. Falls während des Introspektionsberichtes der anderen Gruppenmitglieder Erlebenselemente erinnert werden, die der Teilnehmenden noch nicht mitgeteilt hat, kann er sie später in einer zweiten Runde berichten.

Unerwünscht sind kritische oder wertende Kommentare, insbesondere solche, die die Teilnehmenden herabsetzen, ihre Aufmerksamkeit in eine bestimmte Richtung lenken oder einen bestimmten Aspekt zu klären vorgeben (z.B. „das ist aber jetzt nicht richtig klar, können Sie nicht deutlicher sagen, was sie da erlebt haben"). Dabei ist es einerlei, ob diese

Wertungen explizit verbal, oder aber nonverbal, beispielsweise durch abfälliges Lachen, erfolgen. Stattdessen wird eine respektvolle, interessierte Kommunikation in der Gruppe gefördert, die durchaus auch positive nonverbale Reaktionen der anderen Gruppenmitglieder auf den Introspektionsbericht des einzelnen Gruppenmitglieds beinhalten kann. Diese positiv, interessierte Anteilnahme kann den dialogischen Rahmen, der durch das Prozedere der Dialogischen Introspektion geschaffen wird, vertiefen und dem einzelnen Gruppenmitglied seine um Präzision ringende Selbstbeobachtung erleichtern.

Die Introspektionsgruppe sollte ferner so wenig wie möglich einen hierarchischen Charakter haben. Zur Hierarchieabschwächung trägt bei, dass alle Gruppenmitglieder ohne Unterbrechung durch Nachfragen Raum für ihren Bericht haben und dass über den Umfang des Introspektionsberichtes frei entschieden werden kann. Ebenso trägt dazu bei, dass die Leitungsperson normalerweise auch Teilnehmende ist und sich auf die gleiche Weise wie die anderen Gruppenmitglieder exponieren muss.

Die Introspektionsgruppe sollte nicht als Leistungssituation erlebt werden. Außerdem sollten Minderheitenerfahrungen gestärkt werden. Wichtig ist ein Gruppenklima, in dem die Teilnehmenden ihr Erleben introspektieren und davon berichten können, auch wenn es sich sehr vom Erleben der anderen in der Gruppe unterscheidet oder wenn es ihnen belanglos erscheint.

Diese Regeln werden von der Leitungsperson am Anfang der Gruppenarbeit erläutert. Im weiteren Verlauf achtet sie auf ihre Einhaltung und bemüht sich, die erwünschten gruppendynamischen Bedingungen zu fördern.

5. Die Dokumentation des Introspektionsberichtes in der Gruppe

Für die spätere Analyse müssen die Introspektionsberichte in der Gruppe dokumentiert werden. Eine einfache Möglichkeit dafür ist eine digitale Aufzeichnung, die anschließend verschriftet wird. Ihr Vorteil ist ihre Nähe zu den gesprochenen Texten und dass kein Protokollant benötigt wird; Nachteil ist ein relativ großer Aufwand bei der Reproduktion (Verschriftung) und der Umfang des sich ergebenden Datenmaterials. Die Tonbandaufzeichnung setzt ein Einverständnis der Gruppe voraus. Eine Alternative zur Tonbandaufzeichnung ist ein Protokoll per Mitschreiben. Vorteil dieser Form der Protokollierung ist eine Datenreduktion auf das Verstandene; ihr Nachteil kann eine Einseitigkeit des Protokolls sein, in dem möglicherweise systematische, mit der Person des Protokollanten verbundene Lücken oder Missverständnisse, enthalten sind. In einem unserer Experimente, dem *Tafel*-Experiment (Kleining, 2001b), wurden damit aber gute Ergebnisse erreicht, so dass diese *soziale* Form der Protokollierung keineswegs pauschal abgewertet werden darf. Bei speziellen Introspektionsgegenständen – beispielsweise wenn eine handlungsbegleitende Introspektion durchgeführt werden soll – kann es nützlich sein, eine Videoaufnahme des Introspektionsexperimentes zu machen. Diese Videoaufnahme kann dann auch als Gedächtnisstütze bei der Erstellung des persönlichen Introspektionsberichts genutzt werden.

1.4.3 Die Analyse

Um eine Vermengung von Introspektion und Deutung zu vermeiden, werden in der Dialogischen Introspektion *Selbstbeobachtung und Analyse strikt getrennt* (vgl. auch Burkart, 2000).

Grundlage der Analyse ist normalerweise das verschriftete Tonbandprotokoll der Introspektionsberichte in der Gruppe und nicht, wie bereits erwähnt, die schriftlichen Introspektionsprotokolle. Diese Transkription ist eine Abschrift der Äußerungen der Teilnehmenden und erfolgt normalerweise nicht in exakter linguistischer Fassung, d.h. unter Abstraktion spezifischer linguistischer Merkmale wie z.B. phonologischer Besonderheiten oder der Betonung.

Die oftmals zeitaufwendige Analyse wird nach Regeln der heuristischen Methodologie nicht in der Gruppe, sondern *in Einzelarbeit unabhängig von der Gruppe* durchgeführt (vgl. Kapitel 1.5).

1.4.4 Die Gruppenbildung

Voraussetzung für eine sinnvolle Teilnahme an Dialogischen Introspektionsgruppen ist ein gewisses *Interesse an den eigenen inneren Vorgängen*. Günstig ist Neugier – eine Offenheit des Teilnehmenden für sein Erleben; ungünstig dagegen eine wertende, voreingenommene Erwartungshaltung („ich will etwas Tolles, Besonderes bei mir entdecken"), die das Normale, Gewöhnliche am beobachteten Erleben nicht genauer erkunden will oder kann („was ich an mir selbst beobachtet habe, war stinknormal. Da gibt es nichts zu berichten").

Voraussetzung ist ferner eine *ausreichende Introspektionsfähigkeit* – die psychische Stabilität, um nach Innen blicken zu können. Sie ist bei manchen psychischen Erkrankungen – wie beispielsweise psychotischen Störungen oder Borderlinestörungen – zeitweise oder dauerhaft so stark reduziert, dass die Teilnahme an einer Introspektionsuntersuchung mit dem Risiko einer weiteren Destabilisierung verbunden ist.

Neben diesen Voraussetzungen bei den Teilnehmenden gibt es folgende wesentliche *Gesichtspunkte bei der Gruppenbildung:*

- Teilnehmende sind sich bekannt versus unbekannt,
- Homogenität der Gruppe,
- Gruppengröße.

Es ist nicht notwendig, dass die Teilnehmenden sich kennen; dies erleichtert aber eventuell die Öffnung in der Gruppe. Nachteilig, wenn die Teilnehmenden sich kennen ist jedoch, dass u.U. allen Teilnehmenden bekannte Fakten nicht expliziert werden, dass bestimmte Phänomene als allseits bekannt und damit als langweilige Wiederholung nicht genannt werden und dass der Introspektionsbericht möglicherweise durch vorhandene Hierarchien beeinflusst wird. In Introspektionsgruppen, in denen die Teilnehmenden sich nicht kennen, kann die Leitungsperson mit einer Vorstellungsrunde zum Abbau von Hemmungen beitragen.

Heterogene Gruppen, deren Mitglieder sich in wesentlichen Merkmalen stark unterscheiden, ermöglichen die Erhebung unterschiedlicher Daten über den interessierenden inneren Prozess, was unter dem Gesichtspunkt einer ökonomischen Variation des Gegenstands vorteilhaft ist. Nachteil kann aber sein, dass bei sehr unterschiedlichem Erleben eventuell eher Abgrenzungsphänome („bei mir war es aber nicht so") und weniger Resonanzphänomene angestoßen werden und die Gruppensituation deshalb weniger zur Ergänzung des Introspektionsberichts anregen mag. Es ist aber durchaus offen, ob die „Abgrenzung" nicht ebenso reichhaltiges Material liefert wie die „Resonanz". Eine Variation des Gegenstands kann – wenn auch aufwendiger – mit homogenen Gruppen sukzessive erreicht werden, indem die Untersuchung mit einer oder mehreren neuen ebenfalls homogenen Gruppe(n) wiederholt wird, die sich aber von der Ausgangsgruppe stark unterscheiden.

Die Größe der Gruppe kann nach unseren eigenen Erfahrungen zwischen ca. 4 und ca. 15 Teilnehmenden variieren. Kleine Gruppen haben den Nachteil nur wenig Resonanz zu fördern, während große Gruppen die Öffnung erschweren können und die Dauer des Gruppenprozesses erhöhen, was bei langen Introspektionsberichten die Aufmerksamkeit der Teilnehmenden strapazieren kann.

1.5 Die Methode der Datenanalyse (Gerhard Kleining)

Dies ist eine Anleitung zur Analyse von Texten aus Introspektions-Untersuchungen mit Hilfe der heuristischen Methodologie des Suchens und Findens. Die zentrale Tätigkeit ist die *Analyse auf Gemeinsamkeiten*, die aber mit den anderen Regeln der Methodologie (Abschnitte 3 und 4 dieses Kapitels) verbunden ist und ein textgemäßes und intersubjektiv gültiges Ergebnis erreichen soll.

Wir beginnen mit einem Beispiel: *Atmosphäre des Bahnhofs Hamburg-Altona*
Die Hamburger Introspektionsgruppe mit fünf Personen untersuchte das genannte Thema. Hintergrund war die Frage, ob *Atmosphärisches* durch Introspektion erfassbar ist. Das Protokoll hat 8 ½ Seiten. Die Antworten waren durchweg kritisch. Um auch positive Daten zu erhalten (*Variation der Perspektiven* nach Regel 3), wurde versuchsweise nachträglich nach dem „positiven Erleben eines Bahnhofs" gefragt. Die Teilnehmenden haben ihre Antworten, außerhalb der Gruppe, in Schriftform nachgeliefert. Dass sich hier verschiedene Methoden mischen, stört nicht, ist sogar im Sinne der *Variation* nützlich. Insgesamt waren Protokolle von 8 Personen mit 14 ½ Seiten verfügbar. Die (zunächst subjektiven) Überlegungen des Analysierenden sind in der Ich-Form wiedergegeben.
Die Analyse beginnt mit drei Schritten:

1. Auswahl eines Textteiles,
2. Analyse dieses Textteiles auf Gemeinsamkeiten,
3. Finden der Gemeinsamkeiten der Gemeinsamkeiten.

Die späteren Analysephasen bearbeiten weitere Textteile, sie bauen auf den Ergebnissen dieser Textteilanalyse auf, bis der gesamte Text analysiert ist (siehe Kapitel 2.1).

Zu beachten: wir fangen sogleich mit dem Text an, nicht mit einer Meinung über den Text, wie dem Vorverständnis oder dem Forschungsinteresse. Wer daran interessiert ist, kann seine Meinung über den Text notieren und sie nach Abschluss der Arbeiten mit dem Ergebnis vergleichen; diese Überlegungen sind nicht Teil der Analyse selbst.

1.5.1 Auswahl eines Textteiles

Der Einstieg ist für die Analyse beliebig, da letzten Endes der ganze Text aufgeklärt werden muss. Die analysierende Person kann den Text nach Interesse auswählen – sich an einem mehr beschreibenden oder stärker von subjektivem Erleben geprägten oder ihr aus anderen Gründen nahe liegenden Text versuchen. Ich entscheide mich für das nachgeschobene „positive Erleben eines Bahnhofs". Dieser Text ist mir aber mit 6 Seiten noch zu lang, so dass ich das Thema probeweise enger fasse, als *kleinen Bahnhof*, der bei drei Teilnehmenden vorkommt. Jetzt habe ich einen Text mit ¾ Seiten, den ich gut handhaben kann. Er wird hier vollständig wiedergegeben.

> Ein kleiner Bahnhof. Er hat auch seine Reize – wenn es eine Art Bilderbuch-Bahnhof ist: möglichst ein- oder zweigleisig (oder mehr, stört aber nicht), ein einzelnes kubisches Gebäude, Haustine oder Ziegel, Gründerzeit, Aufschriften „Fahrkartenausgabe" (gerade geschlossen). Beispiele der größeren Art (der kleinen): Offenburg, Hanau (früher), etwas auch Fulda, im Norden Lüneburg, Celle, Uelzen. Am liebsten noch kleiner – überhaupt nur eine Aussteigestelle, vielleicht nicht gepflastert, wie die kleinen Bahnhöfe im Osten; eine Kombination von kleinem Bahnhof und Kopfbahnhof ist Lübeck-Travemünde. – Das sind Bahnhöfe zum Umsteigen oder für einen vorübergehenden Aufenthalt – meistens bleibe ich in den kleinen Orten nicht länger oder es ist ein privater Aufenthalt. – Die kleinen Bahnhöfe machen den Eindruck, dass sie gewachsen sind, nicht gebaut, wie die großen – eher menschenbezogen – das Gegenstück zu beiden sind die Betonklötze und Kaufhaus-Irrgärten, zu denen die Bahnhöfe jetzt allenthalben umgebaut werden.(1)
>
> Dann fallen mir da noch die Sorte ländlicher oder stillgelegter Bahnhof ein. Die haben ihr ganz eigenes Flair. Verloren und einsam und doch weltoffen.(2)
>
> Der Othmarscher Bahnhof zeigte fast schon Kleinstadtidylle. Am Bahnsteig vor einem kleinen Bahnwärterhäuschen stand ein uniformierter Aufsichtsbeamter und fertigte den Zug persönlich ab. Keine anonymen Lautsprecherdurchsagen und keine leicht machomäßig wirkenden S-Bahnwachen wie auf vielen anderen S-Bahnhöfen. – Die vor etwa 15 Jahren neu gebaute Eingangshalle mit Rolltreppen, Fahrkartenautomaten und Kiosken unten an der Hauptstraße wirkt gegenüber dem übrigen Bahnhofsensemble merkwürdig deplaciert. Keine kreative und ästhetische In-Beziehungs-Setzung von Alt auf Neu. Abgesehen von diesem Haupteingang macht dieser Bahnhof einen gemütlich-romantischen Eindruck wie aus einem Heimatfilm der 50 er. ... Auch die kleine Bierstube auf dem Bahnsteig hat die Stürme von Rationalisierung und Kommerzialisierung der letzten Jahre geradezu unverändert überstanden. Auch die Gäste, die an diesem Ostermorgen/Mittag zum Frühschoppen zusammen saßen, schienen die Stürme der Zeit geradezu unverändert überstanden zu haben. Mir schien es, als sei die Zeit in diesem Moment irgendwie stillgestanden. Es war damals eine gute Zeit in Othmarschen gewesen. Noch heute gehört Othmarschen, einschließlich des Bahnhofs, zu meinen mentalen Kraftplätzen, in denen ich mich emotional wieder auflade, also Energie und Zuversicht, einfach durch das Dort-Sein und Herumspazieren gewissermaßen tanke. (4)

Beachte: Der ausgewählte Text soll *ein* Hauptthema haben, möglichst von *verschiedenen* Personen stammen oder verschiedene Seiten des Themas behandeln. Er soll so begrenzt werden, dass er gut in einem Zug durchgelesen werden kann. Man kann gerne mit einem „leichten" Text anfangen ohne Angst vor Banalität, oder mit einem interessanten, beides kann die Motivation fördern.

1.5.2 Analyse auf Gemeinsamkeiten

Ich lese das Protokoll mit der Frage:

> Was höre/lese ich bei der Durchsicht des Textes, was ich an einer anderen Stelle dieses Textes so oder so ähnlich schon gehört/gelesen habe?

So ähnlich heißt: nach meinem augenblicklichen Empfinden. Auf die *Frage* nach Gemeinsamkeiten *antwortet* der Text durch Identifizierung der entsprechenden Stellen. Die analysierende Person reagiert darauf, indem sie die Ähnlichkeit (ein anderes Wort für *Gemeinsamkeit*, Regel 4, vgl. Kapitel 1.3.1) so gut wie möglich *benennt*. Oft liefert der Text schon die Begriffe, sonst versuchen wir es selbst.

Die Gruppierungen sind zunächst weitgehend subjektiv, geben *meinen Eindruck* wieder. Deswegen sollte man spielerisch damit umgehen, Textteile kombinieren und umgruppieren, ausprobieren, ob eine andere Gruppierung besser passt.

1. Ich denke, dass zusammengehören:

> überhaupt nur eine Aussteigestelle, vielleicht nicht gepflastert ((1) = teilnehmende Person 1)
> Verloren und einsam (2)
> „ländlicher" oder „stillgelegter" Bahnhof (2)
> „Fahrkartenausgabe" (gerade geschlossen) (1)
> ein- oder zweigleisig (1)

Überschrift: *Wenig effizient*

2. Ebenfalls könnten zusammen gehören:

> Die haben ihr ganz eigenes Flair (2)
> dass sie „gewachsen" sind, nicht gebaut, wie die großen – eher eine Art „Bilderbuch-Bahnhof" (1)
> Er hat auch seine Reize (1)
> gemütlich-romantischen Eindruck wie aus einem Heimatfilm der 50er (4)
> Kleinstadtidylle (4)

Versuchsweise Überschrift: *Atmosphäre, Flair, Gefühle*

3. Eine andere Gruppe von ähnlichen Textstellen:

> menschenbezogen (1)
> Auch die kleine Bierstube auf dem Bahnsteig hat die Stürme von Rationalisierung und Kommerzialisierung der letzten Jahre geradezu unverändert überstanden (4)
> Keine anonymen Lautsprecherdurchsagen (4)
> gehört ... zu meinen mentalen ‚Kraftplätzen' in denen ich mich emotional wieder ‚auflade', also Energie und Zuversicht ... tanke (4)

Als Überschrift: nehme ich *„menschenbezogen"* aus dem Protokoll (1)

4. Ebenfalls erscheinen mir ähnlich:

> das Gegenstück zu beiden sind die Betonklötze und Kaufhaus-Irrgärten, zu denen die Bahnhöfe jetzt allenthalben umgebaut werden (1)
> Die vor etwa 15 Jahren neu gebaute Eingangshalle mit Rolltreppen, Fahrkartenautomaten und Kiosken unten an der Hauptstraße wirkt gegenüber dem übrigen Bahnhofsensemble merkwürdig deplatziert (4)
> Keine anonymen Lautsprecherdurchsagen und keine leicht machomäßig wirkenden *S-Bahnwachen* wie auf vielen anderen S-Bahnhöfen (4)

Die Überschrift könnte lauten: *Die Moderne greift ein, ist deplatziert.*

In dieser Manier schreiten wir fort, bis wir mehrere verschiedene Gruppierungen/ Überschriften gefunden haben, vielleicht vier bis sieben. Wann immer wir einen Zusammenhang zwischen ihnen erkennen, gehen wir zur nächsten Stufe über, sonst befragen wir den Text weiter.
Beachte: In der ersten Stufe sind alle Zuordnungen und Überschriften vorläufig, sie sollen verändert werden, wenn sich neue Ordnungen ergeben. Keine Hektik! Das Finden der Fragen, nach denen sich der Text ordnet, kann Zeit benötigen.

1.5.3 Gemeinsamkeiten der Gemeinsamkeiten

Wir versuchen, die Gruppen so in eine Ordnung zu bringen, dass der Zusammenhang – seine Struktur – erkennbar wird. Hierbei kann wieder verändert werden, auch die *Überschriften* sind vielleicht besser zu formulieren. Zuletzt soll das *Muster* erscheinen. Das kann folgendermaßen aussehen (Überschriften sind hier *kursiv* angegeben, die Texte nur als Stichworte, VS (versus) bezeichnet die Umkehrung, das Gegenteil). Ich versuche eine Überschrift für das Ganze zu finden und setze sie darüber:

Die positiven Seiten des *kleinen Bahnhofs* sind Menschlichkeit und Nostalgie

- *Wenig oder keine (moderne) Technik*
  ein- oder zweigeleisig (1), einzelnes Gebäude, Fahrkartenausgabe gerade geschlossen (1), stillgelegter Bahnhof (2), kleines Bahnwärterhäuschen (5), verloren und einsam (2).
- *Wenig Funktionalität*
  nur Aussteigestelle (1), zum Umsteigen, vorübergehender Aufenthalt (1)
- *Nähe zur Natur*
  Haussteine, Ziegelsteine (1), nicht gepflastert (1), nur Aussteigestelle (1), ländlich (2), im Osten (1), gewachsen (1) VS Betonklötze (1)
- *Menschen bedienen, menschliche Bedürfnisse werden befriedigt*
  privater Aufenthalt (1), menschenbezogen (1), persönliche Abfertigung (4), kleine Bierstube (4), beim Frühschoppen zusammen sitzen (4), herumspazieren (4). VS anonym (4), VS Macho-Wächter, VS Kaufhaus-Irrgärten (1)
- *Gefühl, Nostalgie*

Reizvoll (1), Bilderbuch (1), eigenes Flair (2), Kleinstadtidylle (4), Zeit steht still (4), gemütlich-romantischer Eindruck (4), Heimatfilm der 50er (4), damals gute Zeit (4), Gründerzeit (1), herumspazieren (4)
- *Kraftquelle*
mentaler Kraftplatz (4)
- *Gegenbild ist die Moderne, sie greift ein*
Stürme der Zeit (4), Kommerzialisierung (4), Kaufhaus-Irrgärten (1), Betonklötze (1), Rationalisierung (4), neue Rolltreppe, Automat, Kiosk deplatziert (4), keine Verbindung alt-neu (4), Bahnhöfe werden umgebaut (1)

Struktur: In Umrissen entsteht ein Gesamtbild, das die Traditionalität in ihren Aspekten der Emotionalität, Romantik, Menschlichkeit, Naturnähe bei wenig oder ohne *Technik* beschreibt. Als Negation der Traditionalität erscheint die *Moderne* mit Funktionalität, Rationalität, Kommerzialisierung, die sich feindlich gegen Tradition wendet.

Beachte: Auch diese Phase der Zusammenfassung ist vorläufig, weil die Textbasis sehr klein ist. Die bisherige Analyse wird durch weitere Daten, wie die noch nicht bearbeiteten Textteile und die Texte der anderen Teilnehmenden und durch weitere Fragestellungen – etwa nach dem Erleben des Raumes des Altonaer Bahnhofs, der Ankunft, des Abfahrens etc. ergänzt, modifiziert oder bestätigt werden. Das Verfahren der Analyse auf Gemeinsamkeiten ist aber immer das Gleiche.

1.5.4 Ein exploratives Experiment

Um zu zeigen, dass man auch mit wenigen Daten entdeckend umgehen kann, schließe ich ein Textexperiment an, das neue Fragen generiert. Es arbeitet mit *Negationen*. Ihnen liegt zu Grunde, dass man in der Alltagssprache eine Aussage auch durch ihre Verneinung ausdrücken kann. Verneinungen sind mit ihrem positiven Konterpart inhaltlich identisch, nicht

Tabelle 1: Positive Aussagen und ihre Negationen

Traditionalität	Moderne
wenig Technik	*viel Technik*
wenig Funktionalität	*viel Funktionalität*
Nähe zur Natur	keine (oder wenig?) Nähe zur Natur
Menschen bedienen Menschen	Rolltreppe, Automat, *Maschinen* bedienen
Menschliche Bedürfnisse werden befriedigt	*werden nicht (oder anders?) befriedigt*
Gefühl, Nostalgie	andere Gefühle? Welche?
Traditionalität, keine oder wenig Rationalität?	Moderne als Rationalität etc.

aber in der Form. Z. B. kann „Es geht mir gut" ausgedrückt werden durch „Es geht mir nicht schlecht". Oder: „Die Stimmung ist getrübt" und „... nicht ungetrübt" (doppelte Verneinung). Zu jeder positiven Aussage kann eine Umkehrung formuliert werden. Diesen Umstand nutzen wir zur Exploration.

Wir schreiben die positiven Aussagen aus der oben genannten Analyse und setzen die *Negationen* ein (im Folgenden *kursiv*). Die Tabelle 1 zeigt die *Lücken* der vorliegenden Daten und *vermutliche* Antworten auf die noch nicht gestellten Fragen.

Die Negationen sind nicht alle eindeutig. Z. B. kann *wenig Funktionalität* zu *viel Funktionalität* oder auch zu *Nicht-Funktionalität* umgedreht werden. Das entwertet aber das Experiment nicht, fordert nur, dass wir die Umkehrungen nicht als *Daten*, sondern als *Fragen* ansehen, die wir an den Text stellen oder wie wir uns gezielter neue Informationen beschaffen können. Nochmals: Vorsicht wegen der geringen Datenbasis!

Was fehlt oder ist unsicher?

Fragwürdig sind, nach meinem Eindruck, zwei Stellen: die Nennung der Orte durch den (1) und die Formulierung „verloren und einsam und doch weltoffen" durch (2).

Bei (1) klärt sich der Zusammenhang, wenn wir im übrigen Protokoll nachsehen; dort wird nämlich der *kleine* dem *großen Bahnhof* gegenübergestellt, ebenfalls mit Ortsangaben. Nun hat aber auch (4) einen Ortsnamen eingeführt, so dass wir eine neue Gemeinsamkeit gefunden haben, die *Ortsbezogenheit*. Bahnhöfe, lernen wir daraus, sind Bahnhöfe in *Orten*, und selbst *verortet*, d. h. sie haben einen bestimmten Platz, geografisch gesehen. Eingänge und Ausgänge so wie Lokalitäten innerhalb des Bahnhofs werden von (4) genau beschrieben. Orts- oder Raumbezogenheit ist eine neue Dimension, die bisher in unserer Analyse nicht erscheint, wahrscheinlich, weil sie uns zu *selbstverständlich* war. Am ehesten passt sie unter *Funktionalität* als der Erschließung des Raumes durch den Bahnverkehr. Hier benötigen wir aber genauere Informationen. Die Nachfrage hat sich also gelohnt.

Bei „verloren und einsam und doch weltoffen" liegt die Sache anders. Vermutlich wird der Widerspruch zwischen „weltoffen" (als *Bahnhof*) und „verloren und einsam" (als *stillgelegt*) beschrieben, eine gefühlte *Einheit der Widersprüche*. Dann würde die Formulierung in den Abschnitt zum Verhältnis zur Moderne oder auch in den Bereich *Gefühle* passen. Jedenfalls widerspricht sie nicht dem Bisherigen (*0% Widerspruch*), sondern kann es bestätigen. Wir können auch *vermuten*, dass *weltoffen* geografisch oder räumlich gesehen wird, ähnlich wie in Aussage 1, wollen uns aber hier noch nicht festlegen mangels Daten.

1.5.5 Anmerkungen zum Analyseprozess

Heuristische Forschung will Zusammenhänge im Forschungsgegenstand entdecken. Die folgenden Gesichtspunkte können dabei eine Rolle spielen:

- *Die Forschungsstrategie ist eine allgemeine Entdeckungsstrategie*. Sie entspricht z. B. der beim Lösen von Kreuzworträtseln oder beim Legen eines Puzzles: entweder dort weiterbauen, wo man schon etwas gefunden hat oder ganz neu anfangen, an einer anderen Stelle. Das ist eine allgemeine Strategie für das Suchen und Finden, auch für die Naturwissenschaften (Kleining, 2003).

- *Der Forschungsprozess wird durch Frage-Antwort-Sequenzen in Bewegung gehalten.* Er folgt keinem vorher festgelegten Schema (*linear*), wie bei der Hypothesenprüfung, sondern stellt Fragen aus dem Text heraus (*dialogisch*).
- *Der Umgang mit dem Text bleibt während des ganzen Analyseprozesses vorläufig.* Die Gruppierungen sollen flexibel sein und sich verändern, wenn neue Zusammenhänge entdeckt werden. Dies betrifft auch die Auswahl und Abgrenzung der Textstellen oder Themen. Oft kommen die großen Einsichten über die Zusammenhänge erst, wenn man wichtige Teile schon analysiert hat.
- *Wann endet die Analyse?* Sie endet, wenn die Analyse des ganzen Textes stimmig ist. Meist weist eine geglückte Analyse aber über die gewonnenen Erkenntnisse hinaus. Insofern ist eine Analyse erst dann abgeschlossen, wenn man sowohl ihre Struktur als auch ihren Bezug zum psychischen und/oder gesellschaftlichen Ganzen erkennt.
- *Schrittweises Vorgehen.* Meist ist es besser, zunächst wenig Daten in einen Zusammenhang zu bringen und dann neue an sie anzubauen, als alles auf einmal ordnen zu wollen. Zu viele Daten gleichzeitig zu behandeln verleitet zu oberflächlicher Klassifizierung. Der Beginn kann hoch selektiv sein, wie er sich bei einer zugespitzten Frage ergibt, sollte aber dann durch Fragen mit anderen Perspektiven ergänzt werden.
- *Die verwendeten Textstellen markieren.* Wir arbeiten immer mit den originalen Formulierungen, nicht mit Zusammenfassungen, Paraphrasen oder Nacherzählungen, die den Text im Sinne des Vorverständnisses des Analysierenden verändern. Die analysierende Person weiß es nicht besser als die befragte, sie muss dem originalen Text absolut Vorrang gewähren (Regel 1, Offenheit der Forschungsperson).

Damit man bei umfangreicheren Texten nicht beständig blättern muss, empfehlen sich Verweise auf die gemeinten Textstellen. Solche Markierungen können auf verschiedene Weise vorgenommen werden:

- Die Sätze auf Papier ausschneiden.
- Die Textteile am Rand des Protokolls farbig markieren.
- Die Stellen durch Seiten- und Zeilenangabe kennzeichnen.
- Die Textteile im Computer markieren.
- Ein charakteristisches Wort oder eine Phrase unterstreichen.

Die markierten Stellen werden dann jeweils gruppiert, wobei man ein Analyseblatt zu Hilfe nehmen kann.

Anfängern ist das Ausschneiden zu empfehlen, bei mehr Geschick kann man auch eines der anderen Verfahren verwenden. Ich selbst wollte mir möglichst rasch einen Überblick verschaffen und habe dafür die letztgenannte Möglichkeit gewählt. Der Entwurf einer Analyse war auf einer halben DIN A4 Seite unterzubringen. Zitate muss man den Originalprotokollen entnehmen.

- *Mehrfachzuordnungen von Textteilen sind zulässig.* Dies ist kein *Fehler*, sondern lässt vermuten, dass sich Bedeutungsgehalte überschneiden.
- *Ist der Text vollständig analysiert?* Man kann schon im Verlauf der Analyse feststellen, wie weit sie Daten erfasst hat – eine abschließende Prüfung wird *am Ende* vorgenommen (100% bzw. 0% Regel, siehe Kapitel 1.3.1). Ergeben sich gravierende Ungereimtheiten, müssen Teile oder muss der ganze Text neu analysiert werden. Geringe

Differenzen sind durch kleine Änderungen an den Überschriften zu korrigieren, beispielsweise durch Erweiterung der Aussage, auch durch die Berücksichtigung der bloßen Negation einer Behauptung, welche die angesprochene Dimension nicht in Frage stellt. Möglicherweise bleiben Fremdkörper im Entwurf bestehen. Solche *Paradoxien* oder *Inkongruenzen* haben in den Naturwissenschaften, bei ihrer Auflösung, zu neuen Erkenntnissen geführt (Mach, 1980, S. 176, S. 251, S. 264). Sie sollten positiv gesehen werden, als Ansporn sie aufzuklären, nicht als zu vernachlässigende Abweichung oder Schwankungen, wie in der Umfragestatistik, in der man *Ausreißer* aus der Analyse herausnimmt. Über die Bewertung eines Datums als inkongruent entscheidet die analysierende Person selbst, wenn sie keinen Zusammenhang mit der bisherigen Analyse erkennen kann. Sie soll ihn dann suchen.

- *Was tun im Einzelnen, wenn Aussagen nicht in das Gesamtbild passen?* Tritt der Umstand in der ersten Phase der Analyse ein, vermerken wir die Formulierung auf der Seite des Analyseblattes in der Erwartung, sie im späteren Verlauf der Analyse noch einzuordnen. Wir können auch, wie oben gezeigt, aktiv nach Ähnlichkeiten im noch nicht analysierten Material suchen. Hilfreich können Informationen über die befragte Person sein, sofern sie vorliegen. Selten sind Aussagen *irrelevant*, etwa, wenn Befragte das Thema wechseln; hier sollte geprüft werden, ob die Abweichung nicht doch in einem Bezug zum Thema steht, der nur noch nicht erkannt ist. Als weitere Möglichkeit kommen zusätzliche Explorationen in Frage. Unstimmigkeiten oder Unklarheiten werden bei heuristischer Analyse immer ernst genommen.
- Analyse durch mehrere Personen? Die Forschung zieht Nutzen aus verschiedenen (*variierten*) Analysierenden. Wegen des Zeitaufwandes empfiehlt sich stufenweises Vorgehen: Einzelanalyse und dann Kontrolle durch eine zweite Person, die mit der Methode vertraut ist und Zugang zum Protokoll hat. Für Lehr- und Demonstrationszwecke sind gute Erfolge in Forschungsseminaren erzielt worden, bei denen *Gemeinsamkeiten* und *Überschriften* durch Zuruf und Notieren an einer Tafel gebildet wurden, an der sich probeweise Zuschreibungen und Veränderungen leicht ausführen lassen.
- *Prüfverfahren.* Prüfverfahren werden im Abschnitt 3 dieses Kapitels behandelt.

1.5.6 Der Übergang zum Bericht

Nach Analysen von mehreren Textteilen wird man bemerken, dass sie sich zum Teil überschneiden und irgendwann neue Erkenntnisse nicht mehr zu gewinnen sind. Dann wird man die Ergebnisse schriftlich fixieren. Dabei können die Analysen als Gerüst für eine Berichterstattung dienen, bei der die *Überschriften* ausformuliert und mit Hilfe der Stichworte diejenigen Originaltexte ausgewählt werden, welche die jeweiligen Mitteilungen *am besten illustrieren*. Vollständigkeit der *Belege* ist hier nicht mehr gefragt, es muss vorher geprüft werden, ob alles Material berücksichtigt wurde. Die Mitteilung soll auf die Bedürfnisse der Leser/Leserinnen abgestimmt sein und die Ergebnisse klar und verständlich vermitteln.

Man kann sich an folgendes Schema halten:

- eine möglichst kurze, aber aussagekräftige Überschrift formulieren
- einige erklärende Zeilen in eigenen Worten und
- als Beleg drei bis vier Zitate mit der Fundstelle anfügen.

Im Allgemeinen wird man mit sechs bis zehn solcher *Überschriften* auskommen, werden es mehr, sollte man zu Gunsten der Übersichtlichkeit Perspektiven zusammenfassen.

Ergebnisse aus Introspektions-Untersuchungen, wie aus qualitativer Forschung allgemein, sollten so weit ausformuliert werden, dass sie *theoriefähig* sind. Ein abschließender Bericht sollte auch Beziehungen diskutieren, die über die Daten selbst hinausweisen und größere Zusammenhänge aufzeigen, denen die spezifischen Daten zugehören.

1.5.7 Zusammenfassung

Die Analyse von Daten aus Introspektions-Untersuchungen kann folgenden Verlauf nehmen:

1. Man bestimmt den Einstiegstext nach Abschnitt 1, löst ihn aus dem Protokoll (oder einer Kopie) heraus. Ein Thema soll bei mindestens zwei Teilnehmenden vorkommen. Der Text soll gut überschaubar sein, vielleicht 1-2 Seiten lang. Wird zu viel Text abgegrenzt, verengt man die Fragestellung, etwa von *Bahnhof allgemein* zu *kleinem Bahnhof*; erbringt die Frage zu wenig Text, wird sie erweitert, beispielsweise vom Erleben eines bestimmten Bahnhofs zu dem mehrerer verschiedener Bahnhöfe oder zu verschiedenen Erlebnissen in Bahnhöfen – man folgt dem, was die jeweiligen Texte offerieren.
2. Man markiert die Stellen, in denen man Gemeinsamkeiten entdeckt durch eines der genannten Verfahren.
3. Man gruppiert die Textteile, die zusammen gehören. Ein Analyseblatt kann dabei benutzt werden. Das macht man für alle zunächst auffälligen Ähnlichkeiten, vielleicht vier bis sieben. Dieselbe Stelle kann mehrfach verwandt werden.
4. Man sucht eine Überschrift für jede Gruppe (oder *Cluster*) und schreibt sie darüber. Damit man später den Text und die eigenen Überschriften nicht verwechselt, kann man verschiedene Schriftarten oder Farben verwenden.
5. Man fragt, wie die Gruppen zusammenhängen. Vielleicht kann man zwei oder drei zusammenfassen oder eine Beziehung zwischen ihnen herstellen. Dann schreibt man die Gemeinsamkeiten auf. Möglicherweise gibt es schon eine *Überschrift* für das Ganze.
6. Die Cluster muss man möglicherweise ändern, wenn andere Textstellen als die zunächst markierten besser zusammenpassen als zunächst angenommen. Bei Zweifeln sieht man im Protokoll nach. Veränderte Zuordnung ändert vielleicht auch die *Überschriften*. Passen Textstellen nicht oder nicht mehr, notiert man sie separat – möglicherweise erkennt man schon bei weiterer Analyse, wohin sie gehören.
7. Es ergibt sich ein Geflecht, ein Netz von Beziehungen, bei denen einige zentraler sind als andere. So entsteht die Struktur des Forschungsgegenstandes.

8. Die *Überschriften* helfen bei der Formulierung im Bericht, die Zitate aus den Protokollen belegen die Überschriften.

Grundmethode des Analyse-Verfahrens ist die Bestimmung von Gemeinsamkeiten (Regel 4). Die entdeckende Methode ist vergleichend, sie reproduziert den Übergang von einer Vielzahl von konkreten Einzelfällen zum abstrakteren Allgemeinen, von dem aus es das Konkrete neu ordnet, das Modell der Dialektik. Vergleiche können immer auf zweierlei Weise vorgenommen werden: nach Unterschieden oder nach Gemeinsamkeiten. Heuristische Forschung verlangt definitiv das Herausfinden von Gemeinsamkeiten, weil nur diese die Verbindung, die Beziehung, den Zusammenhang von zwei oder mehreren Forschungsgegenständen erkennen lassen, während Unterschiede Fremd- und Andersartigkeit charakterisieren, von denen es kein Ende gibt.

2 Beispiele

Wir erläutern die Anwendung der gruppengestützten Dialogischen Introspektion an sechs Beispielen. Kriterium für deren Auswahl war die unterschiedliche Thematik; sie soll die Flexibilität des Verfahrens zeigen. Alle Untersuchungen befassen sich mit Erleben. Es kann sich auf die Wahrnehmung der eigenen Gefühle beziehen – siehe Ärger und andere Alltagsgefühle – oder auf den Umgang mit Affekten – Erleben eines Schrecks. Andere Aspekte des Erlebens sind Emotionalität und Rationalität beim Erleben eines künstlerischen Films – Rezeption eines Kurzfilms – oder von Menschen und Ereignissen in Fernsehsendungen: Zwei Sendungen Tageschau, aktuell und historisch. Das Erleben von Gegenständen und von Räumen behandeln zwei weitere Analysen: Was ist eine Tafel? und Erleben eines Bahnhofs. Die Herangehensweise ist zumeist die beobachtende, Erleben eines Schrecks hat eine experimentelle Versuchsanordnung. Wir hoffen, dass Forschende Anregungen finden, ihre eigenen Vorhaben mit Hilfe der Dialogischen Introspektion zu fördern.

Das Verfahren wurde im Verlauf unserer empirischen Untersuchungen erweitert. Zunächst haben wir es als Methode zur Datenerhebung konzipiert; es hat sich aber gezeigt, dass eine bestimmte Art der Analyse der durch Dialogische Introspektion gewonnen Informationen ein wesentlicher Teil der Forschungstätigkeit ist. Beides, der Datengewinn und die Datenanalyse, sind Teil einer übergreifenden Methodologie, die wir als entdeckende oder qualitativ-heuristische verstehen und deren Kennzeichen im ersten Kapitel beschrieben sind.

In allen Beispielen ist wenigstens angedeutet, wie die entdeckende Analyse der Daten zu einer Theoriebildung über die jeweiligen Forschungsthemen führen kann. Bei keinem der hier behandelten Gegenstände würden wir uns aber nur auf die Aussagen aus einer Introspektions-Gruppe verlassen, sondern ebenfalls Informationen aus weiteren Gruppen und/oder aus weiteren Erhebungsverfahren in die Analyse einbeziehen. Hier wollen wir zeigen, wie weit die Analyse durch das Suchen nach Gemeinsamkeiten und das Entdecken von Mustern in den Daten schon bei geringen Datenmengen gebracht werden kann. Wir beginnen frühzeitig mit der Analyse und vervollständigen sie durch zusätzliche Informationen. Die demonstrative Absicht hat uns veranlasst, an einem Beispiel – Erleben eines Schrecks – analytisch gewissermaßen zu einem Extrem zu gehen, bei dem versucht wird, den Erkenntnishintergrund eines zunächst als etwas banal erscheinenden Experiments so weit als möglich aufzuklären.

Die Untersuchungen zur Dialogischen Introspektion hatten günstige äußere Bedingungen. In der Hamburger Arbeitsgruppe haben sich Psychologen und Sozialwissenschaftler zusammen gefunden, die offen genug waren, über eigene Erlebnisse in der Gruppe zu berichten. Diese Bereitschaft muss man bei Personen, die einander fremd sind, möglicherweise durch vertrauensbildende Maßnahmen erst herstellen. Offenheit und Vertrautheit miteinander sind kein methodisches Hindernis. Die Hamburger Gruppe hat bei verschiedenen Themen sehr unterschiedliche Aussage-Muster produziert, keine Duplizierung oder Angleichungen. Dies liegt wohl daran, dass Introspektion nach der vorgeschlagenen Methode vor allem frühere Erfahrungen der Teilnehmenden aktiviert, dass sie durch die Versuchsanordnung vor Kritik geschützt werden und dass die Biografien und die Erfahrungshintergründe der Teilnehmenden sehr verschieden sind. Die maximale strukturelle Variation der Perspektiven ist die methodologische Forderung an die Datenerhebung.

Qualitative Analysen mit der heuristischen Methode müssen sorgfältig ausgeführt werden. Um zu zeigen, wie unterschiedliche Informationen über ein bestimmtes Thema durch Analyse auf Gemeinsamkeiten integriert werden können, haben wir die Teilanalyse *Bahnhof* aus dem ersten Kapitel durch die Verwendung aller zum Thema erhobenen Daten ergänzt, die im ersten Analysebeispiel vorgestellt wird. Alle Analysen wurden durch Mitglieder der Hamburger Arbeitsgruppe in Einzelarbeit ausgeführt, deren Ergebnisse dann mit anderen Teilnehmenden diskutiert wurden, wobei die jeweilige Datenbasis immer präsent war.[14]

2.1 Erleben eines Bahnhofs (Gerhard Kleining)

> Unter dem Projektnamen „Bahnhof Altona Shopping" wurde der Bahnhof umgebaut und erhielt so ein neues, modernes Erscheinungsbild. Ein attraktiver Branchenmix soll dafür sorgen, dass keine Wünsche offen bleiben. Im westlichen Bahnhofsbereich befindet sich ein Parkhaus mit 490 Stellplätzen. Außerdem wurden das ehemalige Kaufhausgebäude, das Erdgeschoss des Empfangsgebäudes sowie der Marktbereich im Bahnhof modernisiert. Das Reisezentrum ist an der Ostseite des Gebäudes in modern gestalteten Räumen neu eingerichtet. (Deutsche Bahn, 2006a)
> Ratatazong, ratatazong, weg ist der Balkon, dong (Gruppe Torfrock, 1978).

Die folgende Untersuchung vervollständigt die Teilanalyse, die in Kapitel 1.5 vorgestellt wurde.

2.1.1 Der Forschungsgegenstand

Wir hatten diskutiert, ob Dialogische Introspektion auch zur Erfassung von diffusen/flüchtigen Eindrücken wie der *Atmosphäre* eines Bauwerks geeignet sei. Wir einigten uns auf einen Versuch. Forschungsgegenstand sollte ein öffentliches Gebäude sein, das uns allen vertraut war, der Bahnhof Hamburg-Altona.

> Dies ist ein Kopfbahnhof für Fernzüge, 1893-1899 im historisierenden Stil als Altonaer Wahrzeichen mit Türmen errichtet, der nach Kriegszerstörung und Reparaturen 1975–81 unter Protest der Bevölkerung abgerissen und für ein Kaufhaus und Filialgeschäfte umgebaut wurde (Deutsche Bahn, 2006b). Nach Auszug des Kaufhauses wurde weiter umgebaut (nps, 2006). Der vierte Hamburger Fernbahnhof nach Hauptbahnhof, Dammtor und Harburg hat 98 000 Reisende und Besucher täglich. (Deutsche Bahn, 2006a)

---

[14] Auf die Teilnehmenden wird im folgenden mit einer Nummer in Klammern verwiesen: z.B. Teilnehmende 1 = (1)

2.1.2 Methoden und Forschungsverlauf

Dialogische Introspektion war die Hauptmethode. Es folgten Erweiterungen während der Untersuchung:

- *Individuelle Introspektion.* Die Teilnehmenden wurden gebeten, den Bahnhof aufzusuchen, die Atmosphäre auf sich wirken zu lassen und sich beim gemeinsamen Treffen wieder in Erinnerung zu rufen.
- *Gruppengestützte Dialogische Introspektion.* Sie lief in der festgelegten Form ab: Bestimmung einer Leitungsperson, Erinnerung an die Regeln, Mitteilungen reihum (ohne Zeitbegrenzung, ohne Kommentare positiv oder kritisch), ohne Nachfragen, zweifacher Durchlauf, Tonband-Aufnahme. An der Sitzung nahmen 5 Personen teil.
- *Retrospektive Ergänzung.* Drei weitere Personen haben sich über „die positiven Seiten eines selbst gewählten Bahnhofs" geäußert. Insgesamt waren acht Personen beteiligt, sechs männlich, zwei weiblich. Alle Befragungen wurden im Jahr 2000 vorgenommen.

Die Erweiterung des Themas (auf positiv erlebte andere Bahnhöfe) und der Methoden (zusätzlich Retrospektion) folgt den Regeln 1 und 3 der heuristischen Methodologie (siehe 1.3.1) über die Offenheit des Forschungsgegenstandes und der Variation der Methoden. Die verschrifteten Daten umfassen 13 ½ Schreibmaschinenseiten. Sie wurden nach der Methode der heuristischen Textanalyse ausgewertet, die in 1.5 beschrieben ist: Stellen von Fragen an den Text und Gruppierung der „antwortenden" Textstellen nach ihrer Ähnlichkeit oder Gemeinsamkeit, dann Formulierung von *Überschriften* für diese Gruppen von Antworten, die in einer weiteren Stufe wieder zu größeren Einheiten zusammengefasst wurden. Die Ziffern hinter den Zitaten bezeichnen die teilnehmenden Personen.

2.1.3 Die Atmosphäre des Altonaer Bahnhofs

1. Der Bahnhof bedrückt. Die niedrigen Decken belasten. Das Bauwerk weist ab.

Die Atmosphäre des Bahnhofs wirkt kalt, bedrückend, beengend. Das Bauwerk lastet auf den Befragten.

> Ich habe die ganze Szenerie als kalt, bedrückend, nicht angenehm empfunden. Fluchtreflexe: Gleich in die S1 Richtung Blankenese rein springen. Weiß nicht, wohin. Leichte Verwirrung. Dann zweiter Abschnitt, fahre mit der Rolltreppe [nach unten], wieder ganz Gewimmel und Gewusel von Menschen. Innere Unruhe, kein innerer Haltepunkt des Blicks. Fühle mich bedrängt, unruhig. Die niedrige Decke lastet aufs Hirn, respektive aufs Gemüt. Und dann fiel mir die spontane Assoziation ein, in einem Erdbeben wäre man hier hoffnungslos verloren. (4)
> Ich fand die 70er Jahre Architektur unangenehm, gesichtslos, gefiel mir nicht. Also neben dem Bahnhofsgebäude habe ich dann so ein Hotel bemerkt, ein Bahnhofshotel und da hatte ich die Assoziation Gefängnis. Dann bin ich in die Bahnhofshalle und da fiel mir zunächst auf, dass das Ganze grau in grau ist, eine Ebene tiefer fand ich es noch beengender. Da kam mir die ganze Raumhöhe, der ganze Raum noch bedrückender vor. Kein Raum, wo ich Freude dran hätte, mich aufzuhalten. (2)

Für mich auch von der Atmosphäre her ein Anti-Bahnhof. Der Hauptbahnhof ist viel schöner. (6) Der erste Eindruck: Ich komme in einen Bunker hinein, es ist dunkel und eng. Und der zweite Eindruck: Wie ein Kaufhaus. Also schnell raus, und ich habe auch nicht viel Zeit und eigentlich schlechte Stimmung im Bahnhof, erinnert mich an [den Bahnhof] Nürnberg, der ist auch trostlos, Hamburg-Hauptbahnhof hat irgendwie mehr Atmosphäre als ausgerechnet dieser, der ist ganz besonders schlecht. (1)

Die tiefen Decken wirken einengend, so dass man sich beim Schritt nach draußen befreit vorkommt. (7)

2. Das Unbehagen am Bahnhof

Der Bahnhof Hamburg-Altona ist ein unfreundliches Gebäude, nicht *menschlich*. Er unterstützt den Besucher nicht, verwirrt, belastet, leitet um, bietet keinen Schutz, ist *unpersönlich*. Ist das ein Bahnhof oder ein Kaufhaus? Eine Einkaufsmeile? Oder ein Parkhaus?

Der Bahnhof hat eher die Atmosphäre, die aus einer bedrückenden und verfremdenden Mischung aus Park- und Kaufhaus besteht. (4)

Ich fand, dass es da eine verwirrende Schildervielfalt gab. Und zwar auf allen Ebenen ... so eine Reizüberflutung durch diese unübersichtlichen Schildinformationen. (5)

Ansonsten ist der Altonaer Bahnhof etwas extrem Trennendes und zwar trennt er diesen Altona-Altstadt-Teil von Ottensen. Ottensen war die lebendige Welt für mich, Szene-Viertel und wo man flanieren kann, wo's nette Kneipen gibt und wo dieses Grau-in-Grau aufgehoben ist. (5)

Auch auf die Arbeitskräfte wurde keine Rücksicht genommen:

Damals war die Bahnhofmission unterhalb der Geleise im Erdgeschoss untergebracht, zwei Zimmer in einem Gewölbe. Ganz schrecklich, ohne jedes Tageslicht. Darüber ratternde Züge, nur getrennt durch die Decke. Dunkel, muffig, feucht. ... Erzählt wurde von einer Kakerlakenplage. (8)

3. Ein Sammelsurium. Der Bahnhof als Einkaufszentrum

Der erste Eindruck war, dass ich das befremdlich fand, das Kaufhausschild. Der Bahnhof ist ja im Kaufhof drin, ist fast kleiner als das Kaufhofschild. (3)

Komme zu den Bahnsteigen, wundere mich überhaupt, dass hier Züge fahren, dass hier Züge stehen. Habe gehört, dass Altona von immer weniger Fernzügen angelaufen werden soll. (4)

Im Grunde genommen ist es kein Bahnhof, sondern es sind viele Funktionen, die man da erleben kann, zum Beispiel aber auch die Stadtteilfunktion. Das habe ich ein Stück anders erlebt, da sind viele Leute, die da durchgehen von Ottensen auf die andere Altonaer Einkaufsseite. (6)

Der Bahnhof ist jetzt sehr gespalten in verschiedene Regionen. ... nicht mehr so ein integriertes Ganzes, man kann also eigentlich nicht von einem Bahnhof sprechen, sondern es sind verschiedene Bereiche ... Ich hab' jetzt eine sehr distanzierte Position zu dem ganzen Stadtteil, während ich früher mich sehr stark identifiziert habe mit Altona, das war einfach so meine Heimat Also heute finde ich das sehr stark als nervig, nur ein Ärgernis das Ganze. (5)

Als das Markanteste fand ich auch einfach diese Verkaufsshops. Und wieder der Eindruck, dass die halt bunt und einigermaßen ansprechend waren und alles andere wirklich trist grau. ... dieser gesichtslose Bahnhof passt gut in die hässliche, unpersönlich wirkende Architektur von diesem Altonaer Einkaufszentrum. (3)

4. Die Neuerungen verbessern die Sicherheit nicht

> Kurz nach seiner jetzigen Fertigstellung hab ich noch meine Mutter zum Zug gebracht und die rutschte aus auf diesen neuen Platten aus und fiel zwischen Bahnsteigkante und Zug. Das hat ihr ziemlich weh getan. Das fand ich sehr empörend. (5)

5. Zusammenfassung

Die Atmosphäre des Altonaer Bahnhofs wird von den Teilnehmenden der Introspektionsrunde durchgängig negativ erlebt. Das Gebäude wirkt bedrückend, unfreundlich, gesichtslos, von unbestimmter Funktion – Bahnhof oder Kaufhaus? –, ein Durcheinander, eine architektonische Katastrophe.

2.1.4 Das Reiseerlebnis

Durch die Introspektionen treten Erinnerungen an frühere positive Erlebnisse mit Bahnhöfen ins Bewusstsein, vor allem Reiserlebnisse und menschliche Beziehungen.

1. Früher hatten Bahnhöfe Atmosphäre

> Jetzt find ich, dass eben dieser Bahnhof auch ursprünglich mal Atmosphäre hatte, abgerissen worden ist, der Bahnhof ist ja umgebaut worden und es ist überhaupt nichts übrig geblieben außer irgendwie so ein Wappen [...] das hat mich damals so wütend gemacht, dass sie alle die alten Bauwerke abreißen, um diese Würstchenbuden dann da hinzustellen. Das ist unglaublich, was da gesündigt wird. Die anderen Bahnhöfe sind inzwischen Dokumente der Baukunst des 19. Jahrhunderts. Die kann man nicht einfach wegputzen, um da jetzt diese scheußlichen Verkaufsstände hinzustellen. (1)
>
> Früher war das bei mir verbunden mit angenehmen Gefühlen, vor allem viele Freunde da getroffen zu haben, verabschiedet zu haben oder empfangen zu haben und auch Wege zur Arbeit, die sind immer über den Altonaer Bahnhof gegangen, weil ich eine Weile da immer gefahren bin mit der S-Bahn. Und das war eher etwas Positives. Und heute... fällt mir einmal diese Video- oder Fernseheinwand auf, die aber völlig ungemütlich irgendwo im Raum steht. Dann diese separierte Fressmeile, die überhaupt nicht dazu passt, das ist eine ganz andere Welt und ich denk' auch, die hat eine ganz andere Atmosphäre als der übrige Bahnhof. (5)

2. Reiseerlebnisse hat man eher anderswo

Beispielsweise am Flughafen:

> Wir haben den Bahnhof viel mit dem Flughafen verglichen, dort standen viel mehr Reiserlebnisse im Vordergrund. (6)

Oder, wenn man ganz nahe am Zug ist:

Diese Reiseerlebnisse findet man im Altonaer Bahnhof eben selten. Man findet sie bei besonderen Situationen, wenn nämlich der Autoreisezug da steht. Da fahren dann die Autos und die Polizei sperrt ab und das hat irgendwie was Lebendiges. Und man hat es auch, dieses Reiseerlebnis, wenn man sehr nahe da steht, wo die Züge abgehen ... und dann donnert die S-Bahn vorbei.

Auch Leipzig ist wunderschön, der Bahnhof, aber da haben sie so 'ne Mega-Einkaufszone eingezogen. Und wenn man da rumläuft, da ist dieses Reiseerlebnis weg. Der hat keine Atmosphäre. (6)

Oder beim Ankommen und Abfahren generell:

Dann stehen Bahnhöfe auch für Ankommen und Abfahren, für Wiedersehen und Abschied. Das ließe sich bis ins Unendliche aufdröseln. Ich könnte kein Ankommen, kein Widersehen, aber auch keinen Abschied oder eine Abfahrt von den vielen hervorheben, die mir durchaus positive Erlebnisse beschert haben. (2)

Oder wenn eine alte Lok vorbei kommt:

Was zufällig ein sehr großer Kontrast war. Da fuhr gerade 'ne Dampflok ein oder war dabei, wegzufahren. Die Bahnhofshalle war dampfgeschwängert, es war ein ungemeiner Kontrast zwischen dem kalten funktionalen Bahnhof und dieser Lok-Nostalgie. (2)

Oder anderswo, Beispiel Bahnhof Zoo, Berlin:

Aus der dunklen, lauten, geschäftigen, unübersichtlichen und imposanten hohen Halle auf den hellen Bahnsteig mit weitem Blick in die Straßen der Umgebung: Dieser Kontrast entspricht auch etwas dem Reisegefühl und dem Reiseweg. Der immer etwas gehetzte Weg zum Bahnhof durch U-Bahnschächte, Tunnel und Gedränge zur Entspannung der Reise selber, im bequemen, hellen Abteil mit viel Platz und nur wenig Reisenden. Die Zeit, die vorher zu knapp war, ist jetzt reichlich vorhanden, aus der Hetze wird das Warten, das müßige Tun bis zur Ankunft am Reiseziel. (3)

3. Die Analyse von Reiseerlebnissen

Die Teilnehmenden beschreiben Abfahrt, Ankunft, Umsteigen und die Reise selbst am Beispiel von verschiedenen Bahnhöfen. Wir achten auf die Verschränkung von Räumen und Zeiten und markieren die Räume mit lateinischen Majuskeln.

Abfahrt am Bahnhof Zoo, Berlin:

Zugang von der U9. Wenige, kleine Hinweise auf DB [der *Zugangsraum* = A]. Über mehrere Treppen und tunnelartige Gänge. Aufstieg in die Bahnhofshalle [B]. Desorientierung ... Der Zugang zur größeren Bahnhofshalle ist versteckt und führt tatsächlich durch Verkaufstresen für Backwaren; Salate, Würstchen etc. Viel Publikum, Gedränge [C]. Dahinter eine relativ offene Halle [D]. Auf der gegenüberliegenden Seite [E] ein Aufgang zu den DB-Bahnsteigen und Schächte zu anderen U-Bahnen, auch Fahrkarten sind hier zu kriegen und die Zugabfahrtzeiten werden angezeigt. Alles gerade in Reparatur, auch die Rolltreppe. Hier sieht es ein wenig nach Bahnhof aus. Reisende laufen/gehen umher, quetschen und winden sich aneinander vorbei. Die Treppe zu den DB-Bahnsteigen führt über ein Zwischenpodest [F] nach oben. Hinweise auf sechs Bahnsteige. Auf einmal Sonne, Licht und klare Luft [G]. Oberhalb des Podestes führen die Treppen ins Freie, die Bahnsteige liegen im Tageslicht, die Sonne scheint und eine völlig andere Atmosphäre umfängt einen. Der Zug ist noch nicht da, hier herrscht keine Eile, eher gelangweilt stehen Reisende auf dem Bahnsteig, warten auf die Ankunft des Zuges, lesen, reden, rauchen und meiden den Schatten. (3)

Ankunft am Bahnhof Altona:

Die Ankunft war stehend im Zug, im Gang, nach Bahnhof Dammtor [A]. Fast niemand mehr im Zug, er hält noch mal auf der Strecke [B] und dann gehe ich zur Tür und der Zug hält [C]. „Alle aussteigen". Ich bin wieder am Ende des Zuges mit einem langen Weg zur Taxe [D] ... Das Wetter ist kühl, aber kein Regen, wie vorher in Leipzig [E]. Und dann denke ich über die Reise nach, die war gut, ich bin zufrieden. Der Speisewagen war tschechisch [F], das hat mich auch erfreut, kommt aus Prag [G], sehr schön gemacht alles, das Essen eher mäßig. Und dann der lange Weg [D], kaum Reisende, die aussteigen, den Zug entlang [H], am Zeitungsstand [I] vorbei, schnell durch die Eingangshalle [K], dann Taxi [L]. (1)

Umsteigen in Koblenz

In meiner grauen Vorzeit kam ich in regelmäßigen/unregelmäßigen Abständen an den Bahnhof von Koblenz [A]. Für mich ein reiner Transit-Ort. Verbunden mit dem lästigen Akt des Umsteigens [B]. An einem Ort, an dem mir nur der Bahnhof [C] bekannt war und der ist nicht gerade einladend. Es hat mir dort nie gefallen, ich war wahrlich nie gerne dort ... Dank eines Eisautomaten [D] habe ich mir den Ort erschlossen, ihn mir zugänglich gemacht. ... Es ließ mich den Ort vergessen, weil ich aus ihm einen vertrauten Ort machte. Ich fuhr nicht mehr nach Koblenz zum Umsteigen, sondern um Eis zu essen. (2)

Fahrt mit der S-Bahn in Hamburg

Wir entscheiden uns zur fluchtartigen Abreise mit der S1 [A], hochmodern und komfortabel nach Hamburg-Othmarschen [B]. Inneres Aufatmen, als der Zug aus dem Bahnhofstunnel ins Licht kommt [C]. Ein paar stoische Minuten gedulden, neudeutsche Geschäftsbeton-Architektur, Mietskasernen des beginnenden zwanzigsten Jahrhunderts [D] bis zur S-Bahn Bahrenfeld. Es wird schon gemütlicher [E]. Erst das Überqueren der Autobahnbrücke bringt Entlastung trotz Regens [F]. S-Bahn Othmarschen [G] kommt mir vor wie ein ländlicher, idyllischer Bahnhof. Die Züge werden noch von einem Aufsichtsbeamten höchstpersönlich abgefertigt, nicht über Lautsprecher. Zeitreise in die frühen fünfziger Jahre. (4)

Welche Gemeinsamkeiten gibt es?

- Nennung von Orten (Leipzig, Prag, Othmarschen, Bahrenfeld). Sie sind Herkunfts- oder zukünftige Reiseorte. Die Orte definieren *Reisewege*.
- Auch innerhalb der Bahnhöfe und bei der S-Bahn-Fahrt wird *Bewegung* abgebildet. Sie entsteht durch *zeitliches Aneinanderreihen von Räumen* (Abfahrt A-G etc.).
- Die Räume und Zeiten haben jeweils eigenen *Charakter*. Sie repräsentieren verschiedene *Bewegungsarten* (stehen – zu Fuß gehen – auf der Rolltreppe fahren – mit dem Zug fahren – mit der U-Bahn – mit dem Taxi etc.) und verschiedene *Geschwindigkeiten* (Hektik – keine Eile). Bestimmte *Merkpunkte* und *Eigenschaften* sind dafür wichtig (tunnelartig, Türe, Treppen, Gewimmel, etc.), auch ihr *Verhältnis zur Außenwelt*,

der städtischen oder ländlichen Umgebung, der *Natur* (Regen, Licht etc.). Sie haben jeweils verschiedene *Atmosphären,* sie unterstützen den Besucher/Nutzer oder erschweren es ihm, sich zurecht zu finden; es gibt leichte und schwierige Wege (durch Schilder und Abfolgen bezeichnet).

- Die Wege/Räume werden *kognitiv* wahrgenommen (nachdenken, den Weg finden) und *emotional* erlebt (gehetzt, nicht gefallen, Entlastung, Entspannung, Freude, gemütlich, ruhig, langweilig etc.).
- Alle Abläufe sind *fremdbestimmt,* man muss bestimmte *Wege* durchlaufen, sich zu bestimmten Zeiten an bestimmten *Orten* einfinden. Das Risiko liegt beim Reisenden, wer nicht zeitig da ist, oder nicht am Ort, weil die Bahn die Wagenfolge umgestellt hat, den reservierten Platz vom Zugende zum Zuganfang, und wer dann nicht sehr schnell laufen kann, ob mit oder ohne Gepäck, kommt nicht mit (1).
- Die Räume und Zeiten werden nicht als mathematisch/geometrische, sondern als *Handlungs-Räume* und *Handlungs-Zeiten* erlebt. Die Nutzer messen sie an ihren eigenen Zielen und Zwecken. Sie sind in sich vergleichsweise einheitlich und verschieden von den vorhergehenden, angrenzenden und folgenden. So gliedern sie sich und bilden eine *Zeit/Raum-Struktur.*

Das Reiseerleben, im allgemeinen Sinne, ist die Erfahrung strukturierter Bewegung und Veränderung, der eigenen und der Umwelt. Es wird positiv erlebt als Lust an der Bewegung und dem Erfolg, negativ als Last, Überforderung, Bedrückung und Scheitern.

4. Zur Phänomenologie des Reiseerlebens

- Der Bahnhof ist ein Ort für Ortswechsel. Nutzer wollen in Bahnhöfen abfahren, ankommen oder umsteigen, einkaufen allenfalls Reisebedarf. Die Gebäude werden daran gemessen, wie und unter welchen Bedingungen sie helfen, diese Absichten zu erfüllen. Dazu gehören die Wege, Aufenthaltsorte und Dienstleistungen ebenso wie das Atmosphärische des oder der Gebäude. Der Bahnhof vergegenständlicht, systematisiert und organisiert den Ortswechsel. Er ist gleichzeitig Grenze und Verbindung zwischen Räumen.
- Reiseerleben entsteht durch innere Beteiligung am Geschehen, die raum-zeitliche Übereinstimmung von äußerem Ereignis und Subjekt. Die Reiseatmosphäre transponiert die bevorstehende äußere Bewegung in innere Bewegung.
- Die beabsichtigte oder tatsächliche Ortsveränderung bringt psychische Wirkungen hervor entlang der Gegensätze Trennung und Bindung, die sich sowohl auf Menschen als auch auf Gegenstände und Umwelten beziehen können, sofern sie ortsbezogen sind. Sie können unterschiedlich erlebt werden als Verlust und Gewinn, Schmerz und Freude, Freiheit und Gebundenheit, Weltläufigkeit und Heimkehr etc., oft auch als Gleichzeitigkeit oder Umschwung komplexer Gefühle, die alle Abreisenden und Ankommenden kennen. Es bietet sich an, auch die physiologischen Wirkungen von Trennung und Bindung zu untersuchen und die symbolische Bewältigung durch Abschieds- und Ankunfts-Rituale.
- *Ein Gedankenexperiment:* Wir ersetzen *Bahn* und *Flugzeug* durch andere Fortbewegungsmittel: Schiff, Auto, Bus, Postkutsche, Motorrad, Fahrrad, Pferd, Esel, Kamel,

den *fliegenden Teppich*, Münchhausens Kanonenkugel etc. Mit allen kann man *reisen*, auch durch Laufen oder Wandern (*Schusters Rappen*). Mit allen kann *Trennung* erzeugt, erlitten oder, bei Rückkehr, überwunden werden.

- Ergebnis: *Reiseatmosphäre* hängt nicht von der Existenz eines bestimmten Reise-Mediums ab, wohl aber vom sozialen und emotionalen Status des Reisenden und ebenfalls, wie gravierend die Grenze ist, die überschritten werden soll. Eine *Reise in die Fremde* erzeugt mehr Reiseatmosphäre als die tägliche Fahrt zur Arbeitsstelle. Das Gedankenexperiment unterstreicht die Bedeutung der Grenze und die Symbolik bei deren Überwindung.

Zurück zum Bahnhof Altona. Wie *behandelt* er den Reisenden, das Reiseerleben? Wie stellt sich das Erscheinungsbild und die Rolle eines Bauwerks dar, das, wenigstens zum Zeitpunkt der Befragung, einem öffentlichen Zweck verpflichtet war?

5. Reiseerlebnisse sind Privatsache

Dann denke ich über die Reise nach, die war gut, ich bin zufrieden, … und dann ein langer Weg …dann Taxi und da ist dann so einer, der kaum deutsch spricht, ein importierter Inder. Und da denke ich darüber nach, was eigentlich die Atmosphäre war, die ich gar nicht wahrgenommen habe, sondern, ob alles funktioniert und ich da schnell durchkomme. Die Atmosphäre eher innerlich zufrieden, der Bahnhof als Durchgangsstation wird wenig wahrgenommen. (1)

6. Emotionen suchen sich andere Erlebnis-Gegenstände

Da das Gebäude in Altona Menschen eher abschreckt als sie aufnimmt und leitet, heften sich Gefühle an Elemente, die mit dem Bahnhof und dem Reiseerleben selbst nichts zu tun haben. Antworten auf die Frage nach den *positiven Seiten* eines Bahnhofs:

Seifenblasen:

Wir versuchten mit einem Puster möglichst viele oder möglichst große Seifenblasen zu produzieren. und hatten unseren Spaß dabei. Mit einem Mal war die Enge des Bahnhofs und das Regenwetter vergessen. So schien es auch den anderen Leuten zu gehen, die an uns vorbei liefen. (7)

Eisautomat:

Dank eines Eisautomaten habe ich mir den Ort erschlossen. Egal, ob es warm, heiß oder eisig kalt draußen war, ich habe mir ein Eis gezogen. Immer dasselbe. Ich fuhr nicht mehr nach Koblenz, um umzusteigen, sondern um Eis zu essen. (2)

Schwindler erwischen:

Die Bahnhofsmissionsarbeit besteht u. a. darin, dass für Bedürftige Sozialhilfe-Pläne erstellt werden. Mit vieler Mühe: Soforthilfe, Klamotten, etwas zu essen. Eines Tages war ich auf dem Weg zum Dienst in der S-Bahn. In der S-Bahn treten immer wieder Bettler auf, die wilde Geschichten erzählen. Einer, der „in Bearbeitung" war, hielt so eine Rede im Abteil und lässt den Hut kreisen. Wie er zu mir kommt, sieht er mich, grinst und sagt: „Na, da hat es wohl keinen Zweck, weiter zu machen". (8)

Eisenbahnbetriebsmodell, Brunnen:

Dann fällt mir immer noch dieses Eisenbahnbetriebsmodell für Dampfloks sehr auf, das manchmal in Betrieb geht. Und dann, dass der Brunnen so ein riesiger Stein des Anstoßes ist (5). [Gemeint ist der monumentale „Stuhlmannbrunnen" von Paul Türpe, 1900, Geschenk eines Bürgers und Streitobjekt zwischen den Behörden Hamburgs und Altonas über Zuschüsse für die Sanierung].

Schaukasten:

Ich hab da noch einen interessanten Schaukasten gesehen und zwar von einer Kunstschule, die in der Nähe ist. Die Auslagen gefielen mir. ... Mir fiel auf, dass relativ viele Leute verweilten vor einer riesigen TV-Wand, wo Fußball lief. Allerdings war ich animiert, mir eine Kleinigkeit zu kaufen, eine Laugenbretzel, was ich normalerweise selten tue, aber irgendwie war das Ganze deprimierend. (2)

7. Drei Kriterien für das Erleben der Reiseatmosphäre

Die Analyse soll nun die verschiedenen Aspekte zusammenfassen. Der Schritt in die Abstraktion ist nur berechtigt, wenn er die konkreten Beobachtungen oder Erlebnisse als seine Basis beibehält und nicht in Phantasie überspringt. Für dieses Gebäude sind drei Beurteilungen wesentlich:

- Die *Menschlichkeit*. Fühlen sich Menschen in diesem Gebäude wohl?
- Die *Funktionalität*. Erfüllt das Gebäude die erwünschten Zwecke?
- Die *Ästhetik*. Ist das Gebäude im Ganzen und in Details eindrucksvoll?

Die Introspektionen der Gruppe sind negativ. Menschenfreundlichkeit kann man nicht diagnostizieren, wenn sich alle unwohl fühlen, an Bunker, Gefängnis oder Katastrophen denken und froh sind, dem Bahnhof zu entfliehen. Die Leistung als *Bahnhof* ist durch die Überlagerung mit dem Einkaufs-Center nur bedingt gegeben. Der Umbau ist, aus Sicht der Introspektionsgruppe, hässlich, der Bahnhof im Kaufhausstil mit Schüttbeton der siebziger Jahre und seine Umwandlung in ein Shopping Center gilt als architektonischer Schandfleck.

2.1.5 Erinnerungen an positiv erlebte Bahnhöfe

Die späteren Berichte über positive Erinnerungen an Bahnhöfe erweisen sich als Umkehrung der negativen Beschreibungen des Altonaer Bahnhofs. Auf sie sind wir zum Teil schon im Kapitel 1.5 eingegangen.

1. Menschlichkeit

Die Treppe zu den DB-Bahnsteigen führt über ein Zwischenpodest nach oben. Hinweise auf sechs Bahnsteige. Auf einmal Sonne, Licht und klare Luft. Oberhalb des Podestes führen die Treppen ins Freie, die Bahnsteige liegen im Tageslicht, die Sonne scheint und eine völlig andere Atmosphäre umfängt einen. Der Zug ist noch nicht da, hier herrscht keine Eile, eher gelangweilt stehen Reisende auf dem Bahnsteig, warten auf die Ankunft des Zuges, lesen, reden, rauchen und meiden den Schatten. (3)

Die kleinen Bahnhöfe machen den Eindruck, dass sie *gewachsen* sind, nicht *gebaut* wie die großen, eher menschenbezogen. Das Gegenstück sind die Betonklötze und Kaufhausirrgärten, zu denen die Bahnhöfe jetzt allenthalben umgebaut werden. (1)

Der Othmarscher Bahnhof zeigte fast schon Kleinstadtidylle. Am Bahnsteig vor einem kleinen Bahnwärterhäuschen stand ein uniformierter Aufsichtsbeamter und fertigte den Zug persönlich ab … Abgesehen von dem Haupteingang macht dieser Bahnhof einen gemütlich-romantischen Eindruck wie aus einem Heimatfilm der Fünfziger (4)

2. Funktionalität

Die Ankunft ist am besten, wenn ich abgeholt werde, wenn nicht, dass ich schnell hinauskomme, den Weg zur Taxe finde und nicht über Rolltreppen und Querpassagen und Einkaufsbasare umgeleitet werde zu einem Nebenausgang und man den Gepäckwagen nicht mehr abstellen kann. Schlechtes Beispiel ist München-Hauptbahnhof und Altona natürlich. (1)

Orientierungsprobleme. Wenige, kleine Hinweise auf DB. Über mehrere Treppen und tunnelartige Gänge. Aufstieg in die Bahnhofshalle. Desorientierung. Entweder man kennt sich aus oder man hat Zeit, sonst ist man verloren. (3)

3. Ästhetik

Ich fand die 70er-Jahre-Architektur unangenehm. … ich fand die Höhe bedrückend, es war so ein Missverhältnis zwischen der Weite des Raumes und der Höhe der Decken, das stimmte für mich nicht … Ich fand die Architektur dieser Bahnhofhalle gesichtslos, kalt, funktional, also kein Raum, wo ich Freude daran hätte, mich aufzuhalten (2).

Die vor etwa 15 Jahren neu gebaute Eingangshalle mit Rolltreppen, Fahrkartenautomaten und Kiosken unten an der Hauptstraße wirkt gegenüber dem übrigen Bahnhofsensemble merkwürdig deplaciert. Keine ästhetische und kreative In-Beziehung-Setzung von alt auf neu. (4)

Am besten, der Zug fährt in eine große Halle ein, optimal ist ein Kopfbahnhof wie Leipzig, München, Frankfurt, auch Endstationen wie Gare du Nord oder Liverpool Station oder auch Abfahrt, wie die große Halle des Grand Central. Ankunft ist dort im unterirdischen Gewimmel. Oder die Eingangshalle Stuttgart, die außerdem noch ein Kunstwerk ist. Die Atmosphäre ist „großer Bahnhof". Ich fühle mich wohl, wenn der Ankunftsort ein beeindruckendes Gebäude ist, in das man hinein fährt mit vielen Menschen, den Wartenden, Begrüßenden, mit den typischen und vertrauten Geräuschen, Durchsagen, die man nicht versteht und auch nicht verstehen muss, wenn man nicht umsteigt. (1)

2.1.6 Zusammenfassung der Ergebnisse

- Die dialogische Introspektion erbrachte ziemlich umfangreiches und differenzierendes Material über die „Atmosphäre des Bahnhofs Altona".
- Die *Dimensionen* für das Erleben und Maßstäbe zur Beurteilung dieses und anderer Bahnhöfe sind ihre *Menschlichkeit, Funktionalität* und *Ästhetik.* Danach schneidet der Bahnhof Hamburg-Altona schlecht ab, die Teilnehmenden kennen jedoch positive Beispiele.
- *Reiseerlebnisse* repräsentieren die zeitliche Abfolge von Räumen und Zeiten. Das zu Grunde liegende Verhältnis ist die *Bewegung* oder *Veränderung.*
- Bahnhöfe institutionalisieren Ortsveränderung durch Abfahrt, Ankunft, Umsteigen. Sie können bei ihren Nutzern komplexe psychische, physische und soziale Prozesse erzeugen. Die Reiseatmosphäre ist Folge und Begleiterscheinung der tatsächlichen oder beabsichtigten Ortsveränderung, die sich aus Variationen der Grundverhältnisse *Trennung* und *Vereinigung* ergeben.
- Es stellt sich die Frage, wie ein Bauwerk auf die Bedingungen, in denen sich Menschen in diesen Orten finden, *antwortet,* welche Wirkungen es auf das Erleben des Reisens ausübt.
- Das schlechte Verhältnis Mensch-Bauwerk wird weitgehend eingebettet in die gesellschaftlichen Veränderungen, denen der Bahnhof Altona durch eine durchgreifende *Rationalisierung, Ökonomisierung* und *Kommerzialisierung* unterworfen wurde, ohne erkennbare Verbesserung der Funktionen als Bahnhof und eines den Bedürfnissen der Nutzer entsprechenden Erscheinungsbildes.

2.1.7 Bewertung

1. Reliabilität

Nach Abschluss der Analyse wurden alle Protokolle auf Informationen durchgesehen, die der gegenwärtigen Analyse widersprechen. Hier wurden keine der Analyse widersprechenden Angaben gefunden. Jedoch hätten zwei Bereiche eine ausführlichere Erörterung verdient:

- Der *historische Aspekt:* Die *großen* Bahnhöfe (*kathedralmäßig* (2)) stammen zumeist aus dem Ende des neunzehnten und Anfang des zwanzigsten Jahrhunderts, in Deutschland der *Gründerzeit* mit Hilfe der Reparationen nach dem Deutsch-Französischen Krieg. Später dominieren die Bauten für die moderneren Fortbewegungsmittel Auto und Flugzeug. Noch existente alte Bahnhöfe können von hoher kulturhistorischer Bedeutung sein.
- Die *Symbolik des Bindungs- und Trennungsverhältnisses* wirkt für Reisende und Abholende direkt auf ihre Sicht der Funktionalität des Bahnhofes ein. Welche Wege müssen sie gehen, welche Strecken zurücklegen, unter welchen Bedingungen, auch außerhalb der schützenden Bahnsteig-Dächer, dem Wetter ausgesetzt, wie und wo informieren sie sich über Änderungen auch bei technisch schlechten Durchsagen, welche Zei-

chen und Symbole wirken regulierend und wie *menschlich* ist der Bahnhof dabei zu ihnen?

2. Validität

Innere Validität ist die Übereinstimmung der Analyse mit allen erhobenen Daten. Die zusammenfassende Analyse repräsentiert die gemeinsame Seite der Betrachtung, sie reicht über die einzelnen subjektiven Beurteilungen hinaus und geht über in ein *intersubjektiv gültiges Muster*.

3. Geltungsbereich

Er ist auf die *teilnehmenden Personen, die Erhebungszeit* und den *Erhebungsort* beschränkt, d. h. auf die gesellschaftlichen Bedingungen, unter denen die Untersuchung stattgefunden hat. Um den Geltungsbereich auszuweiten, bedarf es weiterer Forschung. Die Akzeptanz des Bahnhofs ist sicher in verschiedenen Bevölkerungsgruppen unterschiedlich, die Auftraggeber und direkt beteiligten Architekten haben eine positivere Meinung von ihrem Bauwerk (Deutsche Bahn, 2006a) als die Nutzer der Introspektionsgruppe. Die Strukturen von Bewegung und Reiseerleben scheinen auch außerhalb der Gruppe zu gelten – in welchem Rahmen, wäre zu erforschen.

Wie weit sich Erkenntnisse aus dieser Methode auf andere wissenschaftliche oder künstlerische Bereiche übertragen lassen, etwa auf Stadtplanung und Architektur-Ästhetik, war nicht Gegenstand der Betrachtung.

2.2 Ärger und andere Gefühle (Thomas Burkart)

In diesem Beitrag wird eine Untersuchung zur Introspektion aktueller Gefühle dargestellt. Sie bildete den Ausgangspunkt einer größeren heuristischen Untersuchung über Gefühle, in der neben Dialogischer Introspektion auch mit anderen Methoden gearbeitet wurde (vgl. Burkart, 2003a, b und c; Burkart, 2005b und Kleining & Burkart, 2007).

2.2.1 Methode und Übersicht

Die Teilnehmenden der Untersuchung – alle Mitglieder der Forschungswerkstatt – vereinbarten, ein aktuell erlebtes Ärgergefühl und ein anderes aktuelles Gefühl freier Auswahl im Alltag zu beobachten und direkt danach zu protokollieren.

Einige Tage später berichteten sie reihum in einer Gruppensitzung über ihre Introspektionen, wobei die Regeln der Dialogischen Introspektion beachtet wurden.[15] An der Sitzung nahmen fünf Männer teil. Außerdem wurde ein schriftliches Protokoll (rund eine Seite) einer ebenfalls männlichen Person einbezogen, die an der Sitzung nicht teilnehmen konnte.

---

[15] Die Gruppensitzung fand am 5.1.1999 statt

Von zwei Teilnehmenden wurde nur ein Gefühlsverlauf geschildert. Themen der Berichte waren:

- Gefühle von Unsicherheit, Irritation und Ärger, ausgelöst durch die Introspektionsaufgabe.
- Wohlfühlen vor dem Kamin – in Sentimentalität oder Traurigkeit übergehend.
- Langeweile und Ärger beim Lesen eines Buches über Emotionspsychologie.
- Heftige Ärgerreaktion beim versehentlichen Tritt gegen einen Katzenfutterteller.
- Wutreaktion nach einer Provokation durch einen Klienten, der dem Teilnehmenden bei einem Hausbesuch Schläge androhte und ihn hinaus warf.
- Komplexer Gefühlsverlauf bei der Fertigstellung eines wissenschaftlichen Projektantrags mit Gemeinschaftsgefühl in der letzten Arbeitsphase, Freude und Stolz nach vermeintlich erfolgreichem Abschluss; in Scham- und Schuldgefühle übergehend, nachdem ein Fehler im abgegebenen Projektantrag entdeckt wird, später einem gespaltenen Gefühl von Zerknirschtheit, Unsicherheit und Angst mit zarten Anflügen von Freude und Stolz weichend.
- Gefühlsverlauf bei der Behebung eines vermeintlichen Kühlschrankdefektes, mit unbehaglichem Gefühl, als das nicht anspringende Gerät bemerkt wird. Erleichterung und Freude wegen des ersparten Ärgers, als sich herausstellt, dass Kühlschränke dieser Marke bei unter 16 Grad nicht anspringen. Nach zwei Tagen entsteht ein Gefühl von Beschämung wegen der Fehleinschätzung.
- Gefühlsverlauf bei einer Kieferoperation mit Unsicherheit, aber auch Gelassenheit, nach der Betäubung in *Wurstigkeit* übergehend. Sie wandelt sich in ängstliches Verfolgen des Geschehens wegen der Befürchtung, die Operation verlaufe eventuell nicht positiv.
- Ein Teilnehmender schildert seine inneren Prozesse bei Ärger- und Glücksgefühlen, ohne die Situation und den Gefühlsbezug genauer zu beschreiben.

Die Berichte der Teilnehmenden wurden auf Tonband aufgezeichnet und für die Analyse transkribiert. Das Transkript umfasst 11,5 Schreibmaschinenseiten.

Gegenstand der Analyse ist *Gefühl* oder *Fühlen*, d.h. die bewusst erlebten emotionalen Vorgänge. Zunächst werden Merkmale des Fühlens beschrieben. Es folgen Ergebnisse zur Funktion der Gefühle. Abschließend werden weitergehende Forschungen skizziert, die zu einer Theorie des Fühlens führen.

2.2.2 Zur Phänomenologie des Fühlens

Die Gefühle sind durch die Merkmale *Leibbezogenheit, variierende Intensität* und *Qualität, Subjekt-Involvierung, Äußerungsdruck* und *Intentionalität* gekennzeichnet. Sie haben einen *dialogischen Prozess- und Gestaltcharakter*.

1. Leibbezogenheit

Die Gefühle werden körperlich erlebt. Sie sind verbunden mit Körperprozessen wie Kompression, Weitung, Spannung, Entspannung, Schwellung und dem Auf- oder Absteigen von

Empfindungen. Sie bewirken eine Mobilisierung oder Demobilisierung des Subjekts und können von Handlungsimpulsen begleitet sein (vgl. auch Schulze, 1999). Beispiele:

> Als die Breckis [Katzentrockenfutter] auf dem ganzen Küchenboden verstreut werden, habe ich eine ziemlich heftige Ärger-, fast schon Wutemotion. Ich merke, das ist so wellenartig, dass da etwas aus dem Bauch hochsteigt. Ich registriere auch den Impuls, gegen den Teller zu treten, den ich nicht auslebe. (2)
>
> Ich erkannte sofort, oh Mann, da haste etwas vergessen. Das war so'ne überfallsartig aufbrodelnde Erkenntnis. Das hast Du nicht eingearbeitet. Das lief mir so richtig den Rücken runter – eiskalt sozusagen – Enttäuschung und Scham. (4)
>
> Bestimmte Gefühle, ... die steigen so auf und die wollen raus und die gewinnen an Gestalt und da muss man sich bewegen und hüpfen ... Und es gibt andere Gefühle, die kommen so rein quasi und die laufen so runter und die drücken mich zusammen, wie so'ne Last, die auf mich drückt. (4)

2. Variierende Intensität und Qualität

Die Gefühle variieren in ihrer Intensität und Qualität, beides wird ebenfalls körperlich erfahren. Die Intensität wird über die Stärke körperlicher Reaktionen („durch und durch gehen"), Metaphern („man möchte die Welt umarmen", „das Herz hüpft vor Freude", „Glück glimmt") und Wahrnehmungsmodalitäten wie Größe („große Angst"), Gewicht/Druck („Erleichterung", „bedrückt"), Temperatur („heiße Wut"), Kraft („starke/schwache Wut") und Lautstärke („stille Freude") beschrieben.

Die Fülle an Modalitäten spiegelt die vielfältigen körperlichen Prozesse und die ganzheitlich synästhetische Qualität des emotionalen Erlebens („sauer sein", „mir stinkt's").

Unterschiedliche Gefühlsqualitäten sind mit verschiedenen Körperprozessen verbunden und werden unterschiedlich erlebt, woraus sich ergibt, dass die lange einflussreiche Zwei-Faktorentheorie von Schachter und Singer (1962), nach der Gefühle interpretierte, unspezifische Erregungszustände sind, zweifelhaft ist. Beispiele aus den Introspektionsdaten:

> Trauer: Prägend hierbei, im Gegensatz zu Aggression, eher niedriger Muskeltonus, das Empfinden der Schwere und Enge wird ein Gesamtkörperliches, man fühlt sich gedrückt, niedergeschlagen und betäubt, lustlos.
>
> Glücksgefühl: Glück leuchtet, glimmt angenehm warm, prickelt und beschwingt, zwingt geradezu zum Grinsen und/oder Lächeln, macht nervös. Das Gefühl allgemeiner Leichtigkeit [...] Der Körper bewegt sich aus Lust zur Bewegung. Man schwebt leicht über dem Boden. (6)
>
> Die Orte der Gefühle: Also vom Magen der Ärger, der sich dann so ausbreitet. Die Freude, die so mehr hier sitzt [zeigt in die Herzgegend] und dann diese Trauer, die diese Augen dann so schwellen lässt und dahinter sitzt und in Richtung einer niedergedrückten Stimmung geht. (4)

3. Subjekt-Involvierung

Die Gefühle können berühren oder erschüttern, wie bei (4), als er den Fehler im abgesendeten Projektantrag entdeckt. Sie können „durch und durch gehen", so bei (4) in seiner Freude über den abgegebenen Projektantrag, bedrängen (6) oder alles gleichgültig erscheinen lassen wie bei (5) nach der Betäubung bei der Kieferoperation. Die Involvierung bindet das Subjekt mehr oder weniger stark an den Gefühlsprozess und -gegenstand:

> Schlägt Ärger in Aggression um, erhöht sich blitzartig der Muskeltonus, der Körper spannt sich, das „Ich" empfindet sich bedrängt und sucht nach Möglichkeit der Entlastung, verbal durch Fluchen und oder körperlich durch springen, (zer-) schlagen, fuchteln. (6)
> Ich saß im Zug, fuhr von München nach Hamburg zurück und lese ein Buch. Das war das Buch Psychologie der Emotionen von [...] [lacht selbst, Lachen in der Runde], genau ein Kapitel über disponale Struktur emotionaler Schemata. Und ich merke, dass ich gelangweilt bin, dass das Lesen mich quält, dass ich gegen einen Widerstand anlese. Dass ich einerseits denke „ich will das durchhaben, ich will das halt kennen lernen". Aber merke, dass es mich anödet, leicht verärgert, langweilt. Okay, und ich hab' dann das Lesen unterbrochen. (2)

4. Äußerungsdruck

Die Gefühle werden innerlich erlebt und können zum Ausdruck drängen. Sie können im Subjekt Druck erzeugen, der sich dann über den Ausdruck des Gefühls entlädt („platzen", „explodieren"). Ist Gefühlsausdruck nicht möglich, können zerstörerische innere Zustände entstehen, wie bei (4):

> Und dieser Ärger, der konnte auch nicht nach außen. Also ich hatte immer das Gefühl, der zerfrisst mich von innen. Also es geht nicht nach außen. Ich hatte zwar den Impuls, gegen den Schreibtisch zu treten [...]. Der Ärger konnte eben nicht raus. (4)

5. Intentionalität

Die Gefühle sind intentional. Sie haben einen Gegenstand mit variierendem Umfang (z.B. Freude über den abgeschlossenen Projektantrag vs. die ganze Welt umarmen zu wollen) und variierender Klarheit (z.B. Angst vor Vorwürfen durch einen Kollegen vs. diffuse Angst, „mulmiges Gefühl" bei der Kieferoperation). Gefühlsgegenstände können etwas Äußeres oder etwas Inneres sein – Objekte, Ereignisse, Situationen oder Personen – wahrgenommen, vorgestellt oder erinnert. Die Gefühlsrichtung kann sich ändern, wie bei (2), dessen Wut sich zunächst gegen den Katzenfutterteller richtete und dann gegen sich selbst kehrte:

> Ich registriere auch den Impuls, gegen den Teller zu treten, den ich nicht auslebe. Okay, und einen Moment später ist es dann so, dass der Ärger sich gegen mich richtet. „Warum bin ich so bescheuert, dass ich in diesen Katzenteller trete, der da fast immer steht." (2)

Mit dem Gefühlsbezug kann eine Verbindung zwischen Subjekt und Gefühlsgegenstand gestiftet werden, die bis zur Verschmelzung gehen kann („sich eins fühlen mit sich und der Welt" beim Glücksgefühl von (6)).

6. Dialogischer Prozess- und Gestaltcharakter

Die Gefühle sind Prozesse von *variabler Dauer* von kurz – wie beim Tritt gegen den Katzenfutterteller – bis über mehrere Tage dauernd, wie nach dem vergessenen Punkt im abgegebenen Projektantrag. Sie besitzen eine *variable Komplexität*. Bei der Kränkung durch einen Patienten wird als einziges Gefühl Wut von (3) erlebt, im Gegensatz zu Verläufen mit mehreren Gefühlen – z.T. überlagernd wie beim Projektantrag mit Gemeinschaftsgefühl, Freude, die sich bis zur Euphorie steigert, Einsamkeit, Enttäuschung, Scham, Angst, Selbstvorwürfe und Ärger, Wut über sich selbst, Trauer und „zarten Anflügen von Stolz" am Ende.

Die Gefühlsprozesse entwickeln sich in *Dialogen* mit Bedürfnissen, Wünschen und Zielen und den vom Subjekt wahrgenommenen und gestalteten äußeren Gegebenheiten sowie inneren Gegenständen, die vorgestellt, gedacht oder erinnert sein können. Als Beispiele seien die folgenden Dialogformen erwähnt:

- *Wahrnehmungs-Gefühlsdialog:* Eine äußere Situation oder ein innerer Zustand zieht ein Gefühl nach sich mit weiteren möglichen inneren oder äußeren Konsequenzen, wie das Wohlgefühl, das bei (1) „im geselligen Kreis am Kamin [...] mit gedämpften Musik und Wein" auftritt und dazu führen kann, dass er „ins Träumen gerät, vielleicht sentimental wird oder gar weint".

- *Gefühls-Handlungsdialoge:* Wie die Ärger- und Schuldgefühle von (4), die ihn auf der Suche nach Entlastung mit vielen Kollegen über den vergessenen Terminus technicus sprechen lassen, was nicht zum Erfolg führt und Trauer bewirkt:

Ärger breitet sich als Welle aus, heiß und kann nicht nach außen: „Ich bin schuld". Und dann gleichzeitig das Bedürfnis, von anderen zu hören: „Ist nicht so schlimm". Also, hab ich meine ganzen Kollegen aktiviert, auch meinen Chef und [...] nach gefragt [...]: „Wie findest du das denn? Ist das denn nun besonders schlimm?" [...] Und letzten Endes konnte niemand diesen Selbstvorwurf entkräften, dass ich das vergessen habe. Es gibt für mich keinen Ausweg, war mir dann klar. Hilflosigkeit und dann auch Trauer. (4)

- *Gefühls-, Vorstellungs-, Erinnerungs- und Gedankendialog* von (4), nach dem er seinen Fehler entdeckt hat. Er stellt sich vor, wie der Kollege auf den Fehler reagieren könnte und erinnert sich daran, dass er ihn bereits kürzlich mit einer vorzeitigen Abreise verärgert hat, was zur Verstärkung der Scham führt:

Ich fühlte mich also schuldig, und ich konnte den Vorwurf von meinen Arbeitskollegen schon vorwegnehmen. Da gab's nämlich 'ne Vorgeschichte: Wir waren zwei Tage vorher zusammen in Stuttgart und hatten ausgemacht, am nächsten Tag noch gemeinsam in Stuttgart zu arbeiten. Und ich hatte dann entschieden, gegen unsere eigentliche Verabredung, doch nach Hamburg zu fahren und hier zu arbeiten, weil ich das sinnvoller fand. Und er [...] dann [...] sagte, das hätte er nicht gut gefunden, dass ich da weggefahren bin. Und ich hatte das also schon im Ohr: "Erst hast du also quasi diese Zusammenarbeit gebrochen und jetzt hast du noch nicht mal meine Änderungen eingearbeitet." Und da dachte ich gleich, das ist ja unheimlich klassisch, das ist ja so richtig psychologisch [lacht]. Das hat also meine Scham über mich selber also noch weiter verstärkt. (4)

Die Gefühlsprozesse bestehen aus mehr oder weniger komplexen Abfolgen von Dialogen zwischen Wahrnehmungen, Gedanken, Gefühlen, Erinnerungen und Vorstellungen, wobei die Gefühle vom Subjekt wahrgenommene interne oder externe *Auslöser* haben können. Dies sind bei (2) für die Ärgerreaktion das nach dem Tritt gegen den Katzenfutterteller wahrgenommene Klirren und die sich ausbreitenden Futter-Teilchen. Von (3) wird als Auslöser für seine Wutreaktion genannt, von seinem Klienten in einer wenig respektvollen Weise der Wohnung verwiesen zu werden und von ihm Prügel angedroht zu bekommen:

> Der Patient war wohl auch in einer sehr schlechten Stimmung und als ich dann reingekommen bin, hat er mich rausgeschmissen und drohte mir, mich in den Arsch zu treten, und zwar in einer sehr provozierenden Form, wo bei mir der spontane Affekt auftrat. (3)

Werden die in den Daten beschriebenen Auslöser auf Gemeinsamkeit befragt, kann ihre *Auslösestruktur* erhellt werden. Abstrahiert liegen folgende Auslöser für Ärger vor:

- Selbst verursachtes Missgeschick beim Verfolgen eines Alltagsziels (Tritt gegen den Katzenfutterteller beim Gang in die Küche, um sich etwas zu Essen zu holen).
- Selbst verursachtes Versäumnis beim Abschluss eines bedeutsamen Ziels, das bereits als erreicht eingeschätzt wurde (Terminus technicus vergessen in einem abgegebenen Projektantrag).
- Respektlose Verhinderung einer beruflichen Alltagshandlung durch einen Patienten (beim Besuch eines Klienten unter der Androhung von Gewalt hinaus geworfen zu werden).
- Unerwünschter Aufwand für die Reparatur eines Haushaltsgeräts (den als defekt eingeschätzten Kühlschrank reparieren zu lassen).

Die Gemeinsamkeit ist die *Behinderung einer Zielverfolgung*, bzw. der *unerwünschte Aufwand* für die Wiederherstellung eines erwünschten Zustands (Funktion).

Gefühlsprozesse haben einen *Gestaltcharakter* mit einer Figur-Grund-Relation. Im Vordergrund bestimmen Gefühle das Erleben mehr oder weniger stark. Im Hintergrund haben sie den Charakter von Stimmungen, die das Erleben mehr oder weniger stark einfärben, wie bei (5) nach der Erkenntnis der nicht erforderlichen Kühlschrankreparatur: „Und dann ist eher [...] ein Hintergrundgefühl, ziemlich unspezifisch. Hab mich etwas besser gefühlt." (5)

Außerdem finden sich *Umsprungphänomene*, z.T. mit gegensätzlichen Gefühlen, die ineinander umschlagen können. Ein Beispiel sind die gegensätzlichen Gefühle, die der abgeschlossene Projektantrag bei (4) auslöst – der Wechsel von Euphorie und Stolz zu Scham und Ärger und Schuldgefühlen. Ein anderes Beispiel ist die nicht erforderliche Kühlschrankreparatur, bei der die Freude über den vermiedenen Ärger in Irritation und Scham übergeht: „Ja und dann einen Tag später, nach zwei Tagen hab ich dann noch mal dran gedacht und dann war ich eher irritiert und beschämt, dass ich da reingefallen bin durch diese Technik." (5)

Diese Kippphänomene treten aber nicht spontan auf, sondern sind dialogisch vermittelt durch Gedanken oder Wahrnehmungen – beispielsweise ein veränderter Blick auf die Situation, bzw. eine wahrgenommene Situationsänderung wie im Falle des Projektantrags.

2.2.3 Zur Funktion von Gefühlen

In den Daten wird eine zweifache Funktion des Fühlens deutlich – eine *Wertung der inneren und äußeren Situation* und eine *Motivierung zu ihrer Veränderung*. Diese Funktionen realisieren sich über Transformationen des Erlebens.
1. Gefühle als ganzheitliche Wertung

Gefühle bewerten ihren Bezug, den Gefühlsgegenstand. Diese Einschätzung ist eine ganzheitliche, die ganze Person mehr oder weniger berührende Erfahrung. Sie ist bezogen auf Erwartungen, Ziele, Bedürfnisse, das Copingpotential und den körperlichen Zustand des Subjekts. Beispiele aus den Introspektionsdaten:

- Die Frustration des Wunsches mit dem Emotionsbuch etwas Interessantes über Emotionen zu erfahren, führt zu Langeweile und leichtem Ärger.
- Ein Missgeschick beim Alltagshandeln führt zu Wut beim Tritt gegen den Katzenfutterteller.
- Die vermeintlich erfolgreiche Fertigstellung des Antrages erfüllt den Teilnehmenden mit euphorischer Freude und Stolz.
- Das Entdecken eines Fehlers im bereits abgegebenen Antrag führt zu Scham, Schuldgefühlen und Niedergeschlagenheit.

Es wird vermutet, dass der Bewertungsprozess mit Kriterien wie *Neuheit, Bedürfnisrelevanz, Bewältigbarkeit, Zielannäherung, Behinderung der Zielerreichung, Selbstkonzeptkompatibilität* erfolgt (vgl. z.B. Scherer, 2001). Er ist normalerweise nicht oder nur teilweise bewusst und damit introspektiv nicht oder nur eingeschränkt zugänglich. Diese Bewertungskriterien, die Gegenstand der Appraisaltheorien (vgl. Scherer, Schorr, & Johnstone, 2001) sind, können aber erschlossen werden, wofür auch die vom Subjekt wahrgenommenen Gefühlsauslöser nützlich sind (vgl. Ärgerauslöser in 2.2.2).

Das Ergebnis der Einschätzung ist die spezifische Gefühlsqualität. Sie beinhaltet eine *Transformation des Selbst- und Welterlebens,* die in den Gefühlsepisoden in folgenden Dimensionen erfolgte:

- *Fokus und Umfang der Aufmerksamkeit:* Ärger kann die Aufmerksamkeit einengen, wie bei (6) „Das Ärgernis auslösende Ereignis löscht plötzlich vorhergehende Seelenzustände aus, rückt mit der ihm eigenen Schwere quasi einzig und allein ins Bewusstseinszentrum." In Euphorie kann die Klarheit der Situationssicht beeinträchtigt sein, wie bei (4), der in seiner Euphorie über den vermeintlich abgeschlossenen Projektantrag den noch offenen Punkt übersieht.
- *Filterung:* In Euphorie kann alles durch die „rosarote Brille gesehen werden".
- *Körpererleben:* Wut, Ärger oder Angst sind in den Introspektionsberichten mit Körperspannung verbunden, Freude mit Sich-gelöst-fühlen. Ärger mit Schwere, Trauer mit „Druck hinter den Augen", Freude und Glück mit Leichtigkeit („das Gefühl allgemeiner Leichtigkeit", (6)), Angst mit Enge, Scham mit Hitze („die Scham lief mir heiß den Rücken herunter", (4)).

- *Handlungsbereitschaft versus Handlungslähmung*: In Wut, in Ärger können sich aggressive Handlungsimpulse aufdrängen wie bei Teilnehmenden 3, 4 und 6; Freude führt bei (4) zu Hüpfimpulsen. In Angst, in Depression kann man sich wie gelähmt fühlen.
- *Annehmlichkeit versus Unannehmlichkeit:* In Glück, in Freude wird ein angenehm erlebtes Erleben geschildert („Wohlgefühl", (1)); „Mein Körper ist entspannt, hat weder Schmerzen, noch zeigt er Unruhe." (1) Ärger, Wut, Langeweile sind dagegen durch ein unangenehmes Erleben gekennzeichnet, wie bei (6): „Ärger empfindet sich als schwer, einschränkend und bedrängend, insgesamt unangenehm. Man will ihn möglichst schnell loswerden."
- *Anziehung versus Abstoßung:* Durch Langeweile wie (2) oder auch Ekel ist man abgestoßen; verliebt oder neugierig dagegen angezogen vom Gefühlsgegenstand (vgl. Burkart, 2003c).
- *Nähe, Vertrautheit versus Distanz, Fremdheit:* Das Erleben des Gefühlsgegenstands kann zwischen Distanz und Fremdheit (Extrem: Entfremdungsgefühl, vgl. Burkart, 2003 c) und Nähe, Vertrautheit (Extrem: Eins sein, Verschmelzung) variieren, wie bei (6) in seiner Glücksschilderung: „Man schwebt leicht über dem Boden, fühlt sich eins mit sich und der Welt (möchte die Welt umarmen)."
- *Sicherheit versus Unsicherheit:* In Angst kann man sich unsicher fühlen, wie (5) am Anfang und im Verlauf der Kieferoperation, angstfrei dagegen sicher.

Je nach Gefühlsqualität ändert sich das Erleben unterschiedlich. Die Transformation des Erlebens durch Gefühle ist dynamisch und mit Körperprozessen, wie dem Auf- und Absteigen von Empfindungen und/oder dem Anschwellen von Spannung verbunden (vgl. Kapitel 2.2.2). Die Transformation des Erlebens durch Gefühle kann in seiner Intensität variieren. Oft ist sie so schwach, dass sie kaum bemerkt wird. Ist sie dagegen stark, kann sich das Subjekt selbst und/oder seine Situation als stark verändert erleben, wie (6) in seiner Gefühlsentrücktheit (vgl. Kapitel 2.2.2) oder nach einem „Ärgereinbruch":

> Der normale, leicht flüchtige, hierhin und dahin oszillierende und nur von leisen, angedeuteten emotionalen Empfindungen getragene Bewusstseinsstrom wird jäh unterbrochen. Das Ärgernis auslösende Ereignis löscht plötzlich vorhergehende Seelenzustände aus, rückt mit der ihm eigenen Schwere quasi einzig und allein ins Bewusstseinszentrum. (6)

Auch die *Erlebensbindung* – der Umfang, mit dem das Erleben durch ein Gefühl bestimmt ist – kann variieren. Das eine Extrem sind Zustände, in denen das Subjekt vom Gefühl bestimmt wird, wie (6) nach einem jähen Ärgereinbruch oder (4) nach dem entdeckten Fehler im abgegebenen Projektantrag. Das andere Extrem sind *subjektfern*, distanziert erlebte Gefühle, die das Erleben nur wenig prägen, wie bei (1), der Schwierigkeiten mit der Introspektionsaufgabe hat, weil es ihm zunächst schwer fällt, überhaupt ein ausgeprägtes Gefühl bei sich zu entdecken und es von anderen inneren Prozessen zu unterscheiden.

2. Die motivationale Funktion von Gefühlen

Gefühle motivieren zum *Handeln* oder zur *mentalen Bearbeitung von inneren Gegenständen* (Probehandeln; Freud, 1911), indem sie den leiblichen und den seelischen Zustand des Subjekts verändern, es auf Handeln vorbereiten, dieses über Handlungsimpulse direkt anstoßen oder aber blockieren. Dies ist in den Gefühlsepisoden über folgende Transformationen erfolgt:

- Eine Fokussierung der Aufmerksamkeit auf bedeutsame Aspekte;
- eine Steigerung oder Minderung der Handlungsbereitschaft (bis zu drängenden Handlungsimpulsen) samt körperlicher Mobilisierung oder Demobilisierung.

Beispielsweise ist Wut mit einer Aktivierung und mit Angriffsimpulsen verbunden wie bei (3), wobei die Aufmerksamkeit auf die aggressiven Inhalte eingeengt ist und die Situation nicht mehr differenziert wahrgenommen werden kann. Freude führt über eine Außenwendung wie bei (4), zu einem Bedürfnis nach Kontakt, mit freundlicher, offener Interaktion.

Einerseits werden Handlungen begünstigt, die eine Veränderung oder Bewältigung der gefühlsauslösenden Situation in der gewünschten bedürfnis- bzw. zielbezogenen Richtung ermöglichen. So bewirken Langeweile und Ärger während des Lesens des Psychologiebuches bei (2) zunächst eine Unterbrechung und schließlich einen Abbruch des Lesens. Anderseits führen Gefühle wie Freude, Stolz auch zu einer Mitteilung, wie beim (4), der seine Freude über den vermeintlich erfolgreich beendeten Projektantrag mit den Kollegen teilen will.

Gefühle können auch mentale Aktionen wie Probehandeln oder Reflektieren anregen, so bei (4) der sich mögliche zukünftige Vorwürfe des Projekt-Partners ausmalt, dessen Terminus technicus er vergessen hat. Andere Beispiele finden sich bei (2) und (3), die über ihre heftigen Ärger- und Wutreaktionen verwundert bzw. irritiert sind und dazu angeregt werden, sie zu reflektieren. Dabei gelangt (3) zu folgendem Ergebnis:

Dann ist mir [...] aufgefallen, dass die Leute, über die man sich am meisten ärgert, [...] in einigen Teilen doch sehr starke Gemeinsamkeiten mit einem selber haben – also irgendwie zumindest an biographischen Ecken, die man noch nicht so ganz verarbeitet hat. (3)

2.2.4 Diskussion und weitergehende Forschungen

In der Emotionspsychologie sind quantitativ-nomologisch orientierte Arbeiten vorherrschend, qualitative Untersuchungen dagegen wenig vertreten (vgl. Schmitt & Mayring, 2000). Die vorliegende Untersuchung verwendete eine qualitative Methode. Ihre Ergebnisse zeigen, dass mit der Dialogischen Introspektion reichhaltige qualitative Daten über den Prozess des emotionalen Erlebens gewonnen werden können.

Einige Ergebnisse decken sich mit bekannten Befunden (vgl. Burkart, 2003c). Die Gefühlsmerkmale Leibbezogenheit, Intentionalität und Subjektinvolvierung werden auch von Ulich (1992, S. 49-57) als wesentliche Merkmale einer „erlebnisphänomenologischen Analyse" beschrieben. Neu an unseren Ergebnissen ist die detaillierte Beschreibung der mit diesen Merkmalen verbundenen Mikrostrukturen.

Auch die Gefühlsfunktionen sind bekannt (vgl. z.B. Scherer, 1989). Neu ist die Erkenntnis, dass sie eine mehr oder weniger starke Transformation des Selbst- und Welterlebens in bestimmten Dimensionen/Modalitäten beinhalten.

Die Untersuchung ist aber nur eine erste Annäherung an den Gegenstand. Inhaltlich ist die Untersuchung, in der nur einige wenige Gefühlsqualitäten repräsentiert sind, durch nicht ausreichend variierte Daten beschränkt. Methodisch ist sie beschränkt, weil die Dialogische Introspektion Grenzen hat und variiert werden sollte (vgl. Kapitel 1.3.1). So ist es denkbar, dass die Gruppensituation bei sehr persönlichen Gegenständen zur Restriktion der Mitteilungen führt. (2) erwähnt, dass er erwogen habe, bestimmte Gefühlsinhalte nicht zu berichten, um sich nicht unvorteilhaft zu präsentieren:

> O.K., und dann bin ich damit beschäftigt, soll ich das hier erzählen, soll ich das vollständig erzählen. Ich habe mit dem Gedanken gespielt, diesen Impuls, also diesen Teller zu treten, wegzulassen, weil ich mich damit als impulsiven Menschen charakterisieren könnte. Und ich war damit beschäftigt, möchte ich mich dem Risiko einer solchen Einschätzung aussetzen oder nicht? Okay, und dann wurde mir klar, [...] dass mir das auch peinlich ist, dass das so etwas wie ein Schamgefühl ist.

Abbildung 2: Dialogisches Modell des Fühlens

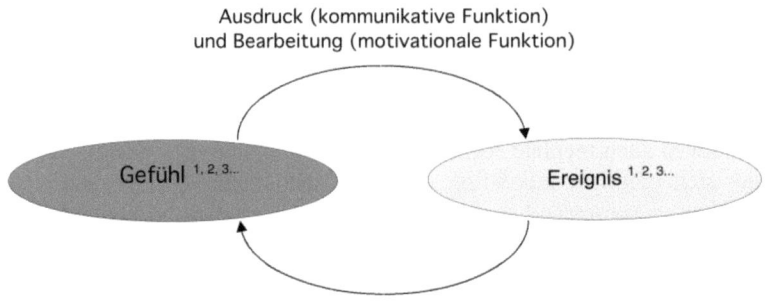

Zur Variation der Methode und anderer Aspekte, die einen Einfluss auf den Forschungsgegenstand haben, wurden deshalb weitere Untersuchungen durchgeführt (Burkart, 2003a-c, 2005b; Burkart & Kleining, 2007).[16] Sie ergaben ein differenzierteres Bild des emotionalen Erlebens mit weiteren Gefühlsmerkmalen[17] und Modalitäten des emotionalen Erlebens und einer dritten Gefühlsfunktion – der *kommunikativen Funktion*. Sie beinhaltet, dass sich der Zustand des Subjekts über den Gefühlsausdruck an andere schnell und nonverbal mitteilt und darüber auch eine interaktionelle Wirkung entfaltet (z.B. ansteckende Freude, einschüchternde Wut).

Trotz der beschriebenen Beschränkungen enthalten die mit der Dialogischen Introspektion unaufwendig erhobenen Daten schon wesentliche Elemente einer Theorie des Fühlens, die das Ergebnis der Analyse der Daten der Gesamtuntersuchung ist (vgl. Burkart, 2005a-c, 2005b; Burkart & Kleining, 2007). Danach sind Gefühle ein *komplexes, dynamisches Anpassungssystem* mit *dialogischem Charakter*. Es enthält *innere Dialoge* (Interak-

---

[16] Mit folgenden Daten: 1. Gefühlsschilderungen von Psychotherapiepatienten 2. Gefühlsbezeichnungen wie „sich schwarz ärgern", „Himmel hoch jauchzend, zu Tode betrübt" 3. Persönliche Introspektionsdaten, welche einen neuen Aspekt emotionalen Erlebens enthielten. 4. Beobachtungsdaten zu emotionalen Interaktionen und 5. Gefühlsschilderungen in Zeitungen.

[17] Dies sind Unabwendbarkeit (man kann nicht nicht fühlen), Reaktivität (Gefühle werden erfahren, z.T. sogar erlitten), ganzheitliche Wirkung (Gefühle können alle psychischen Funktionen einfärben), Rekursivität (Gefühlsgegenstand kann auch ein Gefühl sein, so dass sich Gefühle über Gefühle ergeben) und Stil emotionalen Erlebens (typische in der Ontogenese entwickelte emotionale Muster).

tionen zwischen Gefühlen, Gedanken, Erinnerungen und Vorstellungen) und *äußere Dialoge* (Interaktionen mit der äußeren Welt und anderen Subjekten mit dialogischen Prozessen zwischen Wahrnehmung, Gefühl und Handeln). Diese dialogischen Prozesse konstituieren die evaluative, motivationale und kommunikative Gefühlsfunktion. Ihre Verbindung in einem dialogischen Modell beschreibt die Gefühlsentstehung und -veränderung im Dialog mit inneren und äußeren Ereignissen (vgl. Abb. 1). Gefühle entstehen durch Wertung innerer oder äußerer Ereignisse (evaluative Funktion). Sie sind verbunden mit Impulsen zum Gefühlsausdruck (kommunikative Funktion) und motivieren zur *Bearbeitung* des Gefühlsgegenstands (motivationale Funktion). Sowohl der Gefühlsausdruck als auch die *Gefühlsbearbeitung* können zu neuen Ereignissen und damit zur Veränderung der inneren und äußeren Situation des Subjekts führen (vgl. sich ändernder Index bei „Ereignis$^{1,2,3...}$" in Abb. 2). Die durch den Gefühlsausdruck, die Gefühlsbearbeitung oder auch unabhängig vom Subjekt veränderte innere oder äußere Situation erfährt eine neue Wertung, was zur Veränderung der Gefühle führen kann usw. (vgl. sich ändernder Index bei „Gefühl$^{1,2,3...}$" in Abb. 2). Das Modell weist im dialektischen Sinn über sich hinaus. Es beschreibt eine Entwicklung, in der sich sowohl das Subjekt und seine Gefühle als auch seine Situation verändern können. Bestehende Gefühle werden in diesem Prozess durch die sich ändernde innere und äußere Situation des Subjekts „kritisiert", welche sich selbst durch die Gefühlsbearbeitung und die Gefühlsäußerung oder auch unabhängig davon verändern kann.

2.3 Rezeption eines Kurzfilms (Thomas Burkart)

Gegenstand der Untersuchung ist das Erleben bei der Rezeption eines schwer verständlichen, künstlerischen Kurzfilms. Zielsetzung war, die Dialogische Introspektion bei einem ganzen Film zu erproben. Einleitend wird der Ablauf, danach werden die Ergebnisse beschrieben.

2.3.1 Ablauf

Teilnehmenden waren drei Frauen und sechs Männer sowie ein Forschungsleiter, der die Filmauswahl vornahm, den Versuch durchführte und während der Filmvorführung und Dokumentation der Introspektionen beobachtete.[18]

Nach kurzen Hinweisen zum Film (Dauer, Regisseur) wurde folgende Instruktion gegeben:

> Seien Sie aufmerksam für all das, was während des Films in Ihnen vorgeht, Ihre Gedanken, Phantasien, Ihre Empfindungen und Gefühle. Wenn Sie wollen, notieren Sie bereits während der Vorführung des Films Stichpunkte zu Ihren Erlebnissen.

Anschließend wurde der Kurzfilm „Auf der Landstraße" von Florian Schwarz (vgl. Filmportal, o.J.) gezeigt – ein 10-minütiger Super-8-Film nach einer Erzählung von R. Middle-

---

[18] Die Untersuchung fand am 27.5.1998 statt. Filmauswahl, Versuchsleitung und Analyse der Daten wurden von Thomas Burkart vorgenommen.

ton. Der Film ist mehrdeutig und entzieht sich einem leichten Verständnis. Er ist, abgesehen von zwei kurzen Farbsequenzen, in Schwarz-Weiß gedreht. Der Regisseur, der mit seinem ersten Spielfilm 2004 den First steps award (vgl. Katze im Sack, 2004) erhielt, gibt folgende Synopsis:

> Ein Landstreicher, irgendwo unterwegs, trifft auf einen, der wie er einer zu Fuß ist. Den selben Weg vor sich, beschließen sie, zusammen zu laufen. Etwas stimmt mit dem Hinzugekommenen nicht! Nach kurzer Zeit gemeinsamen, zeitlosen Laufens, bricht der Hinzugekommene zusammen und ... stirbt. Der Landstreicher ist wieder allein. Bis er eine Figur, die an einem Baum lehnt, erkennt. Es ist der Verstorbene. Beide setzen wortlos ihre gemeinsame, scheinbar ziellose Reise fort, irgendwo und irgendwann.

Alle Personen notierten bereits während des Films, wobei einige punktuell und andere über längere Phasen ihre Eindrücke fest hielten. Nach dem Film protokollierten sie ihre Introspektion ausführlich. Das Protokollieren enthielt Phasen, in denen sie inne hielten und mit Nachdenken beschäftigt schienen. Die Dokumentationsphase wurde beendet, nachdem niemand mehr Zeit benötigte.

Anschließend berichteten die Teilnehmenden in der Gruppe reihum ohne Unterbrechung. Die Introspektionsberichte wurde auf Tonband aufgezeichnet und als Grundlage der Analyse transkribiert (Umfang des Transkripts: 14 Seiten), die im Folgenden dargestellt wird.

2.3.2 Rezeption als dialogischer Prozess

Die Rezeption des Films ist ein *mentaler dialogischer Prozess,* der durch *passiv/rezeptive und aktiv/handelnde Modi* gekennzeichnet ist (Burkart & Wilhelm, 1999).

1. Passiv/rezeptive Dialogqualitäten

Der Film löst fortlaufend Gefühle, Stimmungen, Bedürfnisse, Assoziationen und Erinnerungen aus, die in Dialog treten mit der laufenden Filmsequenz, wie die folgenden Beispiele verdeutlichen:

- Ausgelöste Stimmungen, Gefühle und Bedürfnisse:

  > Und als der Film zu Ende war, habe ich mich erst so mich stärker auf das konzentriert, was der Film so ausgelöst hat. Und das war in erster Linie was Stimmungsmäßiges: Eine traurige Stimmung, Einsamkeit, was Verlorenes und Depressives. Auf der anderen Seite aber auch so was, dass es mich animiert hat. Also, dass es eigentlich so aussah, als könnte man ganz leicht so einen Film machen. Also, für mich hat das ein bisschen Lust angeregt, zu filmen, merkwürdigerweise. (3)
  > Die Musik nervt mich immer mehr. Zu viel Dramatik. Ist mir zu übertrieben. (7)

- Ausgelöste Assoziationen und Erinnerungen:

  > Kenn' ich die Landschaft. Dann kamen Nachkriegsbilder, Fotos von meiner Mutter. (4)

> Spontanassoziation: Werbung. [...] Irgendwo auf der Landstraße. Aus den 20er Jahren. Wie er da ging, fiel mir die Tuborg-Reklame ein. Wie er so da auf der Straße entlang schlich. Dann zog er die Zigarette und dann dachte ich: Ach ja, Zigarettenreklame, auch gut. (5)

2. Aktive Dialogqualitäten

Die Teilnehmenden rezipieren auch aktiv. Sie stellen sich Fragen, bilden Erwartungen, bearbeiten die Bilder des Films innerlich, seine Inhalte (die Personen, das Geschehen, die Musik) und seine Form (seine Schnitte, der Wechsel zwischen schwarz-weiß- und Farbpassagen) und bewerten und interpretieren ihre Eindrücke, wie die folgenden Beispiele zeigen:

- Fragen und Erwartungen:

  > Ich habe mich dann gefragt, soll das jetzt ein Mann oder eine Frau sein? (9)
  > Ich habe mir dann gedacht, was passiert jetzt, wenn die zusammen [gehen], was erleben die jetzt? Ich bin gespannt, was da jetzt passiert? (9)

- Interpretationen und Bewertungen:

  > Habe dann gemerkt, dass der Film darin bestand, dass da jemand auf der Straße ging. Und dann kam mir die Idee, geht das jetzt die ganze Zeit so? Ein bisschen langweilig. (Lachen) [...] [Ich] hab dann überlegt, dass es vielleicht irgendwie eine Allegorie sein soll, auf das menschliche Leben. (8)

- Formale Beobachtungen und Bewertungen:

  > Dass ich registriert habe, [...] was der Film für ein Material hat, dass er Flecken hat, dass die Übergänge schlecht ausgeleuchtet sind oder dass Streifen im Film. Habe mir überlegt, na, vielleicht ist es ein Stilmittel. (3)

Rezeptive und aktive Momente interagieren und können zu einer Transformation des Rezipierten führen, wie in den folgenden zwei Beispielen (Kleining & Burkart, 2001):

> Die Landschaft ist schön. Ich male mir sie selber grün an. (4)

Die Teilnehmende erlebt die schwarz-weiß gefilmte Landschaft als schön (rezeptiv), um sie dann mental grün einzufärben – eine mentale Aktion, die das Wahrgenommene transformiert.

> Die Musik wurde sehr nervig, schrill, zu laut. Dann fragte ich mich, wer ist das jetzt eigentlich, der da gezeigt wird. Ich wollte einen Sinn für diese Hauptfigur, den Hauptdarsteller, finden. [...] Dann habe ich beobachtet, dass der Hauptdarsteller zu lange Haare hat, dass das für die 50er Jahre nicht in Frage kommt. Und gemerkt, der soll einen Penner darstellen, jemand auf der Walz. Das ist aber nicht gelebt, sondern gespielt und dargestellt. Da hatte ich auch das, was (1) ausgeführt hat. Ging mir genau so. Ich habe hier geschrieben: „Echte Penner sehen anders aus." *(6)*

Diese Passage beginnt mit einer unangenehmen Wahrnehmung (rezeptiv), die in eine Frage zur Identität der gezeigten Figur transformiert wird (aktiv), deren Antwort mit rezeptiv-aktiv-Sequenzen von einer „Figur" in einen „Schauspieler" mit für die 50er Jahre unpassender Haartracht transformiert wird, der eine Person auf der Walz darstellt, dessen Rollenspiel und Erscheinung wenig überzeugend ist.

2.3.3 Rezeption als aktive Sinnsuche

Die Rezeption ist mit dem Bemühen um *Sinnerkenntnis* verbunden – dem Ziel, das Fremde, Unverständliche in Vertrautes, Bekanntes einzuordnen. Diese Sinnsuche gelingt keinem Teilnehmenden vollständig.

Der Film wird angeeignet über eine Verbindung mit persönlichen Erfahrungen – mit der Mutter, ihrem Tod, anderen Filmen, der voran gegangenen Introspektionsuntersuchung. Er wird mit Konzepten verglichen (z.B. Kulturfilm, idyllisierende Heile-Welt-Darstellung, Zigarettenwerbung), in Vorhandenes eingepasst, wobei dies z.T. nur möglich ist, in dem die Filminhalte bearbeitet (z.B. übertrieben charakterisiert) werden. Eine Lösung dieses *Aneignungsproblems* ist die Ablehnung des Fremden, Schwer-Verständlichen.

Der Versuch, den Film zu verstehen, erfolgt aktiv, z.T. mit Perspektivenvariation und offenen Fragen. Teilnehmende 6 variiert aktiv Perspektiven, indem sie zunächst zu den Bildern zurückgeht, dann darüber nachdenkt, weshalb dieser Film gesehen werden sollte, wie die Beziehung zwischen Autor und Hauptdarsteller ist:

> Im Nachdenken darüber habe ich nochmals versucht, die Bedeutung des Films zu verstehen. Dies ist mir ganz schwer gefallen. Ich habe immer wieder drum gekreist, was ist eigentlich die Aussage dieses Films. Und bin dann von diesem Denken [...] nochmals so ein bisschen zurück in die Bilder des Films, habe über die Beziehung zwischen den beiden Männer nachgedacht und warum wir eigentlich diesen Film jetzt hier sehen sollten. Vielleicht auch als Rückmeldung für den Autor. [...] Was dieser Dunkle da eigentlich für eine Rolle hatte, ob das ein böses Alter Ego ist. Und [ich] ließ dann die Szenen nochmals vorbeiziehen und konnte mir eigentlich gar keinen Reim auf den Film machen. Aber mir wurde auch bewusst, das ist auch nicht das Ziel.

Ein Betrachter fragt sich, wie der Film auf ihn wirkt, wie der Film wohl entstanden ist, welche Aufgabe ihm zugrunde lag:

> Dann fiel mir ein, dass am Anfang gesagt worden war, dass dies ja ein Filmstudent ist. Dann habe ich überlegt, dass er ja eine gute Aufgabe hatte, dass das eine Seminararbeit war. Und was praktisch nun die Aufgabe gewesen sei und was war der Anlass für den Film? (9)

Bei einigen Teilnehmenden ist ein Verstehensanspruch vorhanden, der sich möglicherweise gebildet hat, weil die Untersuchung als Leistungssituation interpretiert wurde. (3) fühlte sich wie auf der Lauer. Der Film bleibt ihm insgesamt zwar ein Rätsel. Er ist aber wegen seiner Erfahrung im letzten Introspektionsexperiment froh, dass er den Film zumindest in groben Zügen einordnen konnte. (7) ist am Ende stolz, den Autor durchschaut zu haben, Sinn daraus gemacht zu haben. Er hat sich am Nachmittag vor der Untersuchung ein Buch mit dem Titel „Film verstehen" gekauft.

2.3.4 Rezeptionsstile

Es finden sich zwei Rezeptionsstile – die *distanzierte* und *involvierte Rezeption* – mit Unterschieden in der Art und Vielfalt der dialogischen Prozesse zwischen Film und Rezipient und des Bezugs zum Film. Während die involvierte Rezeption viele dialogische Prozesse mit Gefühlsinteraktion beinhaltet, zeichnet sich die distanzierte Rezeption durch eine reduzierte, rational zergliedernde Interaktion ohne emotionale Nähe zum Film aus. Diese Rezeptionsstile wechseln bei einzelnen Teilnehmenden, wie bei (2), dessen überwiegend distanzierte Rezeption an zwei Stellen in eine involvierte übergeht:

> Dann im Nachhinein habe ich gemerkt [...] dass ich an zwei Stellen doch involvierter war. (2)

1. Die distanzierte Rezeption

Sie ist beurteilend, wertend, wenig offen für die durch den Film bewirkten Gefühle und Stimmungen und eher zergliedernd. So werden Bilder und Töne getrennt wahrgenommen:

> Der Ton war mir zu laut. Und dann hab ich aber gedacht, ich muss mich jetzt da rein fügen und einfühlen in das Ganze. Das ist mir aber schwer gefallen. Und dann hab ich das in der ersten Phase sehr distanziert angeguckt und hab den Eindruck gehabt, dass ich jetzt einen Kulturfilm beurteile. Und dann hab ich aber später bemerkt, das soll ich eigentlich nicht. Dann habe ich also versucht gegen [...] dieses Verhalten anzugehen [...] Es ist aber immer wieder gekommen. (1)

Die distanzierte Rezeption entsteht durch Irritation – von (2) als eine Art Widerwillen beschrieben, gegen den er sich schlecht wehren kann und der sich trotz des Bemühens um eine offene Rezeption durchsetzt.

> Und ich merkte, dass ich von Anfang an so richtig [...] irgendwie, hatte ich so einen Widerwillen, mich auf diesen Film einzulassen. (2)

Es werden *fünf verschiedene Irritationsformen* deutlich, die zur distanzierten Rezeption geführt haben:

- Die Musik, die als zu laut, als aggressiv („es sticht"), als dramatisch empfunden wird.

  > Die Musik nervt mich immer mehr. Zu viel Dramatik. Ist mir zu übertrieben, zu hysterisch. (4)

- Eine unglaubwürdige Darstellung (gespielt, nicht echt wirkend) oder eine unangenehm berührende Darstellung (die romantisch und arm wirkende Erscheinung der im Film handelnden Figur):

  > Und es sind einige Punkte, die mir gleich nicht gefallen haben. Nämlich dass hier ein [...] offensichtlich ein Tramp oder ein Landstreicher gezeigt werden soll, der aber gar kein Landstreicher ist, sondern einer, der einen Landstreicher darstellt. [Gelächter Gruppe] Denn ein Landstreicher sieht anders aus, als dieser. (1)

- Die unlogisch erlebte Wiederholung von Handlungssequenzen:

    Und plötzlich wiederholte sich der Film, d.h. dieselbe Sequenz ist nochmals dran kopiert worden. Das fand ich überhaupt nicht mehr logisch. (7)

- Die durch den Film ausgelösten Erinnerungen, die möglicherweise „emotional aufgeladen" sind, was irritierend wirkte und dann abgewehrt wurde (z.B. Sehnsüchte, Trauer, Enttäuschung, Fotos der Mutter, eigene Erfahrungen als Filmemacher, unverständliche Filme):

    Der Film erinnerte mich an meine eigenen Filmversuche. Da waren wir fasziniert davon, die Kamera irgendwo hinzuhalten und drauf zu drücken. Das Ding ging los und dann konnte man es angucken und sagte: „Mein Gott, das ist das, was Du gemacht hast" [lachend]! (5)

- Seine als manipulativ, belehrend, stilisiert emotional erlebte Wirkung:

    Diese romantische Darstellung des Landstreichers. Der dann auch mit einem anderen sich verbrüdert. Ja das ist wie in einer Oper. Und, äh, diese pädagogische Absicht, dass man etwas lernen sollte über Landstreicher. (1)

Die Distanzierung erfolgt durch *Kritik, Abwertung* („mit Bedeutung aufgeladener Schotter und dilettantisch aufgemacht", (5)), *mentale Transformation* des Gesehenen ((4): schwarz-weiß aufgenommene Landschaftsbilder grün eingefärbt) und eine *veralbernde Trivialisierung* des Sinns und der Wirkung des Films. Beispielsweise wird das als bedeutungsschwanger empfundene Filmgeschehen mit dem Trivialen kontrastiert, wie mit Werbung, bei der – in anderen Kontexten bedeutungsvolle Inhalte – zur Manipulation genutzt werden und bei der man daran gewöhnt ist, sich zu distanzieren. Ein anderes Beispiel ist, dass der Zusammenbruch einer der Filmfiguren mit einem oft wirkungslosen Appell (Rauchen schadet der Gesundheit) – durch Übersetzung ins Englische außerdem noch verfremdet – kontrastiert wird (beides (5)):

Spontanassoziation: Werbung. [...] Irgendwo auf der Landstraße. Aus den 20er Jahren. Wie er da ging, fiel mir die Tuborg-Reklame ein. [...] Und dann zog er die Zigarette und dann dachte ich: Ach ja, Zigarettenreklame, auch gut. Assoziation: bedeutungsschwanger und Super-8-Film. Und dann hustet der Bärtige und bricht zusammen. Und dann fiel mir als Assoziation ein, Spontanassoziation: „Smoking is not good to your health!" [...] Gelächter Gruppe [...]

Distanzierung ist auch mit Übertreibung (z.B. (7): Feuer geben interpretiert als Unterstützungs-, Verbrüderungs-, Solidaritätsakt) und Erinnerung an bedeutsame persönliche oder *gewöhnliche* Distanzierungsleistungen möglich:

Fühle mich gleichzeitig abgebrüht. Das berührt mich nicht. Das geht mir manchmal, ehrlich gesagt, auch mit Patienten. Der Zusammenbruch berührt mich nicht. (4)

Die Distanzierung kann ferner durch *entdeckte Widersprüche* zwischen Film und Realität erfolgen, wie bei (7) und (1), die bemerken, dass „Tramps" anders aussehen und sich anders verhalten. Im „Penner-Milieu" gibt es keine Solidarität, sondern Misstrauen, so dass die Filminhalte als idyllisierend erscheinen.

2. Die involvierte Rezeption

Sie ist mitschwingend – offen für Sinneseindrücke und die durch den Film bewirkten Gefühle, Stimmungen, Assoziationen, auch wenn diese berührend sind oder wenn Filmsequenzen nicht sofort verstanden werden. Bilder und Töne werden nicht getrennt, sondern verbunden zu einem Gesamteindruck wahrgenommen.

> Ich habe eigentlich gar nicht so darüber nachgedacht, ob ich das gut oder schlecht finde. Ich war eigentlich, als ich den Film sah, nur meinen Sinneseindrücken gefolgt und habe mich einfach von den Bildern und der Musik tragen lassen, ohne dabei darüber nachzudenken. (6)
> Ich fand die Musik schön. Die hat mir gefallen. Ein Gefühl, das so zwischen Melancholie und Freude liegt. (6)
> Und die Bilder haben mich zunächst ein bisschen verwirrt, weil ich irgendwie dachte, das ist Sommer, so von dem Licht her. Und dann war da aber so ein kahler Baum. Das habe ich gar nicht verstanden. Und ich habe auch die Worte nicht verstanden, die die gewechselt haben. Und habe aber gleichzeitig gemerkt, dass es gar nicht wichtig ist, die Worte zu verstehen, sondern den Ton. Und der war sympathisch. Und dann habe ich gedacht: Das stimmt ja, jetzt gehen die zusammen weg. (6)

(9) hat sich in die emotionale Stimmung des Films rein begeben und nicht reflektiert, ob der Film gut oder schlecht ist:

> Ich habe mich sehr schnell in diese emotionale Stimmung rein begeben. Also, ich hatte jetzt nicht reflektiert, ist das ein guter Film oder nicht.
> Also, ich habe mich sehr schnell auf diesen Film eingelassen.

Der Prozess des Entstehens einer involvierten Rezeptionsweise wird von (2) beschrieben. Man wird angesprochen, man lässt sich ein und ist involviert.
Die Gefahr der involvierten Rezeption, ist die der Vereinnahmung durch den Film. Sie kann aufwühlende Assoziationen auslösen (Tod der Mutter, KZ) und kann deshalb schwer „zu verdauen" sein.

> Und als er dann zu husten anfing, so habe ich dann auch Assoziationen zu KZ gehabt, dem Tode nahe sein. […] Meine Mutter ist vor einem Monat ungefähr gestorben. (9)
> Ich weiß, dass mich insgesamt Filme […] ich kann [sie] immer nur ein Stück weit verdauen, weil ich sie sehr vereinnahmend finde, generell. (9)

2.3.5 Fazit

Die Hauptergebnisse dieser Untersuchung – Rezeption ist ein *dialogischer verstehenszentrierter Prozess mit aktiven und rezeptiven Merkmalen* und *unterschiedlichen Rezeptionsstilen* – wurden in weiteren Rezeptionsuntersuchungen mit der dialogischer Introspektion gefunden, die die Filmformate, die Verständlichkeit, die Rezeptionsdauer und die Präsentationsform (in der Gruppe vs. von jedem Teilnehmenden für sich rezipiert) variieren (vgl. Kleining & Burkart, 2001; Burkart, 2006; vgl. Kapitel 2.4). Zusätzlich fand sich ein weiterer Rezeptionstyp – die gelangweilte, desinteressierte Rezeption (vgl. Kapitel 2.4). Außerdem zeigt sich, dass die Sinnsuche – die gelingen oder misslingen kann oder vom Subjekt abgebrochen wird – bei vertrauten medialen Inhalten nebenbei, im Hintergrund, bei schwer verständlichen dagegen im Vordergrund des rezipierenden Bewusstseins erfolgt.

Obwohl diese Untersuchungen einige wesentliche Rezeptionsaspekte variieren, wäre es für eine Rezeptionstheorie wünschenswert, weitere einzubeziehen und zu variieren (wie z.B. das Medienformat, das Ziel der Mediennutzung). Es ist deshalb zu vermuten, dass die Ergebnisse nicht alle Rezeptionsstile enthalten – wie z.B. das beim Fernsehen weit verbreitete Zappen (Durchscannen verschiedener Sender bis ein interessanter gefunden ist).

Trotz dieser Einschränkungen hat sich gezeigt, dass sich die Methode zur Untersuchung der Rezeption und Medienwirkung mit vergleichsweise geringem Aufwand einsetzen lässt und sehr ertragreich sein kann.

2.4 Zwei Sendungen Tagesschau – aktuell und historisch (Heinz Schramm)

Als Beispiel für Medienrezeption beim Fernsehen werden die Ergebnisse von gruppengestützter Dialogischer Introspektion über zwei Sendungen der Tagesschau aus den Jahren 1980 und 1999 behandelt.

2.4.1 Die Vorgehensweise

Die ersten fünf Minuten der aktuellen 20 Uhr-Tagesschau der ARD vom 31.10.1999 wurden introspektiv im privaten Rahmen angesehen, zumeist allein zu Hause. Es nahmen acht Personen der Hamburger Introspektionsgruppe teil, sechs Männer und zwei Frauen. Die Teilnehmenden hielten ihr Erleben während der Sendung und unmittelbar danach schriftlich fest. Ausgehend von ihren Notizen haben sie darüber auf einem Gruppentreffen, wenige Tage später, berichtet. Aus dem Mitschnitt der Sitzung entstand ein Transkript von 12 Schreibmaschinenseiten.

Die ersten fünf Minuten der Tagesschau behandelten:

- den Absturz eines Passierflugzeugs der Egypt Air mit 270 Todesopfern,
- die Rechtfertigungserklärung der katholischen Kirche zur Überwindung der Unterschiede zwischen Protestanten und Katholiken und zur Einheit der Kirche,
- Hans-Dietrich Genschers Kritik an der FDP.

Neben Genscher wurden der New Yorker Bürgermeister Rudy Giuliani und der australische Kardinal Edward Cassidy namentlich genannt. Der Nachrichtensprecher war Jo Brauner.

Auf Grund der positiven Resonanz der Gruppe auf das erste Tagesschau-Experiment und um den Forschungsaspekt *Aktualität* zu variieren, wurde beschlossen, eine weitere Tagesschau introspektiv zu begleiten. Aus der in den Dritten Programmen täglich gesendeten Reihe „Tagesschau – vor zwanzig Jahren", wählten wir eine *historische* Tagesschau aus. Per Video wurde die 20-Uhr-Tagesschau vom 06.02.1980 aufgenommen und am 21.02.2000 die gesamte 15-minütige Sendung gemeinsam angesehen und nach der oben beschriebenen Vorgehensweise introspiziert.

Die Reaktionen und Erlebnisse wurden protokolliert, im Anschluss reihum in der Gruppe vorgestellt und auf Tonband mitgeschnitten. Die Gruppe bestand an diesem Tag aus sieben Personen, sechs Männern und einer Frau. Das Transkript des Mitschnitts hatte wiederum einen Umfang von 12 Schreibmaschinenseiten. Beide Protokolle waren Grundlage einer Analyse auf Gemeinsamkeiten.

Die Ausstrahlung vom 06.02.1980 – zwanzig Jahre zurückliegend – berichtete über folgende Ereignisse:

- den Krieg in Afghanistan,
- die Rentenreform des Jahres 1980,
- die Steigerung der Arbeitslosenzahl auf über 1 Million,
- den Abzug sowjetischer Truppen aus der DDR und, in diesem Zusammenhang, ein längeres Interview zwischen dem Journalisten Fritz Pleitgen und dem russischen Botschafter Pjotr A. Abrassimow,
- einen Bericht über eine Pressekonferenz zur Lage der westdeutschen Landwirtschaft und der Landwirte,
- ein Verfassungsgerichtsurteil zum Einbezug der Bundesbürger in zukünftige AKW-Planungen,
- einen Bericht über ein Treffen der Sozialistischen Internationale in Wien,
- den Absturz eines Bundeswehr-Starfighters,
- die Sendereform des NDR,
- eine aktuelle Statistik der Verkehrssünderkartei in Flensburg,
- Hochwasser in Köln,
- Glatteis in Hamburg,
- das Wetter im Rahmen des Wetterberichts.

Namentlich genannt wurden in unterschiedlichen Zusammenhängen der Bundeskanzler Helmut Schmidt, die Bundespolitiker Helmut Kohl, Martin Bangemann, Josef Ertl und Hans-Jürgen Wischnewski, der sowjetische Außenminister Andrei Gromyko, der russische Botschafter Pjotr A. Abrassimow sowie der US-amerikanische Präsident Jimmy Carter. Nachrichtensprecher war Wilhelm Wieben.

2.4.2 Ergebnisse der Analyse

Es werden die zentralen Ergebnisse dargestellt, durch Zitate aus den Protokollen belegt und, wenn nötig, erläutert. Die aktuelle Tagesschau wird im Folgenden *1999*, die historische *1988* benannt. Die Teilnehmenden werden durch Zahlen bezeichnet.

1. Die Rezeptionsformen

- Die Zuschauer bringen die Nachrichten mit ihren persönlichen Erfahrungen in Verbindung.

  Während der Medienrezeption entsteht ein durch aktive als auch rezeptive Momente geprägter Prozess zwischen den Betrachtern und dem Gegenstand der Wahrnehmung. Gefühlsregungen wurden ausgelöst, Assoziationen und Erinnerungen erzeugt. Die Betrachter suchen nach Orientierung, einem für sie nachvollziehbaren Sinn der Information.

> Also am Anfang war ich damit beschäftigt, mich [...] zu orientieren. Ich versuchte zurückzuerinnern, was ich zu dem damaligen Zeitpunkt gemacht habe und versuchte auch also immer wieder die Figur, die da auftaucht, der Tagesschau zuzuordnen. (1, Tagesschau 1980)

- Unpersönliche Nachrichten werden mit individuellen, persönlichen Erfahrungen abgeglichen:

> Bei mir ist es generell so, wenn ich Fernsehsendungen sehe, die ich irgendwann schon mal gesehen habe oder Themata, die mir irgendwie bekannt vorkommen – dass ich sie mit persönlichen Geschichten aus der Zeit verbinde. [...] Insgesamt war das Ganze für mich etwas enttäuschend [...] diese Erwartungshaltung, dass da irgendwas passiert, was mit mir zu tun hat, hat sich kaum eingelöst. (5, 1980)
>
> [...] ich war halt dabei, einen eigenen Haarschnitt wieder zu besorgen, so dass ich also nur auf den Haarschnitt besonders geachtet habe, weil die sehr gut frisiert waren, im Gegensatz zu mir. (2, 1999)
>
> Es beginnt mit dem Flugzeugabsturz, ich denke sofort an den Abend, als D. gegen Mitternacht nach Hause kam und dann von ihrer Notlandung erzählte, beim Start war nämlich ein Triebwerk explodiert. (4, 1999)

Dies wiederum wirkt sich auf die individuelle Wahrnehmung und Einstellung zur Sendung aus.

Es gibt unterschiedliche Rezeptionsformen: die *involvierte* und *distanzierte* Rezeption[19] und hier auch eine *gelangweilte/desinteressierte* Rezeption.

- Bei der *involvierten Rezeption,* die dialogisch ist, aktiv und rezeptiv, lässt sich der Zuschauer vom Thema der Sendung beeindrucken, ist offen für Gefühle und Stimmungen, die durch das mediale Ereignis entstehen. Ein Bezug zur eigenen Lebenswelt, zu eigenen Erinnerungen wird hergestellt. Das Interesse wird gestützt durch persönliches Involvement gegenüber den Sendungsinhalten.

> Und da kamen so alte Reminiszenzen hoch, so Gefühle des Wiedererkennens, so eine gewisse Freude, also Bölling, Schmidt fand ich irgendwie nicht so schlecht. [...] Der Pleitgen, der sieht ja auch jünger aus und dann bin ich echt erstaunt, dass der so gut russisch kann, also da bin ich schon echt von begeistert. (6, 1980)
>
> Das ist mir also alles bei dieser Nachricht von diesem Flugzeugabsturz eingefallen und noch vieles mehr, was dann noch meine Flugängste, die ich habe, obwohl ich hin und wieder geflogen bin, aktualisiert hat. (4, 1999)

- Die *distanzierte Rezeption* ist durch einen stark rational gesteuerten Dialog mit dem Gegenstand der Wahrnehmung geprägt. Die Thematik stößt dabei auf Interesse, die emotionale Distanz zwischen dem Betrachter und den Mitteilungen der Sendung wird allerdings kaum überwunden. Es besteht ein geringes persönliches Involvement gegenüber den Inhalten.

---

[19] vgl. Thomas Burkart, Rezeption eines Kurzfilms (Kapitel 2.3).

Der erste Eindruck war, dass es sich um eine Katastrophe handelt und dass mir das schon bekannt ist, weil ich schon Radio gehört habe und dass keine Hoffnung besteht und dass man Leichen entdeckt hat und dass das Ganze nach Kairo fliegen sollte und dass man keine Deutschen dabei hat, aber dass für die anderen keine Hoffnung besteht und dass es eine Katastrophe ist. [...] Dann habe ich erfahren, dass Boeing eine erprobte Fluggesellschaft ist oder erprobte Flugzeuge hat. [...]. Jedenfalls war es ein Mysterium, wie das alles zustande kam. Und es gibt Trümmer, die da herum schwimmen und in Kairo wird der Notstand ausgerufen. (2, 1999)

Ich hab dann erstmal so aufgeschrieben: Flugzeugabsturz, keine Hoffnung, dass also Überlebende gefunden wurden und dann habe ich mir so gedacht, ja, wie berührt mich das? Und habe festgestellt, ja, es sind keine Angehörigen. Ich habe keinen Kontakt. Ich kann zwar begreifen, dass das jetzt was Schlimmes ist, aber es erschüttert mich nicht in dem Sinne. (8, 1999)

- Bei der *gelangweilten, desinteressierten Rezeption* ist der Dialog zwischen Betrachter und medialem Produkt oberflächlich. Es entsteht kein befriedigender Bezug zum medialen Ereignis, weil die angebotenen Gehalte nicht den Bedürfnissen oder Erwartungen des Subjekts entsprechen. Die Informationen wirken bedeutungslos, die Aufmerksamkeit und Offenheit gegenüber den Inhalten ist schwach ausgeprägt oder fehlt völlig. Das geringe Interesse am Inhalt der Sendung führt zu fehlendem Involvement in Bezug auf das Gesehene. Im Gegensatz zur distanzierten Rezeption findet kein rational gesteuerter Dialog statt.

Ja trotz dieser Aufgabenstellung merke ich einfach, dass es für mich Routine ist, diese Tagesschau zu sehen. Also da war nichts Besonderes. Ich hatte einen Zettel dabei und mitgeschrieben, aber es stellte sich nichts ein. Und auch bei der Berichterstattung über den Absturz der EgyptAir merkte ich einfach, vielleicht sollte ich jetzt erschüttert sein, aber es gelang mir überhaupt nicht. Ich konnte dem Ganzen nur irgendwie so ein gewisses Maß an gelangweiltem Desinteresse abgewinnen. [...] Es wurde halt viel geredet, viel gezeigt, aber es interessiert mich eigentlich nicht. Und ich merke, dass es mir immer so geht, wenn ich die Tagesschau sehe, dass sich da eine Routine eingestellt hat. (5, 1999)

Ich war mehrfach auch einfach mit persönlichen Dingen beschäftigt, also ich bin abgeschweift, weil es mich wenig interessierte. (1, 1980)

Der Wechsel von einer Rezeptionsform in eine andere erfolgt spontan in direkter Reaktion *auf das Gesehene.*

Fortlaufend werden während der Sendung Assoziationen, Erinnerungen und Gefühle ausgelöst. Zustände persönlichen Involvements, über kurzzeitige Ablehnung bis hin zum Desinteresse gegenüber dem Wahrgenommenen wechseln bei Teilnehmenden innerhalb kurzer Zeit mehrfach.

Und dieser Russe vor der Plüschtapete, also da konnte ich überhaupt nicht mehr folgen. Ich fand auch irgendwie, was der gesagt hat, das war völlig ohne Aussage und dann bin ich so auf sein Äußeres abgeschweift und hab mir überlegt, dass der so'n Blaustich im Haar hat, [...] es gibt ja so Haarfestiger für ältere Damen, wo man dann so'n Blaustich ins Haar kriegt und diese altmodische Brille. Und wer ist dieser Typ überhaupt, den kenne ich gar nicht und das ist mir völlig egal, was der sagt. Dann fand ich das irgendwie toll, die Sozialistische Internationale, davon spricht heute kein Mensch mehr und vor allem noch ausgerechnet in Wien, das ist ja geradezu grotesk, wenn man sich jetzt die Entwicklung in Österreich ansieht. Also das hat mich wirklich beeindruckt. (7, 1980)

Die Medieninhalte werden selektiv wahrgenommen, in Abhängigkeit von den individuellen Erfahrungs- und Erlebnishintergründen.[20]

- Die Aufmerksamkeit der Betrachter konzentriert sich auf unterschiedliche Aspekte einer Sendung. Die Art der Wahrnehmung eines Gegenstands erscheint abhängig vom Individuum. Jeder sieht etwas Eigenes, der Grad der Gemeinsamkeit ist gering.

    Also mir ist aufgefallen, dass jetzt vieles mitgeteilt worden ist, was ich gar nicht mitgekriegt habe. Also zum Teil nicht gesehen habe und auch anders bewerten würde. Was mir jetzt auffällt, dass das jetzt eine sehr offene Sache ist, also dass sozusagen jeder was Eigenes darin sehen kann und dass die Gemeinsamkeit eher gering ist. ... Zum Beispiel habe ich nicht gesehen diesen Punkt da, wo das Flugzeug abgestürzt ist. Aber ich hab' diese aufgeregten Angehörigen gesehen. Das ist mir sehr deutlich, dieses Hysterische [...] das ist sehr deutlich in Erinnerung geblieben. (2, 1999)

    Also ich habe ... überhaupt nicht Bezug zu meinen Erinnerungen hergestellt. Ich habe im Grunde genommen nur auf die Struktur dieser Sendung geachtet. Ich war eigentlich eher bei der Struktur, also wie ist denn diese Sendung überhaupt konstruiert, wie ist sie aufgebaut und was ist da eigentlich ihr Anliegen. Welche Informationen sollen eigentlich vermittelt werden? (3, 1980)

- Einzelne Bestandteile der Berichterstattung werden nicht wahrgenommen oder nicht erinnert:

    [...] dieses mit dem Terror-Anschlag ist mir irgendwie so ein bisschen durch die Lappen gegangen und auch die Gebäude in Kairo, das hab' ich überhaupt nicht wahrgenommen. (4, 1999)

    Es war ein paar Mal die Rede davon, dass es sehr schwer war, das alles mitzubekommen. [...] Das ist so ein Punkt, der mich bewegt im Nachhinein und dann habe ich so zwei bis drei Dinge, wo ich denke, ich habe versucht, mich sehr stark zu konzentrieren. Und die habe ich einfach nicht wahrgenommen. Einmal ist mir Wien völlig entgangen, dass von Wien die Rede war, habe ich nicht mitbekommen. (4, 1980)

Ein Zusammenhang zwischen der Aufmerksamkeit gegenüber Details der Nachrichtensendung und dem Rezeptionstypus des Betrachters scheint nahe liegend, lässt sich aber durch die Protokolle nur dadurch stützen, dass die Schilderungen, die in Verbindung mit der involvierten Rezeption stehen, sehr detailliert sind im Gegensatz zu Schilderungen, die der gelangweilten bzw. desinteressierten Rezeption zuzuordnen sind.

2. Die historische Dimension von Nachrichten

Nachrichten sind zeitbezogen. Aufgrund der Wahrnehmung einer 20 Jahre alten Tagesschau lassen sich einige Aussagen über Kontinuität und Veränderung im zeitlichen Wandel und über den persönlichen Eindruck von Zeit und Zeitgeschichte machen:

---

[20] Am Ende finden sich Beispiele für die unterschiedliche Auswahl von Themen aus der Tagesschau 1980 von drei Teilnehmenden.

Die Bedeutung der Akteure schwindet im Laufe der Jahre.

> ... ich war mehrfach auch leicht irritiert über die geringe Bedeutung [...] der Figuren, die vor 20 Jahren noch wichtig waren. (1, 1980)

Die Probleme bleiben, manche haben sich über die Zeit auch noch verschlimmert.

> ... wobei es ... mir auffiel, dass einige Themen noch immer aktuell sind. (1, 1980)
> Ich hab das auch verglichen mit dem, was heute ist, und ich empfinde es als eine Kontinuität. Es hat sich nichts verändert. Überhaupt, es ist alles eher noch schlimmer geworden. ... Die Form hat sich natürlich verändert, ist viel dramatischer geworden, aber der Inhalt ist der Gleiche geblieben. (2, 1980)
> Da kam dieser ein millionste Arbeitslose. Da hab ich gedacht: oh, waren das noch tolle Zeiten damals. Das wurde als Problem gesehen, da würde sich heute jeder feiern lassen, wenn er das hinkriegen würde. Bei dem Anstieg fand ich das allerdings heftig, 20% innerhalb eines Jahres. (6, 1980)

Die Wahrnehmung von Zeitgeschehen und zeitlichen Abständen steht im Zusammenhang mit der emotionalen Nähe zum zeithistorischen Ereignis.

> Ja, ich habe als erstes auf das Datum geachtet. Dachte dann so gefühlsmäßig: 6.2.1980, das ist doch noch gar nicht so lange her. Aber dann mit Afghanistan, dachte ich dann auch wieder, dass das nicht 20 Jahre zurückliegen kann, da war ich etwas überrascht. [...] Dass dann allerdings sowjetische Truppen aus der DDR abgezogen sind, 1980, hätte ich nicht gedacht. Ich dachte, das wäre viel später gewesen. (6, 1980)

3. Das Format ändert sich zwischen 1980 und 1999

Durch das Experiment mit der historischen Tagesschau kann man zusätzlich Hinweise auf den Zusammenhang zwischen der Form der Präsentation und der Wahrnehmung von Nachrichtensendungen erhalten.

Die Art der Präsentation der Nachrichten beeinflusst die subjektive Wahrnehmung der Zeitgeschichte. Die Darstellung 1999 wirkt dramatisierter.

> Ich empfand die ganze Geschichte als einfacher. Heute wird alles so idealisiert, überdramatisiert, während es in der alten Fassung irgendwie einfacher war. ... Heute, hab ich das Gefühl, wird es anders verpackt. (5, 1980)
> Ja, was hat sich eigentlich genau wirklich in diesen 20 Jahren geändert bei diesen Nachrichten? Ich glaube, die Sachen sind irgendwie runder geworden, die Übergänge sind nicht so abrupt. Ich glaube aber, heute sind es durchaus genauso viele Meldungen, aber dadurch, dass sie hier [1980] sehr behäbig waren – das Bild war kaum inszeniert. Das müsste man sich einfach mal genauer angucken ..., weil ... unsere Wahrnehmung ja auch ein Stück davon abhängt. Wie wir Politik wahrnehmen, das haben wir alle durch die Tagesschau gelernt. (6, 1980)

Die filmische Umsetzung der Tagesschau 1980 wird in der Rückschau als einfacher, weniger inszeniert und dramatisiert erlebt als 1999. Befragte unterstellen, dass die Gestaltung einer Nachrichtensendung großen Einfluss auf ihre Rezeption hat.

4. Negative und positive Aspekte der Informationsvermittlung

Die Darstellungsform kann ein nachhaltiges Verständnis erschweren.

Die Teilnehmenden haben Verständnisprobleme sowohl bei der früheren als auch der zeitgenössischen Tagesschau. 1980 entstehen sie durch die vielen, untereinander unverbundenen Meldungen und durch das hohe Sprechtempo des Nachrichtensprechers. Bei der Tagesschau 1999 werden die vielen kurzen Schnittsequenzen und Einzelbilder als störend empfunden.

> Dieses sehr Stakkatohafte, sehr kurze Unverbundene, Aufeinanderfolgende dieser Nachrichten, das geradezu Einhämmernde. So dass ich gegen Ende der Tagesschau große Probleme hatte, mich daran zu erinnern, was nun überhaupt gesagt wurde. (5, 1980)
>
> Ich hab im Grunde genommen nur auf die Struktur der Sendung geachtet. Das kam dadurch, dass ich das Gefühl hatte, der spricht tierisch schnell und ich kam überhaupt nicht mit, konnte nicht Tritt fassen. (3, 1980)
>
> Also man kann die Bilder auch gar nicht aufnehmen, diese vielen Bilder, ich glaube, es sind 10 oder 12 kurze Bilder oder verschiedene Schnitte innerhalb von einer ganz kurzen Zeit und die kann ich gar nicht immer aufnehmen, die muss ich so Stück für Stück erarbeiten. (8, 1999)

Die Berichterstattung wird unabhängig vom Erscheinungsjahr in Teilen als unkritisch und dem Nachrichtengegenstand unangemessen empfunden.

Die Teilnehmenden der Introspektionsexperimente vermissen Hintergrundinformationen, die den Stellenwert der Nachrichten aufklären. Unterhaltung gehe vor Information.

> Auf dem Bildschirm ist jetzt so Action, es passiert was und zwar egal, ob das zu dem Unglück passt oder nicht. Ich habe da keinen Bezug gesehen. Es wird Unterhaltung daraus, tolle Hotels gibt es da, schöne elegante Flugzeuge baut Boeing, bedeutende Leute sind zur Stelle, moderne Technik kann eingesetzt werden. Das sind wohl Botschaften, die uns das Fernsehen vermitteln soll, aber die sind absolut unkritisch. Und die eigentliche Nachricht geht da ein bisschen unter. Ein Unglück ist geschehen, aber man weiß gar nicht warum. (4, 1999)
>
> Es werden so viele Details erzählt, so viel unwichtige Sachen, so schnell hintereinander, so unstrukturiert, dass es im Grunde dieser Strategie entspricht des Zauberers, sozusagen eine Desorientierung zu erzeugen. [...] Die Struktur ist nicht dazu angetan, einen wirklich irgendwie einzubeziehen und ein Problembewusstsein zu entwickeln oder so. (3, 1980)

Positiv empfunden werden Darstellungsformen, die durch Ruhe und Übersichtlichkeit geprägt sind, die es dem Betrachter erlauben, sich zu orientieren und erklärend wirken.

> Und dann der Abschluss mit dem Wetter. Das fand ich richtig gut, also viel, viel besser als heute die Wettersendungen; richtig übersichtlich. Man konnte sich orientieren, auch diese Geräusche, sehr vertraut. [...] Früher wurde das noch mehr erklärt mit Grafiken, das fand ich ganz toll … Es sind also mehr Einzelbilder, alles etwas ruhiger, weniger Shortclips oder schnelle Schnitte, also keine MTV-Tagesschau wie heute. (6, 1980)

Durch die Gegenüberstellung einer historischen und einer aktuellen Tagesschau konnten Eindrücke über die Akzeptanz verschiedener medialer Umsetzung von Informationen innerhalb des Sendeformats gewonnen werden. Einerseits wird der hohe Stellenwert der Tagesschau für die Prägung der Wahrnehmung der Welt betont, anderseits werden die in Teilen unzulänglichen Mittel des Mediums erkannt, Nachrichten verständlich darzustellen.

5. Probleme der Vermittlung eines tendenziös „modernen", westlichen Weltbildes

Auf der inhaltlichen Ebene der Darstellung der Nachrichtenereignisse äußern die Teilnehmenden Kritik an dem als ideologisch empfundenen Hintergrund der Berichterstattung.

Teile der Berichterstattung werden als tendenziös, die moderne Technik und die westliche Kultur verherrlichend und als rassistisch empfunden.

Die Teilnehmenden reagieren sensibel und negativ auf vermutlich ideologische oder einseitige Darstellung von Ereignissen. Sie kritisieren, dass bei der Aufzählung von Opfern des Flugzeugabsturzes 1999 deutsche Staatsangehörige als nicht betroffen gesondert hervorgehoben werden. Innerhalb der Bilderwelt der Tagesschau werde zwischen hochwertigen westlichen Errungenschaften und der Rückständigkeit anderer Kulturen unterschieden.

> Ich hab' da so eine Ambivalenz wahrgenommen. Einerseits wurde betont, dass nur Ägypter im Flugzeug saßen und keine Deutschen. Und dann machen die jetzt so eine Riesensuchaktion von der US-Marine. Irgendwie passt das gar nicht zusammen, wenn die das so abwerten, dass das nur Ägypter sind. Und irgendwie waren dann auch immer so Bilder von dieser Fluggesellschaft, die richtig schäbig aussahen, heruntergekommene Gebäude. Und die Fahne war auch völlig zerläppert. Und dann haben die noch gesagt, ja , da ist niemand, der die Leute tröstet und da müssten doch eigentlich Psychologen hier sein und da hab ich gedacht, das sind doch eigentlich westliche Standards, die bräuchten vielleicht einen Imam. (7, 1999)

> Aus dem Fernseher höre ich, Deutsche waren offenbar nicht an Bord. Das regte mich dann auf und machte mich wütend, als wenn das weniger schlimm wäre, wenn Ägypter und Amerikaner sterben. Dieser alltägliche Rassismus ist womöglich mitverantwortlich dafür, dass irgendwelche Jugendlichen meinen, sie können Nichtdeutsche einfach umbringen oder zusammenschlagen. Danach wird es völlig absurd. Ein Boeing-Werbefilm mit einer idyllisch am Himmel schwebenden 767 wird gezeigt. (4, 1999)

2.4.3 *Zusammenfassung und Bewertung*

Die beiden Tagesschauuntersuchungen, mit denen die Eignung der dialogischen Introspektion für die Medien-Rezeptionsforschung erkundet werden sollte, erbrachten folgende Ergebnisse:

- Die Rezeption einer Tagesschau lässt sich als dialogischer Prozess zwischen Sendung und den Rezipienten analysieren, wobei das Wahrgenommene selektiv in das Weltbild der Betrachter eingeordnet wird.
- Neben einer involvierten und distanzierten Rezeption fand sich hier noch die gelangweilte, desinteressierte Rezeption. Die Rezeptionsformen können auch innerhalb des gleichen Betrachtungsvorganges rasch wechseln.
- Die Abläufe bei der Rezeption sind sehr ähnlich denen, die bei der Rezeption eines Kunstfilmes beobachtet wurden, nur hat dieser Film die Betrachter in involvierte und distanzierte getrennt und keinen Raum für Langweile gelassen (siehe 2.3).
- Die Form der Tagesschau von 1980 wurde, bei aller Kritik, in der Rückschau positiver aufgenommen als die aktuelle. Sie wirkte weniger inszeniert und dramatisiert.
- Zusätzlich zeigte es sich, dass die Nachrichtenrezeption mit dem (subjektiven) Kriterium von Bewertungen rechnen muss, wie dem Vorwurf der Verherrlichung westlicher *Modernität* und verdecktem Rassismus

Die Ergebnisse gelten für die Zeit und die Umstände ihrer Erhebung. Darüber hinaus gehende Reichweiten der Geltung müssten durch eine Erweiterung der Untersuchungsgegenstände und der Samples belegt werden.

Die Untersuchung hat gezeigt, dass sich die gruppengestützte Dialogische Introspektion einerseits als Basis für eine Verbesserung der medialen Kommunikation und andererseits auch für die Förderung eines kritischen Bewusstsein gegenüber medialen Inhalten und Formen eignet.

Tabelle 2: Beispiele für die selektive Wahrnehmung:

Drei Teilnehmende haben folgende Themen aus der Tagesschau 1980 ausgewählt und durch die angegebene Zahl von Zeilen beschrieben:

Teiln.	Themen	Zeilen
(2)	Atomgeschichte	10
	Abrassimow	7
	Ertl	6
	Politiker negativ	5
	Kohl	2
	Einzelnennungen: Kalter Krieg, Arbeitslosigkeit, Bauernproblematik, Hochwasser, Glatteis, Überschwemmung, Bauern, Ost/West	5
(3)	Stil der Darbietung, Aufnahmetechnik	7
	Rentenreform, mein Großvater	7
	Abrassimow	3
	Haartracht	2
	Einzelnennungen: Bölling, Schmidt, Kohl, Pleitgen, Ertl, Sprecher Wieben, West/Ost, Arbeitslose, Korea, Hochwasser	10
(7)	Verkehrssünderkartei	7
	Landwirtschaft, Ertl	6
	„Russe", Abrassimow	6
	Atomkraftwerke	5
	Stimme Nachrichtensprecher	5
	Sozialistische Internationale Wien	4
	Hochwasser	4
	Kohl	3
	Starfighter Absturz	2
	Debatten Rundfunkprobleme	2
	Arbeitslose	2
	Nachrichtenstudio	2
	Einzelnennungen: 1980, vor/nach Wende, Entspannung, Afghanistan, Schmidt, Carter, Hirsch	14

2.5 Was ist eine Tafel? (Gerhard Kleining)

2.5.1 Hintergrund und Methode

Während eines Workshops des Center for Qualitative Psychology, Department of Educational Psychology der Universität Tübingen in Blaubeuren 2001 (Kleining, 2001b) demonstrierte ein Experiment die Methode der gruppengestützten Dialogischen Introspektion. Dies war die erste Anwendung bei Teilnehmenden aus verschiedenen Nationen. Wir wollten erfahren, welche Möglichkeiten das Verfahren bietet und welche Begrenzungen es hat.[21]

Es beteiligten sich 15 Wissenschaftler, Männer und Frauen, zumeist Psychologen und Pädagogen aus vier Nationen mit den Muttersprachen englisch, spanisch, finnisch und deutsch. Konferenzsprache war Englisch.

Die Teilnehmenden nahmen Platz an zusammengestellten Tischen, so dass sie sich gegenseitig sehen konnte. Der Versuchsleiter (G. K.) saß mit im Kreis. Die Teilnehmenden wurden durch einen Kollegen aus der Hamburger Forschungswerkstatt, Thomas Burkart, über die Vorgehensweise wie folgt informiert:

> Bitte richten Sie Ihre Aufmerksamkeit auf alles, was in Ihnen vorgeht, wenn Sie mit dem Forschungsgegenstand konfrontiert werden, auf Ihre Gedanken, Ihre Vorstellungen und Erinnerungen, Ihre Wahrnehmung und Gefühle. Wenn Sie wollen und es Sie nicht stört, können Sie sich sogleich Notizen über Ihre Erlebnisse und Erfahrungen (experiences) mit dem Forschungsgegenstand machen. Später haben Sie genügend Zeit, Ihre Selbstbeobachtung im Einzelnen zu notieren.

Der Forschungsgegenstand war *a blackboard* (*eine Tafel*). Der Leiter deutete dabei auf eine im Raum stehende Schultafel mit dem Hinweis, dass das Thema konkreter oder allgemeiner oder auch in anderer Weise verstanden werden könne (das Thema sollte möglichst offen bleiben – siehe Regel 2 der heuristischen Methodologie, S. 35).

Die individuelle Introspektion dauerte ungefähr fünf Minuten, bis alle von ihren Notizen aufsahen. Eine Person begann und bot an, etwas zu sagen, die Teilnehmenden wurden dann im Uhrzeigersinn, zumeist durch freundliche Gesten, zur Mitteilung aufgefordert. Mit Ausnahme einer Person gaben alle Antworten. Die ersten Berichte waren ziemlich kurz und faktisch, die späteren wurden persönlicher und schlossen Geschichten ein. Einmal entstand spontane Zustimmung und Lachen, als eine Person das „schreckliche Gefühl" erwähnte, als die Kreide auf der Tafel quietschte. Alle hörten aufmerksam zu, es bestand allgemein Interesse an den Ausführungen der anderen. Die zweite Runde wurde meist für zusätzliche Informationen zu den früheren Beiträgen genutzt. Die Untersuchung dauerte, zusammen mit der Instruktion, etwa eine Stunde. Die Datenerhebung war damit abgeschlossen.

Obgleich die Aussagen nicht durch Tonband dokumentiert wurden, sind die Notizen des Versuchsleiters ebenfalls aussagekräftig.

---

[21] Überarbeite und erweiterte Fassung von Kleining (2002).

2.5.2 Skizze der Ergebnisse

Die Antworten lassen sich zunächst in zwei Bereiche gliedern: die Bedeutungen des Wortes *blackboard* und die zugehörigen Assoziationen und die Nutzung von *blackboards* in Schul- oder Lehrveranstaltungen.

1. Das semantische und persönliche Umfeld des Begriffs

Es wurden genannt:

- Die physikalischen Bestandteile einer *blackboard* und ihre phänomenologische Erscheinung: z. B. hart, grün, als Schreibunterlage, groß.
- Der Name *blackboard* im Gegensatz zu *whiteboard* und *greenboard* – die Tafel im Raum, auf die gezeigt wurde, war grün.
- Die persönliche Erfahrung mit einer besonderen Tafel, z. B. auf ihr zu schreiben; das negative Gefühl des Kratzens, Quietschens.
- Die Rolle einer Tafel in der eigenen Biografie, als die Person Schüler oder selbst Lehrer war, z. B. das Vorrechnen an der Tafel, die Demonstration für die Klasse.
- Die Funktion von Tafeln im Allgemeinen, in den Bildungsinstitutionen, z. B. den Ersatz von Tafeln durch Beamer.
- Die Hierarchie im Lehrer/Lernender – Verhältnis, z. B. an die Tafel gerufen zu werden.

Die Introspektionen erbrachten lebendige Kommentare und Geschichten zu verschiedenen Aspekten des Themas und des Bezugs auf die berichtende Person. Sie waren:

- Faktisch, z. B. Beschreibungen des Materials,
- persönlich, z. B. emotionale und kognitive Reaktionen über die Gegenwart und die oft weit zurückliegende Vergangenheit in der Ausbildung oder der heutigen Lehre,
- sozial, z. B. die Funktionen innerhalb einer Schulklasse,
- institutionell z. B. die Funktionen innerhalb von Schule und Erziehung generell,
- kulturell, z. B. die Etymologie und die Bedeutung der Namen in verschiedenen Sprachen.

2. Blackboard ist eingebunden in hierarchische (schulische) Kommunikation

Neben ihrem Bedeutungshintergrund behandelten die Introspektionen die Funktion von *blackboards* in der Schule. Sie unterstellt ein einfaches Kommunikationsmodell:

- In der Schule existiert eine funktionale, auf Wissensgefälle beruhende Hierarchie: Vom *Lehrer/Schreiber* über die *Schrift* auf der *blackboard* zum *Schüler/Leser*.
- Der mittlere Teil des Kommunikationsmodells besteht aus zweierlei: der *blackboard* als Trägerin einer *Schrift* (oder eines Bildes, einer Zeichnung, eines Zeichens) und der Mitteilung selbst. Die Tafel übermittelt („transportiert") Inhalte.

- Unterscheidbar sind geglückte Kommunikation (Lesen und Verstehen) und gestörte Kommunikation (Quietschen, Nicht-Verstehen). Beim Leser können außer sachlichen auch emotionale Wirkungen entstehen.

3. Ergebnis blackboard

Blackboard wird als Gegenstand aus festem Material in bestimmter Form beschrieben mit der *Funktion als Medium* für die Übermittlung von Inhalten z. B. in einer Schul- oder Lehrveranstaltung. Die Nachrichten sind wertvoll und eingebunden in ein hierarchisches System der Kontrolle. Dagegen sind die Farben (*black* gegen *green* u. a.) von untergeordneter Bedeutung.

Alle Beschreibungen im Experiment gehören in eine dieser Gruppen von Bedeutungen. Sie sind verschiedene Aspekte eines *einzigen* Zusammenhanges: Schrift braucht ein Medium mit bestimmten physikalischen Eigenschaften, das sie *objektiviert* und vermittelbar macht. Die Schrift/die Zeichen auf der *blackboard* gelten als aufschreibenswert, was wieder eine Einpassung der Kommunikation in das Herrschaftssystem, z. B. in der Schule, erfordert.

Zwischen den Bezeichnungen *blackboard* im Englischen und Tafel im Deutschen scheint es in dieser Hinsicht keinen Unterschied zu geben. Es ist auch nachvollziehbar, dass die Teilnehmenden einer Veranstaltung über Erziehungspsychologie die Funktion der black-board in der Lehre besonders betonen.

2.5.3 *Erweiterung der Datenbasis*

1. Kann das Ergebnis verallgemeinert werden?

Die Frage ist zunächst zu verneinen. Gültigkeitsbereiche in der entdeckenden Forschung werden immer durch die jeweilige Datenlage bestimmt – bisher können wir sie nur durch die Aussagen der Testgruppe belegen.

Jedoch können wir die Datenbasis vergrößern. Das kann durch Wiederholung der Dialogischen Introspektion mit einer anders zusammengesetzten Gruppe geschehen oder durch Umfrageforschung. Weniger aufwändig ist der Zugriff auf schon vorliegende Information zu *blackboard,* oder auch, wegen der vermeintlich hohen Übereinstimmung mit ihr, zu Tafel. Z. B. haben Kollegen außerhalb der Introspektionssitzung Hinweise gegeben; oder wir konsultieren Übersetzungen aus einem deutsch-englischen Wörterbuch oder eine etymologische Beschreibung. Wir können auch schöngeistige Literatur nach den genannten Bezeichnungen durchsuchen. Informationen dieser Art sind verwendbar, weil sie zu einem bestimmten Begriff *Entsprechungen* angeben, was der Analyseregel vier entspricht, der Suche nach Gemeinsamkeiten. Als Beispiel verwenden wir:

Hinweise von Kollegen:

- Im Deutschen und Finnischen werden *Tafel* bzw. *taulu* außer für *Schultafel* auch für *Speisetafel* und *Tafelmalerei* (Malerei auf Holz) gebraucht, Schultafel heißt liitutaulu.

- Ein kanadischer Anthropologe sagte, für Inuit sei es nicht schicklich, ihre eigenen Empfindungen mitzuteilen.

Übersetzung von *blackboard* in das Deutsche:

- Holztafel – Kreidetafel – Schultafel – Tafel – Wandtafel

Zusammensetzungen:

- blackboard duty – Tafeldienst
- blackboard easel – Tafelständer
- blackboard eraser – Tafellappen, Tafelschwamm
- yarn blackboard (textil.) – Garnspiegel
- construction sign building-blackboard (constr.) – Bautafel (Leo, 2007)

Übersetzungen von *Tafel* in das Englische

- blackboard – black board – board (tech.) – chalkboard – panel – plate – table – tablet

Zusammensetzungen:

- metal foil (techn.) (Hüttenwesen)
- metal sheet (techn.) (Hüttenwesen)
- bar of chocolate
- chocolate bar
- fourfold table (math.) (Zwei-mal-Zwei-Tafel)
- a tablet bearing the inscription (eine Tafel mit der Inschrift) (Leo, 2007)

Forumdiskussion – sie enthält Beiträge verschiedener native speaker zum Umfeld der jeweiligen Begriffe für eine angemessene Übersetzung. Behandelt wurden:

- Tafellied, Tafeldecke, Tafelservice, Tafelsilber, Tafeltrauben, Tafelaufsatz, Tafelsilber im übertragenen Sinne, Tafel or mounted poster in exhibition, Veräußerung des Tafelsilbers, Tafelbild (Päd.), größer schreiben (an der Tafel), Tafelbild, boiled beef topside, prime boiled beef, Tafelspitz (Leo, 2007)

Etymologie

- Tafel f. mhd. tavel(e), ahd. tavala, tabala „Tafel, Gemälde, Tisch"; in ahd Zeit entlehnt aus röm. tavola (das in ital. tavola, frz. table fortwirkt; hieraus engl. table, dies entwickelt aus lat. tabula. Schon in vorahd. Zeit war lat. tabula (vulgärlat. tabla) ins Germ. gedrungen und regelrecht verschoben zu ahd. zabal, mhd zabel „Brett" (s. Schach) (Kluge, 1960. Abkürzungen: mhd. mittelhochdeutsch, ahd. althochdeutsch).

Übersetzung tabula (lat.) in das Deutsche (Bespiele gekürzt)

- Brett, Tafel (von Holz od. Metall) (a) Spielbrett, Brettspiel, (b) Votiv-, Gedächtnistafel, (c) bemalte Tafel = Gemälde, Bild, (d) Gesetzestafel, Versteigerungs-, Auktionstafel, (e) Wechslertisch, (f) Rechen-, Schreibtafel, meist aus Holz, mit Wachs oder Gips überzogen, (α) etwas Geschriebenes, Landkarte, (β) ein Schreiben, eine Schrift od. Abschrift, insbesondere (αα) Liste, Verzeichnis, Register, Zensusliste, (ββ) Protokoll, (δδ) Vertrag, Kontrakt, (δδ) Testament, (εε) Urkunde, Dokument, Akte, (ζζ) Rechnungsbuch (Menge, 1984).

2. Gruppierung der Daten

Die Übersetzung von *blackboard* in das Deutsche erbringt hohe Übereinstimmung mit der deutschen Schul- oder Wand-Tafel. Sie beschreibt deren physikalische Kennzeichen: aus Holz, mit einem Ständer (easel heißt auch Staffelei), das Zubehör (Kreide, um zu beschreiben/bemalen, Lappen, Schwamm, um das Geschriebene zu entfernen), die Bedienung (Tafeldienst). Die *Bautafel* schließt bestimmte Inhalte ein, informiert z. B. über Instanzen, die am Bau beteiligt sind. Aus den bisherigen Beschreibungen können wir schließen, dass *blackboard*, wie Tafel

- einen größeren Gegenstand bezeichnet, der als Medium oder Träger einer Nachricht dient, ein Mittel der Kommunikation z. B. in der Lehre.

Deutsche und englische Bezeichnungen sind verschieden beim *Garnspiegel*, das Englische verwendet blackboard, das Deutsche *Spiegel*. Es handelt sich um ein trapezförmiges Blech, um das ein Spinnerei-Faden schraubenförmig gewickelt wird, um periodische Fehler im Material zu erkennen. Das Deutsche stellt die Optik (*Spiegel*), das Englische den Träger (blackboard) als kennzeichnend heraus.

Tafel findet bei der Übersetzung in das Englische das Bedeutungsumfeld der Schultafel wieder, als *blackboard* oder *chalkboard*. Tafel trifft aber auf weitere Bedeutungsbereiche, der Begriff ist *offener* als blackboard. Er bezeichnet auch ein *panel* (deutsch Paneel, eine furnierte Tafel oder Platte für Wand- und Deckenverkleidung (Paneel, 2007) oder ein Täfelchen (wie auch plate). *Tablet* bezeichnet eine Schreibtafel, amerikanisch ein Notizbuch. *Foil* und *sheet* sind nur im Deutschen Tafeln, im englischen Hüttenwesen eine Folie oder Blatt. Die mathematische Vierfelder-Tafel ist eine bestimmte Anordnung von Feldern, in denen Zahlen stehen. Die *chocolate bar* ist im Deutschen eine *Tafel*, im Englischen aber ein *Riegel* (siehe die Diskussion in Leo, 2007). Die Differenz erklärt sich durch den Unterschied der handelsüblichen Formen und Füllungen.

Tisch *(table)* scheint im Englischen alltäglicher als die deutsche *Tafel* zu sein. Jedoch deutet die weitere Bedeutung von *table*, Tabelle darauf, dass beide als *Träger* von etwas verstanden werden, das *vermittelt* wird: Speisen, Worte oder Zahlen. Im Deutschen ist Tafel ein Tisch, der festlich *gedeckt* ist, auch mit einer *Decke* versehen mit besonderen Speisen und Getränken auf ihm. Die genannten Begriffe der Forumsdiskussion (siehe oben) sind Gegenstände, die auf der Tafel stehen oder sie bedecken und die etwas Besonderes sind. Die Tafel für Tafelmalerei kann sich hier einordnen: eine Holzplatte wird grundiert und Träger/Medium eines Gemäldes. Nicht ganz aufgeklärt ist die *Tafel Schokolade*, die selbst Verkaufsobjekt ist; jedoch versuchen die Hersteller, sie mit besonderen Umhüllungen aufzuwerten, wie durch silbrige oder goldene Metallfolien und attraktive Bilder, die sie schmücken.

3. Ergebnis Tafel

Welche Gemeinsamkeiten existieren zwischen den Bezeichnungen *Tafel, Gemälde, Tisch*, die als Entsprechungen von *Tafel* in der etymologischen Ableitung angegeben werden unter Einschluss der Benennungen, so weit wir sie erfasst haben?

- Tafel bezeichnet eine feste Platte, die als Träger für etwas dort später oder vorübergehend Aufgebrachtes dient, das besonders hervorgehoben oder wertvoll ist. Es können oberflächenbearbeitete Verkleidungen sein oder Gemälde auf Holz, oder Gegenstände auf dem gedeckten Tisch (zum *tafeln*). Im Fall der Schultafel ist die Oberfläche so bearbeitet, dass sie Zeichen tragen und als Medium für Kommunikation dienen kann. Dem entspricht *blackboard*.

Blackboard oder *Tafel* wird in der introspektiven Beschreibung in den (schulischen) Alltag eingebettet. Ihre Funktionen als Lehr- und Lernhilfe schließen Abläufe und hierarchische Unterschiede in der schulischen Praxis ein. *Tafel* hat aber darüber hinaus gehende Bedeutungen und wohl auch eine längere Geschichte.

Etymologisch hat sich das Wort aus lat. *tabula* entwickelt. Die heutige Bedeutung im Deutschen ergibt sich aus der Übersetzung von tabula, die sich einerseits auf einen festen Gegenstand (aus Holz oder Metall), besonders mit bearbeiteter Oberfläche bezieht, andererseits auf die Nachricht selbst, von der man annehmen muss, dass sie in römischer Zeit auf Papyrus oder einer Wachstafel aufgebracht war wie auf Metall oder Stein. Der Bedeutungskern von *Tafel* ist über lange Zeit erhalten geblieben, er hat sich aber in verschiedene Bereiche und Anwendungsgebiete aufgefächert.

2.5.4 Bedeutungsforschung durch gruppengestützte Dialogische Introspektion

- Dialogische Introspektion produziert *qualitative Daten,* die mit *entdeckenden* Verfahren bearbeitet werden können.
- Durch Introspektion kommen nicht nur Begriffsbestimmungen, sondern auch die *individuellen, sozialen* und *kulturellen* Bezüge in den Blick, welche den Bedeutungsgehalt in der Praxis des Sprachgebrauchs bestimmen. Für das Individuum sind dies z. B. auch emotionale Wirkungen, im Sozialen die Beziehungen von Begriffen zum Handeln und dem gesellschaftlichen Wertesystem und im kulturellen Kontext mögliche Begrenzungen und Umdeutungen nach Zeit und Region.
- Die *Struktur* eines Begriffs kann durch die Kombination von verschiedenen Verfahren und Analyse auf Gemeinsamkeiten heraus gearbeitet werden.
- Der Focus bei Dialogischer Introspektion liegt auf der *gegenwärtigen* Verwendung von Begriffen im jeweiligen sprachlichen Umfeld; historische Aspekte beschränken

sich auf die im Alltagbewusstsein fortwirkenden biografischen Erfahrungen und sollten an Hand historischer Daten untersucht werden.
- Dialogische Introspektion eignet sich als Verfahren zur *Erweiterung* und *Ergänzung* von Untersuchungen über die Bedeutung von Wörtern, Gegenständen, Begriffen oder Metaphern, sofern diese im Bewusstsein von Personen vorfindbar sind oder erzeugt werden können. Sie bietet sich auch als Methode zur *sprachwissenschaftlichen Untersuchung* von Wortbedeutungen an. Das in Lexika gesammelte und geordnete Wissen kann dabei u. U. genutzt werden, wie am Beispiel gezeigt wurde.
- Nach den Regeln der qualitativ-heuristischen Forschung muss die Reichweite der Geltung von Bedeutungen empirisch nachgewiesen werden. Möglicherweise sind weitere, wenigstens stichpunktartige Datensammlungen nötig.

2.5.5 Kommentar zum methodischen Ablauf

Wir konnten nicht abschätzen, ob der Versuch erfolgreich verlaufen würde. Unsere bisherigen Erfahrungen bezogen sich auf das Studium emotionaler Gehalte, wie Alltagsärger oder Nachrichten in Medien. Ein „Sachthema" (*Tafel*) schien emotional unergiebig und/oder banal. Die Zweifler wurden eines Besseren belehrt – was zunächst als ein einfaches, bekanntes Wort oder ein Gegenstand der Alltagswelt erschien, erwies sich als ein Konzept mit vielen Facetten und Bezügen.

Ebenfalls haben wir mit Beteiligungsproblemen gerechnet. Die Aufgabe war für alle neu, die kulturellen Hintergründe der Teilnehmenden waren verschieden; sie kannten sich kaum und nur wenige hatten English als Muttersprache. Aber alle außer einer Person beteiligten sich an der Aufgabe und produzierten komplexe und relevante Daten. Dabei mag eine Rolle gespielt haben, dass die Teilnehmenden methodenbewusst und als Erziehungs-Psychologen fachkundig waren.

Die Dialogische Introspektion *bewertend* kann gesagt werden, dass die Untersuchung leicht ausgeführt werden konnte und eine Reihe verschiedener, aber zusammengehöriger Aspekte zum Thema hervorbrachte, die einer differenzierenden Analyse zugänglich sind.

2.6 Erleben eines Schrecks (Harald Witt & Gerhard Kleining)

2.6.1 Vorgeschichte und Verlauf

Es war unsere erste Untersuchung mit Dialogischer Introspektion. Die Methode wurde an einem Ereignis erprobt, das keine zeitgleich verlaufende introspektive Beobachtung erlaubte, sondern nur einen kurzen, retrospektiven Blick auf eine Introspektion, die, so hofften wir, parallel zum Ereignis abgelaufen war. Eine Arbeitsgruppe hatte die Sitzung vorbereitet. Vorausgegangen waren Versuche mit Introspektion in einem Psychologieseminar (H. W.), die aber demonstrativen, nicht systematischen Charakter hatten.

Als Ablauf war vorgesehen: erstens Präsentation des zu untersuchenden Gegenstandes, zweitens individuelle Introspektion mit Aufschreiben der Empfindungen/Gedanken, drittens Vortrag in der Gruppe, um sich auch an erlebte Aspekte zu erinnern, die aus verschiedenen Gründen nicht als aufschreibenswert oder erinnernswert gegolten hatten. Viertens

Diskussion der Ergebnisse. Diese Phase haben wir inzwischen aufgegeben, weil eine Analyse in der Gruppe wegen der gruppendynamischen Prozesse und unter Zeitdruck nicht zu leisten ist. Die Ergebnisse wurden im vorliegenden Fall auf Grund der Mitschrift der Antworten nach Abschluss der Datenerhebung erstellt. Bei späteren Untersuchungen haben wir den Datengewinn durch ein Tonbandgerät erleichtert.

Verschiedene Themen oder Ereignisse wurden diskutiert – schließlich einigten wir uns auf einen *Wecker,* der, im Seminarraum hinter einem Vorhang versteckt, durch sein unerwartetes Läuten Überraschung auslösen sollte (ein Beispiel aus dem Psychologieseminar).

Über die Vorbereitung im Einzelnen waren drei Teilnehmenden informiert. Insgesamt waren 10 Personen beteiligt, männlich und weiblich, zumeist derzeitige oder ehemalige Studierende der Psychologie und der Sozialwissenschaften. Das Alarmsignal wurde eingestellt, der Wecker hinter einem Vorhang versteckt.

Die Sitzung begann mit der Erklärung durch einen informierten Teilnehmenden: wir wollten uns der Praxis zuwenden und die Introspektion sollte so und so ablaufen. Sinnvoll sei es, sagte der Leiter (G. K.), dass die Teilnehmenden bei einem *Erlebnis* aufschrieben, was in ihnen vorgehe. Man solle in sich hineinhorchen, die eigenen Reaktionen wahrnehmen, sich beobachten, das diene der Erkenntnis etc. Der Vortragende sah sich gezwungen, die Zeit (der Wecker lief) durch allgemein Bekanntes und Wiederholungen zu überbrücken. Eine Teilnehmende fragte endlich, was denn nun das *Erlebnis* sein solle? Da läutete der Wecker.

Reaktion: überraschtes und irritiertes Herumblicken, Ausrufe: „Ein Wecker!", „Ist das ein Krisen-Experiment?". Ein informierter Teilnehmender: „Aufschreiben!" Ein anderer informierter Teilnehmenden stellt den Wecker ab.

Alle Personen schrieben schweigend, blickten auch in die Runde und „in sich hinein". Nach etwa 5 Minuten waren alle fertig.

Reihum berichteten alle über ihre Eindrücke, unabhängig davon, ob sie informiert waren oder nicht. Dann wurden die Berichte in einer weniger formalisierten zweiten Runde ergänzt – sie erbrachte eine Reihe weiterer Angaben. Die Datenerhebung dauerte (einschließlich der bei späteren Projekten aufgegebenen Diskussionsphase) über eine Stunde. Zu Ende der Sitzung wurde der Wecker beiläufig hervorgeholt, ging in die Runde, einige Teilnehmenden probierten ihn aus.

2.6.2 *Inhaltliche und formale Analyse*

Im Folgenden werden die Teilnehmenden nur bei relevanten Umständen in informierte (inf.). und nicht informierte (nicht inf.) unterschieden. Die Angaben, was in ihnen vorgegangen sei, sind ihre eigenen. Bei der Analyse werden die zusammengehörigen Aussagen und Verhaltensweisen gruppiert und benannt.

1. Die Teilnehmenden waren mit ihren eigenen Gedanken beschäftigt

Entgegen dem Anschein interessierter Aufmerksamkeit für den Sprecher hingen die meisten ihren eigenen Gedanken nach. Dabei waren die äußeren Bedingungen günstig für eine Rezeption der Mitteilungen des Leiters: alle waren Experten, wollten gemeinsam das Ver fahren entwickeln und ausprobieren, kannten die Literatur, hielten z. T. selbst einschlägige Lehrveranstaltungen ab, hatten im Themenbereich publiziert. Einleitungen als vermeintliche Neuigkeiten werden außerdem leichter aufgenommen als spätere Wiederholungen. Die Teilnehmenden berichteten jedoch, dass sie zum Zeitpunkt des Ereignisses mit ihren eigenen Gedanken beschäftigt waren:

- wie eine eigene Lehrveranstaltung lief (nicht-inf. Teilnehmenden),
- ob der Wecker läute (inf. Teilnehmenden),
- wie eine Frage witzig beantwortet werden könne (inf. Teilnehmenden),
- ob die Weck-Zeit richtig eingestellt wurde. Man müsse abwarten (inf. Teilnehmenden).

2. Die erste Reaktion war emotional: „Endlich!" Oder: „ein Schreck!"

Informierte und nicht informierte Teilnehmenden reagierten verschieden:

- Die Informierten:

  - Endlich! Erleichterung, Befriedigung, Ablauf ist geglückt! Fühle mich wie ein Bombenleger.
  - Enttäuschung! So laut war der Wecker nicht, es war kein Schock!
  - Befriedigung durch Bestätigung (der Planung, der Absicht).

- Die Nicht-Informierten:

  - Erschrecken! Verwirrung?!
  - Erschrocken! Was soll ich aufschreiben?
  - Ein Schreck! Alarm! Ist es ernst?! Feuer?! Offene Angst! Betrifft es uns?!
  - Fühle mich plötzlich in meine Schulzeit versetzt.

In beiden Gruppen gab es einen emotionalen Schub, auch bei den Informierten, die auf das plötzliche Läuten ebenfalls emotional reagierten, wenn es für sie auch vorhersehbar war.

3. In der Rückschau wirkte das Ereignis wie ein Fremdkörper

- Es stößt „wie ein Keil" in den Fluss von Gedanken und Gefühlen.
- Eine Zeichnung zeigt das Eindringen des Geräuschs in die Gedankenwelt. Es bringt alles durcheinander. Die aggressive Wirkung des Ereignisses wird dargestellt (inf. Teilnehmenden).
- Für die Nicht-Informierten war es ein schockierendes Erlebnis, weil es zunächst nicht zuzuordnen war, deswegen fremdartig, unsinnig und den erwarteten, „normalen" Ablauf der Veranstaltung störend.
- Für die Informierten war der exakte Zeitpunkt und die vorhersehbare Stärke der Störung unerwartet, ebenfalls störend, wenngleich beabsichtigt.

4. Die Erschrockenen begannen sofort mit Krisenbewältigung

Sie verwenden verschiedene Techniken, die dazu dienen, das schreckhafte Erlebnis in Bekanntes einzuordnen und dadurch den Schreck abzuarbeiten:

- Ausruf „Ein Wecker!": Benennung des Verursachers.
- Herausfinden, wo der Wecker steht (hinter Vorhang) und dahin deuten: Lokalisierung.
- Ausruf „Ist das ein Krisenexperiment?": Benennung der Forschungskategorie.
- Innere Beurteilung: „Hinter unserem Rücken ein Experiment! Die Psychologen machen immer so etwas": Begründung des Ereignisses.
- Das Experiment dieser Art läuft eher nach dem Verfahren der Gestaltpsychologen als nach dem der Würzburger Schule: Einordnen in die Wissenschaftsgeschichte.
- Beobachtung „Die Gruppe ist gefasst": Registrieren des Verhaltens der anderen.
- Die Sache ist nicht ernst?!: Realitätsprüfung.
- Was sollen wir jetzt tun – „aufschreiben?": *Die Vor-Strukturierung des Handelns zeigt, es handelt sich (nur) um ein Experiment.*
- Als „Ereignis" war das etwas enttäuschend: *Abwertung der (emotionalen) Wirkung.*
- Ich war nur „kurz erschrocken": *Begrenzung seiner Wirkungsdauer.*
- Der Versuch war „zu einfach": *er hatte wenig Relevanz*

5. Die Techniken der Krisenbewältigung

Sie sind *Identifizierung, Einordnung in Bekanntes* und dadurch *Relativierung des Ereignisses* und soziale *Unterstützung* bei der Neuorientierung nach der Störung. Die Handlungsanweisungen beziehen sich sowohl auf das Ereignis als auch auf die handelnden Personen:

- Das Ereignis wird identifiziert: wie es heißt, was es ist, was es tut. Der „Wecker" wird benannt und in den Raum/Zeit-Rahmen gesetzt. Seine Funktion („Experiment", Hintergrund, Absicht) wird angegeben.
- Die Benennung ordnet das Ereignis Bekanntem zu (der Sprache und Bezügen) und
- relativiert oder reduziert die Unsicherheit seiner Unbestimmbarkeit/Gefährlichkeit.
- Das Verhalten anderer erleichtert die eigene Orientierung und stützt die Persönlichkeit, die durch das Ereignis verunsichert wurde oder deren Orientierungsfähigkeit gelitten hat.
- Der Realitätsgehalt des „Schrecks" wird in Frage gestellt, geprüft, als Überraschung reduziert.

Die Informierten ordneten das Ereignis ebenfalls ein. Ihre Spannung nahm ab mit dem Eintreten des Ereignisses oder löste sich auf. Wurde stärkere Wirkung erwartet, konnte die Erwartung umschlagen in Enttäuschung. Schon existente Kategorien wurden ebenfalls heran gezogen:
 Die Anweisung, was zu tun ist, war zu offen. Eine genauere Angabe wäre erwünscht gewesen.
 Das „Feuerwehr-Signal" war zu schwach, einige sahen es als psychologischen Test an.

6. Die emotionale Bewältigung des Ereignisses

Später trat der Umgang mit den emotionalen Wirkungen des Vorgangs in den Vordergrund, das *Coping*. Warum war man erschrocken? Warum ist das Klingeln *ein unangenehmes Geräusch*? Die Teilnehmenden verbanden den Schreck/das Geräusch mit früheren Erfahrungen, die auch unangenehm waren:

> Ich erinnere mich an die Schule, an Klassenarbeit (2x).
> An der Freiburger (?) Universität läutet es auch am Ende jeder Stunde.
> Negative Erinnerung an den Wecker meines Vaters, der vom Opa stammt.
> Erinnerung an Feuerglocken der Feuerwehr – widerlich laut.

7. Symbolik

Der Wecker wurde zu Ende hervorgeholt, angefasst. Er wurde herumgezeigt; ausprobiert, an- und abgestellt. Das war befriedigend (Lachen, Mimik).

Die Krisenbewältigung ist symbolische Kontrolle: das Ereignis (die emotionale Wirkung) wird manipuliert, indem der Wecker nach Belieben an- und abgestellt wird, was zeigt, dass damit, im übertragenen Sinne, auch das Ereignis „im Griff" ist. Vermutlich hat die Einordnung des Versuchs in bekannte Zusammenhänge auch die Funktion, die Angst erregende Wirkung eines unvorhergesehenen Ereignisses durch symbolisches Handeln zu reduzieren.

2.6.3 *Anmerkung zum Verfahren und weiterführende Überlegungen*

Wie erwähnt, hatten wir bei der Versuchsanlage die Absicht, die Methode der Dialogischen Introspektion besser kennen zu lernen. Jedoch trat bei der Ausführung die Besonderheit des Themas stark hervor und hat sich gewissermaßen verselbstständigt. Wir hatten nicht erwartet, dass wir mit einem anderen Thema konfrontiert waren: dem *Umgang mit einer plötzlichen Störung*. Genauer: über die psychischen (emotionalen, kognitiven, handlungsbezogenen) *Reaktionen* auf ein nicht vorhergesehenes oder nicht vorhersehbares Ereignis, das potenziell bedrohlich war und mit den sogleich einsetzenden Verfahren der *Rekonstruktion* und *Sicherung der eigenen Identität durch Einordnung des Ungewöhnlichen in einen bekannten und vertrauten Rahmen* kompensiert wurde.

Die Regel zwei der entdeckenden (heuristischen) Forschung empfiehlt, bei Veränderung des Forschungsthemas im Verlauf der Untersuchung den neuen Ausblicken zu folgen. Im vorliegenden Falle war die Methode der Introspektion auch geeignet, die internen Vorgänge dabei wenigstens zu einem Teil zu objektivieren und einer Analyse zugänglich zu machen. Es bestand der Eindruck, dass das Introspektionsverfahren eine Reihe von Aspekten eröffnet, die bei einem Schreckerleben und einer anschließenden – erfolgreichen oder teilerfolgreichen – Krisenbewältigung eine Rolle spielten.

1. *Schreck* – Alternativen

In einem Psychologie-Seminar (H. W.) wurde ein *sozialer Schreck* ausprobiert:
Während einer Seminarveranstaltung stand plötzlich ein (informierter) Teilnehmender auf, erklärte laut, er mache diesen Schwachsinn jetzt nicht mehr mit und verließ unter Protest den Raum.
Dies führte bei den übrigen Teilnehmenden zu erheblichen Irritationen, z. T. verbunden mit heftigen Körperreaktionen (Herzklopfen, Zittern, Schweißausbrüche). Die Verhaltensregeln waren offenbar eklatant verletzt worden. Die Ergänzungen in der *zweiten Runde* erbrachten auch, dass kritische spontane Gefühlsreaktionen wieder erinnert wurden und/oder als mitteilungswert erschienen, wie „War das Referat vielleicht wirklich nicht gut?" „Hatte der Kommilitone vielleicht Recht?"

2. Legitimationen bei Krisenbewältigung

Überraschende Ereignisse, Schocks oder Krisen können *normalisiert* werden, wofür es verschiedene Ausdrücke im Alltagsleben gibt: *aufgearbeitet, verarbeitet, bewältigt, erfasst, damit fertig werden*, also manipulative Metaphern, die auf symbolische Interaktionen mit dem schreckhaften Ereignis hinweisen. In aller Regel legitimieren sie Aktionen. Sind die Muster der (symbolischen) Krisen- oder Störungsbewältigungen auch anderswo zu finden?

Beispiel 1: Abwehr eines unerwünschten Ereignisses.

Eine politische Krise entstand – in den Medien – durch Rechtswähler in Sachsen-Anhalt (die rechtsextreme DVU erreichte bei der Landtagswahl 1998 12,9% der Stimmen). Techniken waren:

- *Faktenforschung:* junge Männer, frühere Nichtwähler, haben rechts gewählt.
- *Schuldzuweisung I: Wir sind selbst schuld:* Alle (demokratischen) Parteien sind schuld. Die Grünen: es liegt an unserem 5,- DM Benzin-Beschluss. Die FDP: es liegt an unserem Soli-Beschluss.
- *Schuldzuweisung II: andere sind schuld.* SPD sagt, CDU-Bundesregierung ist schuld durch gebrochene Versprechen, durch hohe Arbeitslosigkeit. CDU: es liegt an der SPD, die sich von der PDS hat tolerieren lassen. Links-extrem ist gleich rechts-extrem. Wirkung ist nicht so schlimm: Wähler wollten nur protestieren, sind keine Neonazis (Stolpe, SPD). Die Landtagswahl ist keine Bundestagswahl (CDU).
- *Aufruf zur Geschlossenheit:* alle müssen jetzt zusammenstehen (CDU).
- *Symbolik:* Demonstrieren gegen DVU. (Symbolisch wäre auch): Kerzen in die Fenster.

Beispiel 2: Alltagsereignis

Ein Kind fällt hin und brüllt los. Gefragt ist die Legitimation der Krisenbewältigung:

- *Lokalisierung des Schadens:* Du bist in die Pfütze gefallen! Zeig mal, wo tut's weh?
- *Verkleinerung des Ereignisses:* Ist ja nicht so schlimm!
- *Schuldzuweisung:* Gib' doch Acht!
- *Symbolische Schuldzuweisung:* „Böser Stein!"
- *Symbolische Bewältigung:* „Heile, heile Segen [...]", draufblasen, nochmals über den Stein gehen.
- *Soziale Unterstützung:* Das ist weg, bis Du groß bist! Stell' Dich nicht so an! Sei ein großer Junge!
- *Mitgefühl, Mitleid:* Oh, das tut weh!
- *Vergemeinschaftung, Kompensation:* Komm, wir essen jetzt ein Eis!
- *Soziale Unterstützung (Negation):* Herr Keuner zu seinem weinenden Sohn: „,Was hat es für einen Sinn zu weinen bei einem solchen Wind, wo man dich überhaupt nicht hört.' Der Junge stutze, begriff diese Logik und kehrte, ohne weitere Gefühle zu zeigen, zu seinem Sandhaufen zurück." (Brecht, 1971, S. 100).

Ergebnis: Methoden der Krisenbewältigung durch Integration in den Alltag sind bei verschiedenen Störungen zu beobachten. Das Muster ist die Einordnung des Ausgefallenen in eine bekannte Normalität durch bestimmte Techniken. Sie sind mehr oder weniger gut zu begründen.

Die Umkehrung in das Gegenteil. Hat die Analyse dieses Stadium der Zuspitzung erreicht, kann auffallen, dass *auch das Gegenteil existiert:* scheinbare Bewältigung eines unerwarteten Ereignisses durch symbolische oder reale Überführung in eine allgemeine Krise. Das Ereignis *bestätigt* dann die Krise. Diese kann inszeniert sein, um Radikalmaßnahmen zu fordern, zu begründen oder auszuführen. Das Ereignis ist dann nur der Anlass oder der Vorwand für die Krise. Es kann im allgemeinen Krisenszenario verschwinden.

Beispiel 3: Das Maß ist voll

Spektakulär sind die *politischen Krisen* im Gefolge beispielsweise von Attentaten, deren Auswirkungen und Folgen in keinem Verhältnis mehr stehen zu den jeweiligen Ereignissen. Aus unserer eigenen Geschichte:

- Attentat von Sarajewo vom 28. Juni 1914 als Auslöser des Ersten Weltkriegs.
- Reichstagsbrand vom 28. Februar 1933 als Auslöser der „Gleichschaltung".
- Attentat auf vom Rath vom 7. November 1938 als Vorwand für die Novemberpogrome.
- Vorgeblicher Angriff auf den Sender Gleiwitz als Vorwand für den Überfall auf Polen am 1. September 1939 und Auslöser des Zweiten Weltkriegs u. a.
- Die tägliche Politik hier wie anderswo bietet viele Beispiele für „Durchgreifen", „andere Saiten aufziehen", die „Ordnung wieder herstellen", „jetzt muss gehandelt wer-

den" etc. als Reaktion auf ein vermeintliches „Das Maß ist voll" der „wehrhaften Demokratie".

Von hier blicken wir wieder zurück zum unerwarteten Wecker-Läuten in einer Lehrveranstaltung. Bei nur geringfügig veränderten Rahmenbedingungen hätte es auch einen anderen Ausgang nehmen können. Man muss sich nur ein autoritäres Lehr-/Lernsystem denken, in dem das Ereignis bestenfalls als Studentenulk, im schlechten als Angriff auf die Bildungsinstitution und ihre Repräsentanten angesehen würde, wie die ebenso unvermutete Nachahmung des Tanzes der Eurynnien, der mythologischen Rachegöttinen mit entblößten Brüsten durch 1968er Studentinnen in einer Adorno-Vorlesung und weiteren studentischen Protesten, die zur zeitweiligen Besetzung der bis dahin freien Frankfurter Universität durch die Polizei führte.

2.6.4 Schlussbetrachtung

Die zuletzt angestellten Überlegungen zeigen, wie sich die Fragestellung im Laufe der Analyse verändert hat – vom Methodischen zum Inhaltlichen, vom kurzen Ereignis zum Schreck, vom Schreck zur Krise und zu deren Bewältigung. Ursprünglich sollte es beim Experiment um eine methodische Frage gehen, etwa ob und wie wir in der Lage sind, das Erleben bei sehr kurzen Ereignissen per Introspektion zugänglich zu machen. Der Schreck ist dann nur ein Beispiel für ein kurzes Ereignis.

Das explorative Experiment hat aber auch, wenn man nur offen dafür ist, Hinweise auf Techniken zur Einpassung eines unerwarteten Ereignisses in ein bestehendes Weltverständnis im allgemeinen Sinne gegeben.

Die Ergebnisse können zu weiterem Nachdenken über Krisen und Krisenbewältigung anregen. Daraus kann erkennbar werden, dass außer einer Bewältigung durch Anpassung, wie im untersuchten Fall des Wecker-Schrecks, auch die *entgegen gesetzte* Abfolge einer symbolischen Bewältigung des Ereignisses durch Veränderung der sozialen, ökonomischen, strafrechtlichen, moralischen etc. Kennzeichen der Umwelt versucht oder erreicht werden kann. Dabei kann die Krise generalisiert werden, so dass der eigentliche Anlass im allgemeinen Strudel der Ereignisse aus dem Blick gerät. Wir finden uns dann wieder beim Studium von Meta-Krisen, ihren Voraussetzungen und Abläufen, von denen das eingangs untersuchte Ereignis nur ein kleiner Teil ist. Auch wenn die Bewältigung gelungen zu sein scheint– der Schreck bleibt den Beteiligten erhalten.

3 Anwendungsfelder

Im dritten Kapitel stehen Anwendungsmöglichkeiten der Dialogischen Introspektion in der Supervision, der Pädagogik, der Psychotherapie, der Gestaltungstherapie, der Lehre und der Organisationsberatung im Mittelpunkt. Diese praktischen Anwendungen gehen über das Kernziel der Methode hinaus, das auf die wissenschaftliche Erschließung des Erlebens gerichtet ist. Sie nutzen die Methode zur Selbstreflexion, für diagnostische und therapeutische Zwecke und zur Einwicklung von Handlungsempfehlungen.

Die vertretenen Arbeiten spiegeln unterschiedliche Entwicklungsstände der praktischen Erprobung. Es handelt sich teils um theoretische Überlegungen zur Bedeutung der Introspektion im Allgemeinen und zu Möglichkeiten der Umsetzung der Dialogischen Introspektion im Besonderen, wie bei den Beiträgen von *Peter Mayer*, *Thomas Burkart* und *Markus Friederici*, die sich mit der Anwendbarkeit der Dialogischen Introspektion in der Pädagogik, der Psychotherapie und der Beratung von Non-Profit-Organisationen beschäftigen. Andere Beiträge können bereits auf praktische Erprobungen der Methode oder ihrer Varianten zurück greifen. *Mayer* nutzt die Dialogische Introspektion in der Supervision, *Odilie Tapfer* setzt die die Introspektion in der Gestaltungstherapie ein, und *Markus Friederici* und *Roman Langer* diskutieren die Verwendung der Dialogischen Introspektion in der forschenden Lehre am Beispiel einer Untersuchung über Schreiben und Schreibblockaden.

Diese Anwendungsfelder ergaben sich aus den unterschiedlichen Arbeitsfeldern der Mitglieder der Forschungswerkstatt. Sie stellen die praktischen Anwendungsmöglichkeiten der Dialogischen Introspektion aber keineswegs erschöpfend dar. Weitere Einsatzmöglichkeiten sind denkbar. Da das Erleben von grundsätzlicher Bedeutung für das Handeln ist, kann vermutet werden, dass seine Aufklärung mittels Introspektion auch in weiteren psychologischen und sozialwissenschaftlich fundierten Praxisfeldern nützlich sein könnte.

Grenzen der Anwendbarkeit liegen in einer gewissen Bereitschaft zur Öffnung, die bei den untersuchten Subjekten vorhanden sein muss und die nicht in allen Lebenswelten voraus gesetzt werden kann. Eine Hürde für den Methodeneinsatz könnte die heuristische Analyse der Daten darstellen, die zeitaufwendig ist und erlernt werden muss.

Insgesamt lassen die Arbeiten erwarten, dass die Methode, die eine systematische Exploration des Erlebens ermöglicht und die Gruppe zur forschungs-ökonomischen Gewinnung von vertieften Daten zum Erleben nutzt, in den skizzierten Feldern der beruflichen Praxis gewinnbringend einsetzbar ist.

3.1 Introspektion in der Supervision der Sozialen Arbeit und Sozialpädagogik (Peter Mayer)

Die Sozialpädagogik versteht sich ebenso wie die Pädagogik (vgl. Kapitel 3.2) als reflexive Disziplin. Sozialpädagogisches Handeln und seine Reflexion werden als Einheit verstanden.

Das gilt auch für die Soziale Arbeit, deren führende Vertreter sich zunehmend von der Sozial-Pädagogik und somit vom Dach der Erziehungswissenschaft abwenden und Soziale Arbeit als eine eigenständige interdisziplinäre Handlungswissenschaft zu begründen anstreben (Staub-Bernasconi, 2007, S. 15; Galuske, 2007).

Hinter dem Ziel des selbstreflexiven Handelns steht „das idealtypische Konstrukt einer guten Arbeitsbeziehung" (Bosshardt, Ebert & Lazarus, 1999, S. 290) als unabdingbare Voraussetzung einer gelungenen gemeinsamen Fall- oder Problembearbeitung von Sozialpädagoge und Klient.

Die gute sozialpädagogische Beziehung als eine Arbeitsbeziehung zwischen Sozialarbeiter und Klient zeichnet sich dadurch aus, dass beide Seiten eine realistische Beziehung zueinander entwickeln ohne einander zu idealisieren, in der die Möglichkeiten und Grenzen des anderen realistisch eingeschätzt und gegenseitig ohne nachhaltige Kränkungs- und Entwertungstendenzen auch mitgeteilt werden können.

Der Sozialpädagoge sollte eine realistische Selbsteinschätzung seiner eigenen Möglichkeiten und Grenzen haben und bei Schwierigkeiten in der Arbeitsbeziehung eher das eigene Verhalten kritisch hinterfragen, als sie auf mangelnde Motivation, Uneinsichtigkeit oder Unbelehrbarkeit des Klienten zurückzuführen.

3.1.1 Supervision als berufsbezogene Form der Introspektion

Zur Reflexion des eigenen Handelns bedarf es der Selbstwahrnehmung. Sie setzt die Introspektion in das eigene Erleben voraus. Die Ausbildung und Förderung der Selbstreflexivität ist in den pädagogischen Professionen Gegenstand einer besonderen Form der professionellen Beratung – der Supervision.

Supervision ist nach Definition des Schweizerischen Berufsverbandes für Supervision und Organisationsentwicklung „eine auf das Arbeits- und Berufsleben gerichtete Beratungsform mit Schwerpunkt bei personenorientierten interaktiven Lernprozessen". (Bröckelmann, 2002, S. 85)

Supervision entstand in der angloamerikanischen Sozialarbeit zur Wende vom 19. zum 20. Jahrhundert (Bröckelmann, 2002, S. 86). Sie diente ursprünglich zur fachlichen Vor- und Nachbereitung der Fallarbeit (case work) in der intensiven Einzelfallhilfe und schloss eine Bewertung des beruflichen Handelns des Sozialarbeiters ein. Diese Form der Supervision diente vorwiegend zum Einüben beruflicher Fertigkeiten und weniger zur Selbstreflexion. Sie wurde Teil der fachpraktischen Ausbildung unter der Aufsicht (englisch „supervision") erfahrener Praktiker.

In der Phase der „Psychologisierung" (Bröckelmann, S. 87) von etwa 1900 bis ca. 1960 wurde die Sensibilisierung der Selbstwahrnehmung für die unbewussten Anteile der Sozialarbeiter-Klient-Beziehung zunehmend bedeutsam.

Unter dem Einfluss der Psychoanalyse Freuds und der psychoanalytischen Ausbildung entstand die Einzelsupervision. In der analytischen Ausbildung wurden in der *Kontrollanalyse* unter der Anleitung eines erfahrenen Ausbildungsanalytikers die unbewussten Übertragungs- und Gegenübertragungsaspekte in der Therapeut-Patienten-Beziehung in den ersten Therapien thematisiert, die von den Kandidaten selbst durchgeführt wurden. Diese begleitende *Kontrollanalyse* der ersten eigenen Therapien wurde neben der eigenen Lehranalyse zum zweiten Standbein der praktischen psychoanalytischen Ausbildung.

Durch Weiterentwicklung der psychoanalytisch orientierten Supervisionsmethode entstand die sog. *Balint-Gruppe*, benannt nach dem englisch-ungarischen Psychoanalytiker Michael Balint, der diese fallbezogene Supervision erstmals 1950 mit einer Gruppe von Ärzten in London durchgeführt hatte (Marx, 1990, S. 4). War diese Form der Supervision von Balint (1957) ursprünglich zur Sensibilisierung vornehmlich von nicht psychoanalytisch tätigen Allgemeinärzten für die psychologischen und psychosomatischen Anteile von Krankheiten ihrer Patienten gedacht, wurde die Methode ab Mitte der sechziger Jahre zunehmend für andere therapeutische, sowie pädagogisch tätige Berufsgruppen wie Lehrer (Steitz-Kallenbach, 1993) und Sozialpädagogen (Bröckelmann, 2002) geöffnet.

Die psychoanalytische Orientierung dieser fallbezogenen Gruppensupervision kommt dadurch zum Ausdruck, dass die unbewussten Anteile der Sozialpädagogen-Klient-Interaktion zum Thema gemacht werden. Es geht weniger um Verhaltensänderung der Supervisions-Teilnehmenden durch gezielte Verhaltens- oder Interaktionstrainings, sondern um das vertiefte Verstehen dieser Beziehungsdynamik einschließlich der eigenen unbewussten Anteile an ihr und die Integration dieses Verständnisses in die eigenen Handlungen.

Diese fallbezogene Supervision wurde im Lauf der jüngeren Entwicklung durch erlebnisbezogene und -aktivierende Verfahren aus der humanistischen Psychologie (Moser, 2007) und biographiezentrierte Ansätze (Gudjons, Pieper und Wagener, 1994) ergänzt.

Seit ca. 1960 wird der Fokus der Supervision neben der begleitenden Arbeit an Einzelfällen auf kollegiale, institutionelle sowie organisatorische Fragen und – als Folge der 68er Bewegung – auf die gesellschaftlichen Bedingungen des eigenen Handelns ausgeweitet (Bröckelmann, S. 87).

Insgesamt hat Supervision als Ziel, den Beteiligten das Verstehen des Interaktionsgeflechtes bzw. der strukturellen Zusammenhänge des Arbeitsbereiches zu ermöglichen, um insbesondere in Problem- und Konfliktsituationen erkennen zu können, mit welchen persönlichen Anteilen sie an der Konstituierung der Situationen beteiligt sind bzw. wo die Anteile anderer Personen oder institutioneller oder gesellschaftlicher Bedingungen liegen. (Fuchs-Brünninghoff, 1990, S. 48)

Nach Nellesen (2002) gibt es gegenwärtig folgende (sozial-) pädagogisch relevante Verfahren der Supervision:

- *Einzelsupervision* für intensive Einzelarbeit mit den Supervisanden, die sich über ihre Berufsrolle klar werden möchten, z. B. bei problematischen Statuspassagen in der beruflichen Sozialisation.
- *Gruppensupervision:* Sie ist problem- und fallorientiert mit heterogener Zusammensetzung der Teilnehmenden; dient u.a. zum Erarbeiten neuer alternativer Problemlösungsstrategien mit Hilfe von Gestaltmethoden, kognitiven Verfahren, biographieanalytischen Ansätzen und gruppendynamischen Verfahren.

- *Teamsupervision:* Sie bietet sich insbesondere bei Teamkonflikten, Konflikten mit der Institution (Schule, Krankenhaus u. a.) oder Konflikten mit Arbeitsstrukturen, Vorgesetzte etc. an.
- *Peersupervision:* Sie ist die leiterlose Form der gegenseitigen kollegialen Supervision,
- *Balintgruppen:* Sie dienen zur psychoanalytischen Untersuchung der Beziehungsdynamik zwischen Professionellen und Klienten/in.
- *Rollenberatung:* Sie bemüht sich in institutionellen Zusammenhängen um die Klarheit der gegenseitigen Rollenerwartungen und bezieht alle in einer Institution (z.B. Schule, Krankenhaus etc.) direkt oder indirekt Beteiligten, also nicht nur das Team, mit ein.
- *Coaching:* Ist eine Form der Beratung, bei der die instrumentelle Dimension (z.B. die Bestärkung, Einübung, Training der eigenen Durchsetzungsfähigkeit und Standfestigkeit bei Entscheidungsprozessen und Konflikten) die reflexive mehr in den Hintergrund drängt.

Die einzelnen Supervisionsansätze variieren zwischen den Polen

- einer *reflexiven Fallbearbeitung,* in der die Selbstwahrnehmung der eigenen problematischen Anteile in der Sozialarbeiter-Klient-Beziehung und das Verstehen der (unbewussten) Beziehungsdynamik im Vordergrund steht, und
- dem der *Beratung, Unterweisung, des Trainings,* wie z. B. bei den verhaltensorientierten Lehrertrainings seit Beginn der siebziger Jahre, bei dem situationsangemessene und kompetente Verhaltensweisen eingeübt werden sollen.

In der Balintgruppe ist der introspektive Gehalt am größten, während in einer Trainingsgruppe der Aspekt des Einübens situationsadäquater kompetenter Verhaltensweisen im Vordergrund steht.

3.1.2 Die Balintgruppe: Vorgehen und Ziele

Im Mittelpunkt steht der freie Bericht über ein Fallbeispiel, der bei den anderen Gruppen-Teilnehmenden Assoziationen und Gefühle auslöst. Der Bericht und die verschiedenen Reaktionen der anderen Gruppenmitglieder stellen nach Marx „das Material dar, das den Kontakt zum Unbewussten möglich macht" (Marx, 1990, S. 17). Nach den Vorgaben Balints wird dieses Material in der Gruppe wie ein manifester Trauminhalt behandelt und auf dessen gestaltende dynamische Faktoren untersucht.

Ein weiteres Phänomen ist die unbewusste Reproduktion der Atmosphäre zwischen Arzt und Patient in der Gruppe. In einem Fall, bei dem der vortragende Arzt besondere Schwierigkeiten mit einem Patienten hatte und den er darum unbewusst ablehnte, übertrug sich diese von dem Arzt nicht explizit benannte Ablehnung auf die Atmosphäre und Dynamik der Gruppe (Marx, S. 18).

Dieses Spiegelphänomen kommt über meist unbewusste Identifizierungen der Gruppenmitglieder mit einzelnen Aspekten der Persönlichkeit des Arztes und der des Patienten zustande. Werden diese über die Gruppenatmosphäre widergespiegelten Beziehungen bearbeitet und ihr unbewusster Gehalt gedeutet, entstehe, „ein besonders tiefes Verständnis der ursprünglichen Arzt-Patient-Beziehung" (Marx, S. 18). Analog lässt sich diese Spiegeldynamik auch auf Balintgruppen mit Lehrern und Sozialpädagogen übertragen.

Ein weiteres Verfahren fordert die Mitglieder unmittelbar nach der Falldarstellung auf, ihre Einfälle und Phantasien zu äußern, deren Summe die Widerspiegelung der Arzt-Patienten-Beziehung aufzeigen soll. Rollenspiele können zudem den emotionalen Gehalt der Begegnungssituation deutlicher hervortreten lassen (Marx, S. 19).

Die Diagnose und die Therapie einer Arzt-Patient-Beziehung basieren auf den psychoanalytischen Grundprinzipien der Übertragung, Gegenübertragung und des Widerstandes, welche sich als unbewusste Faktoren in der Arzt-Patienten-Beziehung manifestieren und sich in der Gruppe dynamisch widerspiegeln (Marx, S. 21).

Die Balintgruppe beschränkt sich allerdings auf die Untersuchung der Arzt-Patientenbeziehung und spart die eigene Lebensgeschichte der Gruppenmitglieder aus. Selbsterfahrung wird nur im beschränkten Maße vermittelt über den Umweg der Analyse von individuell verschiedenen Umgangsweisen mit den Patienten. Das gilt ebenso für beruflich gemischte Balint-Gruppen.

1. Klientenzentrierte Ansätze in der Balintgruppenarbeit

Das hervorstechende Merkmal einer Balintgruppe ist die spezifische psychoanalytische Interventionsform, nämlich die Deutung des Fallberichtes und der nachfolgenden Interaktionen der Gruppenmitglieder in Richtung auf deren unbewusste Hintergründe.

Darin unterscheidet sich die psychoanalytische Balintsupervision von dem Supervisionsansatz in der klientenzentrierten Gesprächspsychotherapie. Diese betont ebenso wie die analytische Balintarbeit die eigene emotionale Erfahrung. Allerdings verzichtet sie auf analytische Deutungen. Der Supervisor versteht sich als *faciliator* (Biermann-Ratjen, 2006, S. 289). Er soll eine möglichst angstfreie Gruppenatmosphäre durch bedingungslose Wertschätzung auch schwieriger, nichtkongruenter Mitteilungen und Haltungen von Supervisanden herstellen, so dass die Supervisanden auch sehr schwierige und für sie beschämende Gefühlsanteile in den Beziehungen zu ihren Klienten im Gruppenprozess erforschen können. Daraus folgt, dass sich der Therapeut seinen eigenen emotionalen Erfahrungen im Umgang mit seinem Klienten angstfreier zuwenden, sie immer mehr in seine Selbsterfahrung integrieren – d.h. verstehen und akzeptieren kann – um auch seinen Patienten besser zu verstehen und emotional zu akzeptieren (Biermann-Ratjen, S. 290).

2. Voraussetzungen beim Gruppenleiter

An den Leiter sind folgende Anforderungen zu stellen:

- Er soll Psychoanalytiker oder Psychotherapeut sein und somit geübt im Umgang mit unbewussten Konflikten wie Übertragung, Gegenübertragung, Affekten, inneren Konflikten und Abwehr.
- Er soll geschult sein in analytischer bzw. dynamischer Gruppentherapie und dem Gruppenmitglied zum tieferen Verständnis seiner Beziehungsproblematik verhelfen,

ohne das traditionelle Meister-Schüler-Verhältnis in Anspruch zu nehmen (Marx, S. 27).
- Bei der klientenzentrierten Supervision hat der Gruppenleiter die Funktion eines Faciliators, der durch seine offene und zugleich akzeptierende und wertschätzenden Haltung eine Gruppenatmosphäre schafft, die die Selbstexploration der einzelnen Teilnehmenden fördert.

Supervisoren, die mit Berufsgruppen aus dem Bereich der Pädagogik und Sozialen Arbeit arbeiten, sollen nach Bröckelmann (2002, S. 125-126):

- über die Kompetenz zur Verwendung und Vermittlung von vielfältigen theoretischen und methodischen Ansätzen verfügen,
- einschlägige Erfahrungen und Kompetenzen im beruflichen Feld der Supervisions-Teilnehmenden aufweisen (*Feldkompetenz*),
- fähig sein, emotionales Verarbeiten und rationales kognitives Begreifen der Supervisions-Teilnehmenden in einen konkreten Handlungsbezug zu verschränken,
- Kenntnisse über gruppendynamische Prozesse und gruppenspezifische Methoden haben,
- über ein differenziertes und durch Selbsterfahrung reflektiertes und mit ihrem eigenen Selbstbild und persönlichen Werten übereinstimmendes kongruentes Rollenverhalten verfügen und
- ein differenziertes Wissen über Organisationen, ihre Strategien, Strukturen, Abläufe, Probleme und Kulturen haben.

3. Voraussetzungen bei den Supervisions-Teilnehmenden

Die Supervisions-Teilnehmenden sollen kooperationsbereit und motiviert sein und freiwillig kommen.
Nach Bröckelmann gelten für Supervisanden im Übrigen die gleichen Voraussetzungen wie für Beratungsklienten (S. 126). Dazu gehören:

- Ein Problemdruck und der Wille zur Veränderung,
- eine genügend vorhandene Introspektions- und Reflexionsfähigkeit und die Fähigkeit zur Verbalisierung der inneren Vorgänge,
- ein Minimum an Eigeninitiative und Eigenaktivität und
- eine Kompetenzerwartung und ein Vertrauen in die Kompetenz des Leiters (S. 79).

Hinter den genannten Voraussetzungen steht die Notwendigkeit eines gegenseitigen Vertrauens in die Kompetenz, Verlässlichkeit und nicht zuletzt die Verschwiegenheit gegenüber Dritten – hier insbesondere gegenüber Dienstvorgesetzten oder externen Auftraggebern von Supervision, ohne die eine erfolgreiche Supervision nicht möglich sei.
Die Supervision hat einen wesentlichen introspektiven Anteil, wobei die Supervisionsvarianten sich einerseits darin unterscheiden, welche Aspekte des Erlebens der beruflichen Tätigkeit sie erfassen wollen und andererseits in den Techniken zur Aktivierung des Erlebens. Während die Balintgruppe sich vornehmlich auf das Erleben von psychischen

Tiefenphänomenen bezieht und als besondere Aktivierungstechnik die unbewusste Reproduktion der Atmosphäre zwischen Professionellem und Klienten in der Gruppe nutzt, konzentriert sich die klientenzentrierte Methode mehr auf die Gefühle und trägt mit der Rolle des akzeptierenden und echten *faciliators* dazu bei, dass auch sehr schwierig zu dokumentierende Gefühle introspektiv in der Gruppensituation erfasst werden können. Erlebnisaktivierende Techniken sind spezielle Techniken zur Aktivierung des Erlebens. Allen Methoden, mit Ausnahme der Trainingsansätze, ist gemeinsam, dass die Wahrnehmung des Erlebens problematischer Aspekte in der sozialen Arbeit als von wesentlicher Bedeutung angesehen wird.

3.1.3 Supervision als heuristisch Dialogische Gruppenintrospektion

In einem Experiment wurde die Tauglichkeit der Dialogischen Introspektion für die Supervision untersucht.

Das Experiment wurde in Form einer fallbezogenen Supervision, nach den Regeln der Dialogischen Introspektion, ausgeführt.

Gegenstand der Introspektion war der Bericht eines teilnehmenden Pädagogen über einen für ihn problematischen Klienten aus seinem Arbeitsbereich der pädagogischen Eingliederungshilfe. Die anderen Teilnehmenden wurden dazu angehalten, während des Vortrages aufmerksam auf ihr Erleben zu achten.

Als Beispiel für eine schwierige Interaktion mit seinem Klienten beschrieb der Vortragende die Situation eines Hausbesuches. Er erfolgte nach einem telefonischen Hilferuf des Klienten; es ginge ihm sehr schlecht, er habe Suizidabsichten.

Der Pädagoge traf den Klienten an der Wohnungstür nur mit Boxershorts bekleidet an. Er bat ihn mit den Worten herein: „Damit Du siehst, dass ich nicht wie ein Penner und Idiot lebe!" Die Wohnung war, gemessen an den schlechten finanziellen Verhältnissen des Klienten, sehr geschmackvoll eingerichtet. Der Pädagoge nahm spontan zwei an ihn gerichtete Botschaften des Klienten wahr. Zum einen sollte er erkennen, dass der Klient nicht nur der bedürftige, vom Betreuer abhängige „Idiot" sei und sich für seine Fähigkeiten Anerkennung wünsche und als zweites, einen Übergriff (Grenzverletzung) in Form eines homosexuell verführerischen Moments.

Der Pädagoge fühlte sich durch diese Situation mit dem Risiko einer emotionalen (homoerotischen) Verstrickung überfordert und sich in seine Berufsrolle als Pädagoge in Frage gestellt.

Um die Situation wieder unter Kontrolle zu bekommen, versuchte er, den Klienten zu einem Ortswechsel zu überreden, was ihm nach einer Weile gelang, so dass das Gespräch an einem neutraleren Ort, in einem Café, fortgesetzt wurde.

Die Dialogische Introspektion verlief nach den im Kapitel 1 beschriebenen Regeln. Während und nach dem Fallvortrag machten sich die Teilnehmenden der Forschergruppe Notizen. Es handelte sich um sieben Personen, darunter ein Psychotherapeut, ein akademischer Psychologe, der berichtende Pädagoge und vier Personen mit sozialwissenschaftlichem Hintergrund. Die Introspektionen wurden reihum mitgeteilt mit Ergänzungen in einer zweiten Runde.

Die Analyse der transkribierten Introspektionen der Forschungs-Teilnehmenden ergab folgende Gemeinsamkeiten:

- Eine grundlegende Ambivalenz zwischen Einfühlung mit der Gefahr, überwältigt zu werden durch die dabei entstehenden Gefühle und einer verobjektivierend professionellen Haltung mit der Gefahr, den Klienten kalt zurück zu weisen und zu verdinglichen.
- Das Verschwimmen von Grenzen zwischen dem Pädagogen und seinem Klienten sowohl innerpsychisch als auch auf der Interaktionsebene wegen des manipulativen Verhaltens des Klienten.
- Die Suche nach Orientierung in einer für den Pädagogen sehr diffusen und unübersichtlichen Interaktion.
- Die Frage nach der Norm, der *richtigen* Pädagogik mit einem Konflikt zwischen professionelle Erwartungen und dem eigenem Handeln, wobei eingestandene Schwächen in der emotionalen Abgrenzung gegenüber dem Klienten von starken Schamgefühlen begleitet waren.

Im Verlauf der weiteren Arbeit mit dem Klienten stellte sich heraus, dass dessen Mutter ebenfalls grenzüberschreitend gewesen war. Er war der jüngste von drei Brüdern, in der Geschwisterabfolge der „Nachzügler" und Liebling der Mutter. Sie respektierte während seiner Pubertät die Abgrenzungsversuche seiner Intimsphäre nicht und drang beispielsweise, ohne anzuklopfen, in sein Zimmer ein. Sein Vater war schwerer Alkoholiker. Nach dem Tod seiner Mutter lebte er mit dem inzwischen schwer kranken Vater in der elterlichen Wohnung und erlebte dessen langsames Sterben.

Die vorliegende Dialogische Introspektion unterschied sich von solchen zu anderen Themen durch besondere emotionale Dichte und Anspannung. Der Vortragende konnte sehr offen über seine Probleme und Schwächen im Umgang mit diesem Klienten sprechen.

Die Dialogische Introspektion scheint einige strukturelle Schwierigkeiten des Sozialpädagogen mit dem Klienten gut erhellt zu haben. Ihm selbst wurden eigene Konflikte deutlich, die sich mit den Konflikten des Klienten zu einem zunächst unentwirrbaren Knäuel verbunden hatten. In der Supervisionssitzung nahmen die Introspektionen der anderen Gruppen-Teilnehmenden für den Vortragenden eine wichtige Spiegelfunktion ein.

3.1.4 Diskussion

Die beschriebene Untersuchung wirft die Frage auf, ob man das Verfahren, möglicherweise modifiziert, bei Supervisionen verwenden kann.

Die Offenheit des Vortragenden wurde dadurch begünstigt, dass sich die Mitglieder der Introspektionsgruppe schon einige Jahre kannten und wiederholt gemeinsam Dialogische Introspektion praktiziert hatten, was zu gegenseitigen Vertrauen führte, das sowohl die offene Selbstbeschreibung des den Fall Vortragenden als auch die sehr offene und direkte Mitteilung der Introspektionen der anderen Gruppen-Teilnehmenden ermöglichten. Als zweite Voraussetzung für ein Gelingen der Introspektionssitzung muss die Kompetenz der Teilnehmenden zur Beurteilung der geschilderten Problematik angesehen werden. Von zwei Fällen abgesehen, waren sie nicht psychologisch ausgebildet, aber *interessierte Laien* aus benachbarten Fachgebieten. Diese Mischung ist offenbar günstig, den engeren Kreis des Fachwissens durch einen weiteren des Commonsense zu ergänzen.

Supervisionsrunden nach dem Muster der Dialogischen Introspektion bieten sich demnach für Gruppen an, deren Mitglieder sich gut kennen, schon länger miteinander gearbeitet und dadurch eine Vertrauensbasis entwickelt haben. Auf die fachliche Kompetenz ist ebenfalls großes Gewicht zu legen.

Ähnlich wie in der klientenzentrierten Gruppensupervision käme dem für den Ablauf der Sitzung verantwortlichen Leiter die Funktion eines Facilators zu, der den Ablauf des Gruppenprozesses nach den Regeln der Dialogischen Introspektion zu gewährleisten hat.

Die Gemeinsamkeiten zwischen der Balintgruppe und einer nach der Vorgehensweise der Dialogischen Introspektion ausgeführten Fallsupervision (vgl. Kapitel 3.1.3), besteht darin, dass der den Fall Vortragende sich auf das Beziehungserleben mit seinem Klienten orientiert. Die anderen Gruppen-Teilnehmenden machen dem Vortragenden keine Vorschläge oder fachlichen Kommentare, sondern sind angehalten, auf den Vortrag, auf die Gruppenatmosphäre, die durch den Vortrag ausgelöst wird, und auf die Person des Vortragenden möglichst authentisch und erlebnisbezogen zu reagieren. Die Unterschiede zwischen beiden Verfahren sind:

- Die Dialogische Introspektion ist kein Deutungsverfahren. Es gelten die dokumentierten Daten. Auf die Interpretation eines hinter den Daten vermuteten (den Teilnehmenden unbewussten) Subtextes wird verzichtet.
- Ebenso wird auf eine Thematisierung und Deutung der Gruppendynamik verzichtet.
- Die Aufgabe des Leiters besteht darin, dem Entstehen einer sozialen Rangordnung zwischen den einzelnen Gruppenmitgliedern entgegen zu wirken. Ebenso soll er Nachfragen und Diskussionen während der Erhebungsphase unterbinden und jede Art von Bewertung der Beiträge anderer verhindern

Durch die prinzipielle Offenheit gegenüber den teilnehmenden Personen und den erhobenen Daten gibt es Annäherungen zum Vorgehen in der klientenzentrierten Gruppensupervision. Allerdings bleibt der Unterschied, dass die Gruppendynamik beim klientenzentrierten Vorgehen auch zum Gegenstand der Selbstexploration der Gruppe gemacht wird.

Für den Abschluss der Supervisionssitzung sollte folgende Modifikation der Dialogischen Introspektion erwogen werden: Als Hilfe zur Verarbeitung und Integration der Erfahrung soll jeder Teilnehmende – und zum Abschluss auch der Leiter – nach Abschluss der Datenerhebung die Möglichkeit erhalten, im Plenum zu berichten, was für ihn in der Sitzung wichtig gewesen war, was er neu erfahren hat. Auch diese Berichte werden nicht unterbrochen und nicht kommentiert. Danach werden die erhobenen Daten transkribiert und nach den heuristischen Regeln auf Gemeinsamkeiten analysiert. Das Protokoll sowie der aus der Datenanalyse entstandene Bericht sollten dann jedem Teilnehmenden zugänglich gemacht werden.

3.2 Introspektion in der Pädagogik (Peter Mayer)

In der Pädagogik und Erziehungswissenschaft wird Introspektion als technischer Begriff für eine spezielle psychologische Zugangsmethode zur Gewinnung von Daten über mentale und emotionale Erlebensvorgänge nicht explizit verwendet.

Gleichwohl beschreiben sich die Pädagogik in ihrer Praxis und die Erziehungswissenschaft in ihrem disziplinären Selbstverständnis durchweg als *reflexive Disziplin*. Hinter diesem Label verbirgt sich das eigentliche Grundverständnis dieser Disziplinen. Die zum Oberbegriff *Reflexion* oder als Adjektiv *reflexiv* in der Pädagogik/Erziehungswissenschaft verwendeten Unterbegriffe *Selbstreflexion, pädagogische Selbstreflexion, biografische Selbstreflexion* zählen zum Standardvokabular dieser Disziplinen und beziehen sich unmittelbar auf den Gegenstand der Pädagogik – die *pädagogische Beziehung*.

Im Folgenden wird nach einer Einführung über die Bedeutung des Begriffes *Selbstreflexion* für das disziplinäre Selbstverständnis der Pädagogik als selbstreflexive Einheit von Theorie und Praxis in Abschnitt 2 und dem kompetenztheoretischen Aspekt der Selbstreflexion in 3 auf die in der Pädagogik angewandten Mittel und Wege zur Selbstreflexion wie Lehrertagebücher, Selbsterfahrungsmethoden, Supervision und die Introvision eingegangen.

Erst in jüngster Zeit wurde durch Wagner (2007, S. 2008) die Methode der Introvision zur mentalen Selbstregulation entwickelt. Das Ziel dieser Methode ist es durch Auflösung innerer Spannungen und mentaler Blockaden wieder pädagogische Handlungsfähigkeit und Gelassenheit zu gewinnen. Dieses Verfahren wird in Abschnitt 4 dargestellt. In Abschnitt 5 wird die Anwendungsmöglichkeit der Dialogischen Introspektion am Beispiel von schulischen Qualitätszirkeln erörtert. Qualitätszirkel oder Qualitätsteams sind als Reaktion auf die schlechten Ergebnisse bundesdeutscher Schüler in internationalen Vergleichsstudien wie PISA in den letzten Jahren zunehmend an den Schulen eingerichtet worden. Sie dienen dem Ziel einer nachhaltigen Verbesserung der Qualität der schulischen Arbeit und der Verbesserung der Leistungen der Schüler.

3.2.1 Die pädagogische Begründung der Reflexion

Mit dem Begriff *pädagogische Beziehung* ist das spezielle persönliche Verhältnis zwischen einem Unterweisenden (Lehrenden, Erziehenden) und dem oder die zu Unterweisenden (Schüler, Studenten, Zöglinge, Klienten) gemeint. In diesem persönlichen Wechselverhältnis geht es primär darum, dass Menschen als Lehrende, Erziehende auf andere, lernende Menschen in einer persönlichen Beziehung einwirken, um bei den Lernenden fest umrissene Lernziele in Form von Kenntnissen, Fertigkeiten, Verhaltensweisen und normativen Dispositionen zu erreichen, die die Lehrenden sich entweder selbst gesetzt hatten oder die ihnen von außen institutionell, beispielsweise im Rahmen der Schule, durch Lehrpläne und Rahmenrichtlinien vorgegeben worden sind.

Da Lehr- und Lernprozesse dialogisch sind und sich auf reflektierende Subjekte mit eigenen Interessen und Bedürfnissen beziehen, muss man in der pädagogischen Praxis mit Widerständen der Lernenden gegen den Lernstoff, die Lehrmethode oder die Person des Lehrenden rechnen. Deswegen ist, wie der Erziehungswissenschaftler Giesecke (1996) hervorhebt, das Nachdenken des Lehrers/der Lehrerin über die Art und Weise dieser *eigen-*

tümlichen Beziehung (Giesecke, 18) kein Randthema, sondern führt mitten in die Substanz des Pädagogischen. Erst die Fähigkeit zur kritischen Selbstreflexion führt zur Klärung der pädagogischen Beziehung.

Historisch lässt sich die zunehmende Bedeutung der Reflexion für pädagogisches Handeln nach Giesecke aus der Verschiebung und Auflösung bisher gültiger traditionalisierter Wertmaßstäbe im Laufe der Industrialisierung im ausgehenden 19. und beginnenden 20. Jahrhunderts herleiten. Infolge dieser Erschütterung fand nach Giesecke (1996) eine Verlegung der für die Erziehung gültigen Wertmaßstäbe, Maximen und Normen von außen (Gesellschaft) nach innen (Subjektivität des Kindes) statt. Der Vorreiter dieser Wende zur Subjektivität des Kindes und dessen Förderung war die geisteswissenschaftlich inspirierte und begründete Reformpädagogik insbesondere durch die Pädagogen Wilhelm Flitner (1889-1994) und Hermann Nohl (1893-1961) zu Beginn des 20. Jahrhunderts (Giesecke, S. 19ff.). Die geisteswissenschaftliche Forschungsmethodik schließt von ihrem Ansatz, anders als quantitativ-empirische Forschungsansätze, die Selbstreflexion des Pädagogen mit ein. Pädagogisches Verstehen bedeutet nach König und Zedler, Dilthey folgend, den emphatischen Vorgang des Perspektivwechsels als „Wiederfinden des Ichs im Du" (König & Zedler 2007, S. 88).

3.2.2 *Kompetenztheoretischer Aspekt der Selbstreflexion*

Aus dem Verständnis des selbstreflexiven Handelns als Ausdruck pädagogischer Professionalität entwickelte sich in der jüngeren erziehungswissenschaftlichen Diskussion zur Begründung einer gemeinsamen Basis erzieherischen Handelns schließlich der Begriff der pädagogischen Kompetenz. Zu dieser spezifischen pädagogischen Kompetenz gehört nach Nieke (2002) die grundsätzliche Fähigkeit, die gegebene Aufgabe auf der Basis der grundsätzlich zur Verfügung stehenden Mittel des Allgemein- und Fachwissens zu lösen und auf der Basis einer spezifischen Berufsethik entscheiden und begründen zu können, was im jeweiligen Fall im wohlverstandenen Interesse der dem Pädagogen anvertrauten Klientel zu tun oder gegebenenfalls auch zu unterlassen ist.

Als Teilkompetenzen nennt Nieke:

- die Analyse des gesellschaftlichen Umfeldes, in dem Erziehung stattfindet,
- die Analyse der pädagogischen Situation in Bezug auf didaktische Mittel und die physische, psychische und soziale Situation des Adressatenkreises,
- das darauf orientierte professionelle Handeln und
- die Selbstreflexion der eigenen Subjektivität und Handlungskompetenz in pädagogischen Situationen.

Im professionellen pädagogischen Handeln soll der Lehrende/Erziehende dazu in der Lage sein, das situativ erforderliche Weltwissen und die nötigen Handlungsmuster in der jeweiligen pädagogischen Situation zu aktualisieren,. Es unterscheidet sich vom Alltagshandeln durch seine wissenschaftlich, d.h. intersubjektiv überprüfbare Fundierung und methodische Kontrolle. Die Selbstreflexion integriert die allgemeine Zielbestimmung für das pädagogische Handeln in die eigene Person und damit in die persönliche Verantwortung und in die Abschätzung der eigenen Möglichkeiten, das Ziel zu erreichen.

Zur Selbstreflexion zählt nach Nieke die Klärung

- der eigenen bewusst und/oder unbewusst gesetzten Ziele des pädagogischen Handelns,
- der bewussten und/oder unbewussten Motive zur Berufswahl (z.B. *Helfersyndrom*),
- der dem eigenen Handeln zugrunde liegende Ethik und das Menschenbild und
- der realistischen Selbsteinschätzung der Bedeutung und Relevanz des eigenen Handelns für die Lernenden, deren Angehörige, sowie für Kollegen und Vorgesetzte.

3.2.3 Methodische Mittel und Wege zur Selbstreflexion

Im Laufe der historischen Entwicklung der Pädagogik als praktische und wissenschaftliche Disziplin wurden verschiedene Methoden zur Unterstützung der eigenen Selbstreflexion entwickelt:

- Pädagogische oder Lehrertagebücher,
- Lehrertrainings und Selbsterfahrungsverfahren,
- Supervision,
- Introvision.

1. Lehrertagebuch

Die längste Tradition haben nach Fischer (1997) pädagogische oder Lehrertagebücher. Das Lehrertagebuch ist Anregung, Mittel zur Selbstreflexion und Dokument der Selbstbeobachtung zugleich. Ihm kommt eine reflexive Funktion für Lern-, Fortbildungs- und Forschungsprozesse zu und es ist eine persönliche und private Form der Mitteilung, eine Gedächtnisstütze und Ventil für die eigene Befindlichkeit, für Störungen und Krisen. Es dient auch zur reflexiven Bearbeitung von ungeprüften Plausibilitäten und alltagspraktischen Routinen.

Bereits Janus Korczak (1878-1942) erkannte die Bedeutung des Lehrer- oder Erziehertagebuches und forderte die Erzieher und Praktikanten in dem von ihm begründeten Waisenhaus „Dom Sievot" Tagebücher zu führen, die sie nicht für sich behalten, sondern mit den Kollegen austauschen und dann auf Versammlungen und anderen Zusammenkünften miteinander besprechen sollen:

> Mir will scheinen, dass ein Tagebuch, in dem der Erzieher seine Enttäuschungen, die Schwierigkeiten, auf die er gestoßen ist, seine Fehler, seine angenehmen und fröhlichen, wie auch schmerzliche Erlebnisse anvertraut, eine große Rolle spielen kann. (Korczak, 1967, S. 290-291)

Hier fanden sich bereits frühe Ansätze einer Form von Gruppensupervision durch Kollegen. Ebenso wurden die Kinder dieses Waisenhauses dazu angehalten, selbst Tagebücher zu schreiben, in dem sie über ihre Probleme selbstreflexiv berichten, damit sie ihrer eigenen Entwicklung bewusster würden. Diese Tagebücher wurden dann von ihren Betreuern, meist älteren Kindern, die schon länger in dem Waisenhaus gelebt hatten, gelesen und mit schriftlichen Randbemerkungen kommentiert.

Das von Korczak geforderte systematische Tagebuchschreiben mit dem Ziel der Veröffentlichung auch sehr privater Inhalte in Lehrerversammlungen hat sehr starke introspektive Anteile. Allerdings werden die individuell erhobenen und dokumentierten Introspektionen in der Gruppe nicht durch weitere Datenerhebungen durch Introspektionen in der Gruppe weiter ausdifferenziert wie bei der Dialogischen Introspektion. Die Gruppe hat bei Korczak nicht die Funktion eines Datenerhebungsinstruments, die Tagebucheintragungen werden von Kollegen kritisch kommentiert und bewertet.

Häufig floss das Material dieser pädagogischen Tagebücher in romanhafte Weiterverarbeitungen hinein (Beispiele: Janus Korczak, „Das Kind des Salons", 1905; „Beichte eines Schmetterlings", 1914 oder von Jean-Jacques Rosseaus „Emile", 1762, vgl. Tenorth, 2000, S. 82).

2. Selbsterfahrung

Das primäre Ziel von Selbsterfahrungsansätzen in der Lehrer- und Sozialarbeiter/-Pädagogenfortbildung ist die Förderung der eigenen *biografischen Kompetenz*. Damit ist nach Hilbert Meyer (1997) die Fähigkeit eines Lehrers gemeint, die eigene Lebensgeschichte kritisch zu reflektieren und die Reflexion für die Weiterentwicklung der eigenen pädagogischen Kompetenz zu nutzen. Die Interaktionssituation im Unterricht wird von den Schülern ganzheitlich wahrgenommen, d.h. sie registrieren auch die dem Lehrer selbst verborgenen, unbewussten Brüche in der eigenen Biografie, die sie in Form von Dissonanzen und Widersprüchen zwischen dem bewussten Wollen und den über die Körpersprache, Gestik, Augenausdruck, Geruch, Kleidungsstil unbewusst vermittelten Persönlichkeitsanteilen zum Ausdruck bringen (S. 104).

Es gibt unterschiedliche Ansätze von Selbsterfahrung für pädagogische Berufe – vom Schreiben von Texten – sowohl fiktional (z.B. Märchen, Fabel) als auch dokumentarisch (z.B. Tagebuch) – über Verfahren, die Gestalt- und Körperübungen nutzen, bis zu tiefenpsychologischen und psychoanalytischen Ansätzen (vgl. Gudjons et al., 1994).

3. Supervision

Gewissermaßen als Kinder der Bildungsreform der 1970er Jahre entstanden verschiedene Formen kollegialer Selbstreflexion oder Supervision oder Lehrertrainings meist unter dem Einsatz von Methoden aus der *Humanistischen Psychologie* wie beispielsweise Encounter- oder Gestaltverfahren. Der Fokus dieser zumeist gruppendynamischen Supervisionsansätze ist die Konfrontation mit dem Ziel der Selbstwahrnehmung eigener zumeist unbewusster problematischer Verhaltensweisen und Interaktionsstrategien im Spiegel der Wahrnehmungen der anderen Gruppen-Teilnehmenden. Zumeist wird, neben dieser Form der Selbsterfahrung, über verschiedene Formen von Verhaltens- und Kommunikationstrainings eine Verbesserung des Lehrerverhaltens und somit der eigenen professionellen pädagogischen Kompetenz angestrebt (vgl. Kapitel 3.1, wo die Supervision ausführlicher behandelt wird).

4. Introvision

Im Mittelpunkt der von Wagner und Mitarbeitern an der Universität Hamburg entwickelten Introvision steht die mentale Selbstregulation über die aufmerksame Wahrnehmung von dysfunktionalen Kognitionen, der sog. *Denk-Knoten* (Wagner 2008, S. 137).

Dieses Phänomen der dysfunktionalen Kognitionen wurde bei einer Untersuchung zu professionellen Handlungsstrategien von Lehrern entdeckt.

Um die hinter den professionellen Handlungsstrategien stehenden kognitiven Prozesse bei Lehrern zu erfassen, entwickelten Weidle und Wagner (1982) die Methode des *nachträglichen Lauten Denkens*.

Die auf Video aufgenommenen Unterrichtssequenzen wurden den jeweiligen Lehrpersonen und jeweils 8 Schülern pro Klasse vorgeführt. Nach der Vorführung der 40 minütigen Videosequenzen wurden die Beteiligten dann aufgefordert, den Forschern zu berichten, was ihnen in der jeweiligen Situation durch den Kopf gegangen sei.

Die Forscher fanden heraus, dass bei einem Drittel der Fälle die Informanten keine klaren Handlungsstrategien und -pläne wiedergeben konnten, sondern die Gedanken sich im Kreis drehten, sich verwirrten und verknoteten.

Aus dieser Entdeckung der *Denk-Knoten* (Wagner, 2008, S. 137) entstand die Frage nach (a) einer theoretischen Erklärung und (b) nach einer praktischen Methode, dieses Endloskreisen zu beenden (S. 137). Daraus entwickelten Wagner und Mitarbeiter die Methode der Introvision.

Ziel der Introvision ist es, durch Auflösung innerer Konflikte und mentaler Blockaden wieder Gelassenheit und Handlungsfähigkeit zu gewinnen. Aus Sicht der Theorie der *mentalen Interferenz* (S. 135) ist innere Unruhe Folge des *introferenten Eingreifens* von Störelementen (S. 135), bei dem vorhandene handlungsleitende Kognitionen selektiv überschrieben werden und dabei mit erhöhter Erregung, Anspannung und Hemmung gekoppelt werden.

Diese introferenten Eingriffe in kognitive Abläufe werden als Gedanken erlebt, die sich im Kreise drehen: *Endloskreisen*, verwirren sich, *verknoten* (S. 137), ohne dass eine Lösung gefunden wird.

Diese *Denk-Knoten* sind durch vom Subjekt verinnerlichte „subjektive Imperative" (S. 137) bedingt. Wagner spricht folglich von „Imperativverletzungskonflikten" (S. 137), in denen „imperatistische Sollvorstellungen" (S. 143) in vorhandene Kognitionen „introferent" (von lat. introferre = hinein tragen) eingreifen und diese stören.

Diese Imperativistischen Sollvorstellungen sind beispielsweise Vorstellungen, die mit dem *Muss-Darf-nicht-Syndrom*, einem subjektiven Gefühl von „so muss es sein ", „das darf nicht geschehen" (S. 144), erhöhter Dringlichkeit und Selbstalarm, einem Gefühl der Nötigung sowie erhöhter Erregung und Anspannung bis hin zur völligen physiologischen Selbstlähmung des Subjekts verbunden sind – und zwar unabhängig davon, ob diese Sollvorstellungen rational begründet sind oder nicht.

Als Beispiele für (primär) introferente Kognitionen, die man sich einredet und die man durch Automatisierung nach einiger Zeit verinnerlicht, nennt Wagner (S. 142) ungeprüfte und unhinterfragte Meinungen, Glaubensannahmen und willkürliche Sollvorstellungen.

Beispielsweise können rational nicht überprüfte, völlig überhöhte Selbstansprüche eines Studenten beim Abfassen einer Seminar- oder Prüfungsarbeit zu einer Überanspannung bis zu einer völligen Selbstblockierung führen mit der Folge, dass er sein Vorhaben nicht abschließen kann.

Die Introvision wird entweder in einer Beratungssituation (Einzelberatung) oder individuell (nach vorheriger Schulung z. B. in Lehrertrainings, -fortbildungen) ausgeführt. Die Methode ist regelbasiert und erfordert nach Wagner ein systematisches intensives Training, um das „konstatierende aufmerksame Wahrnehmen" (S. 139) systematisch zur Auflösung von akuten Konflikten (Denk-Knoten) und automatisierter Introferenz anzuwenden.

Konstatierendes aufmerksames Wahrnehmen hat das Ziel, die Aufmerksamkeit auf eine Kognition zu fokussieren, ohne erneut introferent einzugreifen, also diese Kognition weder auszublenden noch abzuwerten, sondern sie im Sinne von „so ist es" akzeptierend anzunehmen, zu „konstatieren" (S. 143).

Die sechs Merkmale des Konstatierenden Aufmerksamen Wahrnehmens (KAW) sind:

- konstatierend die Gedanken vorläufig zu akzeptieren, ohne sie introferent eingreifend zu beeinflussen,
- konstanter Fokus, nicht abschweifen,
- weitgestellter Fokus,
- wahrnehmen, d.h. aufmerksam hinspüren, hinschauen, hinhören,
- andere inhaltliche Kognitionen nicht aktiv ausblenden,
- nicht aktiv-bewusst introferent nach einer Problemlösung zu suchen (Wagner 2008, S. 142).

Von der prinzipiellen Offenheit der Dialogischen Introspektion in der Datenproduktion unterscheidet sich die Introvision durch die Fokussierung auf mentale Konflikte, die durch introferent eingreifende Kognitionen verursacht sind.

Durch diese Konzentration auf eine bereits vorgefasste Kategorie von mentalen Phänomenen und das vorherige Training der Versuchspersonen, ihre Aufmerksamkeit auf diese Erfahrungsmuster zu konzentrieren, findet von vornherein eine Reduktion von Offenheit in der Datenerhebung und folglich eine Produktion von reduzieren Daten statt.

Der Zweck der Introvision liegt allerdings weniger in der Erhebung von möglichst reichhaltigen und inhaltlich tiefen Daten, sondern in der Reduktion von inneren Spannungszuständen des Subjekts, die mit den Introferenzkonflikten verbunden sind, über eine Fokussierung der Wahrnehmung auf (introferente) Kognitionen, die mit diesen Konflikten zusammenhängen. Somit besitzt die Introvision teilweise einen therapeutischen Charakter.

3.2.4 Anwendungsmöglichkeiten der Dialogischen Introspektion in der Pädagogik

Anwendungsmöglichkeiten für die Dialogische Introspektion gibt es neben der Supervision (vgl. Kapitel 3.1) in der Lehrerbildung, in der Unterrichtsforschung und im Rahmen von schulischen Qualitätszirkeln.

1. Anwendungen der Dialogischen Introspektion in schulischen Qualitätszirkeln

Der Begriff *Qualitätszirkel* stammt nach Schnoor, Lange und Mietens (2006, S. 10) ursprünglich aus dem Inventar des betriebswirtschaftlichen Qualitätsmanagement und dient in der Industrie und seit den neunziger Jahren zunehmend im Dienstleistungs-, und Gesundheitsbereich als Instrument zur Verbesserung betriebsinterner Prozessabläufe mit dem Ziel einer systematischen Qualitätsverbesserung der angebotenen Dienstleistungen. Diese Qualitätszirkel wären ein praxisnaher Anwendungsort für die Dialogische Introspektion in der Schule.

Die Einführung von Qualitätszirkeln an Schulen ist auch durch das schlechte Abschneiden bundesdeutscher Schüler in internationalen Vergleichsstudien der letzten 10 Jahre (PISA, TIMMS) motiviert. In der aktuellen Diskussion über die Qualität des bundesdeutschen Schulsystems wird zunehmend die Einzelschule als Trägerin des Schulentwicklungsprozesses gesehen, auf dem Hintergrund der Annahme, dass die Verbesserung der einzelnen Schule auch eine Verbesserung des gesamten Bildungssystems mit sich bringt. In dieser Diskussion wird den Schulen nach Schnoor et al (S. 9) größerer Handlungsspielraum für die Entwicklung eines eigenen spezifischen Profils eingeräumt. Allerdings wird die größere Teilautonomie der Schulen mit der Verpflichtung zur Rechenschaft über den Grad der Erreichung der angestrebten Qualitätsverbesserung verbunden. Damit gewinnen externe und interne Evaluationsmaßnahmen in jeder Schule zunehmend an Bedeutung und bilden den Hintergrund von schulischen Qualitätszirkeln.

Qualitätszirkel – auch als Qualitätsteams oder Peer-Review-Gruppen bezeichnet – sind Problemlösegruppen, in denen systematisch und kontinuierlich an einer Fragestellung oder einem Problem gearbeitet wird.

Das Ziel dieser schulischen Qualitätszirkel ist nach Schnoor et al (2006) „die pragmatische Beschreibung, Analyse und Lösung von konkreten beruflichen Problemen". Sie nutzen das berufliche Knowhow der Mitarbeiter an der Basis und gehen davon aus, dass Probleme dort gut erfasst, bearbeitet und gelöst werden können, wo sie entstehen: im Kontext der alltäglichen Arbeit. Sie bestehen aus Gruppen von fünf bis zehn Personen und werden von einem Moderator geleitet.

In schulischen Qualitätszirkeln stehen nach Schnoor et al (S. 20-21) je nach Problemlage und Wahl des Themas folgende Aspekte im Vordergrund:

- die Supervision, hier insbesondere bei der problemorientierten Analyse von Einzelfällen, z.B. erziehungsschwierige Kinder oder schwierige Klassen,
- die Psychohygiene im Sinne einer Entlastung der Lehrer von individuellem Problemdruck und Vereinzelung,
- die praxisnahe Forschung und Begleitung zum Beispiel bei der Einführung neuer Unterrichtsformen (z. B. kleine Lerngruppen, Individualisierung, Team-Teaching), zur Prüfung und Optimierung ihrer Praxistauglichkeit,
- die praxisnahe Fortbildung, die kollegiale Fortbildung,
- die Evaluation im Sinne der Erweiterung des eigenen Wissens über den eigenen Standort zur Optimierung des eigenen Lehrerhandelns.

Die Arbeit eines schulischen Qualitätszirkels durchläuft nach Schnoor et al. (15 ff.) immer sechs Schritte, die systematisch aufeinander aufbauen:

- Identifikation des Problemfeldes und Auswahl des zu behandelnden Themas,
- Problemdokumentation,
- Problemanalyse, d. h. Analyse der in der Problemdokumentation erhobenen Daten,
- Formulierung der Zielvorstellungen, Definition von Indikatoren und Kriterien,
- Ausführung von Maßnahmen zur Problemlösung,
- Erfolgskontrolle, Evaluation der getroffenen und ausgeführten Maßnahmen zur Problemlösung.

Qualitätszirkel dienen nach Schnoor et al. nicht der Qualitätskontrolle, sondern der internen Qualitätsförderung und -entwicklung. In diesem Prozess setzen die Lehrer sich eigenverantwortlich, kontinuierlich und systematisch mit ihrer eigenen Arbeit auseinander. Qualitätszirkel benötigen die Unterstützung der Schulleitung und ein Klima der Fehlertoleranz, in der Fehler nicht als individueller Makel der Akteure, sondern als eine Lernchance mit Ansatzpunkten für Verbesserungen gesehen werden können.

2. Dialogische Introspektion als Methode der Problemdokumentation und –diagnose

Hier soll nicht detailliert auf die Entwicklung schulischer Qualitätszirkel eingegangen werden (vgl. dazu die praxistaugliche Darstellung von Schnoor et al., 2006).

Die Dialogische Introspektion könnte beispielsweise bei der geplanten Einführung neuer Unterrichtsformen – wie Team-Teaching und offenes Klassenzimmer, bei dem die vormals abgeschlossenen Klassenräume und der Unterricht für Kollegen und Eltern zugänglich werden – ein wichtiges Instrument der *Problemdokumentation* (Schnoor et al., S. 37) und der Evaluation von pädagogischen Maßnahmen darstellen.

Eine Sitzung zur Problemdokumentation könnte beispielsweise wie folgt ablaufen: Zu Beginn stellt der Moderator des Qualitätszirkels den Teilnehmenden, folgende Introspektionsaufgabe:

> Bitte stellen Sie sich vor, morgen ist Ihr Klassenraum für alle offen und während Ihres Unterrichts sitzen hinten im Klassenraum die Eltern Ihrer Kinder und einige Ihrer Kollegen und gucken Ihnen zu. Wie würde es Ihnen dabei emotional gehen?

Die Sitzung wird nach den Regeln der Dialogischen Introspektion ausgeführt. Die individuellen Introspektionen werden von den Teilnehmenden reihum vorgetragen, ohne Unterbrechungen durch Nachfragen oder Kommentare durch andere Teilnehmenden, mit Ergänzungen in der zweiten Runde.

Nach Schnoor et al. ist das offene Klassenzimmer von vielen Lehrern mit Ängsten und Vorbehalten behaftet und bleibt für sie eine hohe Hürde und bedarf deshalb „vertrauensbildender Maßnahmen" im Vorfeld.

Deshalb wären dann nachfolgende Introspektionssitzungen in regelmäßigen Abständen im Verlauf der Implementierung des offenen Klassenzimmers auszuführen, um eine Veränderung in der Problemlage festzustellen. Die Dialogische Introspektion übernähme für den Qualitätszirkel die Funktion einer praxisbegleitenden Evaluation des auf die Problemdokumentation abgestimmten Maßnahmenkataloges zur Unterstützung der Lehrer (wie Lehrertrainings, Einzel- und Gruppencoaching und -supervision) insbesondere in der kritischen Einführungsphase dieser neuen Unterrichtsform.

Ähnlich wie in der Supervision nach dem Muster der Dialogischen Introspektion (vgl. Kapitel 3.1) käme dem Moderator die Funktion eines Facilators zu, der den Ablauf des Gruppenprozesses nach den Regeln der Dialogischen Introspektion zu gewährleisten hat.

Für den Abschluss der Problemdokumentationssitzung und der nachfolgenden Evaluationssitzungen sollte folgende Modifikation der Dialogischen Introspektion erwogen werden: Als Hilfe zur Verarbeitung und Integration der Erfahrung soll jeder Teilnehmende – und am Ende auch der Leiter – nach Abschluss der Datenerhebung die Möglichkeit erhalten, im Plenum zu berichten, was für ihn in der Sitzung wichtig gewesen war, was er neu erfahren hat. Diese Berichte werden nicht unterbrochen und nicht kommentiert. Danach werden die erhobenen Introspektionsdaten transkribiert und nach den heuristischen Regeln auf Gemeinsamkeiten analysiert. Das Protokoll sowie der aus der Datenanalyse entstandene Bericht sollten dann jedem Teilnehmenden zugänglich gemacht werden, um gemeinsam im Qualitätszirkel nach weiteren Maßnahmen zur Problemlösung zu suchen.

Sofern mehrere Dialogische Gruppenintrospektionen variiert durchgeführt werden (möglichst unterschiedlich zusammengesetzte Qualitätsteams, unterschiedliche Schulen, Schulformen und Schulstufen) können neue Unterrichtsformen systematisch evaluiert werden. Dabei wäre anzustreben, neben der Dialogischen Introspektion auch noch andere qualitative Methoden – wie z.B. eine qualitative Befragung der Beteiligten (Lehrer, Schüler und Eltern) – einzusetzen.

3.2.5 Fazit

Gegenüber rein hypothesenprüfenden Verfahren wie Multiple Choice Fragebögen oder Tests zeichnen sich heuristische Verfahren wie die Dialogische Introspektion durch die Tiefe, Vielschichtigkeit und Variation der heuristisch erhobenen Daten aus, womit sich Chancen auf neue Erkenntnisse zu relevanten pädagogischen Fragen bieten. Auch gegenüber den gerade in ihrer interpretativen Auswertung sehr aufwendigen auf das Wissen und Geschick des Interpretierenden angewiesenen hermeneutischen Verfahren besitzen heuristische Verfahren wie die Dialogische Introspektion den Vorzug einer durch lehr- und lernbare Regeln bestimmten Analyse auf Gemeinsamkeiten, die sich nur auf die erhobenen Daten stützt (vgl. Kapitel 1.5).

Gegenüber den Methoden der pädagogischen Reflexion und der pädagogischen Einfühlung hat die in die heuristische Methodologie eingebettete Dialogische Introspektion den Vorzug, dass sie mit der betrachteten pädagogischen Situation systematisch forschend und entdeckend und nicht nur miterlebend, mitleidend – wie im Falle der Einfühlung oder reflektierend wie in Ansätzen der pädagogischen Reflexion – umgeht. Sie ist diesen Ansätzen gegenüber vermutlich in ihrem Erkenntnispotenzial überlegen

Im Unterschied zu kompetenztheoretisch ausgerichteten Ansätzen enthält die Dialogische Introspektion und die ihr zugrunde liegende heuristische Methodologie ein dialogisches Verständnis des gemeinsamen Explorierens von pädagogischen Strukturen. Im Unterschied zu Ansätzen, die die Expertenkompetenz betonen, liegt der Anwendung der Dialogischen Introspektion im pädagogischen Kontext deshalb ein egalitäres, nicht hierarchisches oder gar autoritäres Konzept der pädagogischen Beziehung zugrunde

Problemdokumentations- und Evaluationsrunden nach dem Muster der Dialogischen Introspektion bieten sich nur für Gruppen an, deren Mitglieder sich gut kennen, fachlich kompetent sind, schon länger miteinander gearbeitet und dadurch eine Vertrauensbasis entwickelt haben, weil in den Introspektionsberichten sehr private, verletzliche und schambesetzte Gefühle geäußert werden können. Auf die fachliche und persönliche Kompetenz des Moderators ist ebenfalls großes Gewicht zu legen.

3.3 Psychotherapie und Introspektion (Thomas Burkart)

Im Text wird die Bedeutung der Introspektion in der Psychotherapie untersucht und die psychotherapeutische Verwendung der Dialogischen Introspektion diskutiert.

Introspektion als wesentlicher Zugang zum Erleben des Patienten spielt in allen wichtigen psychotherapeutischen Methoden eine Rolle, was im folgenden für die Psychoanalyse, die Integrative Therapie, die Gesprächstherapie, die kognitive Therapie und die moderne Verhaltenstherapie gezeigt werden soll.

Dabei ist die Introspektion nicht nur für den Patienten, sondern auch für den Therapeuten bedeutsam. Sie dient einerseits diagnostischen Zwecken, wenn der Psychotherapeut – wie bei der Gegenübertragungsanalyse in der Psychoanalyse – über seine eigenen Gefühle Rückschlüsse auf die Störung des Patienten und den therapeutischen Prozess zu ziehen versucht. Anderseits hilft sie dabei, therapeutische Hemmnisse zu registrieren und zu verringern, die in der Person des Psychotherapeuten und seinem aktuellen Erleben begründet sind – wie beispielsweise die Ablehnung eines trauernden Patienten durch den Therapeuten, was den Trauerprozess behindern kann.

3.3.1 Introspektion in der Psychoanalyse

In der Psychoanalyse ist die Introspektion wichtig, wenngleich dies wenig reflektiert ist.[22] Sowohl die freie Assoziation des Patienten als auch die mit ihr komplementäre *freischwebende Aufmerksamkeit* des Analytikers, die auch eine Offenheit für die eigene Gegenübertragung enthält, sind mit ihr verbunden. .

Die freie Assoziation – der Patient teilt dem Analytiker sein aktuelles Erleben ohne die oft im Alltag vorhandene kritische Auswahl spontan mit – ist eine Grundregel (Thomä & Kächle, 1996, S. 279). Die heute übliche Instruktion – „Bitte versuchen Sie alles mitzuteilen, was Sie denken und fühlen" (Thomä & Kächle, 1996, S. 290) – hat Ähnlichkeiten zur Instruktion in der Dialogischen Introspektion (vgl. Kapitel 1.4.2).

Wie die Dialogische Introspektion ist auch die Psychoanalyse eine dialogische Methode. Kris (1982, zit. nach Thomä & Kächle, 1996, S. 292) betrachtet die freie Assoziation als einen dialogischen Prozess zwischen einem Patienten, der versucht, all seine Gedanken und Gefühle in Worte zu fassen und einem Analytiker, der ihm – von seinen eigenen Assoziationen geleitet – hilft, diese Aufgabe zu erfüllen. Spence (1982, zit. nach Thomä & Kächle,

---

[22] Der Begriff „Introspektion" spielt in den aktuellen Handbüchern zur Psychoanalyse kaum eine Rolle (vgl. Thomä & Kächle, 1996; Kutter 2000; Laplanche & Pontalis, 1977). Eine Ausnahme bildet Kohut (1959, zit. nach Thomä & Kächle, 1996, S. 25), der eine empathisch-introspektive Methode begründet hat. Er betont, dass die Freudsche Psychoanalyse Introspektion und Empathie als wissenschaftliche Instrumente für systematische Entdeckungen nutzbar gemacht habe. Introspektion und Empathie seien wesentliche Merkmale der komplementären Regeln der freien Assoziation und der gleichschwebende Aufmerksamkeit (Thomä & Kächle, 1996, S. 25).

1996, S. 294) hat auf den Transformationsverlust hingewiesen, der entsteht, wenn bildhaftes Erleben verbal dargestellt wird, was auch in der Dialogischen Introspektion gesehen wird (vgl. Kapitel 1.3.1). Voraussetzung für die freie Assoziation ist eine fortlaufende Introspektion des Erlebens. Dies spiegelt sich auch darin, dass die im Erstinterview abgeklärte Introspektionsfähigkeit als eine Grundvoraussetzung für die Psychoanalyse angesehen wird (Thomä & Kächle, 1996, S. 217).

Weitere Voraussetzung für die freie Assoziation ist das Vertrauen des Patienten in den Psychoanalytiker – „ein Vertrauen, das natürlich von vornherein nicht vorhanden ist, sondern erst im Laufe der gemeinsamen Arbeit entstehen muss" (Kutter, 2000, S. 248).

Die Gegenübertragung – ein schillernder Begriff in der Psychoanalyse – wird teils als Einfluss der Persönlichkeit des Analytikers auf die Behandlung, teils als unbewusste Reaktion des Analytikers auf die Übertragung des Patienten verstanden (Laplanche & Pontalis, 1977, S. 164). Sie drückt sich in den Gefühlen des Analytikers gegenüber seinem Patienten aus. Die Gegenübertragung war zunächst verpönt und sollte durch die Lehranalyse ausgeschaltet werden. Die sich in ihr niederschlagenden neurotischen Konflikte sollten behoben werden, um den Analytiker zu einem perfekten Spiegel ohne Verunreinigung zu machen (Thomä & Kächle, 1996, S. 101f.). Diese naive Spiegeltheorie einer *unbefleckten Perzeption* führte zu einer ängstlichen Haltung gegenüber den eigenen Gefühlen mit dem Risiko von unnatürlich kühlem Verhalten gegen den Patienten, wie in der Kleinianischen Psychoanalyse, in der ein durch Lehranalyse *gereinigter* Analytiker dem Patienten mit größtmöglicher Neutralität begegnet (Thomä & Kächle, 1996, S. 109f). Die Gegenbewegung setzte mit Heimann (1950, zit nach Thomä & Kächle, 1996, S. 107f.) ein, die die positiven Seiten der Gegenübertragung betonte und in ihr ein wesentliches diagnostisches Hilfsmittel sieht.

Auch die Nutzung der Gegenübertragung ist ohne eine differenzierte Selbstwahrnehmung undenkbar. Gefordert ist eine gleichschwebende Aufmerksamkeit – eine nach Innen und Außen ausbalancierte Offenheit, bei der der Analytiker sowohl für die Äußerungen des Patienten als auch für seine eigenen unbewussten Reaktionen offen ist, die als Gegenübertragung zu erkennen und zu analysieren sind.

3.3.2 Integrative Therapie

In der von Petzold (1988, 2003) in den 70er Jahren des 20. Jahrhunderts begründeten *integrativen Therapie* – einer phänomenologisch ausgerichteten Verbindung von Psychodrama, Gestalttherapie und psychoanalytischen Techniken – ist die Introspektion wesentlich. Dies ergibt sich direkt aus einer der vier anthropologischen Grundfertigkeiten[23] – der Fähigkeit zum Wechsel zwischen *Zentrierung* und *Exzentrizität*. Exzentrizität – ein Begriff aus der Anthropologie Helmuth Plessners (1982) – beinhaltet die Fähigkeit, sich selbst von außen zu betrachten und bewusst zu erleben. Zentrierung ist das andere Extrem – der unmittelbare, nicht reflektierte Kontakt zu sich selbst und/oder der Umwelt.

---

[23] Die anderen menschlichen Grundfertigkeiten sind die Korrespondenz des Menschen mit seiner sozialen und ökologischen Umwelt, das spontane kreative Potential (die Fähigkeit Neues zu erproben) und die Fähigkeit zur Regression. Dies ermöglicht, emotional in frühere Szenen und Beziehungen zurückzugehen, so als ob sie heute wären und eröffnet damit die Chance einer emotionalen Neuerfahrung auf dem Hintergrund der alten Szene (vgl. Rahm et al. 1993, S. 328ff.).

Völlig zentriert ist zum Beispiel ein Bogenschütze, kurz bevor er die gespannte Sehne loslässt: Herzschlag, Bewegung, Stellung, Bewusstsein sind eins. Leib und Situation sind eins. Es gibt keinen „Spalt der Selbstbeobachtung", der Relativierung. (Rahm, Otte, Bosse und Ruhe-Hollenbach, 1993, S. 174)

Die Zentrierung kann drei Formen annehmen:

- *Involvierung*, bei der der Schwerpunkt des Kontakts in der Situation liegt, in die das Subjekt verstrickt oder an der es emotional beteiligt ist:

   Involvierung ist Grundlage für die Hingabe an eine Sache oder Szene, an das Feuer und die Turbulenzen des Lebens, auch für die Fähigkeit zum Mitfühlen und Mitleiden. Wenn Involvierung zu lange anhält, wächst die Gefahr, verwirrt, einseitig und handlungsunfähig zu werden. (Rahm et al., 1993, S. 175)

- *Affektive Zentrierung* bei der sich das Selbst auf seinen Kern zurückzieht, die Umwelt zurück tritt und ein intensives Gefühl dominiert. Sie entsteht durch eine starke affektive Betroffenheit:

   „Ich bin mein Gefühl." Die sonst differenzierteren Fähigkeiten des Ich schrumpfen für diesen Moment auf einen zentralen Gefühlskern. ... In diesem Zustand intensivster affektiver Betroffenheit findet sich das Element des „Ausgeliefert-seins" [sic]. Ich kann nichts „machen", nichts mehr kontrollieren, ich bin mir und meinem Gefühl ausgeliefert und gerade deshalb unmittelbar in Kontakt mit mir. (Rahm et al., 1993, S. 176)

- *Zentrierung in Selbst und Situation* bei der die Aufmerksamkeit für Selbst und Umfeld balanciert sind, kein unmittelbarer Handlungsdruck besteht, sondern eine Offenheit für die Situation und ein Gespür für sich und die eigenen inneren Prozesse. Typisch für einen solchen Zustand ist die freischwebende Aufmerksamkeit des Therapeuten.

   Der Kontakt zu sich selbst und der Situation ist weit, nicht konzentriert und nicht auf etwas Bestimmtes fixiert. ... Als Dauerhaltung könnte diese Art der Zentrierung zu einer abgehobenen Gleichgültigkeit führen, zu einer „übermenschlichen" Unberührtheit. (Rahm et al., 1993, S. 176)

Vom Therapeuten wird in der integrativen Therapie gefordert, flexibel von einem in den anderen Zustand wechseln zu können, was zugleich als ein allgemeines Merkmal psychischer Gesundheit gilt: Sich einlassen, involvieren, von einem Gefühl berühren zu lassen und sich wieder zu distanzieren, um sich oder die Situation aus einer exzentrischen Position zu betrachten, um Abstand für eine Neuorientierung, die Beobachtung und die Analyse zu gewinnen, wie beispielsweise in der Diagnostik:

Der diagnostischen Prozess fordert in besonderer Weise das Wechselspiel von Involvierung (Beteiligtsein am Gespräch, an der Interaktion), Zentrierung (Bei-sich-Selbst-Sein) und Exzentrizität (Beobachten, Erklären): Die KlientIn und die TherapeutIn sind gleichzeitig Objekte und Subjekte ihrer Beobachtungen, sie „machen/erleben" die Beziehung und beobachten sich selbst dabei. (Rahm et al. 1993, S. 336)

Dabei dient die Theorie als Hilfsmittel, als Folie, mit der das Geschehen in eine bestimmte Ordnung gebracht werden kann.

Die geforderte Haltung entspricht einem Wechsel von Zentrierung auf das Erleben und seiner Introspektion, wobei mit der Zentrierung eine reichhaltige Erfahrung entsteht, die dann mit der Introspektion erfasst und einer Analyse zugänglich gemacht wird. Damit ist der Psychotherapeut zugleich Instrument, Informant und Analysierender.

Auch vom Klienten wird der Wechsel von Konzentration auf das Erleben und distanzierter Selbstbeobachtung gefordert. Er soll sich einerseits regressiv auf die mit seinen Symptomen verbundenen unklaren oder ausgeblendeten, weil schmerzhaften Gefühle und Erinnerungen einlassen, die in der Therapie in Rollenspielen und anderen erlebnisaktivierenden Methoden szenisch wiederbelebt werden können. Andererseits soll er mit seiner Fähigkeit zur Exzentrizität den Sinn des wieder Erlebten im Hier und Jetzt gemeinsam mit dem Therapeuten reflektieren, um die schmerzhaften oder verwirrenden Gefühle und ihre Abwehrstrategien mit früheren belastenden Erfahrungen zu verbinden und eventuell zu verändern. Diese Reflexion setzt eine Introspektion des zuvor Erlebten voraus. Sie kann bei zu starker Involvierung – insbesondere, wenn es sich um bedrohliche Erfahrungen handelt – gefährdet oder nicht mehr möglich sein, was der Therapeut mit imaginativen Techniken ändern kann.

> Bei zu starker, insbesondere zu bedrohlicher Involvierung kann mit Hilfe von Imaginationen Exzentrizität geschaffen werden: Hierdurch wird eher möglich, sich von einer Bedrohung zu distanzieren, sich einen Überblick zu verschaffen, das Ganze in einem anderen Licht zu sehen, oder zu sehen, was es außerdem noch gibt. Z.B. könnte die TherapeutIn die KlientIn in der Vorstellung einen Berg besteigen lassen, so dass sie ihre jetzige Lebenssituation von oben, bzw. von weit weg betrachten kann, oder sie könnte sich mit der KlientIn in einen Kinosaal oder in ein Kabarett setzen, wo beide Zuschauer des Geschehens sind, es aus einer anderen Perspektive erleben. (Rahm et al., 1993, S. 405)

Bei diesen Techniken handelt es sich um introspektive Techniken für bedrohliche, überwältigende, festgefahrene (einseitig erfahrene), komplexe innere Gegenstände.

Neben dem verbalen Bericht, der immer auch verbunden ist mit emotionalem Ausdruck, wird in der integrativen Therapie auch mit kreativen Medien – wie beispielsweise Farben, Ton, Musik, Puppen, Tanz und Bewegung gearbeitet – um das Erleben des Klienten darzustellen. Diese Medien besitzen vielfältige und andere kommunikative und expressive Möglichkeiten als der verbale Bericht. Beispielsweise kann das Medium Ton – insbesondere wenn mit geschlossenen Augen und ohne Strukturvorgaben gearbeitet wird – frühe Erlebnisstrukturen zugänglich machen (Rahm et al., 1993, S. 420).

3.3.3 Gesprächspsychotherapie

Auch in der Gesprächspsychotherapie[24] (Rogers, 1977/1981; Tausch & Tausch, 1990; Eckert, 1997), die auf eine Exploration und schrittweise Veränderung des Erlebens des Klienten in einem dialogischen Prozess abzielt, ist Introspektion bedeutsam. Der Klient teilt mit, was ihn beschäftigt. Indem der Therapeut die darin enthaltenen emotionalen Gehalte

---

[24] Andere Bezeichnungen sind „Klientenzentrierte Psychotherapie" oder „Personzentrierte Psychotherapie".

exploriert und sie in einer Atmosphäre von Kongruenz (Echtheit, Ehrlichkeit gegenüber dem Klienten) und Akzeptanz zurück spiegelt, ermöglicht er ihm, sich seinem Erleben zuzuwenden, es zunehmend weniger abzuwehren, sich unverarbeiteten Erfahrungen zu stellen und sie nach und nach zu integrieren. Durch diese akzeptierende und unverstellt echte Haltung des Therapeuten kann sich auch eine anfänglich nur geringe Introspektionsfähigkeit – die Fähigkeit nach innen zu blicken und sich seinem Erleben zuzuwenden, auch wenn es schwierige oder belastende Gefühle enthält – allmählich erweitern, so dass sich der Klient seinem Erleben zunehmend offen und wertschätzend zuwenden kann. So betrachtet führt Gesprächspsychotherapie zur Erweiterung des Introspektionsvermögens, dem eine wesentliche psychohygienische Bedeutung zukommt, da es die Voraussetzung für emotional unverstelltes Erleben und damit eine Verarbeitung und Integration von Erfahrungen darstellt.

Auch für den Therapeuten ist Introspektion bedeutsam. Um sich kongruent verhalten zu können, muss der Therapeut seine inneren Prozesse wahrnehmen. Die Exploration der Gefühle des Patienten beinhaltet deren empathischen Nachvollzug, was voraussetzt, sich die innerlich nachvollzogenen emotionalen Prozesse introspektiv zugänglich zu machen.

Im gesprächstherapeutischen Kontext ist die therapeutische Technik des *Focusing* entwickelt worden (Gendlin, 1998 a und b) – eine Technik zur Exploration und Veränderung des Erlebens, die sich an Körperempfindungen („felt sense") orientiert, welche mit Problemen verbunden sind. Der Focusingprozess, in dem introspektive Elemente von wesentlicher Bedeutung sind, vollzieht sich über folgende Schritte:

1. Freiraum schaffen: Sich auf das Problem einstellen, jedoch einen inneren Abstand dazu wahren.
2. Einen Felt Sense kommen lassen: Aufmerksamkeit auf Brust-/Bauchraum richten und dabei „körperliche Resonanz" zum Thema entstehen lassen
3. Den Felt Sense beschreiben – „einen Griff finden": Einen Begriff oder eine kurze Beschreibung für dieses – meist diffuse – Körpersignal kommen lassen
4. Vergleichen: Den gefundenen Begriff mit dem Felt Sense abgleichen
5. Fragen: Was braucht der Felt Sense, um sich mit dem Problem (wieder) wohler zu fühlen und Lösungsrichtungen zu entwickeln
6. Annehmen und schützen: Schützen des Prozesses gegen innere Kritikerstimmen, Ergebnis würdigen. Focusing (2009)

Bemerkenswert ist die empfohlene introspektive Haltung, in der sich die bereits in der Integrativen Therapie beschriebene ausbalancierte Aufmerksamkeitsverteilung (vgl. Kapitel 3.4.2) wieder findet – hier allerdings nur auf Inneres bezogen. Der Klient soll sich und sein Problem aus einer nahen Beobachterposition mit einer gewissen Distanz erleben, ohne sich von ihm überwältigen zu lassen (affektiv zentriertes Erleben). Diese Haltung zum eigenen Erleben könnte für die Introspektion von grundsätzlicher Bedeutung sein, weil sie für eine differenzierte Selbstbeobachtung geeignet erscheint.

3.3.4 Kognitive Therapie und moderne Verhaltenstherapie

In der kognitiven Therapie (Beck, 1994, 1995) und modernen Verhaltenstherapie (Reinecker, 1999; Margraf, 2008; Kanfer, Reinecker & Schmelzer, 2000) sind viele Techniken vorhanden, die Introspektion als ein Element oder auch als zentralen Bestandteil enthalten. Dies ist erstaunlich, da Watson, der Begründer des Behaviorismus, die Introspektion scharf kritisiert und als Methode abgelehnt hat (vgl. Kapitel 4.3). Zu den klassischen Techniken mit geringem Introspektionsanteil zählen die *operanten Techniken,* bei denen Verhaltensänderungen durch Selbst- oder Fremdverstärkung herbeigeführt werden sollen. Obwohl ursprünglich auf beobachtbares Verhalten bezogen, benötigen sie zur Kontrolle oft die Selbstbeobachtung von kritischen Gedanken oder Gefühlen, auf deren Änderung sie abzielen.

Zu den Techniken mit großem Introspektionsanteil zählen die *Selbstbeobachtungstechniken.* Ihnen gemeinsam ist, dass der Patient ausgewählte, definierte Erlebensaspekte bei sich beobachten und dokumentieren soll. Ein Beispiel für eine Selbstbeobachtungtechnik ist die 3-Spaltentechnik, bei der der depressive Patient Auslöser, Gedanken und Gefühle in einem Formblatt mit drei Spalten dokumentieren soll, um für die inneren Prozesse sensibilisiert zu werden, die mit einer depressiver Symptomatik verbunden sind. Dabei wird er destruktive, selbstabwertende und übergeneralisierend negative Gedanken erkennen, die zur Auslösung und Aufrechterhaltung depressiver Stimmung beitragen, um sie dann im weiteren therapeutischen Prozess nach und nach durch konstruktive und realistische Gedanken zu ersetzen.

3.3.5 Die psychotherapeutische Nutzung der Dialogischen Introspektion

Wenngleich Introspektion in der Psychotherapie bedeutsam ist, wird sie – vom Focusing und den Selbstbeobachtungstechniken in der kognitiven Therapie abgesehen – normalerweise nicht in den Mittelpunkt gerückt, sondern ist implizit im therapeutischen Procedere enthalten. Es fehlen deshalb oft explizite methodische Überlegungen, was dazu führen kann, dass die Introspektion auf Alltagsniveau verbleibt.

Abschließend soll untersucht werden, wie die methodisch elaborierte Dialogische Introspektion psychotherapeutisch genutzt werden könnte. Die Methode wurde bislang überwiegend als Forschungsmethode eingesetzt. Ihre psychotherapeutische Erprobung steht noch aus.[25]

Die Methode zielt auf eine *Exploration* und nicht auf eine *Veränderung des Erlebens.* Allerdings gibt es einige Reaktionen von Teilnehmenden, die die Erfahrung mit der Methode als interessante und positive Selbsterfahrung beschreiben.

Im therapeutischen Kontext kann die Methode in Gruppentherapien unterschiedlicher Provenienz eingesetzt werden, um systematisch und vertieft Daten zum Erleben zu explorieren, mit denen dann mit anderen Methoden weiter gearbeitet werden kann. Folgende Varianten sind für den therapeutischen Einsatz der Dialogischen Introspektion wesentlich:

---

[25] Ihre psychotherapeutische Erprobung wurde vom Autor, der selbst als Psychotherapeut tätig ist, und auch Gruppentherapien durchführt, bislang nicht vorgenommen, weil im Rahmen der normalen psychotherapeutischen Versorgung nur bewährte, effektivitätsgeprüfte Methoden eingesetzt werden dürfen.

- Einmalige vs. wiederholte Verwendung,
- Introspektionsgegenstand gemeinsam erlebt vs. im Alltag von jedem Gruppenmitglied separat,
- Introspektionsgegenstand „natürlich" entstanden vs. gezielt hergestellt,
- unterschiedliche Offenheitsgrade des Introspektionsgegenstandes,
- Retrospektiv wieder erlebt vs. aktuell erlebt, beobachtet.

Denkbar ist ein einmaliger oder ein wiederholter Einsatz. Ein wiederholter Einsatz könnte sich dann anbieten, wenn die Exploration von inneren Prozessen und die Förderung von differenziertem Introspektionsvermögen in der Therapie als wichtig angesehen werden.

Der Introspektionsgegenstand kann gemeinsam in der Gruppe erlebt sein. Dabei kann es sich entweder um eine ungeplant entstandene Erfahrung handeln, wie beispielsweise eine bestimmte kritische Gruppensituation, die aufgeklärt werden soll. Der Gegenstand kann aber auch gezielt vom Therapeuten hergestellt sein, um bestimmte Aspekte des Erlebens zu explorieren. Beispiele wären das Erleben bei Entspannungsübungen, Fantasiereisen, Selbst- oder Körperwahrnehmungsübungen.

Der Introspektionsgegenstand muss nicht in der Gruppensituation, sondern kann von jedem Teilnehmenden separat im Alltag erfahren werden (z.B. das Erleben eines Beziehungsstreits).

Die Introspektionsgegenstände können in ihrer Offenheit oder Strukturiertheit variieren. Ein Beispiel für einen strukturierten Gegenstand wäre: Was ging in Ihnen vor, als Sie sich zum letzten Mal beschämt gefühlt haben? Ein Beispiel für einen thematisch weniger festgelegten und damit offeneren Gegenstand wäre: Was haben sie in der gerade vergangenen Gruppensituation erlebt?

Der Gegenstand kann aktuell erlebt introspektiert oder aber retrospektiert werden. Der Vorteil eines aktuell erlebten Gegenstands besteht darin, dass er die gesamte Vielfalt des Erlebens zugänglich macht. Sein Nachteil ist, dass er nicht leicht verfügbar ist, sondern abgewartet und nur zum Teil hergestellt werden kann. Vorzug des retrospektierten Erlebens ist dagegen seine Verfügbarkeit, weil auf das Gedächtnis rekurriert werden kann. Nachteilig ist die geringere Differenziertheit, da länger zurück liegenden Erfahrungen oftmals nur noch schematisch erinnerbar sind. Um dieses Manko zu mindern, kann mit Techniken zur Aktualisierung von Erfahrungen gearbeitet werden, wie beispielsweise: „Schließen Sie die Augen, stellen Sie sich eine bestimmte Situation vor, in der Sie X (den Introspektionsgegenstand) erlebt haben. Was ging dabei in Ihnen vor, was haben Sie gefühlt, gedacht, empfunden? Vergegenwärtigen Sie Ihre Erfahrungen, lassen Sie einen Film ablaufen."

Wie im Standardablauf der Dialogischen Introspektion sollten die Selbstbeobachtungen zunächst individuell schriftlich dokumentiert werden. Bei Introspektionsgegenständen, die sprachlich schwer dargestellt werden können, wie beispielsweise Körpererleben, kann es günstig sein, die Teilnehmenden explizit zu einer nicht-sprachlichen Darstellung ihres Erlebens aufzufordern („bitte versuchen Sie ihr Körperleben in einer Zeichnung, einem Bild, einer Skulptur, im Tanz darzustellen"). Diese nonverbalen Repräsentationsformen des Erlebens müssen dann in einer weiteren Phase verbal übersetzt werden. Vor der verbalen Mitteilung der Introspektionsberichte an die Gruppe können die Teilnehmenden zunächst ihre Darstellungen (z.B. Bilder, Zeichnungen oder figürlichen Arbeiten) präsentieren und sie danach verbal reihum in der Gruppe ohne Kommentierung der anderen oder Diskussion erläutern. Dieser ersten Runde kann sich dann eine zweite Runde zur Ergänzung des Introspektionsberichts anschließen.

Mit dem durch die Introspektion zugänglich gemachten Material kann dann entsprechend der spezifischen Gruppenziele weiter gearbeitet werden, wobei die durch die Dialogische Introspektion hergestellte systematische Beschäftigung mit dem eigenen Erleben möglicherweise bereits in sich therapeutisch wertvoll ist. Im einfachsten Fall kann der Therapeut die Gruppenmitglieder bei der Reflexion und Integration der Erfahrungen unterstützen, die sie bei der Introspektion gemacht haben.

An den Therapeuten sind dieselben Anforderungen gestellt wie an Forschungsleiter bei einer wissenschaftlichen Untersuchung. Er muss die Regeln erläutern und darauf achten, dass sie eingehalten werden. Insbesondere sollte er wertende Kommentare, Interpretationen und Diskussionen während des Introspektionsberichts unterbinden.

Insgesamt erscheint es lohnend, die Dialogische Introspektion im psychotherapeutischen Kontext zur gezielten Exploration des Erlebens und zur Steigerung des Introspektionsvermögens zu erproben, das von wesentlicher Bedeutung für die psychische Gesundheit zu sein scheint. Die Methode, die die spontane Alltagsintrospektion systematisiert und die Gruppensituation gezielt zur besseren Erschließung des individuellen Erlebens nutzt, lässt einen reichen Ertrag an psychotherapeutisch wesentlichen Inhalten erwarten.[26]

3.4 Introspektion in der Gestaltungstherapie (Odila Tapfer)

Nach langjähriger Arbeit als Dipl.-Kunst- und Gestaltungstherapeutin einer Psychosomatischen Rehabilitationsklinik habe ich zur Überprüfung meiner Arbeit eine Untersuchung zur Akzeptanz und Wirksamkeit der Kunst- und Gestaltungstherapie durchgeführt (vgl. Kleining, 1995; Frommer & Streeck, 2003; zur Gesamtuntersuchung siehe Tapfer, 2004). Ein zentrales Ergebnis war, dass die *Introspektionsfähigkeit der Befragten* sich *stark verbessert* hat.

Nachdem ich über die *Hamburger Werkstatt für Introspektion* erfahren hatte, dass mein Arbeitssetting in der Kunst- und Gestaltungstherapie den dort erarbeiteten Bedingungen für gruppengestützte Dialogische Introspektion entsprach, wurde deutlich, dass die vorliegende Arbeit gleichzeitig die Wirksamkeit introspektiver Arbeit prüft. Ich möchte sie daher, soweit sie für introspektive Prozesse von Bedeutung ist, vorstellen.

3.4.1 Die Maltherapie

Vorab sollen einige allgemeine Ausführungen zur Kunst- und Gestaltungstherapie gemacht werden, hier insbesondere der Maltherapie.

In der Gestaltungstherapie wird durch Malen, Kollagieren, Modellieren, also durch einfaches, kreatives Handeln dem Patienten oder der Patientin die Möglichkeit gegeben, sich einen direkten Zugang zu seinem inneren Erleben zu verschaffen. Der Schwerpunkt meiner Arbeit lag beim Malen. Es ging nicht darum, „Schönes" oder „Richtiges" zu schaf-

---

[26] Dafür sprechen auch die Befunde zu dem aus dem Buddhismus übernommenen Konzept der *Achtsamkeit*, das als nicht wertende Introspektion von psychischen Prozessen definiert ist und derzeit eine breite Anwendung in verschiedenen Therapieformen erfährt (vgl. Weiss & Harrer, 2010).

fen, sondern etwas auszudrücken, das mit dem inneren Erleben zusammenpasst und als „stimmig" erlebt wird. Dazu muss man keine besonderen Fähigkeiten haben. Man lernt keine malerischen Techniken. Man muss Gestalten noch nicht einmal besonders mögen, man sollte es lediglich wagen. Patienten verstehen das im Grunde schnell. Liegt Therapiemotivation vor und lässt der Patient sich auf eine Beziehung ein, steht der psychotherapeutischen Arbeit mit gestalterischen Mitteln nichts mehr im Wege. Es kann ein sehr direkter introspektiver und mitunter auch konfrontativer Weg sein. Mit Gestaltungen kann man Komplexes, Verschiedenes, auch Widersprüchliches gleichzeitig sichtbar und zugänglich machen, was oft in Worten nur schwer oder zunächst gar nicht auszudrücken ist. Erinnerungs- und Verbalisierungsmöglichkeiten werden angestoßen. Stets sind in der Gestaltung mehrere Ebenen angesprochen. Es ist nichts allein Erdachtes, Spekuliertes in ihr, und selbst, wenn dies versucht wird, trägt es immer innere Botschaften „von der anderen Seite", vom Unbewussten, dem Ort, wo alle Bilder ihren Ursprung haben (vgl. Jacobi, 1989, S. 35). Das Gestaltete wird zum Helfer: es weist auf Botschaften und Lösungen hin. Es sieht immer anders aus als das verbal Vermittelte, konkreter, inhaltsreicher. Bilder geben den atmosphärischen Kontext zurück, den die Erfahrung selbst hat.

Es würde zu weit führen, wollte ich hier über Symbole, Symbolisierungsprozesse, Form- und Farbqualitäten und Formzusammenhänge sprechen. Der interessierte Leser sei auf die Literaturliste verwiesen (siehe: Weiterführende Literatur, S. 231).

3.4.2 Praktisches Vorgehen

Die Gestaltungstherapie fand in Gruppen mit maximal acht Teilnehmenden statt. Die Gruppe traf sich zweimal pro Woche, die Zusammenkünfte dauerten jeweils 100 Minuten. Hiervon standen etwa 30 Minuten zur individuellen Gestaltung, der Rest für Besprechung zur Verfügung. Gemeinsam wurde ein alle interessierendes, affektives Thema gesucht oder von mir vorgegeben, das weit genug gefasst wurde, um freien Assoziationsspielraum zu geben (z.B. „Ich kann gar nicht soviel Fressen, wie ich Kotzen möchte").

Gestaltungen sollten nicht abgesprochen werden, jeder arbeitete für sich an seinem Bild.

In der anschließenden Besprechungsphase hatte jedes Gruppenmitglied Gelegenheit, ohne unterbrochen zu werden, sein Bild vorzustellen. Der Reihe nach berichtete jeder über sein Bild – was es ausdrücken sollte; was ihm einfiel, wenn er es jetzt, nach Fertigstellung, ansah.

Anschließend sagte jedes Gruppenmitglied, was ihm zu dem Bild einfiel, wie es auf ihn wirkte. Auch ganz Subjektives, scheinbar Unzusammenhängendes oder Abwegiges konnte berichtet werden. Der jeweilige Protagonist wurde nicht direkt angesprochen. Er hörte sich an, was die anderen nacheinander zu seiner Gestaltung sagten. Es ging stets um das, was das Bild in jedem Einzelnen auslöste. Dies wurde dem Protagonisten zur Verfügung gestellt, solange, bis niemand mehr etwas zu sagen hatte. In einem letzten Schritt berichtete der Protagonist davon, wie es ihm mit den Rückmeldungen ergangen war. Später war dann Gelegenheit, in therapeutischem Umgang auf speziellere Problematik einzugehen. Das soll hier aber außer Acht gelassen werden.

Meine Aufgabe bestand in dieser Phase darin, auf die Einhaltung der beschriebenen Rahmenbedingungen zu achten (keine Wertungen, Ich-Botschaften, keine direkten Fragen, keine Diskussion, emotionaler Schutz des Einzelnen).

3.4.3 Die Methode der gruppengestützten Dialogischen Introspektion

Vergleicht man diese Phase der therapeutischen Arbeit in der Gestaltungstherapiegruppe mit der Methode der Dialogischen gruppengestützten Introspektion, so fällt die Parallelität auf. Diese fordert (Mayer, 1999):

- Gruppengröße 5-9 Personen,
- Information aller Beteiligten,
- Untersuchungsgegenstand wird benannt,
- individuelle Introspektion,
- in der Gruppe reihum berichten – rezeptives Verhalten der Zuhörenden,
- zweiter Durchgang (Erweiterung der eigenen Introspektion, Präzisierung, Differenzierung eigener Wahrnehmung, Retrospektion).

3.4.4 Die Studie „Akzeptanz und Wirksamkeit der Kunst- und Gestaltungstherapie"

Ende 2002 wurde 40 Patienten und Patientinnen in der letzten Gruppensitzung ein nach Kriterien einer anonymisierten qualitativen Befragung (vgl. Kleining, 1995) konstruierter Fragebogen vorgelegt. 39 hatten ihn ausgefüllt. Das Alter variierte von 21 - 55 Jahren, zwei Drittel Frauen und ein Drittel Männer nahmen teil. Unterschiedliche Nationalitäten waren vertreten (ehemaliges Jugoslawien, Polen, Italien, Russlanddeutsche, Deutsche). Nach Krankheitsbildern wurde nicht differenziert.

3.4.5 Ergebnisse

Gestaltungstherapie wurde von allen 39 Teilnehmenden als „hilfreich", von 29 als „sehr hilfreich" bewertet bei der schwierigen Aufgabe, sich zu verändern.

Sie habe einen nicht einfachen, aber hilfreichen Erfahrungsprozess ermöglicht, aus dem man etwas für sich mitnehmen könne. Zu Beginn habe Skepsis und Angst vorgeherrscht. Im Verlauf der Therapie sei es dann möglich gewesen, sich in einer als vertrauensvoll erlebten Atmosphäre für die eigenen Gefühle zu öffnen, sie auszudrücken, Worte zu finden, zu beginnen, sich und andere besser zu verstehen. Man habe festgestellt, dass andere auch nicht so viel anders seien als man selbst. Man habe ein Maß für Gefühle gefunden, sei neugierig auf sich selbst geworden und könne das Gelernte in anderen Situationen anwenden.

Für die Patienten und Patientinnen mit psychosomatischen Krankheitsbildern, bei denen (im tiefenpsychologischen Verständnis) von einer Störung der Introspektionsfähigkeit ausgegangen wird, war dies zunächst nach eigenem Bekunden ungewohnt und schwierig.

Es wurde als „Schwerstarbeit" charakterisiert und schließlich nach Eingewöhnung als „hart aber gut" und außerordentlich hilfreich beschrieben.
Bei der Fragebogenauswertung ließen sich folgende Kategorien finden:

1. Die Introspektions- und Verbalisierungsmöglichkeiten wurden verbessert oder erlernt.

Dies kam in vielen Variationen zum Ausdruck und wurde als etwas Besonderes bewertet:

- Wenn die Bilder gemalt waren und wir darüber gesprochen haben, hat mir das gut getan. Es war befreiend.
- Gut gefallen haben mir die Gespräche.
- Wichtig war, Gefühle zum Ausdruck zu bringen und darüber zu sprechen.
- Man konnte, zumindest ich, über seine Probleme ohne Hemmungen und offen reden. Diese Therapie war mir die liebste.
- Gut gefallen hat mir, dass man über alles sprechen konnte. Ein Bild, eine Zeichnung, jeder sah was anderes darin.
- Dass man einfach alles sagen konnte und in der Runde noch Hilfe bekam.
- Ich lerne, über Gedanken, Probleme, Gefühle frei zu reden.
- Sprechen fällt langsam leichter. Das, was ich bisher geschluckt habe, konnte rauskommen.

2. Affektausdruck, Affektdifferenzierung und Affektintegration wurden verbessert oder erlernt.

Dies wurde ebenfalls häufig als wichtigster Lernschritt bewertet:

- Ich lerne, meine Gefühle besser auszudrücken.
- Am wichtigsten für mich war, dass ich lange Angestautes loswerden konnte, ohne dass mich einer abwertet.
- Es kommt meistens alles von allein.
- Du kannst Deinen Gefühlen freien Lauf lassen.
- Ich ging stets erleichtert wieder raus.
- Sich öffnen, fühlt sich hinterher super an.
- Man muss sonst immer alles für sich behalten.
- Ich konnte mich fallen lassen, Vertrauen haben.
- Man kann, aber man muss nicht aus sich heraus.
- Das ist etwas (Gestaltungstherapie) wo ich meine Gefühle, die ich nicht in Worten erklären kann, ausdrücken kann.
- Ich konnte mein Herz öffnen.
- Ich fühlte mich wie ein Kind, das alles vergisst.

3. Integration verdrängter/abgespaltener Gefühle.

Als wichtigste Erfahrung wurde gleichermaßen berichtet:

- Gedanken, Sehnsüchte, Wünsche zu erkennen, zu äußern und zu verarbeiten.
- Es kommt viel von innen rüber, was versteckt ist.

- Da seh' ich Dinge und kann über Dinge reden, wie ich das vorher nicht konnte. Das kam in den Bildern zum Vorschein und das Sprechen war dann einfacher.
- Man zeichnet seine Gefühle auf. Man kommt mehr ins Nachdenken. Man holt Sachen wieder hervor, die ganz weit weg waren…
- Man hört in sich hinein und man erkennt sich in den Bildern – positiv wie negativ
- Ich kann mich nur schwer mit meinem Inneren beschäftigen. Das lasse ich sonst sein und mache stattdessen alles Mögliche. Die Bilder waren mir eine Hilfe, mich mit mir zu beschäftigen.
- Ich kann mich schwer mit meinem Inneren beschäftigen, ich drücke mich gerne. Zu Beginn war das Schwerstarbeit, dann geht das eigentlich ganz gut.
- Wichtig war, dass einiges raus kam, womit ich mich noch nie beschäftigt habe und wovon ich nicht dachte, dass es für mich wichtig wäre, die Gefühle z.B.
- Ich habe mich mit den Bildern identifiziert und dann was ich für mich verstehen und neu sehen kann.

4. Die introspektive Arbeit in der Gestaltungstherapie wurde als wichtiger/wichtigster Zugang zu sich selbst und zu anderen beschrieben.

- Es hat geholfen, sich selbst zu verstehen, aber auch die Probleme anderer Menschen zu erkennen.
- Gut war, … dass man eigene Probleme aussprechen konnte und denen von anderen zuhört
- Der wichtigste Zugang zu mir und anderen Menschen.
- Man kann sehr viel über sich und andere ausdrücken.
- Man mag am Ende noch, was man gemacht hat und findet's auch noch schön!
- … angenehme Art, meine Schwächen zu erkennen und andere Menschen wahrzunehmen.
- … mithilfe der Gruppe Verstecktes sehen und verstehen.
- Es ist hilfreich, dass die anderen eine andere Sichtweise haben als man selbst. Andere sehen ein Bild oder mich anders als ich das tue. Davon kann ich etwas für mich ableiten.
- Lernen, dass andere dieselben Probleme haben. Wenn ich was von mir zeige, habe ich erfahren, dass andere mir helfen wollen und können und wenn andere ihre Probleme zeigen, will ich auch gerne helfen und kann das auch.

5. Die Lösung aus einschränkendem Verhalten, neue Handlungsperspektiven wurden möglich.

- Ich fand gut, dass man auf Bildern sehen konnte, was ich nicht mache, mich nicht traue, meinen Ärger runterschlucke z.B.
- Man lernt mit seinen eigenen Ängsten umzugehen und rauszulassen, was einen bedrängt oder gefangen hält.
- Ich habe gut gelernt, über mich zu sprechen. In anderen Gruppen dann auch.
- In einem Bild sieht man mehr als man einem Therapeuten sagt.
- Was tun, was man eigentlich nicht kann, war hilfreich.

3.4.6 Schlussfolgerung

Das Verfahren der gruppengestützten Dialogischen Introspektion kann als ein tragendes Moment bei dem Versuch angesehen werden, sich selbst und andere unter einem bestimmten Aspekt – z.B. Zorn, Sehnsüchte, Ängste, Beziehungen – umfassend kennen zu lernen.

Es bietet operationalisiertes und kontrolliertes Vorgehen, wenn es um das Ziel der *Introspektionsfähigkeit* geht. Die Kunst- und Gestaltungstherapie scheint hier eine besonders effiziente Methode zu sein.

Für meine Profession ist dies ein wichtiger Aspekt und kann zur Legitimation herangezogen werden, zumal sie in der Praxis ein geschätztes und als notwendig erachtetes Verfahren ist, was jüngste Umfragen zur Bedeutung von Kreativtherapien in der psychosomatischen Rehabilitation ergeben haben (vgl. Olbrich, 2004).

3.5 Die Dialogische Introspektion in der forschenden Lehre – Ein Werkstattbericht über sozialwissenschaftliches Schreiben und seine Blockaden (Markus R. Friederici & Roman Langer)

Die Dialogische Introspektion ist ein Verfahren, das in Lehr-Forschungs-Werkstätten eingesetzt werden kann, um die Potenziale der Forschungssubjekte für eine regelgeleitete, selbstreflexive sozialwissenschaftliche Theorieproduktion auszuschöpfen. Der vorliegende Beitrag schildert den Einsatz dieses Verfahrens in einem qualitativen Experiment über sozialwissenschaftliches Schreiben, das im Rahmen eines Workshops mit Studierenden durchgeführt wurde, und das in der vergleichsweise kurzen Zeit von 90 Minuten immerhin erste Handlungsorientierungen zur Vermeidung von Schreibblockaden ergab. Vor der Darstellung des Experiments gehen wir zunächst einleitend auf den sozialwissenschaftlichen Hintergrund der Untersuchung ein.

3.5.1 *Wissenschaftshistorischer Hintergrund*

Die sozialwissenschaftliche Lehre kann ihr Potenzial für Forschung, Entdeckung und Theoriebildung weit stärker nutzen als dies bislang der Fall ist. Sie müsste dazu (a) über ein regelgeleitetes, pragmatisches Verfahren sozialwissenschaftlicher Theorienkonstruktion verfügen, das in werkstattförmigen Lehr-Lern-Arrangements eingesetzt, erprobt und weiterentwickelt werden kann; ein Verfahren, das es erlaubt, (b) die Potenziale der Studierenden und Lehrenden als Forschungssubjekte auszuschöpfen und (c) zugleich ihre subjektivperspektivischen Vorverständnisse regelgeleitet miteinander und mit dem jeweils untersuchten Gegenstand zu vermitteln, um sie in reflexive und objektivierte (vgl. Bourdieu, 1993) Kenntnisse der Strukturen des Gegenstandes zu überführen. Ein solches Verfahren würde auf ein zentrales sozialwissenschaftliches Desiderat reagieren, das durch zwei Tendenzen der europäischen Sozialwissenschaft zu verstärkter Selbstreflexion nahe gelegt wird: Sozialwissenschaftliche Theorien reflektierten seit den 1960er Jahren zunehmend, dass die Sozialwissenschaften nicht bloß Beobachter der „gesellschaftlichen Konstruktion der Wirklichkeit" (Berger & Luckmann, 1969) sind, sondern zugleich interessierte Mit-Konstrukteure und Bestandteile ihres Untersuchungsgegenstandes (Problem der „doppelten Hermeneutik", Giddens, 1984). Als Konsequenz daraus soll die Sozialwissenschaft ihre Erkenntnisinteressen (Habermas, 1968) beziehungsweise die Selektivität und Kontingenz ihrer Wirklichkeitsbeschreibungen reflektieren (Luhmann, 1984) und ihre Beziehung zum Untersuchungsgegenstand objektivieren (Bourdieu & Wacqant, 1996). Der Entdeckungs- und Konstruktionsprozess sozialwissenschaftlicher Theorien, im Kritischen Rationalismus als zufällig-willkürliche Akte der Forscherpsyche marginalisiert, rückte so wieder in den Aufmerksamkeitsfokus des sozialwissenschaftlichen Diskurses – ohne allerdings bislang als einigermaßen kanonisiertes, regelgeleitetes Verfahren rekonstruiert worden zu sein. Ein paradigmenübergreifendes, weithin anerkanntes Lehrbuch zur systematischen, regelgeleiteten sozialwissenschaftlichen Theoriekonstruktion existiert nicht.

Die zweite Tendenz zu verstärkter Selbstreflexion der Sozialwissenschaft zeigte sich bereits beginnend mit den Arbeiten von Jahoda, Lazarsfeld & Zeisel (1933/1960) und Herzog (1941). In kritischer Wendung gegen die „kritisch-rationale" Sammlung statistischer Artefakte und die sterilen Begriffssysteme soziologischer Großtheorien suchte sie größere Nähe zum Gegenstand – dem Verhältnis von Individuum und Gesellschaft und den sozialen Problemen, die sich aus diesem Verhältnis ergeben (vgl. stellvertretend Blumer, 1973). Ein zentraler Impuls dieser Debatte ist es, nicht nur die Beforschten, sondern auch die Forscher systematisch als Erkenntnisquelle zu nutzen (vgl. Devereux, 1984). Wie dies geschehen soll, ist nach wie vor Gegenstand extensiver Debatten (vgl. Mruck, Roth & Breuer, 2002; Roth, Breuer & Mruck, 2003; einleitend Mruck & Breuer, 2003 und resümierend Breuer, 2003; Glaser, 2004).

3.5.2 Arrangement und Verlauf des Experiments

Um die Eignung der Dialogischen Introspektion als ein in forschender Lehre einsetzbares Instrumentarium selbstreflexiver Theoriebildung zu erkunden, wählten wir ein werkstattförmiges Setting. Sechs Studierende und zwei Lehrende arbeiteten nach heuristischen Regeln, also ergebnisoffen, zusammen. Als Thema wählten wir „Schreiben und Schreibblockaden" als zentrale Praxis bzw. zentrales Problem sozialwissenschaftlicher Theorieproduktion. Jeder Teilnehmende verfügte über einschlägige Erfahrungen und konnte sich folglich kompetent zum Thema äußern. Ein unmittelbar praxisrelevantes Ziel hatte das Experiment auch. Jeder Teilnehmende sollte zumindest einen Gedanken oder eine Idee mitnehmen, die ihm helfen würde, eine Schreibblockade zu umgehen.

Zu Beginn des Experiments wurden die Studierenden aufgefordert, ihre Augen zu schließen und sich die Situation vorzustellen, sie könnten problemlos schreiben, hätten „einen Lauf". Die Frage war, welche Rahmenbedingungen und welche inneren Vorgänge diesen Zustand erzeugen bzw. begünstigen würden. Nachdem die Studierenden 15 Minuten Zeit hatten, ihre (flüchtigen) Gedanken stichwortartig zu formulieren, wurden die Assoziationen reihum vorgetragen. Den Beschreibungen folgte keine Diskussion, sondern eine weitere 15-minütige Phase, in der jeder das Gehörte auf sich wirken lassen konnte und Gedanken formulieren konnte, die über das Erstformulierte hinausgingen. Die Ergebnisse dieser zweiten Introspektion wurden anschließend ebenfalls nacheinander und ohne Diskussion dargestellt. Nach der Beschreibung gelingender Schreibsituationen ging es dann um das andere Extrem, um das Misslingen von Schreibversuchen. Die Studierenden schlossen erneut die Augen und vergegenwärtigten sich Situationen, in der es ihnen nicht gelingt, etwas Sinnhaftes zu Papier zu bringen. Analog zum vorherigen Schritt folgten Präsentation der vorgestellten Situationen, eine zweite Introspektion und erneute Präsentation. Damit war die Datengenerierung abgeschlossen.

Wie in anderen qualitativ-heuristischen Untersuchungen und in der Grounded Theory in der Glaserschen Version üblich, wurden vor der Untersuchung weder Definitionen noch

Hypothesen gegeben; einschlägige Literatur zum wissenschaftlichen Schreiben war den Studierenden unbekannt. Der Vorteil dieser Vorgehensweise besteht darin, dass die Teilnehmenden ohne Einschränkungen durch autoritative Vorgaben gewissermaßen „open-minded" ihre Erfahrungen dokumentieren können; die einzige Einschränkung, der sie unterliegen, ist der Horizont ihres Vorverständnisses. Der Nachteil besteht darin, dass das Rad manchmal noch einmal erfunden werden muss: Im Grunde schon bekannte Sachverhalte müssen erst mühsam neu formuliert werden – im vorliegenden Fall etwa die Rolle von Emotionen. Die Versuchsleiter gaben deshalb manchmal Formulierungsvorschläge für die Kategorien.

Aus der Analyse auf Gemeinsamkeiten des vorgetragenen Datenmaterials ergaben sich fünf Kategorien: Gefühle, Rahmenbedingungen des Schreibens, Motive und Motivation, Chronologien und Prozesse sowie Strategien. Die Bildung von Kategorien, vergleichbar der Bildung von Clustern im Kontext von Moderationstechniken, ist nicht Teil der Dialogischen Introspektion, erschien uns, den Lehrenden, aber als sinnvolle *Ergänzung*, um sich eine schnelle Orientierung über die mitunter komplexen Sinnzusammenhänge zu verschaffen, die die Studierenden entwickelt hatten.

3.5.3 Datenanalyse und Ergebnisse

Die Analyse der schriftlich festgehaltenen und mündlich in der Gruppe vorgetragenen Introspektionen ergab folgende Ergebnisse.

1. Gefühle

Das Spektrum an assoziierten Gefühlen, die mit dem Schreiben bzw. Nicht-Schreiben-Können in Verbindung gebracht werden, ist vergleichsweise breit gefächert (vgl. auch Ortony, Clore und Collins, 1988). Relativ eindeutig können der Phase, in der ein Schreibender das Gefühl hat, dass es gut oder sehr gut „läuft", positive Emotionen attribuiert werden: Während Spaß eher ein prozessbegleitendes Charakteristikum ist, tritt ein Gefühl des Stolzes ein, wenn das Werk vollbracht ist respektive das Geleistete den eigenen Erwartungen entspricht oder darüber hinausgeht. Lust und Erregung sind ebenfalls Emotionen, die prozessbegleitend eintreten, wobei oftmals nicht das Schreiben an sich diese Gefühle auslöst, sondern die Antizipation der Situation, die eintritt, wenn das Geschriebene den eigenen Erwartungen entspricht oder sie übertrifft.

Negative Gefühle treten hingegen auf, wenn der verfasste Text entweder den eigenen Ansprüchen nicht genügt oder das Schreiben an sich nicht klappen will, weil das weiße Papier wie auch die Zielvorstellungen einen Erwartungsdruck aufbauen, der mitunter nicht nur ein kreatives, sondern das Schreiben an sich verunmöglicht. Ein anfängliches Gefühl der Unruhe kann nun drei verschiedene Gestalten annehmen: Aggression, Angst oder Gleichgültigkeit. Alle drei Ausprägungen können sich wiederum verstärken respektive verstärkt werden: So kann die Aggression beispielsweise zu Ekel werden, die das Schreiben dem Kauen auf einer verdorbenen Frucht gleichmacht, die Angst, zu versagen, kann in einem Horror enden, in dem Szenarien des Studienabbruchs entstehen, und die Gleichgültigkeit, die u.a. mit der Lustlosigkeit einhergehen kann, führt (über die ohnehin permanent vorhandene Isolationssituation) zu Gefühlen tiefster Einsamkeit.

> Wenn das weiße Blatt dann vor mir liegt, dann denke ich daran, wie viel ich noch machen muss, und das erleichtert nicht gerade das Schreiben. (2) 24 Jahre
> Der Abgabetermin rückt näher und näher, und dann bekomme ich so langsam Panik, dass ich nicht rechtzeitig fertig werde und den Schein nicht bekomme. Ich muss in drei Semestern fertig werden, sonst muss ich Studiengebühren bezahlen. (5) 28 Jahre
> Manchmal läuft es einfach, und ich weiß gar nicht so genau, warum. Auf jeden Fall ist das ein super Gefühl, wenn man den letzten Satz geschrieben hat und die Arbeit fertig ist. (1) 22 Jahre

Zusammengefasst: Sozialwissenschaftliches Schreiben ist mit wertenden und motivationsbezogenen Gefühlen verbunden, die sich auf seinen Verlauf und sein Ergebnis beziehen.

2. Rahmenbedingungen

Um Schreiben zu können, muss das Arbeitsumfeld spezifisch strukturiert werden. So müssen im Alltag Schreibzeiten festgelegt werden. Die Teilnehmenden der Introspektion verlassen sich nicht auf spontane, kreative Einfälle, denen dann in nicht festgelegten Phasen nachgegangen wird, sondern betonen die Notwendigkeit von Disziplin und Systematik für ertragreiches Schreiben. Insbesondere die Festlegung von Schreibphasen ermöglicht es, dem Reiz von Handlungsalternativen zu widerstehen – schließlich ist man eine Verpflichtung eingegangen, in eben jener festgelegten Zeit nur dem Schreiben nachzukommen. Gäbe es diese Verpflichtung nicht, könnte eine reizvolle und attraktive Ablenkung eher erfolgreich sein. Festgelegte Schreibphasen sind auch deshalb vorteilhaft, weil sie positive Emotionen mit sich bringen – man freut sich, nach dieser Zeit über den Rest des Tages respektive der Freizeit auch frei bestimmen zu können. Hinzu kommt das Wissen, in eben jener Zeit regelmäßig etwas zu tun oder getan zu haben, um den eigenen Schreibzielen näher zu kommen. Nachteil einer solchen Vorgehensweise liegt in dem Zwang, den eine Zeitrestriktion auslöst: Der Schreibende ist sich bewusst, dass er in genau dieser Zeit etwas zu Papier bringen muss. Der so erzeugte Handlungs- bzw. Schreibdruck kann den Schreibprozess blockieren und die Qualität des Geschriebenen verringern.

> Ich kann nicht so zwischendurch an einem Text schreiben. Ich brauche Zeit, und ich brauche Disziplin, sonst geht gar nichts. (3) 24 Jahre
> Es gibt so viele schöne Dinge, die man machen kann, und die meisten fallen einem ein, wenn man Schreiben muss. (6) 30 Jahre
> Wenn ich mir einen Tag frei halte, um etwas zu schreiben, und am Ende des Tages nichts in den Computer reingehämmert habe, dann ist das schon sehr deprimierend. (5) 28 Jahre

3. Motive und Motivation

Die Aspekte, die das Schreiben motivieren, sind sowohl intrinsischer als auch extrinsischer Natur. Die Intensität der extrinsischen wie intrinsischen Motivation ist es letztlich auch, die den *Output*, die Produktivität bestimmt – wobei hiermit zunächst nichts über die Qualität des Geschriebenen gesagt ist, sondern lediglich über ein *Wollen*, also das Ziel, etwas zu

Papier zu bringen. Hier treibt ein Interesse am Thema zum Schreiben an. Extrinsisch motivierend wirken beispielsweise positive Gefühle, von denen die Teilnehmenden wissen, dass sie sich einstellen, wenn das Pensum erledigt und zudem das Ergebnis mindestens zufriedenstellend ist. Ansonsten baut extrinsische Motivation darauf auf, für die erbrachte Schreibleistung einen Lohn zu erhalten – in Form von Anerkennung und Respekt. Zudem soll die Arbeit dazu beitragen, Ziele zu erreichen: So stellt eine erfolgreiche Arbeit einen Baustein eines Abschlusses und somit einer beruflichen Perspektive dar, die den Zielvorstellungen des Schreibenden entspricht.

Doch es sind nicht nur diese positiven, extrinsischen Motivatoren, die zum Schreiben anhalten. Regularien wie die Prüfungsordnung zwingen Studierende mitunter zum Verfassen von Texten, was positive Emotionen, die aus der intrinsischen Motivation erwachsen, überlagern oder gar verdrängen kann.

> Ich will mir auch selber beweisen, dass es ich es kann. Und wenn ich es geschafft habe, will ich es auch richtig genießen. (4) 27 Jahre
> Ich war zwei Jahre bei der Bundeswehr und war total ausgehungert nach Input. Ich konnte es gar nicht erwarten, die erste Arbeit zu schreiben. (3) 24 Jahre
> Die Prüfungsordnung legt fest, was man wann wie erreichen muss. Und wer sich nicht daran hält, bekommt Schwierigkeiten. So einfach ist das. (2) 24 Jahre

4. Chronologien und Prozesse

Das Schreiben wird von den Teilnehmenden der Introspektion als Prozess wahrgenommen, dem unterschiedliche Gefühle vorausgehen, der Gefühle erzeugt und an dessen Ende ein Produkt steht, das ebenfalls Gefühle provoziert. Positive Gefühle, die im Verlauf des Schreibens entstehen, können ein *Flow*-Gefühl verursachen, ähnlich den Glücksgefühlen eines Langstreckenläufers.

Dem gegenüber stehen Reize, die vom Schreibprozess ablenken, wie beispielsweise das Fernsehen oder der Haushalt. Sie können dazu führen, dass sich eine negative Stimmung zum Schreiben einstellt und somit der Erfolg beim Schreiben gefährdet wird.

Um diesen Reizen entgegen zu wirken, ist es nützlich, in den Prozess des Schreibens Routinen einzubeziehen, die es erleichtern, beim Schreiben zu bleiben oder sogar die Sicherheit geben, das angestrebte Pensum auch erfüllen zu können. Die Organisation der Routinen wird durch Vorbereitung erleichtert – beispielsweise durch die Sortierung von Literatur, den Einkauf von Nahrungsmitteln, die Teil eines Belohnungssystems sind oder durch das Ausschalten des Handys, um unvorhersehbaren Einfluss „von außen" zu minimieren.

> Manchmal, wenn es richtig gut läuft, dann schreibe ich mich in so eine Art Rausch, und das Schreiben bringt dann richtig Spaß. (3) 24 Jahre
> Wenn man zu lange Fernsehen schaut, wird man träge. Wenn ich die Kiste ausmache, habe ich erstmal Lust auf gar nichts. Und erst recht nicht, mich an den Schreibtisch zu setzen und mich mit wissenschaftlichen Fragestellungen zu beschäftigen. (6) 30 Jahre
> Handy aus, Fernsehen aus, Musik aus. Und dann nach einem Muster vorgehen: Literatur sortieren, Gliederung anlegen, und dann: Schreiben! (1) 22 Jahre

5. Strategien

Strategien, um einen möglichst reibungslosen Ablauf des Schreibprozesses zu gewährleisten, werden sowohl vor als auch während des Schreibens umgesetzt. Zu den strategischen Vorleistungen zählen, wie bereits angedeutet, die Ausschaltung möglicher Störfaktoren, aber auch eine realistische Planung des angestrebten Tagespensums. Zudem kann eine intensive, inhaltliche Vorbereitung wie die Literaturrecherche oder das Quellenstudium den Einstieg in das Schreiben wie auch den Schreibprozess deutlich erleichtern. Zu einer realistischen Planung zählt dabei die Unterteilung der zu leistenden Aufgabe in Teilaufgaben, die nacheinander, „Step-by-step", abgearbeitet werden. Eine solche Planung gibt nicht nur die Sicherheit, das angestrebte Ziel erreichen zu können, sondern sorgt zugleich für positive Emotionen, wenn jeweils einer der Arbeitsschritte vollzogen ist und mit einem „Häkchen" versehen werden kann.

Im Schreibprozess ist dann das Einhalten von aktiven Erholungspausen – also nicht beispielsweise der passive Konsum von Bildern oder Informationen – von Bedeutung, um neue Energien zu mobilisieren und sich auf das Arbeitsziel fokussieren zu können. Hier können sowohl Bewegungspausen als auch der (mitunter auch themenbezogene) Austausch mit Anderen die notwendige Entspannung bringen, um die Aufgabe energisch zu beenden. Physische Bewegung kann dabei einen kathartischen Effekt erfüllen, da (Denk-) Blockaden über körperliche Anstrengungen respektive Erschöpfungen gelöst werden können. Wichtig ist es, bei Abweichungen von den Zielvorgaben nicht in Selbstmitleid oder Selbstbeschuldigungen zu verfallen, da diese emotionalen Zustände einen kreativen Schreibfluss nicht fördern.

> Ich setze mir immer kleine Ziele, die ich dann abhaken kann. Und für jedes erreichte Ziel gönne ich mir eine Belohnung: Kaffee, Gummibärchen oder Mails schreiben. (6) 30 Jahre
> Ich lege mir immer im Vorfeld fest, was ich erreichen will, damit ich ein Ziel habe. Ohne Ziele ist es schwer. Und dann arbeitete ich die Punkte Stück für Stück ab. (2) 24 Jahre

3.5.4 Empfehlungen zur Vermeidung von Schreibblockaden: Aller guten Dinge sind ... acht

Im Anschluss an die Zuordnungs- und Analysephase durch die Lehrenden wurden auf der Basis des Datenmaterials Empfehlungen formuliert, die die Gefahr einer Schreibblockade minimieren sollen:

1. Setze dir erreichbare Ziele und plane realistisch.

Um ein angestrebtes Arbeitsziel zu erreichen, sollte sich der Schreibende sowohl inhaltlich als auch zeitlich realistische Ziele stecken. Eine wissenschaftliche Arbeit ist nicht an einem Tag zu schreiben, und das, was geschrieben wird, ist zunächst vorläufig und kann bzw. muss durch begleitendes Literatur- und Quellenstudium verbessert werden.

2. Suche und meide aktiv Situationen.

Der Arbeitsprozess sollte eine Struktur aufweisen, die die Sicherheit gibt, das angestrebte Pensum auch erreichen zu können. Um positive Gefühle zu erzeugen ist es wichtig, Situationen, die eben jene Gefühle erzeugen (können), aktiv zu suchen, beispielsweise eine Belohnung nach einem erfolgreich durchgeführten Arbeitsschritt. Ebenso sollten Situationen gemieden werden, die den Arbeitsprozess verlangsamen respektive die Motivation senken, beispielsweise ein ausgedehntes Essen oder eine ausgiebige Fernsehpause. Wichtig ist, dass die Entstehung negativer Emotionen, die den Schreibprozess erschweren oder blockieren können, verhindert wird.

3. Lerne deine Bedürfnisse und Motive besser kennen.

Negative Emotionen und nachlassende Motivation können nur wirksam „bekämpft" werden, wenn der Schreibende weiß, welche Situationen und Entwicklungsverläufe eben jene Emotionen provozieren. So sollte sich der Autor im Vorfeld einer wissenschaftlichen Arbeit zunächst Gedanken darüber machen, was er mit dieser Arbeit erreichen will, wie wichtig ihm eben jene Zielerreichung ist, was mit der Anfertigung und Abgabe der Arbeit bewirkt wird und welche Motive „hinter" dem Schreiben stehen. Das Bewusstmachen eben jener Aspekte trägt maßgeblich dazu bei, die eigenen Bedürfnisse kennenzulernen und legt den Grundstein für eine realistische Einschätzung und Planung des Schreibprozesses.

4. Akzeptiere das Schreiben als Prozess mit Höhen und Tiefen.

Einen Schreibprozess so zu gestalten, dass alles ohne Verunsicherung und Unzufriedenheit „läuft", ist auch bei bester Vorbereitung nicht möglich. Ist ein Schreibender sich dieses Umstandes bewusst, sollte er sich von einer Krise nicht aus dem Konzept bringen lassen.

5. Schaffe Rahmenbedingungen, die die Entwicklung einer positiven Einstellung zum Schreiben befördern.

In der Regel treten nur wenige Schreibende trotz Interesse am Thema mit Euphorie in den Schreibprozess ein. So gilt es, Rahmenbedingungen zu schaffen, die die Schreibmotivation erhöhen oder zumindest erhalten – oder sogar einen *Flow* entstehen lassen.

6. Anerkenne deine Leistung und belohne dich.

Eine realistische Einschätzung der eigenen Leistungsfähigkeit beinhaltet auch, eine erbrachte Leistung würdigen zu können. Um die Motivation aufrecht zu erhalten, sollte das Erreichen von (Teil-) Zielen belohnt werden, was positive Emotionen erzeugt, die dann den weiteren Schreibprozess erleichtern können.

7. Suche bei Problemen den Austausch mit Anderen.

Sollten positive Emotionen und Motivation nicht durch die Gestaltung der Rahmenbedingungen zu beeinflussen sein und ein Problem entstehen, dass sich nicht beheben oder minimieren lässt, sollte der Schreibende den Austausch mit Anderen suchen. Erfahrungen Gleichgesinnter, die ähnliche Probleme meistern mussten, aber auch die Ablenkung vom Thema können dazu beitragen, negative Emotionen zu beseitigen oder zu minimieren und den Schreibprozess neu zu initiieren.

8. Finde das Interessante im Thema.

Das Schreiben fällt besonders schwer, wenn das zu bearbeitende Thema als uninteressant erlebt wird. Sollte dies der Fall sein, können Disziplin, Zeitmanagement und ein ausgeklügeltes Belohnungssystem nur begrenzt eine positive Arbeitsstimmung erzeugen. So gilt es im Vorfeld des Schreibens, bei der Themenfindung und der Formulierung einer erkenntnisleitenden Frage- oder Problemstellung das Interessante im Thema zu finden – eine Sichtweise oder Perspektive, die für den Schreibenden bedeutsam ist und somit motivierenden Charakter hat.

Abschließende Aufgabe war es, diese Empfehlungen auf die „eigene" Schreibsituation zu übertragen.

3.5.5 *Diskussion, Bewertung und Ausblick*

Das Experiment erzeugte die geschilderten Ergebnisse wie gesagt in kurzer Zeit. Um dies zu gewährleisten, haben die Versuchsleiter – dies wurde schon angedeutet – den Teilnehmenden Kategorien angeboten, unter die sie ihre Erfahrungen subsumieren konnten. Dies widerspricht dem Prinzip des *theory emerging from data*, ist aber, sofern es eben nicht um Theoriebildung geht, sondern darum, den Beforschten Erkenntnisse direkt zurückzugeben , die für sie eine praktische Relevanz haben, ein begrenzt vertretbares Vorgehen. Der Vorteil ist, dass die übliche Einseitigkeit in der Forschungssituation (Beforschter informiert, Forscher gewinnt Erkenntnisse) aufgehoben wird; der Nachteil besteht darin, dass dieses Verfahren noch sehr stark unkritischen Moderationsverfahren gleicht, die die Aussagen der Teilnehmenden letztlich in vorgefertigte, interessengeleitete Schemata einordnen. Dies ist ein Dilemma, das letztlich nur in längeren Forschungsprozessen aufgelöst werden kann, in denen alle Forschungssubjekte die Möglichkeit haben und die nötigen Kompetenzen entwickeln, analytische Systematisierungen in kooperativer Analyse und in konsequenter Kritik interessierter, selektiver Perspektiven zu entwickeln. Das vorgestellte Experiment und seine Ergebnisse stellen also eine erste vorläufige Gruppierung der Daten dar, nicht aber eine abgeschlossene Analyse gemäß den Regeln der qualitativen Heuristik. Sie würde die gesellschaftlichen, hier auch spezifisch dem Wissenschaftsbetrieb geschuldeten Bedingungen der Schreibblockaden und -erfolge, ja der im Text genannten Faktoren selbst nachzeichnen und damit notwendig in Kritik am Wissenschaftsbetrieb umschlagen – und genauer aufweisen, welche der hier gegebenen Empfehlungen auf Grund gesellschaftlicher Prägungen der Akteure eben nicht so leicht umsetzbar sind, wie es den Anschein haben mag.

Die Ergebnisse zeigen gleichwohl, dass mit Dialogischer Introspektion schnell handlungsrelevante Ergebnisse erzeugt werden können. Eine durchgeführte heuristische Analyse würde diese Ergebnisse kaum widerlegen, sondern eher qualifizieren und konkretisieren: Handlungsempfehlungen würden dann nicht mehr abstrakt erscheinen, sondern konkret auf sehr unterschiedliche Situation bezogen werden können und die strukturellen Widerstände, die sich scheinbar leichten Lösungen entgegen stellen, ebenfalls thematisieren und damit den Horizont realistischer Änderungschancen überhaupt erst sichtbar machen.

Das Experiment demonstriert, dass die Dialogische Introspektion geeignet ist, um in der forschenden Lehre eingesetzt zu werden. Ihr erster unmittelbar einsichtiger Nutzen für die Lehrforschungspraxis besteht in der systematischen Klärung individueller Vorverständnisse und Vorerfahrungen. Im vorliegenden Fall explizierten die Teilnehmenden ihre Erfahrungen mit wissenschaftlichem Schreiben. Sofern die Teilnehmenden, zweitens, bereits über eine sozialwissenschaftliche Vorbildung verfügen, kann die Dialogische Introspektion als regelgeleitetes Verfahren zur systematischen Nutzung der theoretical sensitivity (Glaser, 1978) der Forschenden eingesetzt werden. Die Ausschöpfung der Kenntnisse und Kompetenzen der Forschungssubjekte ist damit im Vergleich zu anderen wissenschaftlichen Verfahren als hoch einzuschätzen. Während die subjektiven Einsichten und Erfahrungen der Forschungspersonen genutzt werden, überwindet die nach heuristischen Regeln verfahrende Dialogische Introspektion zusätzlich die Einseitigkeiten der persönlichen Perspektiven, indem sie in verschiedenen Phasen des geschilderten *Settings* dafür sorgt, dass die Perspektiven aufeinander bezogen und auf Gemeinsamkeiten analysiert werden.

Für eine einzelne Sitzung sind dies beträchtliche Erkenntnisschritte, die sich in Richtung einer Theorie des wissenschaftlichen Schreibens weiterentwickeln ließen. Um dies zu illustrieren, sollen kurz zwei Dimensionen angedeutet werden, die durch die Analyse entdeckt wurden:

Sich auskennen mit dem Thema mit den Abstufungen: zu gut/gut, „angemessen"/zu wenig.

Wenn man sich mit einem Thema nicht gut auskennt, ist dies für den Schreibprozess eher hinderlich. Der Schreibende kann dann Wesentliches von Unwesentlichem nicht trennen und verzettelt sich in Nebenzweigen; oder der unzusammenhängende Flickenteppich disparater Themenblöcke wirkt lähmend, da ein Überblick fehlt. Sich gut auszukennen in einem Thema dagegen ist tendenziell förderlich fürs Schreiben. Allerdings kann man sich auch zu gut auskennen, wobei zwei Varianten zu unterscheiden sind: Entweder, erste Variante, ist das Thema dem Autor so sehr bekannt, dass es ihm zu langweilig ist, darüber zu schreiben. Es hängt ihm „zum Hals heraus", die Lust, darüber zu schreiben, ist längst vergangen. Wenn er allerdings immer noch Interesse für das ihm sehr bekannte Thema hat, wird er kaum Probleme haben, zügig etwas „herunterzuschreiben". Oder, zweite Variante, der Autor ist selbst sein schärfster Kritiker und sieht komplexe Verzweigungen und ungeklärte Probleme, die weniger informierte Personen vielleicht gar nicht bemerken würden, und kann daran scheitern oder resignieren, diese Komplexität so zu begrenzen, dass sie in einen Text gegossen werden kann. Dagegen kann der Halbwissende, der einseitig nur einen bestimmten Ausschnitt eines Themas sieht, aber davon überzeugt ist, dieser Ausschnitt sei die ganze Wahrheit, motiviert „seine" Wahrheit aufschreiben.

Ablenkung/Konzentration mit den Ausprägungen: zu wenig/genau richtig dosiert/zu viel.

Es gibt Situationen, in denen ein Autor zu wenig abgelenkt ist vom Schreiben. So wirkt es auf einige Personen beengend, wenn sie in einer Bibliothek von lauter anderen Schreibenden „eingeschlossen" sind und sie ihre Blicke, ihren Körper oder ihre Gedanken zu wenig oder zu selten von der Schreibarbeit weg lenken können. Sie sind gewissermaßen zu stark konzentriert – das äußert sich an einem verbissenen „Kleben" an bestimmten Stellen oder einem „Verbeißen" in eine Idee – und verlangt danach, sich zu lösen, eine distanziertere Haltung einzunehmen. Wesentlich auffälliger allerdings ist das gegenteilige Phänomen – dass es etwas gibt, was die Aufmerksamkeit der Schreibenden von ihrem Schreiben ablenkt und auf sich konzentrieren lässt: schöne oder belastende private Situationen, Personen und Ereignisse. Die „richtige Dosierung" scheint ein Wechselspiel aus Konzentration/Anspannung und Ablenkung/Entspannung zu sein, die zugleich verschiedene Tätigkeiten variiert: Zwischen den Phasen konzentrierten Schreibens geht man kurz spazieren oder treibt Sport, spricht mit jemand anderem, isst, verschafft sich einen Überblick über die Textstruktur aus der Vogelperspektive, träumt.

3.6 Die Dialogische Introspektion als Element der Beratung von Non-Profit-Organisationen (Markus R. Friederici)

„Die Dialogische Introspektion kann dazu beitragen, akteursbezogene wie strukturelle Probleme in Organisationen zu minimieren."

Um diese Hypothese mit Inhalt zu füllen, sollen im Folgenden die Potentiale wie auch Grenzen der Methode in einem Praxisfeld – der Beratung von Non-Profit-Organisationen (NPOs) – diskutiert werden. So wird nach einer kurzen Darstellung der Methodenvielfalt im Rahmen der NPO-Beratung die Dialogische Introspektion als ergänzendes Verfahren in diesem Beratungssegment vorgestellt. Doch zunächst ein kurzer Blick hinter die Kulissen der NPO-Beratung.

3.6.1 Die NPO-Beratung

Im Rahmen einer Beratung von NPOs werden in der Regel Teilsysteme der Organisation – ein Team, eine Arbeits- oder Projektgruppe, mitunter aber auch einzelne Akteure – fokussiert und im Hinblick auf eine Verbesserung der Kommunikations-, Kooperations- und Organisationsfähigkeit und ihrer internen Vernetzung untersucht – mit dem Ziel, eben jene Vernetzungen auf unterschiedlichen strukturellen und individuellen Ebenen zu erkennen, Defizite auszumachen und die erlangten Erkenntnisse in ein zweckmäßiges Handeln (für die Organisation) zu übersetzen.

Zu diesem Zweck werden im Rahmen der Beratung von Non-Profit-Organisationen u.a. die organisationalen Strukturen, die Informations- und Arbeitsabläufe, die Interaktionsverläufe und Kommunikationswege sowie die Informationsspeicher und -bearbeiter analysiert, um die Effektivität und Effizienz von Vorgängen in der Organisation (und somit letztlich auch den wie auch immer definierten *Output*) zu optimieren. Die Notwendigkeit einer Beratung besteht allerdings im Gegensatz zur Unternehmensberatung nicht in der Verbesserung oder Positionierung eines Unternehmens im Markt oder der Humanisierung der Arbeitswelt; schließlich verfolgen NPOs als soziale Gebilde (zumindest primär) keine kommerziellen (Rendite-) Interessen, sondern dienen gemeinnützigen, sozialen, kulturellen oder wissenschaftlichen Zielsetzungen ihrer Mitglieder. Ist die Erreichung dieser Zielsetzung(en) in Gefahr, bietet sich – sollten die internen Wissens- und Hilfsquellen versiegt sein – eine externe Beratung an.

Ziel der Beratung kann es dann sein – ähnlich den Beratungszielen in anderen Organisationstypen – Arbeitsabläufe zu optimieren, Informationsverluste zu vermeiden oder zumindest zu minimieren, die Sinnhaftigkeit und Tragfähigkeit bestehender Kompetenz- und Machtstrukturen in bestehenden Teams in Frage zu stellen bzw. zu modifizieren oder die

Flexibilität, Veränderungsbereitschaft und Innovationsfähigkeit der organisationalen Akteure zu erhöhen. Die Strukturbesonderheiten von NPOs erfordern es aber auch – und das in weit stärkerem Maß als im Bereich der Unternehmensberatung – die Arbeit und das Engagement der organisationalen Akteure zu würdigen und ihre Meinungen und Bedürfnisse in entsprechenden Konzeptionen zu berücksichtigen, da die Leistungsbereitschaft sich in NPOs, stärker (noch) als in Unternehmen, aus einer intrinsischen Motivation speist und daher die individuelle Wahrnehmung von Problemlagen und der Grad einer möglichen Emotionalisierung im Hinblick auf antizipierte Handlungsfolgen in die Konzeption einer Beratung einfließen müssen, damit die entwickelten Maßnahmen den gewünschten Erfolg erzielen.

So offenbaren empirische Untersuchungen (Friederici, 2007) einen interessanten Zusammenhang: Je kompetenter sich die Funktionsträger in NPOs aufgrund ihrer Alltagserfahrungen im Hinblick auf die Lösung von Problemen einschätzen, desto wichtiger ist die Einbettung (auch möglicherweise unzutreffender oder gar kontraproduktiver) individueller Einschä*tzung*en in ein zu erstellendes Maßnahmenpaket, respektive Strategiepapier. Will sich ein ins Schlingern geratenes Unternehmen im Markt behaupten, muss es schnell und konsequent agieren – was in der Regel die Umsetzung der (mehr oder minder gemeinsam erarbeiteten) Vorschläge bedeutet. In NPOs tritt hier mitunter der garbage-can-Effekt ein: Da in der Regel auch bei massiven Problemen die Existenz im Markt (bzw. im Dritten Sektor) nicht gefährdet ist, sucht man bei „Nichtgefallen" der erarbeiteten Strategie zunächst nach Alternativen, die in vergangenen Zeiten schon einmal angedacht waren aber verworfen wurden und kramt diese wieder aus dem Entscheidungs-Mülleimer der NPO hervor. Eine durch diese Vorgehensweise initiierte Verschleppung dringend notwendiger Veränderungen kann zu weiteren Problemen innerhalb der NPO führen, da die Unzufriedenheit mit dem Ist-Zustand (weiter) wächst und so grundlegende, strukturelle Veränderungen erschwert.

Sind bestehende Strukturen im Hinblick auf die Zielerreichung nicht mehr tragfähig oder gar nicht vorhanden, so wird der NPO-Berater auch zu einem NPO-Entwickler, der Strukturen idealtypischerweise so kreiert, dass die Akteure nicht nur effizient die Arbeitsaufgaben erledigen können, sondern einen Raum finden, sich in ihrer Tätigkeit zu verwirklichen und zu entfalten, sich mit Zielen zu identifizieren und neben Engagement und Initiative auch Verantwortung zu übernehmen. So basiert die NPO-Entwicklung nicht nur auf der technischen und organisatorischen Entwicklung von Strukturen und Abläufen, sondern auch auf der Schaffung von Möglichkeiten zu zwischenmenschlicher Kommunikation, in deren Rahmen nicht zuletzt auch die in der Organisation herrschenden Normen, Werte und Machtkonstellationen als Teil der Organisationskultur verinnerlicht werden. Organisationsentwicklung wie auch -beratung setzen dabei auf drei Ebenen an:

a. der Organisationsentwicklung, bei der es primär um die Bearbeitung von Strukturen und Prozessen geht,
b. der Teamentwicklung, die die Zusammenarbeit der Akteure fokussiert, und
c. der akteursbezogenen Entwicklung, die die „Arbeit am Menschen" – seiner Weiterbildung, Schulung und Qualifizierung – in das Zentrum der Betrachtung rückt.

Ziel einer Beratung ist es dabei, unabhängig von der Analyseebenen und dem theoretischen Hintergrund, der Organisation respektive ihren Funktionsträgern dabei zu helfen, Probleme zu lösen oder aber erwartete problematische Transformationsprozesse – wie Organisationsumgestaltungen, Rationalisierungs- und Technisierungsprozesse oder ein neues Wissens- und Qualitätsmanagement – so zu begleiten, dass diese möglichst reibungslos ablaufen. Das Spektrum der angebotenen Beratung reicht hier, je nach Qualifikation und Problemdefinition, vom Trainer mit pädagogischer Ausbildung, der Lernprozesse initiiert und Wissen vermittelt, über den Moderator, der Kommunikationsprozesse moderiert („mäßigt"), den Mediator, der mittels eines entsprechenden Instrumentariums bestehende Konflikte löst oder zumindest regelt und den Supervisor, der berufsspezifische Unterstützung und Entwicklung von Handlungskompetenz anbietet bis hin zum Gutachter, der nach einer Organisationsanalyse Expertisen erstellt und dem Fachberater, der sich auf ein eingegrenztes, meist inhaltlich-sachliches Problem konzentriert (z.B. zu technischen Fragen, Arbeitsabläufen).

Aufgrund der Strukturbesonderheiten in NPOs gibt es hier im Falle einer Intervention in weit geringerem Umfang „goldene Regeln" der Beratung, die zumeist für die Beratung in und von Unternehmen gelten. Rationalisierung, die Computerisierung von Arbeitsabläufen und der Arbeitsplatzabbau können beispielsweise im Bereich der sozialen Arbeit sogar einen kontraproduktiven Charakter haben, da beispielsweise die Arbeit von ehrenamtlichen Mitarbeitern maßgeblich durch eine intrinsische Motivation bestimmt wird, die sich durch die o.g. Maßnahmen verändern kann. So ist es angeraten, auch und gerade in NPOs im Rahmen einer Prozessberatung, die die soziale Dimension in die Organisationsanalyse einbezieht, die Interaktions- und Handlungsmuster der Akteure zu erfassen. Auch das Coaching oder eine systemische Beratung hilft hier mitunter bei der individuellen Problemlösung.

Nun setzen eine Reihe von Trainern, Coaches, Gutachter etc. – der Einfachheit halber als Berater bezeichnet – auf ihren Erfahrungsschatz und Gespräche mit ausgewählten Funktionsträgern. Nicht zuletzt ist es auch die Dringlichkeit von Veränderungen, die der Möglichkeit, langwierige empirische Erhebungen durchzuführen und Datenmaterial auszuwerten, Grenzen setzt. Ähnlich verhält es sich auch im Bereich der NPO-Beratung. Auch hier wird, wie bei den vom Bundesministerium für Familie, Senioren, Frauen und Jugend geförderten Senior-Trainern, einem bestehenden Erfahrungswissen vertraut, das sich mitunter aus sehr unterschiedlichen Ansätzen speist. Zentral im Bereich der NPO sind u.a. das Freiburger Modell von Schwarz, Purtschert, Giroud und Schauer (2005) zu nennen, ferner Merchels Ausführungen über die Organisationsgestaltung in der Sozialen Arbeit (2005), Nährlich und Zimmer über das Management in Non-Profit-Organisationen (2001) und Badelt, Meyer und Simsas. „Handbuch der Non-Profit-Organisation" (2007) – natürlich neben den grundlegenden Arbeiten wie dem Prozessberatungsansatz von Schein (1999), Weicks und Sutcliffes Arbeit über das Managen des Unerwarteten (2003), Rosenstiels Ausführungen zum Managen von Motivation (2003), Klebert, Schrader und Straubs Moderationsmethode (2002) und Senges „Fünfte Disziplin" (1996).

3.6.2 Methoden(vielfalt) in der NPO-Beratung

Trotz oftmals knapper finanzieller Ressourcen insbesondere von kleinen und kleineren NPOs finden wir im Kontext der Beratung neben Kurzinterventionen und Einzel- oder Experteninterviews unterschiedliche Methoden, die zur Erfassung von Zusammenhängen und Problembereichen verwendet werden. Je nach Erkenntnisinteresse greifen Berater –

neben ihrem mehr oder minder umfangreichen Erfahrungsschatz – auf überwiegend qualitative Verfahren zurück, um Ursachen von Konflikten zu ergründen, Zielvorstellungen zu definieren oder Perspektiven kommunikativen Handelns zu entwickeln – angefangen bei narrativen Interviews über explorative Befragungen bis hin zu teilnehmenden Beobachtungen und quasi-therapeutischen Gesprächen. Die Dialogische Introspektion kann dieses Methodenspektrum, nicht zuletzt aufgrund der vergleichsweise hohen Bedeutung, die dem Faktor Zeit in der Beratung im Allgemeinen zukommt, durchaus sinnvoll ergänzen. So werden die Sicht- und Erlebnisweisen der Akteure zwar auch mit vorhandenen Methoden der Organisationsberatung und -entwicklung erfasst; allerdings ist der introspektive Anteil dieser Methoden begrenzt, so dass es lohnend erscheint, direkt mit einer introspektiven Methode zu arbeiten, um die organisationale Wirklichkeit wie auch die Konstruktionsmuster der Akteure (noch besser) zu erfassen.

Introspektive Elemente existieren in der Organisationsberatung bereits in einer Reihe von Verfahren, beispielsweise in Form von Arbeitsgruppendiskussionen, in denen Akteure ihre Erfahrungen zu einem spezifischen Thema mitteilen, oder in der Supervision, in der jeder Teilnehmende zur Situation in der Organisation Stellung beziehen kann; auch hier kommt es zu Prozessen der Selbstwahrnehmung und Selbstbeobachtung. Einige Ansätze der Organisationsentwicklung weisen auch eine Nähe zur humanistischen Psychologie auf. In Workshops zur Teamentwicklung wird beispielsweise mit Methoden gearbeitet, die einen introspektiven Anteil haben. Auch bei Szenario-Techniken – einer Methode der strategischen Planung, die auf der Entwicklung und Analyse antizipierter extremer oder typischer Entwicklungen beruht – kann es innerhalb der methodischen Umsetzung introspektive Elemente geben.

Die Dialogische Introspektion ließe sich im Feld der Methodologien vermutlich am ehesten als ein Aktionsforschungsansatz charakterisieren, da sich im Rahmen des Verfahrens eine Reihe von Berührungspunkten zwischen Forschung und Beratung ergeben – schließlich eröffnet eine Beratung, die nicht monodirektional, sondern in Form eines Austausches an Fachwissen zwischen Organisationsmitglied(ern) und dem Berater angelegt ist, Ansatzpunkte für (Nach-) Erhebungen, dessen Ergebnisse wiederum in die Beratung eingehen. Die Dialogische Introspektion gleicht somit einem zirkulären Prinzip, dessen Ende durch den Auftraggeber oder den Berater festgelegt wird.

3.6.3 *Die Dialogische Introspektion in der Beratung von NPOs*

Da es bei einer Introspektion um die Erinnerung und das Bewusstmachen des Erlebten und Gedachten geht, ist das Verfahren breit einsetzbar (vgl. Kleining & Witt, 2000) – von der Rezeption ausgewählter Medien, die in einer NPO verwendet werden über Erfahrungen mit Hierarchien und Rollenzuweisungen bis hin zu inneren Vorgängen wie Phantasien, Entscheidungs- oder Gefühlsprozessen, die im Verlauf organisationaler Dynamiken entstehen.

Im Rahmen der NPO-Beratung sollte die Introspektion nach dem Standardverfahren angeleitet werden (vgl. 1.4). So erfolgt zunächst eine individuelle Introspektion, in der die Teilnehmenden mit spezifischen Situationen konfrontiert werden – beispielsweise sich vorzustellen, dass in den alltäglichen Handlungszusammenhängen in der NPO keinerlei Probleme auftreten, alles „rund" läuft. Die Teilnehmenden werden dann aufgefordert, zu berichten: Wie verläuft die Kommunikation, wer spricht mit wem, wie laufen Prozesse ab, welche Emotionen stellen sich ein? Erkenntnistheoretisch betrachtet geht es bei der Dialogischen Introspektion wie auch anderen qualitativen Verfahren neben der Beschreibung und Erklärung auch um die Entdeckung von Tatbeständen und Sachverhalten; die Fragen können dabei so ausgestaltet werden, dass sie im Kontext einer Organisationsberatung drei Perspektiven dokumentieren – je nachdem, welche Zielsetzung mit der Dialogischen Introspektion verfolgt wird:

- Die Exploration des tatsächlichen vorhandenen Erlebens von spezifischen oder frei ausgewählten Organisationsgegebenheiten (organisationaler *Ist-Zustand*).
- Die Exploration des Erlebens von spezifischen oder frei ausgewählten gewünschten Organisationsgegebenheiten (organisationaler *Soll-Zustand*).
- Die Exploration von Meinungen und Ansichten zur vermuteten Entwicklung von Organisationsgegebenheiten (organisationaler *Wird-Zustand*).

Dabei empfiehlt es sich, die Funktionsträger in die Konzeption von Maßnahmen und Strategien zu integrieren. Gelingt das nicht, so fehlt möglicherweise eine Identifikation mit den Vorschlägen des Beraters, so dass diese nicht oder nur in Teilen umgesetzt werden. So gilt es für den Berater, nicht nur die „nackten" Zahlen und Fakten zu erheben, sondern die Lebenswirklichkeit der Entscheidungsträger und ihre (Re-) Konstruktionsmuster in NPOs zu erfassen, um die Wahrscheinlichkeit der Umsetzung angedachter Maßnahmen zu erhöhen. Und auch hier bietet sich die Dialogische Introspektion an, um in einer kleinen Runde von Teilnehmenden, Funktionsträger(n) und Berater die Ursachen von Problemen und möglichen wie auch bereits beschrittenen Lösungswegen zu erfassen und bewerten zu lassen. Die Funktionsträger stützen sich dabei auf ihre Alltagserfahrungen, der Berater verwendet die Ergebnisse seiner Organisationsanalyse und seine Erfahrungen aus vergleichbaren Beratungsprojekten. Eine solche Vorgehensweise bietet einen Einblick in die (Re-) Konstruktions- und Handlungsmuster der Funktionsträger in NPOs und versetzt den Berater in die Lage,

a. aus einem Katalog von Einzelmaßnahmen diejenigen auszuwählen, die vermutlich umgesetzt werden,
b. Maßnahmen, die aus der Beraterperspektive (zwingend) notwendig sind, aber abgelehnt werden, entsprechend zu propagieren, d.h. die Notwendig- und Sinnhaftigkeit der Umsetzung herauszuarbeiten, und
c. den Funktionsträgern einen Einblick in die Analyselogik des Beraters zu gewähren und somit, bei nachvollziehbaren Vorschlägen, die Bereitschaft zur Umsetzung von Maßnahmen, trotz möglicher Skepsis, zu erhöhen.

Diese Form der Beratung entspricht dem in der Fachliteratur nicht ungeteilt akzeptierten Credo, dass der Berater sowohl als Fachmann für Methoden als auch als Lösungsexperte auftritt. Üblicher ist es, wenn der Berater zwar als Methodenexperte auftritt – wobei selbst die Methoden immer kooperativ mit den Beteiligten Organisationsmitgliedern abzustimmen sind – aber Lösungen stets gemeinsam und in Abstimmung mit den Betroffenen erarbeitet werden – wobei der Berater mitunter lediglich Lösungsvorschläge unterbreitet, die Entscheidung über die Auswahl an Maßnahmen und die Konzeption einer Strategie aber nach anderen Kriterien (demokratisch, nach Erfolgsaussicht, per Richtlinie etc.) erfolgt. Der

Ansatz, den Berater als Lösungsexperten zu interpretieren, wird u.a. kritisiert, weil eine solche Rollen- und Funktionszuschreibung eine Arroganz gegenüber dem Wissen und der Erfahrung der Organisationsmitglieder darstelle – und letztlich Organisationsmitglieder viel mehr als ein externer Berater über das wissen, was (und was nicht) funktionieren kann. Unstrittig scheint hingegen, dass ein Berater mit einer entsprechenden Methodenkompetenz ausgestattet sein sollte, zu der, wie wir (www.introspektion.net) meinen, auch die Dialogische Introspektion zählen sollte, um im Rahmen einer NPO-Beratung dazu beizutragen, Motiv- und Bedürfnisstrukturen als auch Einstellungsmuster zu konturieren, die für fehlende Motivation, für Unzufriedenheit und Konflikte innerhalb der Organisation ursächlich verantwortlich sind.

3.6.4 Probleme und Potentiale der Dialogischen Introspektion in der Beratung von NPOs

In NPOs, in denen mitunter eine Vielzahl von Akteuren mit unterschiedlichen Zielen und Zielerreichungsstrategien aufeinandertreffen, werden komplexe Prozesse in Gang gesetzt, die sich weder linear darstellen noch bearbeiten lassen. Und so gibt es auch in NPOs nicht eine Wirklichkeit, sondern im extremen Fall so viele Wirklichkeiten wie Akteure (vgl. auch Berger & Luckmann, 1969/1987). Welche Sichtweisen existieren und welche Bedeutung sie für den Akteur besitzen, kann über die Dialogische Introspektion erfasst werden, um so Maßnahmen zu entwickeln, die mit den verschiedenen Sichtweisen kompatibel sind oder zumindest einen kleinsten gemeinsamen Nenner aufweisen. Dies setzt allerdings voraus, dass die Teilnehmenden sich im Rahmen einer Introspektion öffnen und bereit sind, ihr Erleben zu kommunizieren. Und genau hier liegt eines der zentralen Probleme: Organisationale Akteure sind in der Regel nur bedingt bereit, das komplette Spektrum ihrer Wünsche, Bedürfnisse und Ziele öffentlich zu machen, da sie die Folgen eines solchen „Outings" nicht einschätzen können und sich fragen: „Verbessert sich durch die Offenheit auch meine Situation, kann ich Ziele schneller oder bedürfnisbefriedigender erreichen, oder gefährde ich durch die Offenheit meine Stellung in der NPO, da ich Insider-Wissen preisgebe und sich andere mit meinem Wissen taktische Vorteile verschaffen können?"

Organisationen sind mikrosoziologisch betrachtet politische Arenen, in denen die Akteure über Spiele und entsprechende Spielstrategien versuchen, ihre Interessen zu wahren bzw. durchzusetzen. So zeigen Erfahrungen aus den Bereichen der Supervision und der Mediation, dass sich zwar nicht generell, aber bezogen auf spezifische Themen und Fragestellungen organisationale Akteure mitunter nicht in die Karten schauen lassen oder sich niemand traut, das zu sagen, was alle denken. Die Erfahrung zeigt auch, dass gesprächsorientierte Verfahren bzw. Gruppensitzungen nicht nur zur Regelung von Konflikten führen, sondern auch Auslöser von Konflikten sein können. So gilt es für den Berater im Vorfeld einer Introspektion zu eruieren, bei welchen Themen und Fragestellungen eine Introspektion im Sinne einer Zielerreichung eher förderlich oder eher hinderlich erscheint. Gesichert scheint hier lediglich die Erkenntnis zu sein, dass mit zunehmendem Leidensdruck der Organisationsmitglieder auch die Bereitschaft steigt, sich im Rahmen einer Gesprächssituation zu öffnen. Da ein Leidensdruck aber in der Regel nicht bei allen Akteuren gleichermaßen ausgeprägt ist und oftmals sogar nahezu homöostatische Zustände bestehen („Des einen Freud' ist des anderen Leid"), scheint sich die Introspektion insbesondere für das Coaching von Akteuren, also die Einzelanalyse, anzubieten.

Hierbei ist der Berater vor eine schwierige Aufgabe gestellt, muss er doch abschätzen, ob die Aufgabenstellung über die Anwendung einer Dialogischen Introspektion bearbeitet werden kann. Wichtig bei einer solchen Beurteilung sind dabei auch die nicht-intendierten Folgen einer Introspektion; so werden vermutlich nicht nur Inhalte erinnert, die unmittelbar zur Bearbeitung des Problems beitragen. So können im Rahmen einer Introspektion Inhalte erinnert bzw. vorgetragen werden, die neuen Konfliktstoff beinhalten und zwar zur Bearbeitung der Aufgabenstellung und somit zur Problemlösung beitragen, dafür aber neue Konflikte erzeugen, die massiver sein können als die ursprünglich definierten.

Dabei können die Missstände, die in einer Non-Profit-Organisation anzutreffen sind, unterschiedlicher Natur sein, wobei mittels eines Verfahrens wie der Dialogischen Introspektion lediglich diejenigen Tatbestände bearbeitet werden können, die von den Teilnehmenden einer Introspektion als eine Störung und somit als ein Problem wahrgenommen und definiert werden. Das klingt banal, ist es aber nicht, denn: Jeder Akteur in einer NPO (wie auch in jedem anderen Organisationstypus) interpretiert seine Wahrnehmungen vor dem Hintergrund einer begrenzten Rationalität, da der Einblick in alle relevanten organisationalen und personalen Zusammenhänge fehlt oder die kognitiven Möglichkeiten, um der Komplexität der Zusammenhänge gerecht zu werden, begrenzt sind. So stellt sich die Frage, ob die Introspektion ein geeignetes Verfahren ist, um zumindest die individuellen Konstruktionen organisationaler Wirklichkeit zu dokumentieren und somit sinnvollerweise in den Kanon der Methoden aufgenommen zu werden, die im Rahmen einer Organisationsberatung eingesetzt werden. Hier kann es zunächst nur Vermutungen geben, da das Verfahren noch nicht systematisch erprobt worden ist. Andere Verfahren wie Gruppeninterviews und die Supervision deuten aber darauf hin, dass qualitativ-heuristische Methoden zumindest den Forscher respektive Berater in die Lage versetzen, das Spektrum wahrgenommener Probleme erfassen zu können. Und da die Introspektion im Unterschied zu Gruppeninterviews oder narrativen Interviews dem Teilnehmenden sowohl die Möglichkeit eröffnet, in sich zu gehen und seine Gedanken zu ordnen, als auch nach den Berichten der anderen Teilnehmenden die eigenen Schilderungen zu überprüfen und, falls erforderlich, zu ergänzen, lässt zumindest vermuten, dass die Introspektion eine größere Tiefenschärfe in der Wahrnehmung wie auch Bewertung von Problemen ermöglichen kann.

Da die Probleme wie auch möglichen Konfliktherde in NPOs vielschichtig sind, kann es sich im Hinblick auf eine stärkere inhaltliche Fokussierung anbieten, einer Introspektion ein anderes Verfahren vorzuschalten, um die Kernbereiche der Probleme zunächst zu definieren, die dann in der Folge im Rahmen einer Introspektion „in die Tiefe" erfasst werden. Als solches Vorschaltinstrument sind beispielsweise teilstandardisierte Interviews mit offenen Fragen denkbar, wobei die Konzeption der Fragen wie auch die Auswertung des Datenmaterials nach qualitativ-heuristischen Regeln erfolgen sollte, um möglichst die Vielfalt der wahrgenommenen Probleme erfassen zu können.

3.6.5 *Fazit*

Interpretiert man eine NPO als mikropolitische Arena, in der Akteure, die mit unterschiedlichen Machtpotentialen ausgestattet sind, darum kämpfen, ihre Ziele zu verwirklichen, so kann die Dialogische Introspektion gerade in diesem Handlungsfeld dazu beitragen, jene Spiele und informellen Regeln zu erfassen und somit zu verdeutlichen, dass mitunter scheinbar Unwichtiges wie ein „kleiner" Streit oder ein Ablaufplan im Zentrum des Interesses stehen muss. Zu den besonderen Vorzügen der Methode zählen neben dieser „Tiefenschärfe" und der bereits geschilderten Möglichkeit der Kombination mit anderen Verfahren insbesondere

a. eine Ausweitung des zeitlichen Erlebnisraumes, da sowohl unmittelbare als auch weit zurückliegende Ereignisse und Erlebnisse erinnert werden können,
b. die Natürlichkeit der Daten, da die Methode ohne „Umwege" sehr direkt zur Selbstbeobachtung anregt, und
c. die ökonomische Datenerhebung, da das Verfahren im Vergleich zu Einzelinterviews oder therapeutischen Gesprächen vergleichsweise zeit- und kostengünstig ist und somit auch für NPOs ohne oder mit geringen monetären Ressourcen finanzierbar ist.

Eine Introspektion kann zwar Erkenntnisse liefern, die verwertbar sind, um Veränderungen zu initiieren; diese Veränderungen sind allerdings weder Teil noch Ziel der Introspektion, sondern „lediglich" die Darstellung bestehender Konstruktionsmuster sozialer respektive organisationaler Wirklichkeit. So kann mittels einer Introspektion deutlich werden, in welcher Form Kommunikation in freundschaftlicher oder feindseliger Absicht erfolgt, welche informellen Regelungen existieren und welche (bindende) Kraft sie besitzen, welche formalen Strukturen als Belastung oder Entlastung interpretiert werden oder welche Akteure mit den ihnen zugewiesenen Rollen (un-) zufrieden sind; bei einem gewissen Maß an Offenheit der Akteure bringt die Introspektion zu Tage, was die Akteure denken und fühlen, warum sie handeln, wie sie handeln und worin sie die Ursachen von organisationalen (Fehl-) Entwicklungen sehen. So kann das Verfahren hilfreich sein, um

a. Konfliktfelder und -linien in der NPO wie auch zwischen den Akteuren transparent zu machen,
b. Wirklichkeitskonstruktionen der Organisationsmitglieder zu dokumentieren,
c. die Differenz zwischen individuellen und organisationalen Zielen zu ermitteln und
d. Perspektiven gemeinschaftlichen Handelns zu entwickeln

und somit einen wesentlichen Beitrag leisten, um insbesondere den Grenzbereich zwischen Strukturbesonderheiten einer NPO und deren Interpretation durch die Akteure zu beleuchten und Maßnahmen wie auch Strategien zu entwickeln, die sowohl den Zielen der NPO als auch den Zielen der Akteure gerecht werden.

4 Geschichte

Die Dialogische Introspektion ist konfrontiert mit verfestigten Meinungen über die Eignung introspektiver Verfahren für wissenschaftliche Forschung.

Introspektion war zu Ende des neunzehnten Jahrhunderts die Hauptmethode des frisch etablierten Faches Psychologie. sie tritt heute kaum noch in den Lehrbüchern auf. Ihr Nahezu-Verschwinden erscheint durch den Fortschritt der Wissenschaft am Leichtesten erklärbar: die Verfahren hätten sich objektiviert und verwissenschaftlicht (vgl. Boring, 1950; Lyons, 1986).

Dass dies so nicht bestehen kann, zeigt die Geschichte der Introspektion Die Akzeptanz einer Methode als *wissenschaftlich* im weiteren Sinne und ihre Präferenz in der Praxis im engeren ist, neben vielem Anderen, auch von einem Konsens der Forschenden und Lehrenden von dem abhängig, was unter *wissenschaftlich* zu verstehen sei.

Die Entwicklung der Wissenschaftssysteme zeigt, dass dies zu verschiedenen Zeiten durchaus verschieden war. Von besonders drastischer Wirkung waren die machtpolitischen Bedingungen, unter denen *Wissenschaft* im abgelaufenen Jahrhundert praktiziert wurde. Die Regie führte nun nicht mehr die Kirche, sondern der Staat, zumal dort, wo die Hochschulen der staatlichen Aufsicht unterstanden und von dessen Förderung und Duldung abhängig waren.

- In Deutschland entwickelte sich Gründungs- und Aufbruchmentalität an den Universitäten im Kaiserreich, wenn auch deutsch-nationaler Provenienz und mindestens versteckt antisemitisch: das war der Etablierung der Psychologie als eigenständiger oder sogar grundlegender Wissenschaft, dem Studium des Individuums und der Introspektion durch akademische Spezialisten offenbar günstig.
- Die vergleichsweise Offenheit des akademischen Forschens erlaubte die Weiterentwicklung der geisteswissenschaftlichen Methoden in der Weimarer Republik, auch hier spielte die Introspektion eine bedeutende Rolle.
- Die wissenschaftliche Entwicklung wurde gewaltsam abgebrochen durch die Vertreibung und Ermordung der Wissenschaftler und die Zerstörung der wissenschaftlichen Einrichtungen im Nazismus. Für individuelle Introspektion und Reflektion hatte die herrschende Ideologie keinen Platz.
- Die Zeit nach dem zweiten Weltkrieg brachte für Psychologie und Sozialwissenschaften in Westdeutschland die Übernahme der nordamerikanischen behavioristischen Mainstream-Forschung und, in Verbindung mit einer deduktiv/hypothesenprüfenden Methodologie, die fortdauernde Geringbewertung der entdeckenden und kritischen Methoden zu Gunsten der messenden und kontrollierenden: Quantifizierung, große Samples, statistische Verarbeitung, Normierung der Tests.

Seit den 1980er Jahren entstand in der akademischen Lehre in den Sozialwissenschaften eine Art Gegenbewegung: zusammen mit der Höherbewertung der qualitativen Datenform erfolgte die teilweise Rückkehr zu Dilthey und zu hermeneutischen Methoden. Das führte, in gewisser Weise, zur Wiederaufnahme der Deutungskunst, nicht jedoch zu einer Rehabilitierung der Introspektion.

Zu diesen Hauptentwicklungen gab es allerdings im Einzelfall immer Ausnahmen und Gegenläufigkeiten, z.B. hat die kommerzielle Forschung die Unterdrückung der qualitativen Datenform im akademischen Wissenschaftsverständnis der Nachkriegszeit nicht akzeptiert.

Gegenüber diesen systembedingten Konstellationen treten die innerwissenschaftlichen Einflüsse auf die Entwicklung der Methoden und wissenschaftlichen Denkformen eher in den Hintergrund. Das optimistische Bild, das Neue in der Wissenschaft entstehe dann, wenn ein verfestigtes Paradigma die empirischen Abweichungen und Besonderheiten nicht mehr zu integrieren in der Lage sei (Kuhn, 1962/1970), treibe also gewissermaßen sich selbst voran, ist für die Methode der Introspektion allenfalls nur teilweise richtig.

Zurzeit klaffen Theorie und Praxis auseinander: Introspektion ist als Thema und Verfahren aus den Curricula der Psychologie und der Geistes- und Sozialwissenschaften weitgehend verschwunden, damit gibt es auch kaum Forschung und Forschungsliteratur. Psychologen und Psychologinnen verwenden bei ihrer empirischen Arbeit aber gleichwohl zahlreiche mehr oder weniger selbst gemachte introspektive Techniken (Kleining, Witt & Leithäuser, 1999). Eine differenzierte Betrachtung der Rolle von Introspektion in den verschiedenen akademischen und angewandten Wissenschaftsszenarien steht jedoch noch aus.

Das folgende Kapitel reflektiert verschiedene Seiten der Introspektion in ihrer historischen Entwicklung. Ein einleitender Aufsatz – „Aspekte des alltäglichen und historischen Verständnisses von Introspektion" von *Hartmut Schulze* gibt einen Überblick über verschiedene Betrachtungsweisen in der frühen Psychologie. *Peter Mayer* behandelt „Phasen der Entwicklung der Methode der Introspektion" und erläutert, auf welche der klassischen Psychologen sich die Methode der gruppengestützten Dialogischen Introspektion beruft. *Harald Witt* zeigt im Beitrag „Zugänge zum eigenen Bewusstsein", welche der verschiedenen, in der einen oder anderen Form praktizierten oder noch nicht erschlossenen Ansätze überhaupt in Betracht gezogen werden können. Die wichtigsten Argumente der „Kritik an Introspektionsmethoden" behandelt der Beitrag von *Thomas Burkart*. Aus den psychologischen Konformitätsexperimenten kann man die Frage ableiten: „Erzeugt die Dialogische Introspektion gruppenkonforme Antworten?" Dies ist das abschließende Thema dieses Kapitels, ebenfalls dargestellt von *Thomas Burkart*.

4.1 Aspekte des alltäglichen und historischen Verständnisses von Introspektion
(Hartmut Schulze)

In der *klassischen* Phase der Introspektion um die Jahrhundertwende von 1900 gab es bemerkenswerte Unterschiede im Verständnis dessen, was u.a. Clemens Brentano (1874/1955), Wilhelm Wundt (1888, 1907), Karl Bühler (1907) oder William James (1890) unter *Introspektion* verstanden. Für eine Neubeschäftigung mit Introspektion als Methode zur Erforschung innerer Bewusstseins- und Erlebensprozesse liefern die damals erarbeiteten Definitionen gleichermaßen eine Basis und einen Rahmen zur notwendigen Auseinandersetzung und Abgrenzung.

4.1.1 Introspektion als alltägliche „Innenschau"

Etymologisch setzt sich *Introspektion* aus dem lateinischen Verb *spectare* für *schauen* und der Vorsilbe *intro* für *hinein, nach innen* zusammen. Ganz in diesem Sinne handelt es sich bei der Verwendung der Introspektion in der Alltagspraxis um eine Art „Innenschau", in deren Mittelpunkt das eigene Denken, Fühlen und Erleben steht. Umgangssprachliche Äquivalente finden sich z.B., wenn von einem „In-sich-Hineinhören", einem Befragen von „Herz-und-Bauch" oder dem Folgen der „inneren Stimme" die Rede ist. William Lyons konstatiert einen Konsens in unserer heutigen westlichen Kultur, den er als allgemein anerkannte Überzeugung beschreibt, sich darüber bewusst werden zu können, was in einem selbst abläuft (Lyons, 1986, S. 1). Selbstwahrnehmung stellt eine im Alltag häufig genutzte Möglichkeit dar, sich der eigenen Gedanken und Gefühle zu vergewissern. Eine so verstandene Introspektion als unspezifische Innenschau findet sich im alltäglichen Leben z.B. im Kontext von persönlichen Entscheidungen als eine wertgeschätzte Klärungsmethode. Introspektion ist in der Alltagspraxis u. a. durch ihre unsystematische und zumeist spontane Anwendung gekennzeichnet. Meistens handelt es sich um ein rückblickendes Vergegenwärtigen von Gedanken und Gefühlen, die man in der Erinnerung mit einem kürzer oder länger zurückliegenden Ereignis verbindet.

4.1.2 Introspektion als passive, innere Wahrnehmung

> Die Grundlage der Psychologie wie der Naturwissenschaft bilden Wahrnehmung und Erfahrung. Und zwar ist vor allem die *innere Wahrnehmung* der eigenen und psychischen Phänomene, welche für sie eine Quelle wird. Was eine Vorstellung, was ein Urteil, was Freude und Leid, Begierde und Abneigung, Hoffnung und Furcht, Mut und Verzagen, was ein Entschluss und eine Absicht des Willens sei, davon würden wir niemals eine Kenntnis gewinnen, wenn nicht die innere Wahrnehmung in den eigenen Phänomenen es uns vorführte (Brentano, 1874/1955, S. 40, Hervorhebung Brentano)

Brentano grenzt die *innere Wahrnehmung* von der *inneren Beobachtung* ab – und unterscheidet damit zwei verschiedene Arten von Introspektion. Innere Vorgänge könnten quasi „nebenbei" wahrgenommen werden. Dabei handelt es sich um ein beiläufig im Handlungs- und Denkvollzug stattfindendes Bemerken des Auftretens mentaler Prozesse – die dann später Grundlage von Reflexion und Analyse werden können. Demgegenüber erfordere die innere Beobachtung eine bewusste Lenkung und Konzentration der Aufmerksamkeit auf die zu beobachtenden Bewusstseinsvorgänge. Im Zentrum der inneren Selbstbeobachtung steht eine genauere Erfassung der inneren Vorgänge, die über deren bloßes Bemerken weit hinausgeht und eine Spaltung des Bewusstseins in einen beobachtenden und einen erlebenden/handelnden Teil erfordert.

4.1.3 Introspektion als gleichzeitige und geplante innere Selbstbeobachtung

> Um die Beobachtung von der bloßen Wahrnehmung zu trennen, genügt es, wie ich glaube, sie als eine absichtliche Richtung der Aufmerksamkeit auf die Erscheinungen zu definieren, wobei dahingestellt bleiben mag, ob diese Richtung dem Eintritt der Erscheinungen vorausgeht oder

sie begleitet. Nur das muss wiederum als Bedingung festgehalten werden, dass sie nicht erst den Erscheinungen nachfolgt. (Wundt, 1888, S. 296)

Wundt greift Brentanos Unterscheidung zwischen innerer Wahrnehmung und innerer Selbstbeobachtung auf und fügt einen weiteren Aspekt hinzu. Von *innerer Selbstbeobachtung* spricht Wundt erst dann, wenn sie vorsätzlich erfolgt und wenn der zu beobachtende mentale Bewusstseinsprozess im Moment der Beobachtung auch tatsächlich anwesend ist. Da dies unter normalen Bedingungen nicht möglich sei, bedarf es hierzu geeigneter – experimenteller – Hilfsmittel, mit denen „nicht bloß das Erinnerungsbild des entschwundenen Vorgangs, sondern der Vorgang selbst, mit all den Bedingungen zurückgerufen wird, unter denen er stattgefunden hat" (Wundt, 1888, S. 302)

4.1.4 Introspektion als nachfolgende aktive Retrospektion

A fact may be studied through the medium of memory, not at the very moment of our perceiving it, but the moment after:[...] We reflect on what we have been doing when the act is past, but when its impression in the memory is still fresh (James, 1890, zitiert nach Lyons, 1986, S. 10)

William James erweitert die Bandbreite dessen, was unter Introspektion zu verstehen ist, ganz erheblich. In seiner Definition ist nicht mehr die gleichzeitig zu mentalen Prozessen stattfindende Beobachtung die notwendige Bedingung, eine im Nachhinein stattfindende wird als ausreichend angesehen. Die inneren Vorgänge werden zwar wahrgenommen, aber erst im Anschluss – retrospektiv – genau beobachtet und beschrieben. Notwendige Bedingungen für die Introspektion als aktive Retrospektion sehen James und besonders Edward B. Titchener in der Sicherstellung eines möglichst „frischen" und deutlichen Erinnerungsbildes mentaler Prozesse und in der Schulung der Introspizierenden z. B. durch spezifische Regeln und Trainings (Lyons, 1986, S. 20; vgl. Titcheners Manuale 1901-05). Auch die frühe Würzburger Schule lässt sich hier einordnen, verfolgte sie doch mit ihren Experimenten zum Denken den Ansatz einer aktiven Retrospektion von noch vor Augen stehenden Erinnerungsbildern (Bühler, 1907, S. 300f.).

4.1.5 Verhaltensbeobachtung macht Introspektion überflüssig

Behavior which is of such small magnitude that it is not ordinarily observed may be amplified. Covert verbal behavior may be detected in slight movements of the speech apparatus [...]. The problem of privacy may therefore be solved by technical advances. (Skinner, 1953/1965, zitiert nach Lyons, 1986, S. 43)

Einen gravierenden Einschnitt erfährt das Verständnis von Introspektion im Rahmen des aufkommenden Behaviorismus, in dem Introspektion als methodischer Zugang zu inneren Bewusstseinsprozessen als überflüssig erachtet wird. Alle inneren Prozesse – so die Vorstellung – haben äußere und beobachtbare Korrelate und sind somit darüber erschließbar. Als Beobachtung wird nur die Erfassung der von außen beobachtbaren Erscheinungen und Verhaltensweisen akzeptiert.

4.1.6 Lautes Denken als Zugang zu Bewusstseinsvorgängen ohne gleichzeitige Selbstbeobachtung

> Diese Instruktion „laut denken" ist nicht identisch mit der bei Denkexperimenten sonst üblichen Aufforderung zur Selbstbeobachtung. Während der Selbstbeobachtende sich selbst als Denkenden zum Gegenstand macht, also – der Intention nach – verschieden vom denkenden Subjekt ist, bleibt der laut Denkende unmittelbar auf die Sache gerichtet, lässt sie nur gleichsam zu Worte kommen. (Duncker, 1935/1963, S. 2)

Das laute Denken als Zugangsmöglichkeit zu mentalen Prozessen kommt nach Duncker somit ganz ohne Selbstbeobachtung im Sinne einer Richtung von Aufmerksamkeit auf die jeweiligen stattfindenden Bewusstseins- und Erlebensvorgänge aus. Diese Form des Zugangs zum Inneren fand als eine der ganz wenigen Methoden im Umfeld von Introspektion Eingang in den anerkannten Methodenkanon der empirischen Sozialwissenschaften.

4.2 Die methodische Entwicklung der Introspektion (Peter Mayer)

4.2.1 Einleitung

Bei der Entwicklung der Introspektion als psychologischer Forschungsmethode kann man, nach der Art der Erhebung und Kontrolle vier Phasen unterscheiden, die sich, mehr oder weniger deutlich, auseinander entwickeln und eine introspektive Technik – die Freudsche Psychoanalyse –, die unabhängig davon entstanden ist:

- Die individuelle Introspektion in der klassische Psychologie (ca. 1880-1920): Der philosophische Forscher sah sich selbst als Experte für die Beschreibung seines eigenen Seelenlebens durch Selbstbeobachtung, einschließlich der Prüfung seiner Erkenntnisse.
- Introspektion in der experimentell ausgerichteten physiologischen Psychologie Wilhelm Wundts (ab 1879): Der *Versuchsleiter* arbeitete mit *Versuchspersonen* und verstand sich als Naturwissenschaftler, der einfache psychische Vorgänge seiner Probanden durch Experiment und Beobachtung, quantifizierend erfasst. Versuchsleiter und Versuchspersonen – alle Mitglieder des psychologischen Labors – wechselten sich bei der Datenerhebung ab.
- Die Introspektion der Denkexperimente der Würzburger Schule (1896-1909): Im Gegenüber von Versuchsleiter/Forscher und Versuchsperson/Datenproduzent wurden komplexe Erlebnisse bei der Lösung von Aufgaben untersucht an Hand der Schilderung der Denk- und Erinnerungsverläufe der Teilnehmenden. Dafür stellten sich neben dem Lehrkörper und Professoren anderer Fachrichtungen auch Promovenden und deren Angehörige zur Verfügung.
- Die Introspektion in der Psychoanalyse: Sigmund Freud (1856-1939) entwickelte unabhängig von der methodologischen Entwicklung in der akademischen Psychologie aus der Hypnose das therapeutische Verfahren der Psychoanalyse. Es ging – ähnlich wie das Würzburger Verfahren – von einem dyadischen Verhältnis von Analytiker und Analysand aus. Das Verfahren ist entdeckend, auch für jene seelischen Bereiche, die

dem Klienten selbst nicht zugänglich zu sein scheinen. Die Psychoanalyse schließt dabei die Subjektivität des Analytikers in den Forschungsprozess ein.
- Die Dialogische Introspektion der Hamburger Forschungswerkstatt: Sie verwendet die soziale Gruppe in einer bestimmten Weise zur die Datenerhebung, um die eigenen Erinnerungen zu fördern und unerwünschte gruppenspezifsche Wirkungen zu kontrollieren. Die Datensammlung ist Teil einer umfassenden heuristischen Methodologie.

4.2.2 Die klassische individuelle Introspektion

Die Introspektion von Philosophen wie Franz Brentano (1838-1917) oder Edmund Husserl (1859-1938) erbrachte komplexe Angaben auch über alltagsnahe Vorgänge. Das Setting – wenn man davon überhaupt reden kann, weil es die „natürliche" Aufgabe des Philosophen ist, über sich und die Welt nachzudenken – impliziert, in moderner Ausdrucksweise, eine Identität von Forscher und Datenproduzent. Diese Denker verstanden sich als Experten für das Erleben ihrer eigenen inneren Vorgänge. Die Kontrollen der Daten und der Datenerhebung lagen in der Person des *Experten* selbst.

Nach Franz Brentano (1874/1973, S. 61) sind die Erfahrungsgrundlagen der Psychologie (1) die *innere Wahrnehmung*, die nie *innere Beobachtung* mit Hilfe der Aufmerksamkeit (Apperzeption) der inneren Vorgänge sein kann,[27] (2) die retrospektive Betrachtung der früheren Erlebnisse im Gedächtnis – hier ist im Gegensatz zur inneren Wahrnehmung die Hinwendung der Aufmerksamkeit und somit eine Betrachtung der abgelaufenen inneren Vorgänge möglich – und (3) die Lebensäußerungen anderer, beispielsweise durch das Studium von Biographien hervorragender Künstler und Forscher. Unbedingte Voraussetzungen für (2) und (3) ist die innere Wahrnehmung. Die im Gedächtnis gespeicherten Erfahrungen (Retrospektionen) ergänzen die Selbstwahrnehmung, wie auch die Fremderfahrungen.

Brentano beschreibt seine Psychologie als „deskriptiv" (oder „phänomenologisch") im Gegensatz zu der mit naturwissenschaftlichen Mitteln vorgehenden „induktiven" Psychologie, die er als „genetisch" bezeichnet und die etwa die Psychologie aus der Physiologie abzuleiten versucht (Brentano, 1874/1973, S. 69).[28] Die deskriptive Psychologie beruht auf innerer Erfahrung und Apperzeption, kann aber zu allgemeinen Erkenntnissen aufsteigen. Brentanos Form der individuellen Introspektion führte zu der für die Phänomenologie im Allgemeinen und der seines Schülers Edmund Husserl im Besonderen wichtigen Wiederentdeckung der Intentionalität von mentalen Prozessen, d. h. der Gerichtetheit der Bewusstseinsprozesse auf einen inneren oder äußeren Gegenstand (die viel diskutierte „intentionale Inexistenz eines Gegenstandes", Brentano, 1874/1973, S. 124).

---

[27] Eine bewusste Zuwendung zum Erlebnisgegenstand mit Hilfe der Aufmerksamkeit ist nach Brentano (1874/1973, S. 41) nicht möglich, weil das den Erlebensablauf – z. B. beim Erleben von Zorn – zum Verschwinden bringen würde.

[28] Ein Anliegen, das die Neuroscience nach wie vor verfolgt.

4.2.3 Der naturwissenschaftlich-experimentelle Ansatz Wundts

In Versuchen zur Reizwahrnehmung, u. a. zu Schwellenreizen, entwickelte Wilhelm Wundt (1832-1920) eine naturwissenschaftliche Form der Introspektion, die in einer experimentellen Versuchsanordnung ausgeführt wurde. Die Introspektion wurde zur Beobachtung des Erlebens eigener Reaktionen auf bestimmte Reize eingesetzt.

Wundts Experimentalpsychologie war eine Fortführung der *Psychophysik* Gustav Theodor Fechners (1801-1887) und der physiologischen Psychologie des Sinnesphysiologen Hermann von Helmholtz (1821-1894). Das Leipziger Programm war sehr vielfältig und bezog sich auf die Schwerpunkte Psychophysik und Sinnesempfindungen, Apperzeption (hier im Sinne eines aktiven Verbindens von Vorstellungen) und Reaktion (nach Reizapplikation) sowie Emotion. Wundts Forschungsansatz bestand aus einer exakten (Selbst-) Beobachtung und der systematischen Variation der Bedingungsvariabeln der psychischen Reaktionen seiner Versuchspersonen unter experimentellen Laborbedingungen. Unter den frühen experimentellen Forschern wie Hermann Ebbinghaus (1850-1909) und Georg Elias Müller (1850-1934) errichtete Wundt als Erster ein psychologisches Laboratorium (Gründung in Leipzig 1879). Es zog zahlreiche junge Mitarbeiter und Studierende an, die später führende Rollen in der neu entstehenden experimentellen Psychologie einnahmen, darunter James McKeen Cattell, Emil Kraepelin, Oswald Külpe, Karl Marbe, Ernst Meumann, Edward W. Scripture, Edward B. Titchener. Das Leipziger Laboratorium wurde zum Vorbild für zahlreiche Neugründungen psychologischer Institute in der Welt.

Die Versuchspersonen wurden geschult. Sie waren entweder Studenten in höheren Semestern oder Doktoranden. Die naturwissenschaftlich-experimentelle Version der Introspektion bezog sich auf einfache quantifizierbare Daten. Wundt strebte eine auf naturwissenschaftliche Methoden begründete Psychologie der *unmittelbaren Erfahrung*[29] an, die „ihre objektiven Bestandteile, die Vorstellungen ebenso wie die mit diesen stets verbundenen subjektiven, die Gefühle, Affekte usw., zu ihrem Inhalte hat" (Wundt, 1913, S. 8). Unter dem Begriff der unmittelbaren Erfahrung versteht Wundt die gesamte Erfahrung in ihrer unmittelbaren subjektiven Wirklichkeit; die Objekte der subjektiven Vorstellungen, sowie die Affekte unterliegen dem Prozess einer ständigen Veränderung, „so dass sich alle diese psychischen Erlebnisse als ein fortwährend fließendes Geschehen darstellen, dessen einzelne Bestandteile überdies innig aneinander gebunden sind" (S. 15).

Um angesichts des Prozesscharakters der Erfahrungsinhalte zu objektiven, nachprüfbaren und wiederholbaren Ergebnissen zu gelangen, unterzog Wundt sie der empirischen Überprüfung unter den Bedingungen des naturwissenschaftlichen Laborexperiments.[30]

Das Training der Versuchspersonen betraf die Qualität der Daten in Hinblick auf ihre Exaktheit und Reproduzierbarkeit. Vorversuche dienten zur Eichung der Wahrnehmungen der Versuchspersonen. Cattell (1888/2010a) und später Scripture (1907) beschrieben das experimentelle Vorgehen nach Wundtschem Muster sehr anschaulich. Die Versuche wurden von Studenten und Doktoranden in Gruppen durchgeführt mit wechselnden Rollen als Versuchspersonen und Experimentatoren. Die Versuchsergebnisse bildeten das Material für

---

[29] Im Gegensatz zu der durch die äußeren Sinne vermittelten naturwissenschaftlichen Erfahrung (Wundt, 1913, S. 8).
[30] „Um den Eintritt und den Verlauf dieser Vorgänge, ihre Zusammensetzung aus verschiedenen Bestandteilen und die Wechselwirkung dieser Bestandteile exakt zu untersuchen, müssen wir vor allem jenen Eintritt willkürlich herbeiführen und die Bedingungen derselben nach unserer Absicht variieren, was hier wie überall nur auf dem Weg des Experiments geschehen kann" (Wundt, 1913, S. 26).

Publikationen und Dissertationen. Durch Rollenwechsel konnten die Teilnehmenden das Verfahren der experimentellen Selbstbeobachtung selbst praktisch einüben.

Experimentelle Anordnungen wurden prototypisch durch Scripture (1907) beschrieben. Seine Darstellung[31] enthält auch die Beschreibung des äußeren Versuchsaufbaus. In den Experimenten kamen optische, akustische und taktile Reize zum Einsatz, denen die Versuchspersonen in der Regel vier Sekunden ausgesetzt waren. Während der Versuche saß die Versuchsperson in einem abgedunkelten Kasten. Begriffe wurden als gesprochene oder als geschriebene Wörter oder als Bilder dargeboten. Gegenstände mussten im Dunkeln ertastet werden, z.B. eine Haarnadel. Die Forschungsfrage war: Wie war der assoziative Verlauf von Vorstellungen nach Darbietung des Ausgangsreizes?

> Beispiel: Der Reiz war das gesprochene Wort „Palme". Assoziation der Vp: „Erinnert an eine Landschaft in den Tropen, stammt von einem Bild."

Ergebnisse der Versuche waren Aussagen über den assoziativen Verlauf von Vorstellungen, hier über die Unterscheidung von gebundenen Vorstellungen (Wahrnehmungen, Anschauungen und Perzeptionen) und (daran anknüpfenden) freien Vorstellungen.

Diese spontanen Assoziationen der Versuchspersonen zu diesem Reizwort waren sehr einfache Formen der Introspektionen, die noch keine zusammenhängenden oder alltagsnahen inneren Vorgänge als Daten wiedergaben.

Die Kontrollen der Datenproduktion und der Daten selbst geschah auf dem Wege eines direkten Eingriffes in die Datenproduktion durch eine Anpassung des Forschungssettings an die experimentellen Laboratoriumsbedingungen. Damit verfolgte man das Ideal der Naturwissenschaften im Hinblick auf Exaktheit, Quantifizierbarkeit und Reproduzierbarkeit der Daten, was durch das systematisches Training der Versuchspersonen und die Beschränkung auf möglichst einfache, künstliche, in anderen gleichartigen Versuchen replizierbare und quantifizierbare Daten erreicht werden sollte.

Cattell (1928/2010b) kritisierte Wundt in einer späteren Arbeit wegen seiner autoritären, präskriptiven Art. Wundt, so Cattell, gab seinen Studenten und Mitarbeitern die Versuchsaufgaben vor, ohne offen für ihre Vorschläge zu sein. Insbesondere lehnte er Forschungsarbeiten ab, deren Ergebnisse nicht mit seiner elementaristischen Grundkonzeption von Psychologie übereinstimmten.

Die Gemeinsamkeit der Ansätze Brentanos und Wundts, die zur selben Zeit entstanden waren, liegt darin, dass beide Forscher die Produktion der Daten *direkt* zu kontrollieren suchten: Brentano durch Selbstkontrolle des Experten und Wundt durch die Laborordnung und das Training seiner Versuchspersonen.

4.2.4 Die Würzburger Schule

Der Ansatz der Würzburger Schule (1896-1909) unter der Leitung von Oswald Külpe (1862-1915) löste sich vom naturwissenschaftlichen Methodenideal: Die Reichhaltigkeit und Alltagsnähe der Daten wurde zugelassen, ebenso ihre Natürlichkeit und Subjektivität im Gegensatz zur Künstlichkeit der Daten bei Wundt. Auch lösten sich die Forscher von dem Ideal der Reproduzierbarkeit der Daten. Allerdings wagten sie erst wenige Interventio-

---

[31] Zusammengefasst durch Witt (1999).

nen, wohl aus Sorge, die Daten könnten dadurch verfälscht werden. Narziss Ach hat sich besonders dieser Frage der Objektivierung und Stabilisierung von persönlichen Informationen gewidmet. Jedoch brachte er ähnlich wie Wundt nur reduzierte elemtaristische Daten hervor.

Die Würzburger Forscher gewannen durch eine Subjekt-Objekt-Trennung in Forscher und Informant sehr komplexe Daten über innere Vorgänge.

Die Introspektionen wurden in Einzelversuchen mit einem Versuchsleiter (Vl) und einer Versuchsperson (Vp) ausgeführt. Der Vl stellte der Vp eine Denkaufgabe – wie beispielsweise: „Wenn Eucken von einer weltgeschichtlichen Apperzeption spricht, wissen Sie, was er damit meint?" – und fragte, ob sie gelöst wurde. Nach Zustimmung gab die Vp einen Bericht über ihre Erlebnisse während des Lösungsvorganges, der wörtlich protokolliert wurde. Während des Berichts der Vpn wurde nicht nachgefragt.

Die Datenproduktion erfolgte interaktiv zwischen Forscher und Informant. Der Würzburger Ansatz verband das naturwissenschaftliche Laboratorium Wundts – wenn auch in stark modifizierter, insbesondere bei Karl Bühler (1879-1963) sehr abgeschwächter Version – mit dem individualistischen Ansatz der klassischen philosophischen Introspektion.

Die Kontrollen – insbesondere die Kontrolle der Subjektivität – wurden nicht mehr methodisch über die direkte Kontrolle der Datenproduktion, sondern über die Anwendung methodologischer Regeln hergestellt – der Variation der Datenerhebung und der Analyse der Daten auf Übereinstimmungen, Homologien, also auf Gemeinsamkeiten (Bühler, 1907). Das qualitatitv-heuristische Verfahren ist der Würzburger Forschungsstrategie in mancherlei Hinsicht sehr ähnlich. Die Würzburger Forscher anerkannten die Subjektivität und Einseitigkeit der Informanten bei der Datenproduktion. Insbesondere Karl Bühler (1907) lehnte explizit suggestive Eingriffe zur Verbesserung der Datenproduktion ab, z.B. über die Ausnutzung der Perseverationstendenz durch suggestive, drängende Interventionen des Versuchsleiters wie bei den Achschen Versuchen (Ach, 1905). Zudem förderte das interaktive Versuchsleiter-Versuchspersonen-Setting den Selbstdialog des Informanten über seine inneren Vorgänge während der Lösung der Versuchsaufgabe.

4.2.5 Introspektion in der Psychoanalyse

Freuds psychoanalytische Behandlung verwandte eine ärztlich-therapeutisch geführte Form der Introspektion in einem Zweipersonensetting (Arzt-Patient). Sie entwickelte sich aus der zeitgenössischen Hypnosetechnik, die Freud zunächst praktizierte. Dieses Verfahren bestand aus (1) der suggestiven Bewusstseinstrübung des Patienten; (2) der „Ausforschung" des Patienten durch den Arzt, in der er die Themen erfasste, die der Patient im Wachzustand nicht aussprechen wollte oder konnte und die er dem Arzt jetzt als persönliche Geheimnisse preisgab; (3) der Suggestion therapeutischer Vorstellungen, die dann die Heilung bewirken sollten. Man nannte sie das „Einreden". Die affektive Gestimmtheit des Arztes bezeichnete man als den Vorgang des „Drängens" (Junker, 2002, S. 12). Schon die Vorformen der psychoanalytischen Introspektion wurden also in entdeckender Absicht eingesetzt.

Aus der „Ausforschung" entwickelte sich über mehrere Zwischenschritte, das „kathartische (reinigende) Verfahren", die eigentliche psychoanalytische Behandlungstechnik: Der Patient/die Patientin wird aufgefordert, durch freie Assoziation alles mitzuteilen, was ihm/ihr spontan einfällt (Grundregel), während der Analytiker ihm/ihr in freier, gleichschwebender Aufmerksamkeit zuhört.[32]

Freud erkannte sehr früh die Bedeutung der Analytiker-Patient-Beziehung für den Fortgang der Analyse. Er ging davon aus, „dass jeder Psychoanalytiker nur so weit kommt, als seine eigenen Komplexe und Widerstände es gestatten" (Freud, 1910/1999a, S. 108). Daraus leitete er die Notwendigkeit einer eigenen Analyse ab, „damit der Arzt die Gegenübertragung in sich selbst erkennen und bewältigen könne" (Freud, 1910/1999a, S. 108). Den Ausbildungswert der Eigenanalyse sah er primär darin, dass der Analytiker „dem gebenden Unbewussten des Kranken sein eigenes Unbewusstes als empfangendes Organ zuwenden [soll]" (Freud, 1912/1999b, S. 381). Die Eigenanalyse des Arztes – 1922 im Internationalen Psychoanalytischen Kongress zur Lehranalyse institutionalisiert – soll den Analytiker in die Lage versetzen, mit seinem eigenen Unbewussten freier umzugehen im Sinne der gleichschwebenden Aufmerksamkeit (Freud, 1912/1999a, S. 377).

Sie soll ihn dazu befähigen, bewusst und reflektierend mit seiner Gegenübertragung – der Gesamtheit seiner affektiven Reaktionen auf die Übertragung des Patienten – zu antworten.

Daraus entstand ein dialogisches Introspektionsverfahren, welches die Gesamtheit der unbewussten Wünsche, Phantasien, Ängste und Aggressionen des Analysanden zum Gegenstand hat. Nach der psychoanalytischen Theorie des Unbewussten verbergen sich hinter der bewussten Rede des Patienten unbewusste Inhalte. Diese unbewussten Konfliktkonstellationen werden in der klassischen Fassung des Analyseprozesses durch die im Laufe der analytischen Behandlung entstehende Übertragung affektiv auf den Analytiker projiziert und so der analytischen Deutung zugänglich:

> Die Übertragung wird vom Analytiker dem Kranken bewusst gemacht, sie wird aufgelöst, indem man die analysierte Person davon überzeugt, dass er in seinem Übertragungsverhalten Gefühlsrelationen wiederbelebt, die von seinen frühesten Objektbesetzungen, aus der verdrängten Periode seiner Kindheit herstammen. Durch eine solche Wendung wird die Übertragung aus der stärksten Waffe des Widerstandes zum besten Instrument der analytischen Kur. Immerhin bleibt ihre Handhabung das schwierigste wie das wichtigste Stück der analytischen Technik. (Freud, 1925, S. 68 f.)

Bühler (1927/1978) kritisiert die Psychoanalyse wegen ihres dogmatischen Beharrens auf der Triebtheorie. Dem gegenüber betont er die Spielfreude, den Formwillen und die Funktionslust im kindlichen Spiel:

> An diesem Formwillen des spielenden Kindes muss jedes einseitige Stoffdenken der Theoretiker seine naturbestimmten Grenzen finden (S. 201).

Die introspektiven Methoden der heutigen Psychoanalyse sind geprägt von verschiedenen Modellen der psychoanalytischen Therapie und Forschung. Weiterhin gültig und breit akzeptiert ist das *Triebkonflikt-Modell* (Mertens, 2007, S. 198). Daneben werden zunehmend Therapieformen, die auf dem *Entwicklungs-Defizit-Modell* und dem *Beziehungskonflikt*

---

[32] Die Methode der freien Assoziation löste schon bei Sigmund Freuds und Josef Breuers „Studien über Hysterie" (1895/1991) die voranalytischen Verfahren zur Erforschung ab; das unablässige Aufspüren eines pathogenen traumatischen Elements trat zugunsten des spontanen Ausdrucks des Patienten zurück (vgl. Laplanche & Pontalis, 1973, Bd. I, S. 77).

Modell beruhen, in den psychoanalytischen Mainstream integriert. Das führt zu einer Ausdifferenzierung psychodynamischer Therapieverfahren: von der klassischen Standardanalyse zu verschiedenen Verfahren psychodynamischer Kurztherapie, der *tiefenpsychologisch fundierten Psychotherapie* (Streek, 2007, S. 239) bis zur analytischen Gruppentherapie.

4.2.6 Dialogische Introspektion

In der gruppengestützten Dialogischen Introspektion wird die Rollentrennung von Forscher und Informant durch die Erweiterung des Dialogprinzips in einem dialogischen Setting flexibler Rollen wieder aufgehoben. In vielen Untersuchungen der Hamburger Forschungswerkstatt wird die Forschergruppe zum Instrument der Datenerhebung, was auch den für den Ablauf der Untersuchung verantwortlichen Versuchsleiter (Forschungsleiter) mit einschließt. Aktive und rezeptive Anteile alternieren während des Datenerhebungsprozesses.

Im Forschungsablauf erfolgen eine Verschränkung von innerem und äußerem Dialog und eine Verschränkung des Selbstdialoges des einzelnen Teilnehmenden mit den Dialogen der anderen (Burkart, 2002). Dadurch wird der Selbstdialog der Versuchsperson in den Bühlerschen Versuchen erweitert.

Mit der dialogischen Introspektion können komplexe innere Prozesse erforscht werden. Im Prinzip wird alles Erlebbare und in der Gruppe Mitteilbare wissenschaftlich zugänglich. Die Versuchsanordnung produziert reichhaltige natürliche Daten. Die Teilnehmenden werden vom Forschungsleiter ermutigt, auch flüchtige Daten wahr- und ernst zu nehmen. Die zweite Runde, in der die Teilnehmenden ihren Introspektionsbericht ergänzen können, ist eine wichtige methodologische Erweiterung. Die Teilnehmenden werden aufgefordert, sich mit ihren eigenen Introspektionen nach der Aufnahme der Beiträge der anderen noch einmal auseinander zu setzen, was Fremd- mit dem Selbstdialog verschränkt.

Hier zeigt sich eine zweite Loslösung vom naturwissenschaftlichen Ideal Wundts. Es wird interveniert, ohne Angst, die Daten damit zu verfälschen. Die maximale strukturelle Variation der Zugangsperspektiven (z.B. der Versuche, der Teilnehmenden, Themen) ist beabsichtigt als Teil der heuristischen Methodologie, muss aber kombiniert werden mit der Analyse auf Gemeinsamkeiten.

Beide Ansätze, der der Würzburger Schule und der der Dialogischen Introspektion, verzichten auf eine methodische Kontrolle der Datenproduktion durch direkte Eingriffe in die Datenproduktion. Die Berichte über individuelles Erleben werden als Ganzes erfasst und nicht verändert. Ihre Reichhaltigkeit bleibt erhalten. Die Datenproduktion ist dialogisch und interaktiv. Die Daten werden erst durch die Analyse strukturiert, die in ihnen enthaltenen Gemeinsamkeiten sind ihre inter-subjektive Basis.

Die Dialogische Introspektion ist durch die Einführung der Forschergruppe als Instrument der Datengewinnung eine Weiterentwicklung des Würzburger Ansatzes. Sie ermöglicht eine erhöhte Flexibilität im Datengewinnungsprozess (vgl. Kleining, 1999).

4.2.7 Zusammenfassung

Im Laufe der Entwicklung der introspektiven Methoden (vgl. Tab. 3) löste sich die Introspektion in der akademischen Psychologie zunehmend von dem von Wundt verfochtenen naturwissenschaftlichen Ideal der Kontrollierbarkeit von Daten.

Diese Entwicklung ging einher mit zunehmender Intersubjektivität der Datenproduktion, von der Subjekt-Objekt-Trennung in den Experimenten der Würzburger Schule bis zu einer dialogischen Versuchsanordnung flexibler Rollen in der Dialogischen Introspektion, bei denen aktive und rezeptive Anteile während des Datenerhebungsprozesses alternieren. Dadurch verbessert sich die Chance, unterschiedliche Aspekte der Daten zu erfassen und die Einseitigkeit der Datenauswahl sowohl in der klassischen Psychologie (Einzelperson), im Wundtschen Labor (Quantifizierung) als auch bei den Anordnungen der Würzburger Versuche (Zweipersonen-Interaktion) zu überwinden.

Alle introspektiven Techniken, mit Ausnahme der Wundtschen Verwendung der Introspektion, sind entdeckend. Die psychoanalytischen Methoden richten sich auf die Therapie psychischer Störungen, wozu deren Ursachen erkundet werden müssen. Die Introspektion in der klassischen Psychologie hat das individuelle Erleben des Seelischen zum Thema. Die Erfassung psycho-physischer Abläufe war das Ziel der Elementenpsychologie des Wundtschen Labors, hier diente Introspektion zur Kontrolle der Reiz-Rektions-Abläufe. Entdeckung und Beschreibung des Erlebens von Denk- und Urteilsvorgängen war Anliegen der Psychologie der Würzburger Schule. Man kann dazu die Erforschung von Problemlösungsstrategien der späteren Gestaltpsychologie rechnen (Duncker, 1935/1974; Wertheimer, 1945). Die dialogische Introspektion macht die entdeckende Kapazität der introspektiven Methoden zum dominanten Anliegen durch ihre Bindung an die heuristische Methodologie und erweitert die introspektiv zugänglichen Themen.

Tabelle 3: Formen der Introspektion

Individuelle Introspektion	Experimentelle physiologische Psychologie	Würzburger Schule	Psychoanalyse	Dialogische Introspektion
Klassiker Brentano, Husserl	Wundt und Wundt-Schüler	besonders Marbe, Karl Bühler	Freud	Hamburger Gruppe
neue Aspekte entdeckend	prüfend, kontrollierend, messend	entdeckend	entdeckend	entdeckend
individuell, subjektiv qualitativ	individualpsychologisch quantitativ	individualpsychologisch qualitativ	individualpsychologisch[33], intersubjektiv, qualitativ	sozialpsychologisch intersubjektiv qualitativ

---

[33] Bei der klassischen Einzelanalyse

4.3 Zugänge zum eigenen Bewusstsein (Harald Witt)

Das Folgende beschreibt einige Möglichkeiten des Zugangs zu den eigenen Bewusstseinsinhalten. Es wird gezeigt, dass es zum einen eine ganze Reihe von Zugangswegen gibt, dass zum anderen aber nicht alle diese Wege zur Erforschung des Bewusstseins genutzt werden. Für einige Wege könnten Weiterentwicklung versucht werden, für manche Phänomene müssten aber adäquate Verfahren erst gefunden werden.

In dieser Zusammenstellung werden nur Verfahren beschrieben, die Sprache als Medium der Vermittlung benutzen. Eine Umsetzung von Bewusstseinsprozessen in Bilder, Formen, Farben, Töne oder andere in der bildenden Kunst verwendete Modalitäten wird hier nicht behandelt, weil die Verständigung über diese Ausdrucksformen sehr schwierig ist und letztlich auch wieder auf Sprache zurückgegriffen werden muss.

Die begriffliche Fassung dessen, für das hier ein Zugang gesucht wird, ist außerordentlich schwierig. Gemeint sind Bewusstseinsprozesse bzw. psychische Prozesse, die sich innerhalb einer Person abspielen und die in der Regel nur dieser Person selber zugänglich sind. Unwichtig ist hierbei eine Unterscheidung in *bewusste* oder *unbewusste* Teile: beide sind nur der Person selber zugänglich, auch wenn sie u.U. auf eine Unterstützung von außen angewiesen sind. Auch eine Einschränkung auf kognitive Prozesse würde den Rahmen zu eng spannen: emotionale, körperliche und handlungsbegleitende Aspekte sollen mit eingeschlossen werden. Zur Vereinfachung der Darstellung wird im Folgenden aber immer nur von Bewusstseinsprozessen gesprochen.

4.3.1 Zeitgleiche Zugänge (parallel, direkt)

Der ideale Zugang zum eigenen Bewusstsein ist sicher ein unmittelbarer (zeitgleicher) Blick auf das Geschehen im eigenen Bewusstsein, d.h. die gezielte aufmerksame Beobachtung und Registrierung bzw. Protokollierung der eigenen Gedanken und Gefühle, natürlich ohne dass durch den Prozess der Beobachtung das Objekt der Begierde verändert oder gar verfälscht würde. Dieser unmittelbare Zugang wird durch die Methoden der freien Assoziation und des assoziativen Schreibens versucht, ist aber leider mit etlichen Hindernissen versehen. Auch die Methoden des Lauten Denkens und der Selbstwahrnehmung werden hierzu gerechnet.

1. Freie Assoziation (mündlich)

Bei der freien Assoziation wird versucht, den Fluss der Gedanken unmittelbar sprachlich umzusetzen und mitzuteilen.

Diese Methode wird in der Psychoanalyse verwendet und wurde von Freud systematisch praktiziert (Freud, 1913/1975). „Der Patient soll in der Therapie seinen Einfällen (Assoziationen) zu Personen, Ereignissen, Dingen oder Symbolen völlig freien Lauf lassen" (Freie Assoziation, 2008). Mit einiger Übung scheint es möglich zu sein, mindestens stückweise zusammenhängende Gedanken- bzw. Assoziationsketten unmittelbar mitzuteilen. Sehr schnell greift aber eine individuelle Zensur ein, die die Gedankenketten zerreißt, unterbricht, sondiert oder sonst wie dafür sorgt, dass unerwünschte, problematische, anstößige, konflikttrāchtige oder unerwünscht folgenreiche Gedanken nicht geäußert werden. Aufgabe des Analytikers ist es, diese Bruchstellen herauszuhören und gezielt den verworfenen Gedanken nachzugehen.

Ohne die Hilfe eines Analytikers dürfte es nur sehr schwer möglich sein, durch freie Assoziation einen längeren, zusammenhängenden Gedankenstrom unmittelbar sprachlich mitzuteilen. Selbst der Versuch, ohne Zeugen die eigenen Gedankengänge zu diktieren, wird an der eigenen Zensur scheitern. Sowie man beginnt, sich seine Gedanken bewusst zu machen, so dass man sie äußern kann, findet ein mehr oder weniger deutlich wahrnehmbarer Parallelprozess statt, der den Gedankenstrom mehr oder weniger steuert. Dieser Parallelprozess ist allerdings der Introspektion (s.u.) zugänglich, so dass man zumindest davor gefeit ist, die eigene freie Assoziation für ein komplettes und unverfälschtes Abbild des eigenen Gedankenstroms zu halten.

2. Assoziatives Schreiben (Écrire automatique)

Das assoziative Schreiben, wie es die französischen Surrealisten (Bürger, 1996) praktiziert haben, versucht ebenfalls, den Fluss der Gedanken unmittelbar sprachlich umzusetzen, ihn aber nicht mündlich mitzuteilen, sondern fortlaufend aufzuschreiben. Zunächst scheint dies schwieriger, als die mündliche freie Assoziation. Einige kleine Zusatzregeln unterstützen aber die Kontrolle bzw. Ausschaltung der eigenen Zensur. Z. B sagt eine Regel, dass sofort, wenn die Wirkung der eigenen Zensur bemerkt wird, der Assoziationsprozess gestoppt und wieder neu begonnen wird und zwar mit einem Wort, das mit einem bestimmten Buchstaben beginnt (z. B. dem letzten Buchstaben des letzten Wortes). Die Tätigkeit des Schreibens unterstützt eventuell zusätzlich (durch Absorbierung von Aufmerksamkeit) die Überwindung der Zensur, so dass unter günstigen Umständen (ausgeglichene Stimmung, nicht ganz hellwach, gewisse „Gleich"-gültigkeit) die Regeln zu längeren und ununterbrochenen Gedankenketten führen können. Das anschließende Lesen der eigenen Gedanken kann dann durchaus den Eindruck der *Fremdartigkeit* hervorrufen, d.h. den Eindruck, als hätte es „in einem" geschrieben bzw. als sei das Schreiben ein autonomer (fremder) Prozess gewesen. Auch hier gilt wieder, dass trotz aller Zensurverhinderung ein paralleler Prozess der Selbstbeobachtung (Introspektion) stattfindet.

Ob Autoren wie James Joyce (z.B. Joyce, 2006) tatsächlich einen aktuellen Gedankenstrom protokollieren oder ob die schriftstellerische Leistung darin besteht, einen Text zu schreiben, der so aussieht wie ein unzensierter Gedankenstrom, ist noch zu klären.

3. Lautes Denken

Die Methode des Lauten Denkens (Duncker, 1935/1974) versucht, aktuell ablaufende Denkprozesse – z.B. beim Lösen einer Aufgabe – direkt mitzuteilen. Ähnlich wie bei der freien Assoziation sollen alle Gedanken, Überlegungen und Gefühle unmittelbar ausgesprochen werden, hier jedoch bezogen auf einen aktiv durchzuführenden Denkprozess. Dies gelingt durchaus nicht immer auf Anhieb, kann jedoch trainiert werden. Problematisch ist, dass durch das Sprechen während des Problemlösens der Problemlöseprozess gestört werden kann, dass nicht alle Phasen des Problemlösens über Sprache abgebildet werden können und dass das Sprechtempo durchaus dem Denktempo erheblich hinterherhinken kann.

Auf der anderen Seite sind nur auf diese Weise die Umwege und Sackgassen bei der Lösung von Problemen zu erfassen, nicht jedoch durch einen retrospektiven Bericht über den Denkprozess, der immer um viele Umwege bereinigt ist.

Die Methode lässt sich – wie alle dargestellten Methoden – variieren und auch auf andere Fragestellungen anwenden, z.B. auf Entscheidungsprozesse oder auf Alltags- oder Arbeitshandlungen.

Verwandt mit dieser Form des Lauten Denkens ist auch Kleists Beschreibung: „Über die allmähliche Verfertigung der Gedanken beim Reden" (Kleist, 1966). Während es beim Lauten Denken um die verbale Begleitung der Denkprozesse bei der Lösung eines vorgegebenen Problems geht, beschreibt Kleist die Klarstellung eines Problems, das durch das Reden erst seine Form gewinnt, das aber sehr wohl schon im Kopfe (Geiste) vorhanden ist. Ähnlich auch Elizabeth (2007), die die Klarstellung des Problems durch den Prozess des Schreibens betont.

Auch das Schreiben eines Tagebuchs kann im Kleist'schen Sinne benutzt werden, um durch das Schreiben sich Klarheit über das eigene Befinden, über eigene Gefühle und Bewertungen zu verschaffen.

4. Selbstwahrnehmung

Im Gegensatz zur Introspektion (Selbstbeobachtung) steht bei der Selbstwahrnehmung nicht die Beobachtung dynamischer Bewusstseinsprozesse im Vordergrund, sondern die Wahrnehmung von Aspekten des aktuellen Befindens. Sie kann sich auf die Stimmungslage, die Gefühle oder Emotionen beziehen, ebenso aber auf Körperempfindungen und körperliche Prozesse. Diese Wahrnehmung wird natürlich auch im Bewusstsein abgebildet und findet nicht ohne das Bewusstsein statt. Der Unterschied ist aber, dass es hier um den unmittelbaren Transfer von Wahrnehmungen ins Bewusstsein geht (und nicht über den Umweg des Gedächtnisses/der Retrospektion), und zwar wiederum nur von solchen Wahrnehmungen, die ausschließlich der Person selber zugänglich sind, im Gegensatz zu Wahrnehmungen, die gleichzeitig auch von anderen Personen gemacht werden können (z.B. das Hören eines Tones) und über die sich verschiedene Personen auf ganz andere Weise austauschen können, als über die hier gemeinten Selbstwahrnehmungen. Ein weiteres Merkmal der Selbstwahrnehmung bezieht sich auf die relative Konstanz des Phänomens: eine Stimmungslage verschwindet nicht urplötzlich, so dass sie nur noch aus der Erinnerung zugänglich wäre, sondern sie ist längere Zeit vorhanden und kann entsprechend „betrachtet" werden, d.h. der Focus der Aufmerksamkeit kann darauf gerichtet werden und die Wahrnehmung differenziert registriert werden. Die Verwendung der Begriffe Selbstwahrnehmung und Selbstbeobachtung unterscheidet sich hier deutlich von der von Brentano (1874/1973) diskutierten, er hält Selbstbeobachtung für ganz unmöglich und bezieht bzw. beschränkt Selbstwahrnehmung auf „eigene psychische Phänomene" wie „Vorstellung, Urteil, Freude und Leid, Begierde und Abneigung, Hoffnung und Furcht" usw.

Methoden des Biofeedback können diesen Wahrnehmungsprozess unterstützen, ihn im Extremfall überhaupt erst ermöglichen, wenn z.B. körperliche Phänomene durch technische Hilfsmittel erst wahrnehmbar gemacht werden.

Gegenstände der Selbstwahrnehmung sind:

- körperliche Phänomene wie Temperatur, Muskelspannung, Körperlage, Hautempfindungen, Druck- oder Berührungsempfindungen usw.
- physiologische Prozesse wie Herzschlag, Schwitzen, Zittern, Hunger usw.
- psychische Phänomene wie Stimmungslagen (Traurigkeit, Anspannung, Optimismus usw.) weniger vermutlich aktuelle Gefühle und Affekte wie Zorn, Wut, Begeisterung, Freude usw. (wegen starker Interaktion von aktiven Bewusstseinsprozessen mit aktuellen Gefühlen).

Ablauf der Selbstwahrnehmung:

- Systematisch mit der Aufmerksamkeit den Körper scannen, z.B. ausgehend von der linken Fußspitze, das Bein herauf, weiter über den Körper zur linken Hand, weiter zum Kopf usw.
  oder systematisch eine Stimmungslage betrachten (welche Aspekte können unterschieden werden?).
- Konzentration der Aufmerksamkeit auf bestimmte Körperregionen, z.B. den Bauch oder das Gesicht oder die linke Hand usw.
  oder von einer Stimmungslage nur einen einzigen Aspekt fokussieren, z.B. positive Momente.
- Assoziativ mit der Aufmerksamkeit den aktuellen Empfindungen, die sich jeweils in den Vordergrund drängen, folgen. Vom Juckreiz an der Nase springt z.B. der Focus zur Wahrnehmung einer Schluckbewegung, springt von dort zum Drücken des Schuhs usw.
  oder von einer Stimmungslage ausgehen und dem nicht intendierten Wechsel des Focus folgen, der sich dann auf ganz andere Gegenstände als die Stimmungslage richten kann.

Experimente mit der Betonung der („statischen") Selbstwahrnehmung (und einer Unterscheidung zur („dynamischen") Selbstbeobachtung) könnten zur Aufklärung der Struktur von Bewusstseinsprozessen beitragen. Es liegen sicher aus dem Bereich der Körpertherapien schon einschlägige Erfahrungen vor.

4.3.2 Zeitversetzte Zugänge (retrospektiv, indirekt)

Bei den zeitversetzten Zugängen handelt es sich immer um eine nachträgliche Rekonstruktion, d.h. es sind immer Gedächtnisprozesse beteiligt. Das bringt auf der einen Seite zusätzliche Fehler ins Spiel, verhindert gleichzeitig aber auch Fehler, weil es den in Frage stehenden Prozess nicht in gleichem Masse stört wie bei den meisten zeitgleichen Methoden.

1. Introspektion (Selbstbeobachtung)

Bei der Introspektion wird ein Parallelprozess genutzt, der vermutlich bei allen Bewusstseinsprozessen wirksam ist. Dieser Parallelprozess läuft gleichsam autonom im Hintergrund ab, kann aber durch unsere Beobachtungsabsicht mehr oder weniger stark in den Vordergrund geholt werden.

Streng genommen handelt es sich bei der Introspektion um drei Prozesse:

- den zu beobachtenden (äußeren) Prozesses (z.B. das Betrachten eines Kurzfilms),
- einen zeitgleichen (autonomen, inneren) Introspektions- bzw. Selbstbeobachtungsprozess und
- einen zeitversetzten (nachträglichen) Retrospektionsprozess, der sich auf den Introspektionsprozess bezieht und in dem versucht wird, die Inhalte des Introspektionsprozesses nachträglich zu protokollieren.

Erstaunlicherweise funktioniert die Introspektion gelegentlich sogar dann, wenn zum Zeitpunkt des Ablaufs des zu beobachtenden Prozesses noch gar keine gezielte Absicht zur Selbstbeobachtung bestand, d.h. es kann vermutet werden, dass immer eine mehr oder weniger differenzierte Selbstbeobachtung (als Parallelprozess) stattfindet, die willkürlich abgerufen werden kann (s.o.: Zensur bei der freien Assoziation und beim assoziativen Schreiben).

Ebenso erstaunlich ist es, dass die Introspektion auch bei extrem kurzen Ereignissen (Schreck oder Überraschung, Stolpern und Hinfallen) funktioniert und zu einer solchen Fülle von Beobachtungsdaten führt, dass das Lesen der Protokolle erheblich mehr Zeit beansprucht, als das beobachtete Kurzereignis.

Auf der anderen Seite gibt es sicher innere Prozesse, die mit so hoher Geschwindigkeit ablaufen, dass sie sich der Introspektion entziehen und durch keine noch so großen Mühen in ihrem Ablauf rekonstruiert werden können (bzw. noch keine Verfahren oder Regeln dafür bekannt sind). Gedacht ist hier an das impulsartige Entstehen heftiger Gefühle (Zorn, Wut) oder an das blitzartige Erkennen der Lösung einer lange bearbeiteten Problemaufgabe.

Verfahren und Regeln einer gruppenorientierten Dialogischen Introspektion sind an anderer Stelle in diesem Buch beschrieben. Auf ein Hilfsmittel soll hier noch besonders hingewiesen werden, weil es in ähnlicher Funktion auch bei der Rekonstruktion von Träumen eingesetzt wird: gemeint sind die zeitnahen kurzen Notizen, die die Funktion haben, als Anker den Rekonstruktionsprozess zu unterstützen und gleichzeitig den Beobachtungsprozess möglichst wenig zu stören. Bei Träumen wird entsprechend empfohlen, möglichst sofort nach dem Traum sich kurze Notizen zu machen, um die sehr flüchtigen Erinnerungsspuren zu fixieren. Wenn dies gelingt, tragen sie wie bei der Introspektion dazu bei, die Bewusstseinsinhalte zu stabilisieren und zu verstärken und damit leichter abrufbar bzw. reproduzierbar zu machen.

2. Assoziationsrekonstruktion

Zuweilen ist man von den eigenen Gedankensprüngen überrascht und versucht zu rekonstruieren, wie man zu den aktuellen Gedanken gekommen ist. Sitzt man z. B. „sinnierend" oder tagträumend am Tisch, dann kann es geschehen, dass der eigene Gedankenstrom, der relativ verdeckt im Hintergrund ablief, plötzlich in den Vordergrund tritt und man irritiert über den Gegenstand der eigenen Gedanken ist. Mit etwas Übung kann es dann durchaus gelingen, die Gedankenkette nachträglich zu rekonstruieren, indem man Schritt für Schritt zurück geht bis zu dem – meist äußeren Anlass – der die ganze Gedankenkette in Gang gesetzt hat.

Diese Rekonstruktion einer Assoziation hat gegenüber der freien Assoziation den Vorteil, dass kaum eine Zensur zur Wirkung kommt, weil der absichtsvolle Blick auf die Assoziation erst erfolgt, nachdem die Kette einen gewissen Endstand erreicht hat. Außerdem wird die Assoziationskette nicht dadurch gestört, dass gleichzeitig gesprochen oder geschrieben werden muss.

Bei der Rekonstruktion einer solchen Gedankenkette muss evtl. kein expliziter Beobachtungsprozess angenommen werden, wie bei allen bisher besprochenen Verfahren, sondern es muss im Gedächtnis (im Kurzzeitspeicher) rückwärts schreitend nach den Verbindungsstücken gesucht werden, die z.T. scheinbar weit auseinander liegende Themenfelder miteinander verbinden. Gelingt dieser Prozess, dann ergibt sich eine durchgehend verbundene Assoziationskette, deren Übergänge manchmal reichlich skurril erscheinen mögen, die aber durchaus nachvollzogen werden können und deren Erinnerungsspuren mit einem hohen Grad von Gewissheit verbunden sind.

Eine günstige Rahmenbedingung für die Entstehung dieser Art von Gedankenketten ist vermutlich eine Tätigkeit, die einen Teil der Aufmerksamkeit absorbiert, wie z.B. Gehen, Wandern oder Autofahren.

3. Erinnerung und Gedächtnisaktivierung

Im Gegensatz zum vorigen Punkt geht es hier um länger zurückliegende Gedächtnisinhalte, die eher in einem so genannten Langzeitgedächtnis zu finden sind, z.B. der erste Schultag, ein Unfall, eine peinliche Situation etc. Auch hier ist ein aktiver Suchprozess nach alten Gedächtnisinhalten erforderlich, der sich wie bei der Introspektion auf Inhalte des relevanten Ereignisses und auf Inhalte einer damals erfolgten parallel laufenden Selbstbeobachtung beziehen kann. Zusätzlich kommt hier noch eine Vielzahl von späteren „Daten" hinzu, die bewertend, modifizierend oder auch gedächtnisstützend sein können.

Besonders interessant kann dieses Verfahren werden, wenn mehrere am zurückliegenden Ereignis Beteiligte gemeinsam ihre Erinnerungen austauschen und Unstimmigkeiten gemeinsam zu klären versuchen. Wird dieses Verfahren systematisch eingesetzt und werden die Daten gründlich analysiert, dann können sich hier Bewusstseinsprozesse untersuchen lassen, die in Kombination mit biografischen Daten die Funktion von Gedächtnis, Zensur und aktuellem Bewusstsein erhellen.

Das Verfahren der kollektiven Erinnerungsarbeit (Haug, 1999) benutzt dieses Verfahren, um auch nicht gemeinsam erlebte – aber thematisch verwandte – Ereignisse zu rekonstruieren. Das Aufspüren von Brüchen und Klischees hilft dabei, den Rekonstruktionsprozess gruppengestützt zu präzisieren und zu vervollständigen.

4. Videoaufzeichnung von Handlungsabläufen

Die Aufzeichnung von Handlungsabläufen z.B. bei der Bedienung von Computern, Werkzeugmaschinen, Videorekordern usw. oder beim Umgang von Eltern mit ihren Kindern kann genutzt werden, um nachträglich die Problemlöseprozesse zu erfassen, die während der Maschinenbedienung oder familialen Interaktion abliefen. Beim Betrachten seiner eigenen Handlungsfolgen kann in der Regel der Akteur seine gedanklichen Paralellprozesse reaktivieren und auf diese Weise recht genau protokollieren, welche Überlegungen zu den Schnörkeln und Umwegen seiner Handlungen geführt haben und mit welchen Gefühlen diese Handlungen verbunden waren (Ärger, Desorientierung, Erfolgserlebnis, Überraschung usw.). Ein besonderer Vorteil ist die Möglichkeit, die Videosequenzen mehrmals zu betrachten und das Protokoll auf diese Weise zu vervollständigen. Gegenüber dem Lauten Denken besteht der Vorteil dieses Verfahrens darin, dass keine gleichzeitig mit dem Handeln durchzuführenden Sprechaktionen erforderlich sind. Auf der anderen Seite ist dieses Verfahren nur möglich, wenn das Problemlösen sich in Handlungsvollzügen abbildet (für die Analyse des Schachspiels z.B. ist es weniger geeignet) und die Handlungsvollzüge die Erinnerung an die Gedankenabläufe aktivieren. In der Arbeitspsychologie, der Softwareergonomie, der Entwicklungspsychologie u.a. wird dieses Verfahren gelegentlich eingesetzt.

4.3.3 Fazit

Die hier besprochenen Methoden können für verschiedenste Themen und Fragestellungen zugeschnitten und kombiniert werden und liefern Daten, die erst durch eine gründliche Analyse tragfähige Aussagen erlauben.

In der Regel muss der Einsatz dieser Methoden von den betroffenen Personen geübt werden und es muss eine hohe Bereitschaft zur Kooperation mit den Forschenden bestehen.

Die Analysen werden in der Regel nicht die datenproduzierenden Personen machen, sondern die Forschenden, die die Untersuchung initiiert haben. Gleichwohl kann eine Beteiligung der Auskunftspersonen in verschiedenen Phasen der Analyse hilfreich und nützlich sein.

Außerdem ist es sicher empfehlenswert, weitere und ganz anders geartete Methoden einzubeziehen, wie z.B. Skalen und Listen zur Befindensbeschreibung, (neuro-) physiologische Messdaten oder (Fremd-) Beobachtungsprotokolle.

4.4 Die Kritik an Introspektionsmethoden (Thomas Burkart)

Introspektion ist nicht erst seit dem Behaviorismus, sondern bereits seit Ende des 18. Jahrhunderts (Kant, 1786/1997) der Kritik ausgesetzt. Die Haupteinwände gegen die Methode werden im Folgenden skizziert und kritisch kommentiert (vgl. auch Städtler, 1998, S. 512-513).[34]

4.4.1 Gleichzeitigkeit von Selbstbeobachtung und Denken ist unmöglich – das Spaltungsargument

Diese Fundamentalkritik wurde von Auguste Comte (1830) formuliert. Die Selbstbeobachtung des Denkens sei nicht möglich, weil sie eine Spaltung des Bewusstseins in einen erlebenden und einen beobachtenden Teil voraussetze. Comte lehnte die Introspektion ab, weil sie nicht auf intersubjektiv Beobachtbares bezogen und deshalb mit der Forderung einer positiven Wissenschaft unvereinbar sei.

Eine der Folgen des Spaltungsarguments war, dass Wilhelm Wundt die Introspektion nur für einfache psychische Phänomene akzeptierte (vgl. Bühler-Wundt-Kontroverse; Wundt, 1907; Bühler, 1908; vgl. Kapitel 4.2) und dass andere Psychologen wie William James (1890/2007) nur retrospektiv gearbeitet haben (vgl. Lyons, 1986, S. 6ff.).

Zur Kritik Comtes lässt sich einwenden, dass eine Variante der gleichzeitigen Selbstbeobachtung – die Methode des gleichzeitigen lauten Denkens[35] – auch bei vielen komplexen psychischen Gegenständen einsetzbar ist und in der kognitiven Psychologie als eine der Hauptmethoden zur Untersuchung des Denkens gilt (vgl. Ericsson & Simon, 1980; Deffner, 1984; Kluwe, 1988; lautes Denken, 2010).

Auch wenn Comtes Auffassung für aufmerksamkeitsintensive Denk- und Erlebensprozesse zuträfe, können solche Erlebnisgegenstände aber kurz nach ihrem Auftreten retrospektiv erfasst werden, wo sie oft noch ohne nennenswerten Vergessensverlust präsent sind. Bei länger dauernden Prozessen kann mit der Methode der *fraktionierten Selbstbeobachtung* (fraktionierten Introspektion) gearbeitet werden, die einen Wechsel zwischen Erlebens- und Retrospektionsphasen beinhaltet.

4.4.2 Introspektion verändert oder stört das Erleben – die Reaktivität der Methode

Kant (1786/1997) war der Auffassung, dass die Selbstbeobachtung von erinnerten Gefühlen zu deren Abschwächung führe (vgl. Traxel, 1964, S. 48). Brentano (1874/1973, S. 41) hat die Kritik Kants präzisiert: „Innere Beobachtung" mit voller Aufmerksamkeit sei nicht möglich, ohne den Gegenstand zu verändern. Gleichzeitige Selbstbeobachtung könne nur nebenbei als „innere Wahrnehmung" erfolgen, während die Aufmerksamkeit hauptsächlich durch das Erleben gebunden sei.

Gegen diese Kritik lässt sich einwenden, dass Reaktivität ein allgemeines Methodenproblem ist, das sich auch bei der Fremdbeobachtung stellt, ohne diese Methode als Ganzes

---

[34] Dieser Artikel ist eine bearbeitete und erweiterte Fassung von Burkart (1999).
[35] Beim gleichzeitigen lauten Denken wird das Denken im Vollzug laut verbalisiert. Diese Verbalisierung erfolgt automatisiert und beansprucht zumeist wenig Aufmerksamkeit.

zu diskreditieren. Ferner verändern sich psychische Phänomene wie Fühlen und Denken durch Selbstbeobachtung nicht zwangsläufig, wie aus methodenkritischen Untersuchungen zum lauten Denken bekannt ist (Ericsson & Simon, 1980; Deffner, 1984). Darüber hinaus gilt Kants Kritik nicht für alle Gefühle, sondern normalerweise nur für wenig intensive. Starke Gefühle dagegen können durchaus auch mit voller Aufmerksamkeit beobachtet werden, ohne sie direkt zu verändern, wie aus Erfahrungen mit psychotherapeutischen Methoden bekannt ist – beispielsweise dem Focusing (Gendlin, 1981).

Außerdem sind viele Gefühle wie auch andere psychische Phänomene wenig stabil, in ständiger Veränderung begriffen, so dass eine während einer Introspektion beobachtete Veränderung nicht auf die Reaktivität der Methode zurück zu führen sein muss, sondern auf die „Lebendigkeit" oder „Flüchtigkeit" des Gegenstands.

Psychische Phänomene sind ebenfalls retrospektiv zugänglich. Darüber hinaus können reaktive Einflüsse über Variationen der Technik – etwa Selbstbeobachtung während des Vollzugs innerer Prozesse und danach per Retrospektion – erkennbar sein.

4.4.3 Mangelnde Reliabilität

Der Introspektion wird, beginnend mit Comte, unzureichende Reliabilität zugeschrieben, weil sie anfällig für Beobachtungsfehler sei, die außerdem schlechter als bei Fremdbeobachtung zu kontrollieren seien. Als Gründe für die mangelnde Reliabilität der Introspektion werden *Einstellungen oder Erwartungen* angeführt, die Selbstbeobachtungen verändern können.

Ferner kann es eine *unbewusste Verzerrung* bei selbstwertrelevanten Introspektionsinhalten geben. Außerdem besteht das Risiko einer *Vermengung von Selbstbeobachtung und Deutung* und es können *Probleme bei der Versprachlichung* von Selbstbeobachtungen auftreten (vgl. Traxel, 1964, S. 51ff.).

In der Introspektionspsychologie führte diese Kritik zu verschiedenen Ansätzen der Reliabilitätssteigerung wie einer strikten Kontrolle der experimentellen Bedingungen mit einer Einschränkung des Introspektionsberichts auf festgelegte Variablen (wie z.B. Größe, Intensität) und einem Training der Selbstbeobachter (mit mehr als 10.000 Vorversuchen) in Wundts Labor (vgl. Boring, 1953, S. 172; Lyons, 1986, S. 4f.; vgl. Kapitel 4.2); ferner dem Einsatz von selektierten Selbstbeobachtern (hoch gebildeten Experten) oder der Verwendung von detaillierten Regeln zur Normierung der Introspektion bei Titchener (vgl. Lyons, 1986, S. 19f.). Diese Versuche haben z. T. zu einer Reduzierung und Trivialisierung der Forschungsgegenstände geführt, wenn beispielsweise Wundt nur noch einfache Wahrnehmungsaspekte per Introspektion untersuchte (vgl. Lyons, 1986, S. 19).

Kritisch lässt sich anmerken, dass auch bei anderen Methoden Probleme der Subjektivität auftreten, die sich nicht vollständig durch experimentelle Kontrolle ausschließen lassen. Ferner müssen zur Verbesserung der Intersubjektivität nicht die erwähnten Kontrollstrategien eingesetzt werden. So wird bei heuristisch angelegten Untersuchungen mit der Dialogischen Introspektion nicht Wundts Einschränkung der Introspektionsgegenstände auf einfache psychische Phänomene und der Einsatz von trainierten Selbstbeobachtern unter hochkontrollierten, künstlichen Laborbedingungen übernommen (vgl. Kapitel 4.2). Stattdessen werden folgende Strategien eingesetzt, um die Intersubjektivität im Forschungsprozess herzustellen (vgl. Kapitel 1.3 und 1.4):

- Die systematische und variierte Dokumentation von Selbstbeobachtungen, die sowohl schriftlich und mündlich erfolgt,
- die strikte zeitliche Trennung von Selbstbeobachtung und Analyse, wobei die Analyse nur mit dokumentierten und damit auch für andere zugänglichen Selbstbeobachtungen durchgeführt wird, sowie – insbesondere –
- die maximale strukturelle Variation (z.B. des Zeitabstands zum Erleben oder der Methode selbst, indem etwa Selbst- mit Fremdbeobachtung kombiniert wird) und die Analyse der Daten auf Gemeinsamkeit hin.

4.4.4 Fehlende inter- und intrasubjektive Nachprüfbarkeit

Die fehlende intersubjektive Nachprüfbarkeit ist die behavioristische Kritik. Der Gegenstand könne nicht wie bei der Fremdbeobachtung von anderen Beobachtern wahrgenommen werden, weshalb James Watson die Introspektion als unwissenschaftlich abgelehnt hat (Watson, 1913/2010). Sie sei unvereinbar mit seinem Ziel, eine naturwissenschaftlich orientierte Psychologie zu etablieren, für die er ohne Rekurs auf Seelisches nur messbare Reize und (fremd-) beobachtbares Verhalten als Daten zuließ:

> Psychology as the behaviorist views it is a purely objective experimental branch of natural science. Its theoretical goal is the prediction and control of behavior. Introspection forms no essential part of its methods, nor is the scientific value of its data dependent upon the readiness with which they lend themselves to interpretation in terms of consciousness. (Watson, 1913/2010, 1. Paragraph).

Eine Psychologie der Bewusstseinsphänomene mit Introspektion als Basismethode, sei abzulehnen, weil sie sich in spekulativen Fragen verirrt habe, die keiner experimentellen Überprüfung zugänglich seien. Diese Psychologie habe den Kontakt zu realen Problemen verloren:

> Human psychology has failed to make good its claim as a natural science. Due to a mistaken notion that its fields of facts are conscious phenomena and that introspection is the only direct method of ascertaining these facts, it has enmeshed itself in a series of speculative questions which, while fundamental to its present tenets, are not open to experimental treatment. In the pursuit of answers to these questions, it has become further and further divorced from contact with problems which vitally concern human interest. (Watson, 1913/2010, 24. Paragraph).

Jede Forschergruppe beschriebe ihre eigenen Phänomene. Es sei keine Einigung über Grundphänomene möglich, man könne nie sicher sein, dass man dasselbe meine, wenn man dieselben Begriffe benutze:

> There is no longer any guarantee that we all mean the same thing when we use the terms now current in psychology. Take the case of sensation. A sensation is defined in terms of its attributes. One psychologist will state with readiness that the attributes of a visual sensation are quality, extension, duration, and intensity. Another will add clearness. Still another that of order. I doubt if any one psychologist can draw up a set of statements describing what he means by sensation which will be agreed to by three other psychologists of different training. (Watson, 1913/2010, 9. Paragraph)

Folge der behavioristischen Kritik war das Verschwinden von Introspektion bis auf Rudimente (wie Selbstbeobachtung in psychophysischen Experimenten, vgl. Boring, 1953, S. 180). Nach der kognitiven Wende wurde nur die Methode des lauten Denkens wieder aufgegriffen.

Kritisch lässt sich zur behavioristischen Kritik einwenden, dass sich die Beschränkung auf Fremdbeobachtung von Verhalten als längst aufgegebener Irrweg in der Psychologie erwiesen hat, der keineswegs zur erhofften Vermehrung substantieller, praxisrelevanter Erkenntnisse geführt hat, sondern im Gegenteil zu einer Anhäufung wenig relevanter, schlecht integrierbarer Tierbefunde. Ferner kann die Intersubjektivität wie in der heuristisch ausgerichteten Dialogischen Introspektion gefördert werden, indem verschiedene Selbstbeobachter ähnliche innere Gegenstände, bzw. ihr Erleben bei identischen äußeren Ereignissen beobachten. Es kann auch versucht werden, introspektive Befunde mit anderen „öffentlichen" Daten über denselben Gegenstand, die mit anderen Methoden, wie z.B. Fremdbeobachtung, gewonnen wurden, abzusichern, was beispielsweise bei Forschungen zu Vorstellungsbildern möglich war (vgl. Aebli, 1981, S. 298f.).

Die These der fehlenden intrasubjektiven Nachprüfbarkeit wurde damit begründet, dass jedes Erleben, jeder psychische Akt letztlich einzigartig sei. Wegen dieser *Singularität* könne ein Selbstbeobachter nicht beurteilen, ob zwei Erlebnisse identisch seien, weshalb eine Überprüfung durch Beobachtungswiederholung unmöglich sei (vgl. Traxel, 1964, S. 55). Dagegen lässt sich einwenden, dass dies streng genommen nicht nur für Selbst- sondern auch für Fremdbeobachtungen gilt. Auch Ereignisse, die der Fremdbeobachtung zugänglich sind, sind letztlich nur abstrahierend wiederholbar, weil auch sie wegen der unidirektional verlaufenden Zeit singulär sind. Die Identität von Beobachtungen – gleichgültig ob es sich um die Beobachtungen äußerlich sichtbarer oder innerer psychischer Phänomene handelt – kann nur abstrahierend bestimmt werden.

4.4.5 Begrenzte Anwendbarkeit

Die Introspektion wurde kritisiert, weil ihr manche Gegenstände nicht zugänglich seien. So seien weder unbewusste Vorgänge und schnelle Wahrnehmungsprozesse noch das Erleben im Schlaf und das von Kindern introspektiv erfassbar.

Ohne Zweifel hat die Introspektion Grenzen. Nicht erfassbar sind automatisierte psychische Prozesse und schnelle Wahrnehmungsvorgänge, die unterhalb der Bewusstseinsschwelle erfolgen.

Aber auch andere Forschungsmethoden haben ihre Grenzen und einige der für die Introspektion angegebenen Grenzen treffen nicht zu. So ist Unbewusstes mit der Psychoanalyse erfassbar, deren Techniken auch introspektive Elemente enthalten. Dabei korrespondiert die freie Assoziation des Analysanden (alles auszusprechen, was in den Sinn kommt) mit dem lautem Denken (vgl. Kapitel 4.3). Auch das Registrieren der Gegenübertragung setzt Introspektion voraus. Kinder sind nach Lyons (1986, S. 97) ab ca. dem achten Lebensjahr zur Introspektion fähig, wobei diese Altersangabe nach eigenen Untersuchungen zweifelhaft erscheint. In einer Untersuchung zum Filmerleben von Kindern (Burkart, 2006) war eines der teilnehmenden Kinder fünf Jahre alt. Sogar Träume können introspektiv mit der Technik des „lucide dreaming" untersucht werden – einem manchmal spontan auftretenden, aber auch trainierbaren Bewusstseinszustand während des Träumens, in dem die träumende Person weiß, dass sie träumt (vgl. LaBerge, 1997; lucid dream, 2010).

4.4.6 Fazit

Die Hauptkritik an der Introspektion – gleichzeitiges Denken und Selbstbeobachtung ist unmöglich, Introspektion verändert das Erleben, ist wenig reliabel, weder inter- noch intrasubjektiv nachprüfbar und nur begrenzt einsetzbar – erwies sich in einigen Details zwar als angemessen, was bei ihrem Einsatz berücksichtigt werden sollte. Diese Kritik ist aber keineswegs so substantiell, dass die Methode, die den besten Zugang zum Erleben ermöglicht, insgesamt in Frage gestellt ist.

4.5 Erzeugt Dialogische Introspektion gruppenkonforme Antworten? (Thomas Burkart)

Die Dialogische Introspektion nutzt die Gruppe, um die einzelne Introspektion zu verbessern. Die einzelne teilnehmende Person wird durch die Introspektionsberichte der anderen Gruppenmitglieder, die in der Gruppe nicht bewertet und diskutiert werden, dazu angeregt, über ihr eigenes Erleben nachzudenken. Durch eine Art Resonanzeffekt (Witt, 2000) kann sie sich an Elemente ihres Erlebens erinnern, die sie nur schwach wahrgenommen oder vergessen hatte, die sie aber in den Berichten der anderen Gruppenmitglieder wiedererkennt. Sie kann sich durch die Introspektionsberichte auch dazu ermutigt fühlen, über Aspekte ihres Erlebens zu berichten, die sie zunächst für unwichtig, banal oder peinlich gehalten hat. Die Gruppe kann so zur Vervollständigung und Differenzierung des einzelnen Introspektionsberichts beitragen.

Gruppen haben jedoch nicht nur eine positive Wirkung. Die Gruppensituation kann das Individuum ungünstig beeinflussen, indem es beispielsweise dazu gedrängt wird, seine Meinung, Einschätzung oder sogar seine Wahrnehmung einer Situation zu verändern. Solche negativen Effekte werden in der Sozialpsychologie unter dem Stichwort *Konformität* oder *sozialer Einfluss* untersucht. Von Avermaet (1996) legt seiner Übersicht folgende Definition sozialen Einflusses bzw. Konformität zugrunde: Sozialer Einfluss ist die Veränderung von Urteilen, Meinungen und Einstellungen eines Individuums als Ergebnis der Konfrontation mit den Urteilen, Meinungen und Einstellungen anderer Individuen (S. 504).

In der folgenden Übersicht werden einige wichtige Untersuchungen und Untersuchungsparadigmen zum sozialen Einfluss zusammengestellt und in ihrer Relevanz für die Gruppenmethodik der Dialogischen Introspektion betrachtet.

4.5.1 Sherifs Untersuchung zum autokinetischen Effekt

Sherif (1935) brachte seine Versuchspersonen alleine oder in Gruppen von 2-3 Personen in einen abgedunkelten Raum, wo ihnen in Entfernung von 5 m ein einzelner Lichtpunkt dargeboten wurde. Ein solches stationäres Licht scheint sich in Abwesenheit von Bezugspunkten zufällig in alle mögliche Richtung zu bewegen – eine Wahrnehmungstäuschung, die autokinetischer Effekt genannt wird. Sherif bat seine Probanden nun, eine mündliche Schätzung des autokinetischen Effekts abzugeben. Die Hälfte der untersuchten Personen gab die ersten 100 Schätzungen alleine ab. An drei aufeinander folgenden Tagen nahmen sie an drei weiteren Durchgängen teil, aber jetzt in Gruppen von 2-3 Personen. Die andere Hälfte der Probanden durchlief den Versuch in umgekehrter Reihenfolge. Die Versuchspersonen, die zuerst alleine Urteile fällten, entwickelten rasch eine Standardschätzung (persönliche Norm), um die sich die nachfolgenden Urteile bewegten. Die persönliche Norm war individuell stabil, aber stark zwischen den Individuen variierend. In den Gruppendurchgängen des Experiments konvergierten die Urteile der teilnehmenden Personen in Richtung einer mehr oder weniger gemeinsamen Position – der Gruppennorm. Durchliefen die Personen die Durchgänge in der umgekehrten Reihenfolge, so entwickelte sich die Gruppennorm im ersten Durchgang und blieb im zweiten Durchgang, als die Personen alleine waren, im Wesentlichen erhalten.

Die konventionelle Interpretation dieses Befunds ist, dass Menschen in einer unstrukturierten und mehrdeutigen Reizsituation einen stabilen inneren Bezugsrahmen bilden, mit dem sie den Reiz beurteilen. Sobald sie jedoch mit unterschiedlichen Urteilen anderer Personen konfrontiert werden, geben sie diesen Bezugsrahmen auf, um ihn an den der anderen anzupassen.

Jacobs und Campbell (1961) haben den Versuch von Sherif mit der Variation repliziert, dass sie die Versuchspersonengruppe durch Gehilfen des Versuchsleiters ersetzten, die instruiert urteilten, was ähnliche Ergebnisse erbrachte.

4.5.2 Der Asch-Effekt und Folgeuntersuchungen

Asch (1951) führte Experimente zur Beeinflussung der Wahrnehmung durch, in denen einzuschätzen war, welche von drei Linien der Länge einer Referenzlinie entsprach. Diese sehr leichte Beurteilungsaufgabe ergab in den Kontrollgruppen, in denen die Urteile von den Probanden alleine abgeben wurden, lediglich eine Fehlerquote von 0,7%. In den Versuchsgruppen, die sich aus einer Versuchsperson und sechs Gehilfen des Versuchsleiters zusammen setzten, sollten die Urteile laut der Reihe nach abgegeben werden. Die Gehilfen, die vor der Versuchsperson saßen, gaben vorher abgesprochene, identische Urteile ab – in sechs Durchgängen zunächst korrekte, in den übrigen 12 übereinstimmend falsche Urteile. Versuchsleiter und Gehilfen, die sich während des gesamten Versuchs unpersönlich und formal benahmen, reagierten weder überrascht noch ablehnend auf einzelne Antworten. Die Ergebnisse offenbarten einen großen Einfluss einer falsch urteilenden, aber übereinstimmenden Majorität auf die Urteile eines einzelnen Probanden, deren Fehlerquote fast 37% betrug. Nur 25 % der untersuchten Personen machte keinen Fehler im Unterschied zu 95% in der Kontrollgruppe.

In vielen Replikationen wurden ganz ähnliche Ergebnisse erzielt, auch in neueren, so dass nicht zu vermuten ist, dass der Asch-Effekt nur konformistische Einstellungen einer bestimmen historischen Epoche widerspiegelt.

Nach Deutsch und Gerard (1955) sind die Vermeidung von Ablehnung (normativer Einfluss) und ein Informationseinfluss (die Urteile anderer zu nutzen für das eigene Wirklichkeitsverständnis) diejenigen Faktoren, mit denen eine Gruppe Einfluss auf ihre Mitglieder nimmt. Im Experiment von Asch scheint der normative stärker als der Informationseinfluss gewesen zu sein. Normativer und Informationseinfluss variieren je nach Situation und unterscheiden sich auch strukturell in ihrer Wirkung. Zum normativen Einfluss ergaben sich folgende Befunde:

- Direkte Belohnung konformen Verhaltens führt zu einem Zuwachs an Konformität (von Avermaet, 1996, S. 510).
- Deutsch & Gerard (1955) erhöhten die Abhängigkeit der Gruppenmitglieder, indem sie den fünf Gruppen, die die wenigsten Beurteilungsfehler machen würden, als Belohnung eine Theaterkarte versprachen. Ergebnis war eine doppelt so hohe Konformität wie in der Kontrollgruppe ohne Belohnungsanreiz. Während der normative Einfluss eher dazu führt, dass die Person ihre öffentlich vertretene Meinung verändert (privat aber ihre ursprüngliche Überzeugung beibehält), ist es beim Informationseinfluss anders. Vertraut sie den Informationen anderer, ändert sie auch ihre private Meinung. Wesentliche Ergebnisse zum Informationseinfluss sind die folgenden:
- Die wahrgenommene Kompetenz der Probanden und das Selbstvertrauen in der experimentellen Situation haben einen Einfluss auf das Ausmaß an Konformität.
- Bei vielen richtigen („neutralen") Durchläufen vor den „kritischen" (abgesprochen falschen Einschätzung der Gehilfen des Versuchsleiters) wird den anderen Gruppenmitgliedern mit hoher Wahrscheinlichkeit Kompetenz zugeschrieben (von Avermaet, 1996, S. 511).
- Die Aufgabenschwierigkeit oder die Mehrdeutigkeit des Reizes sind weitere Faktoren, die zur Unsicherheit einer Person beitragen und das Ausmaß erhöhen, mit dem sie sich auf die einstimmige Beurteilung anderer verlässt (von Avermaet, S. 511).
- Die Größe der Teilgruppe der falsch Beurteilenden (Asch, 1951) ist wichtig. Ein einzelner Gehilfe verursachte keinen Fehler, zwei Gehilfen führten bereits zu 13% Fehlern, von drei Gehilfen ab erreichte der Konformitätseffekt bereits seine volle Höhe von 33% Fehlern.
- Das Aufbrechen von Einstimmigkeit ist von entscheidender Bedeutung für die Minderung des Konformitätseffekts. Als Asch seinen Probanden einen Helfer zur Seite stellte, der vor dem Proband antwortete und stets korrekte Urteile abgab, verringerte sich das Ausmaß der Konformität stark auf 5,5 %. Selbst wenn dieser Helfer falsche Antworten gab, führte dies ebenfalls zu einer Verringerung der Konformität (von Avermaet, S. 511-513).

4.5.3 Minoritäteneinfluss

Minoritäteneinfluss oder Innovation können nach Moscovici (1976) zumeist nicht durch normativen oder Informationseinfluss erklärt werden. Tatsächlich werden Minoritäten anfangs oft nicht ernst genommen. Moscovici hat mit vielen Experimenten vom Asch-Typus herausgearbeitet, dass sich der Einfluss von Minoritäten darauf zurückführen lässt, dass sie eine klare Position vertreten und verteidigen und dem von der Majorität ausgeübten Druck Widerstand entgegen setzen (von Avermaet, 1996, S. 515). Am wichtigsten sei die Konsistenz, mit der die Minorität ihre Position bezieht und verteidigt. Moscovicis Folgerung: Nur wenn die Angehörigen einer Minorität untereinander einig sind und diese Einigkeit über die

Zeit aufrechterhalten, können sie darauf hoffen, dass die Majorität ihre eigene Position in Frage stellt.

4.5.4 Gruppenpolarisierung, Gruppendenken und Gehorsam gegenüber unmoralischen Befehlen (Milgram-Experimente)

Gruppenpolarisierung wird untersucht, indem Probanden sich zunächst für sich („privat") anhand eines Fragebogens zu ihrer Einstellung zu einem Sachverhalt äußern müssen, wie beispielsweise die Einstellung zu de Gaulle in einer Untersuchung von Moscovici und Zavallini (1969) mit französischen Schülern. Anschließend müssen die Probanden sich in einer Gruppendiskussion auf eine gemeinsame Haltung einigen. Beobachtet wird nun oft, dass die Gruppe als Ergebnis der Gruppendiskussion extremer wird.

Die Untersuchung von Gruppendenken ist mit Irving Janis (1972, 1982) verbunden, der „natürliche" Gruppen in ihrem Entscheidungsverhalten untersuchte. Er beschreibt einige militärische und politische Entscheidungen, die trotz hoher Intelligenz der Gruppenmitglieder höchst fragwürdig, gefährlich oder unvernünftig waren, wie beispielsweise die amerikanische Invasion in der Schweinebucht (von Avermaet, 1996, S. 534). Gruppendenken als extreme Form der Polarisierung stellt sich nach Janis dann ein, wenn die Gruppe hoch kohäsiv ist, von alternativen Informationsquellen ausgeschlossen ist und ihr Führer eine bestimmte Lösung favorisiert. Dann kann sich eine Illusion von Unverwundbarkeit einstellen – eine Tendenz, die Lösung des Führers hervorzuheben, während damit unvereinbare Informationen ignoriert oder abgewertet werden. Diese Prozesse erfolgen sowohl intraindividuell als auch interindividuell, so dass abweichende Meinungen immer seltener geäußert werden.

In den ethisch zweifelhaften Milgram-Experimenten (Milgram, 1974) erfolgte die Einflussnahme im Unterschied zu den Asch-Experimenten durch eine Person höheren Status' sowie direktem Druck durch Befehle, deren Befolgung kontrolliert wurde. Mit einer Zeitungsannonce fand Milgram Personen zwischen 20–50 Jahren, die gegen Bezahlung an einer Untersuchung teilnehmen wollten. In der Instruktion wurde vorgetäuscht, es handele sich um eine Untersuchung über die Auswirkungen von Bestrafung auf das Lernen. Die Probanden sollten einem Lernenden – einem Vertrauten des Versuchsleiters – bei Fehlern Stromstöße verabreichen, wobei die Bestrafung schrittweise um 15 Volt erhöht werden sollte. Die vorgetäuschten Stromstöße wurden mit einem Apparat gegeben, dessen Knöpfe deutlich beschriftet waren – von 15 bis 450 V und Hinweisen zur Wirkung: von „leichter Schock" bis „Gefahr: höchster Schock". Der Versuchsleiter bedrängte zögernde Probanden. Die Probanden wurden außerdem mit den Reaktionen des von ihnen vermeintlich Gefolterten konfrontiert – von leichtem Stöhnen, bis zu Schreien und der Bitte, den Versuch abzubrechen. 62,5% der Probanden gingen bis zu Stromstößen der höchsten Stufe!

Milgram variierte außerdem die räumliche Nähe zum Opfer, Merkmale der Autorität und das Verhalten von „Kollegen" der Probanden. Danach nahm die Bereitschaft zu Gehorsam (gemessen über die Höhe der Stromstöße) mit der Nähe zum Opfer ab und mit der Nähe der Autorität zu (bei telefonischen Befehlen weniger Gehorsam). Bei anwesenden nicht gehorsamen Probanden verringerte sich der Gehorsam stark, während er bei anwesenden gehorsamen Personen zunahm.

4.5.5 Diskussion der Experimente und ihr Bezug zur Dialogischen Introspektion

Für die Konformitäts-Experimente gilt die bekannte allgemeine Kritik sozialpsychologischer Experimente dieser Art: mangelnde Alltagsnähe, fragliche Repräsentativität, problematische Täuschung der Probanden, vernachlässigte Sichtweisen der Probanden und z.T. ethische Fragwürdigkeit.

Konformität ist in den geschilderten Experimenten Folge mehr oder weniger starker direkter oder indirekter Einflussnahme: Wenn eine Autorität direkt Einfluss ausübt und Konformität belohnt; eine Leistungssituation erzeugt wird, in der es um richtige oder falsche Urteile über einen Sachverhalt zu gehen schien oder um ein wirkliches, angenommenes oder ausagiertes Konkurrenzverhältnis, um bessere oder schlechtere „performance", dann erzeugt der Druck Konformität.

Diese Wirkungen werden durch die Methodik der Dialogischen Introspektion in Betracht gezogen und *abgeschwächt*. Das einzelne Gruppenmitglied wird nach Möglichkeit nicht einem Gruppen- oder Autoritätsdruck ausgesetzt, es wird keine Leistungssituation hergestellt und alle Beurteilungen und Wertungen werden vermieden. Da Leistungs-, Konkurrenz- und Beurteilungserwartungen in unserer Gesellschaft aber weit verbreitet sind, ist es wahrscheinlich, dass sie besonders von erstmals teilnehmenden Personen an die Dialogische Introspektionsgruppe herangetragen werden, was auch in unserer Gruppe in den ersten Experimenten der Fall gewesen ist.

Deshalb sollte in neu gebildeten Introspektionsgruppen explizit darauf hingewiesen werden, dass es sich weder um eine Leistungssituation (z.B. möglichst viele oder originelle Introspektionsinhalte zu liefern) noch um eine Bewertungssituation („richtiges, falsches Erleben") noch um ein Konkurrenzverhältnis („besser als andere" zu sein) handelt (vgl. Kapitel 1.4.2). Der Versuchsleiter sollte ferner dafür sorgen, dass mit *jeder* Mitteilung wertschätzend umgegangen wird und dass Abwertungen – gleichgültig ob verbaler oder nonverbaler Art – unterbleiben. Auch das *Unterbinden von Diskussionen* ist wichtig, weil Diskussionen eine Angleichung bewirken können, nur noch konsensfähige Erlebnisinhalte geäußert werden oder solche, von denen erwartet wird, dass sie einer Diskussion standhalten.

4.5.6 Zusammenfassung

Konformitätseffekte, die nach den sozialpsychologischen Gruppenexperimenten bei direkter oder indirekter Einflussnahme und in einer Konkurrenz- oder Leistungssituation zu erwarten sind, lassen sich durch eine demokratische Gruppenstruktur (Lewin, Lippitt & White, 1939) und bestimmte Versuchsbedingungen kontrollieren: Dazu gehört die Vermeidung von Leistungserwartungen an das einzelne Gruppenmitglied, die Akzeptanz aller Beiträge, so wie sie vorgetragen sind, d.h. sie nicht in Frage zu stellen, zu bewerten oder zu diskutieren. Dies zeigen die bisherigen Erfahrungen mit der Dialogischen Introspektion, die keine konformen oder konvergierenden Berichte über das individuelle Erleben ergaben, sondern sehr unterschiedliche und individuell getönte Beiträge.

5 Introspektion und Erleben

Im Verlauf der Entwicklung unserer Introspektionsmethode in der Hamburger Forschungswerkstatt stießen wir – mehr oder weniger überraschend – auf das Thema *Erleben*. Nach einer Reihe von Experimenten und Untersuchungen stellten wir uns die Frage, was wir eigentlich untersuchen, wenn wir die Methode als Mittel zur Datenerhebung anwenden. Wir hatten sie an verschiedenen Forschungsgegenständen und unter verschiedenen sozialen Bedingungen ausprobiert und optimiert. Ursprünglich wollten wir nur über die Methode berichten, jetzt stellte sich die Aufgabe, auch die Ergebnisse ernst zu nehmen.

Das ist nicht ungewöhnlich für entdeckende Forschung. Sie geht nicht von einer Hypothese aus, die zu verifizieren oder zu falsifizieren sei, etwa „Jupiter hat Monde" und dann baut man ein Teleskop, um dort nachzusehen. Der Forschungsvorgang ist umgekehrt: zuerst die Methode, dann das Ergebnis, wobei Wechselwirkungen die Entwicklung vorantreiben. Galileo Galilei (1564-1642) erfuhr von der Erfindung eines Instrumentes in Holland, das ferne Gegenstände nahe und deutlich zeigt. Dass konvexe Linsen vergrößern und konkave präzisieren, war bekannt. Galilei hatte nun die Idee, beide Linsen hinter einander zu setzen und baute sie in eine Orgelpfeife ein. Nach Kurzem hatte er Erfolg, er konnte die Kombination als Fernrohr verwenden *und dann* u. a. entdecken, dass Jupiter (vier) Monde hatte (1610) – viel später fand man einen fünften (Mach, 1905/1980, S. 253; vgl. dort „Das Problem", S. 251-274).

Wir haben ebenfalls ein „Instrument" hergestellt. Was leistet es? Da kommt uns zu Gute, dass wir nicht eine isolierte Datenerhebungsmethode erarbeitet, sondern sie in eine umfassende Forschungsstrategie, die qualitative Heuristik, eingebunden haben. Im Sinne der Regel 3 – maximale strukturelle Variation der Perspektiven – wurden die Forschungsgegenstände, so stark es uns möglich war, variiert: vom Schreck in einer Lehrveranstaltung zum Wahrnehmen eines öffentlichen Gebäudes, vom Studium von Gefühlen zur Analyse des Begriffs *Tafel*, von Vorgängen bei der Rezeption eines Filmes zum Betrachten alter Fernsehsendungen (vgl. Kapitel 2). Inzwischen sind weitere Themen behandelt worden, auch außerhalb unserer Forschungswerkstatt: die Erfahrungen beim Schreiben (Kapitel 3.5), der Umgang mit technischen Geräten (PC; Burkart, 2008) und mit dem Automobil, der geistige Prozess *Erwägen* (Burkart, 2008), Reflexion über *Raum* (Kleining, 2008), die Bedeutung von *Vertrauen* (Kleining, 2010). Die mit der Dialogischen Introspektion gewonnenen Daten beziehen sich also auf sehr verschiedenartige Forschungsgegenstände.

Es ist ersichtlich, dass sich bei allen Themen um das *Erleben* in der einen oder anderen Ausdrucksform handelt. Man kann daraus folgern, dass die Dialogische Introspektion besonders geeignet sei, diesen Bereich der mentalen Aktionen oder Reaktionen zu untersuchen.

In diesem Zusammenhang stellt sich die Frage, wie man die Erkenntnisse über *Erleben* in die bestehenden Wissensbestände einordnet und was diese zur Kenntnis des Charakters und der Funktion des Erlebens beitragen. Die einschlägige psychologische Literatur schreibt den Erlebensbegriff zumeist der *geisteswissenschaftlichen Psychologie* zu und behandelt ihn zusammen mit dem Begriff des *Verstehens.* (Graumann, 1976; Städtler, 1998, S. 365-368). Hier halten wir uns zurück, da *Verstehen* unter heuristischen Gesichtspunkten anders dargestellt werden müsste als unter geisteswissenschaftlichen, nämlich in Richtung auf *herausfinden* oder *entdecken* was z.B. auch das *Verstehen* mathematischer oder unanschaulich-naturwissenschaftlicher Aufgaben einschlösse.

Um das Feld zu sondieren, bringt das folgende, abschließende Kapitel eine Darstellung der Verwendung des Erlebens-Konzeptes in der Philosophie und der psychologischen und psychiatrischen Praxis, von *Peter Mayer;* dann die Prüfung, wie weit die sozialpsychologische Theorie des Symbolischen Interaktionismus zu einer wechselseitigen Befruchtung von theoretischen und/oder empirischen Konzepten beitragen kann, von *Friedrich Krotz* und abschließend *eine Erörterung der möglichen Zugänge zum Erleben,* von *Gerhard Kleining.*

5.1 Erleben in Philosophie, Psychiatrie und Psychologie (Peter Mayer)

Aspekte der Außen- und der Innenwelt werden dem Subjekt durch das Erleben erkennbar als Abläufe, die das scheinbar Verschiedene, wie das Innen und Außen, das Bewegte und Ruhende in einen Zusammenhang bringen, es strukturieren und kürzer oder länger im Bewusstsein und Gedächtnis aufbewahren. Erleben kann spontan in das Bewusstsein treten und das Erleben mag es zeitweise beherrschen. Erleben kann auch einen rezeptiven Charakter annehmen. Beides ist der *Introspektion* als der auf das Erleben gerichteten Aufmerksamkeit zugänglich. Introspektion ist immer an das Erleben gekoppelt und zwar in doppelter Weise: als Angerührt-Sein und als forschender Eingriff des Bewusstseins in die Lebenswelt des Subjekts.

Verschiedene Wissenschaftsrichtungen haben dem Erleben eine wichtige und zu Zeiten auch zentrale Position für das Verständnis psychischer Abläufe zuerkannt und Methoden vorgeschlagen, Erlebensverläufe wissenschaftlich erfassbar zu machen und sie therapeutisch zu nutzen. Formen der Reflexion, der Introspektion, der Selbstbeobachtung und Selbsterfahrung spielen dabei, je nach dem vorherrschenden Wissenschaftsverständnis, eine unterschiedliche und über die Zeit wechselnde Rolle.

Wir beginnen mit den philosophischen und psychologischen Ausprägungen in der zweiten Hälfte des neunzehnten und um die Wende zum zwanzigsten Jahrhundert als Basis für spätere Entwicklungen, skizzieren die Gegenpositionen aus den zwanziger Jahren und dann die Entwicklung in der zweiten Hälfte des vorigen Jahrhunderts. Wir konstatieren ein Defizit der akademischen psychologischen Forschung an Thematisierung des Erlebens, das ehedem zum Kernprogramm der Psychologie gehörte und Erkenntnisse gezeitigt hat, deren Rang nicht bestritten wird.

5.1.1 Erleben in der Lebensphilosophie und Phänomenologie

Die Lebensphilosophie positionierte sich im ausgehenden neunzehnten Jahrhundert als Gegenbewegung zum damals vorherrschenden rationalistischen Welt- und Wissenschaftsverständnis. Im Gegensatz zur Philosophie der Romantik in der Wende vom achtzehnten zum neunzehnten Jahrhundert ging es in der Lebensphilosophie, nach Ferdinand Fellmann (1993),

... nicht mehr um eine Erweiterung des Rationalismus durch die Berücksichtigung des gefühls-
mäßigen Erlebens wie in der Philosophie der Romantik, sondern um eine innere Umbildung des
rationalistischen Ansatzes. Diese ergibt sich aus der veränderten geistigen Situation in der 2.
Hälfte des 19. Jahrhunderts. Sie ist geprägt durch die Entfremdungserfahrung, durch das Gefühl,
dass der Mensch sich in den von ihm konstruierten Welten nicht mehr wieder erkennt. Dadurch
entstand das Verlangen, die wissenschaftliche Erfahrung an die Fülle der natürlichen Welterfah-
rung zurück zubinden. (Fellmann, 1993, S. 29)

Dazu müsse der Begriff des erkennenden Subjekts weiter ausgelegt werden, als es Empi-
rismus und Rationalismus taten (S. 29).

Wegbereiter für die Lebensphilosophie waren neben Friedrich Nietzsche (1844-1900)
vor allem Arthur Schopenhauer (1788-1860). Die Bewegung der Lebensphilosophie sei
ohne Schopenhauer und dessen Schritt von der Vernunft und der philosophischen Ver-
nunftkritik zum Leben nicht denkbar (Fellmann, 1993, S. 35 und S. 71).

Schopenhauer fand das „logische Ich" unzureichend für die gelebte Einheit des Selbst-
bewusstseins. Auf dem Grunde seines Erlebens entdeckte er eine ganz andere Erfahrung,
drängend, unstillbar, quälend, den Willen (S. 38). Die Willenserfahrung als unstillbarer
Lebensdrang gehört, „... zum wahren letzten Einheitspunkt des Bewusstseins und das Band
aller Funktionen und Akte desselben: er gehört aber nicht selbst zum Intellekt, sondern ist
nur dessen Wurzel, Ursprung und Beherrscher (Schopenhauer, 1819/1968, II, S. 180).

Schopenhauer negiere die Möglichkeit einer objektiven Erkenntnis der äußeren Welt.
Wir könnten nur über unsere Sinneswahrnehmungen urteilen, sie sei lediglich Welt in unserem Kopfe. Die Welt erscheine nicht mehr als eine mit logischen Mitteln erkennbare Kons-
tante, sondern alles Erkannte stehe relativ zum Erkennenden, sie sei demnach *subjektiv*. Für
das erkennende Subjekt ist sie trotzdem keine illusionäre Täuschung, sondern,

... vollkommen real und ist durchaus das, wofür sie sich gibt, und sie gibt sich ganz und ohne
Rückhalt als Vorstellung, zusammenhängend nach den Gesetzen der Kausalität. Dieses ist ihre
empirische Realität. Andererseits aber ist alle Kausalität nur im Verstande und für den Verstand;
jene ganz wirkliche, d. i. wirkende Welt, ist also als solche immer durch den Verstand bedingt
und ohne ihn nichts. (Schopenhauer, 1819/1968, I, S. 46)

„Nämlich das Bewusstsein allein ist das *Unmittelbare*" (Schopenhauer, 1819/1968, II, S.
25, Hervorhebung durch Schopenhauer). Damit nimmt Schopenhauer Grundlegendes der
Lebensphilosophie vorweg, den Zweifel an der Möglichkeit der logischen und objektiven
Welterkenntnis und der Gewissheit des eigenen Bewusstseins und dessen Lebensäußerung,
den Willen. Das Erleben hat seine eigene Realität. Schopenhauer geht von den „gefühlten
Bedeutungen aus, durch die die Vorstellungen ein Interesse erhalten, welches unser ganzes
Wesen in Anspruch nimmt" (1819/1968, I, S. 151).

Zu den Hauptvertretern der Lebensphilosophie zählen, nach Fellmann, vor allem Wilhelm Dilthey (1833-1911) und Henri Bergson (1859-1941), außerdem William James
(1842-1910), Georg Simmel (1858-1918) und Edmund Husserl (1859-1939).

Erleben in der Lebensphilosophie Wilhelm Diltheys und Henri Bergsons

Für Dilthey ist die zentrale Quelle der Welt- und Selbsterkenntnis die innere Erfahrung.

Erleben ist die Hauptquelle von Erkenntnis, sie ist uns über die innere Wahrnehmung als innere Erfahrung unmittelbar zugänglich:

> Im Erleben bin ich mir selbst als Zusammenhang da. Jede veränderte Lage bringt eine neue Stellung des ganzen Lebens. Ebenso ist in jeder Lebensäußerung, die uns zum Verständnis kommt, immer das ganze Leben wirksam. So sind uns homogene Systeme, welche Gesetze der Veränderung aufzufinden möglich machen, uns weder im Leben noch im Verstehen gegeben. (Dilthey, 1883/1979, S. 160)

Erleben bezieht sich auf innere Lebensvorgänge. Das menschliche Leben artikuliert sich im Erleben – das eigene innere Leben wird er-lebt.

Das im Hintergrund des Bewusstseins ablaufende, dem Subjekt unmittelbare Erleben sei wiederum die Grundlage jeglichen menschlichen Ausdruckes, sei es über Sprache, Musik oder Kunst. Der geisteswissenschaftliche Erkenntnisweg wurzelt im praktischen Vollzug des Lebens, d. h. im Verhalten zu sich selbst und zur Welt und realisiert sich in der verstehenden Reflexion. Er unterscheide sich vom *„bloßen Saft von Vernunft"* (Dilthey, 1883/1990, S. XVIII) des nur mittelbaren beobachtenden, zählenden naturwissenschaftlichen Erkenntnisweges: „In den Adern des erkennenden Subjekts, das Locke, Hume und Kant konstruierten, rinnt nicht wirkliches Blut, sondern der bloße Saft von Vernunft als bloße Denktätigkeit" (Dilthey, S. XVIII).

Eine besondere Bedeutung maß Dilthey der Dichtung bei:

> ... die Poesie ... [hatte] zu ihrer Grundlage den Wirkungszusammenhang des Lebens, das Geschehnis. Irgendwie hängt mit einem erlebten oder zu verstehenden Geschehnis jeder Dichtung zusammen. Sie gestaltet nun das Geschehnis, indem sie dessen Teile in der Phantasie nach ihrem Merkmal des freien Bildens zur Bedeutsamkeit erhebt. All das über das Verhalten des Lebens Gesagte konstituiert die Dichtung, und sie bringt nun diesen Bezug zum Leben selbst zum starken Ausdruck. Hierdurch erhält jedes Ding durch die Beziehung zum Verhalten des Lebens eine daraus stammende Färbung: weit, hoch, fern. Vergangenheit, Gegenwart sind nicht bloße Wirklichkeitsbestimmungen, sondern der Dichter stellt durch sein Nacherleben den Bezug zum Leben wieder her, der im Verlauf der intellektuellen Entwicklung und des praktischen Interesses zurückgetreten ist (Dilthey, 1883/1979, S. 240).

Ebenso bedeutsam ist das Gefühlserleben:

> Gefühle sind verwoben mit intellektuellen wie willentlichen Erlebnissen und ihre Anwesenheit in denselben reicht so weit, dass man von der Allgegenwart der Gefühle im psychischen Leben hat sprechen können. Die Aufmerksamkeit wird von dem Interesse geleitet, dieses aber ist doch ein Gefühlsanteil, der aus der Lage und dem Verhältnis zum Gegenstand entspringt. (Dilthey, 1883/1979, S. 46)

Mit dieser Unterscheidung zwischen der inneren Erfahrung und der äußeren naturwissenschaftlichen Erkenntnis über Beobachtung und Messung begründete Dilthey die verschiedenen Systematiken von Geistes- oder Kulturwissenschaften und Naturwissenschaften. Die Geisteswissenschaften seien für das Verstehen der menschlichen Erfahrung in Psychologie, Literatur- und Kulturwissenschaften grundlegend. Sie besäßen eine eigene Methodik, die Hermeneutik:

Das kunstmäßige Auslegen dauernd fixierter Lebensäußerungen nennen wir *Auslegung*. Da nun das geistige Leben nur in der Sprache seinen vollständigen, erschöpfenden und darum eine objektive Auffassung ermöglichenden Ausdruck findet, so vollendet sich die Auslegung in der Interpretation der in der *Schrift* enthaltenen Reste menschlichen Daseins. Diese Kunst ist die Grundlage der Philologie. Und die Wissenschaft dieser Kunst ist die Hermeneutik. (Dilthey, 1883/1979 S. 217; Hervorhebungen durch Dilthey)

Für Dilthey war das eigene unmittelbare Erleben die Hauptquelle menschlicher Erkenntnis, gegenüber der nur mittelbaren naturwissenschaftlichen Erkenntnis. Erleben war für ihn nicht der bloße Saft der erkennenden Vernunft – damit positionierte er sich gegen die zeitgenössische, im damaligen Deutschland vorherrschende neukantianische Vernunft- und Wissenschaftsphilosophie. Diesem bloßen Saft der Vernunftphilosophie stellte er das wirkliche Blut des vollen Lebens gegenüber.

Henri Bergson unterschied die Unmittelbarkeit und Authentizität des individuellen Zeiterlebens von dessen Verzerrung durch kognitive und reflexive Eingriffe des Bewusstseins. Er bezeichnet diesen Vorgang als „Dissoziierung", bei dem einen erlebten Ablauf, wie das Hören einer Melodie beispielsweise durch das Zählen ihrer Töne ihrer Qualitäten entkleidet werden (Bergson, 1889/1994, S. 68). Er verzichtete auf die wissenschaftstheoretische Trennung der Geistes- und Naturwissenschaften zu Gunsten eines radikal intuitiven Ansatzes, der die künstlerische und dichterische Kreativität als zentralen Ausdruck von innerer Erfahrung betont.

Erleben in der Phänomenologie Husserls und der phänomenologischen Therapie

Husserl systematisierte den Erlebensvorgang. Er unterschied ebenso wie Bergson zwischen einem fließenden, polythetischen, mannigfaltigen, inneren Erfahrungsstrom in seiner ursprünglichen Zeitlichkeit und der monothetischen Überblicksfunktion des begrifflich rationalen Bewusstseins. Er folgte aber nicht Bergsons These von der Verzerrung des ursprünglich Erlebten durch nachfolgende reflexive Bewusstseinsakte, sondern ging von der grundsätzlichen Einheit des Bewusstseins aus. Es sei ein und dasselbe Bewusstsein, dem wir uns in unterschiedlichen Formen der Intentionalität zuwendeten, ob originär erlebend, das Erlebte wieder erinnernd oder über das abgelaufene vergangene Erlebnis reflektierend nachdenkend (Husserl, 1928/1986, S. 164-165). „Der originäre Erlebnisstrom des reinen Bewusstseins in seinen tiefsten Dimensionen ist *lebendiges Sein*", wobei nach Husserl „*Strömen und Stehen Eins seien*". Husserl bezeichnet diesen Zustand als die „*lebendige Gegenwart*" (Husserl, 1910-11/1977, Beilage XXVI, S. 120, Anmerkung 1).

Nach Husserl ist das Erleben durch *Intentionalität* gekennzeichnet, d. h. die Gerichtetheit aller Bewusstseinsakte auf einen Gegenstand, ob innen oder außen, real existierend oder gedacht, vorgestellt oder real erlebt. Husserl erweiterte den von Franz Brentano (1838-1917) geprägten Begriff der Intentionalität durch die *noetisch-noematische* Fragestellung. Diese unterscheidet den eigentlichen *Erlebnisakt* mit seiner spezifischen Weise der Zuwendung von dem *Erlebnisgegenstand*, auf den sich dieser Akt richtet.

Der intentionale, auf einen inneren oder äußeren Gegenstand gerichtete Bewusstseinsakt bestehe aus:

1. dem spezifischen Akt der Zuwendung des Bewusstseins oder subjektiven Gehalt des Glaubens, Meinens, Wertens etc. (*noetische* Fragestellung) und
2. dem objektiven (Gegenstands-)Kern des intentionalen Erlebnisaktes (*noematische* Fragestellung).

Die noetischen Akte des Meinens, Glaubens etc. – also die subjektive Position oder Stellungnahme des Bewusstseins in Bezug auf einen Erlebnisgegenstand – seien die eigentlichen *sinnstiftenden* Akte des Bewusstseins.

Die Phänomenologie übte auch starken Einfluss aus auf die *Soziologie* (hier insbesondere durch die Arbeiten von Alfred Schütz zur phänomenologisch pragmatischen Lebenswelttheorie), auf die *Psychiatrie* (u. a. durch Ludwig Binswanger, Wolfgang Blankenburg. Erich Wulff und Jürg Zutt, später Christian Scharfetter) und die erlebnisorientierte (erlebnisaktivierende) *Psychotherapie* (engl.: experiential therapy), entstanden aus der von Abraham Maslov begründeten amerikanischen humanistischen Psychologie (vgl. 5.2.5).

5.1.2 Die Psychologie des Erlebens der Würzburger Schule

Die Bezeichnung „Erlebnisse" für psychologische Zustände und Vorgänge verwandte bereits Oswald Külpe (1862-1915). In seinem *Grundriss der Psychologie auf experimenteller Grundlage* (1893) nannte er alle mentalen Vorgänge, die dem Subjekt zugänglich sind, *Erlebnisse*. In der Würzburger Schule (1896-1909) unter Külpes Leitung definierte Karl Marbe (1869–1953) Erleben:

> Alles, was wir selbst oder andere Wesen unmittelbar erleben, bezeichnet man als Bewusstseinsvorgänge oder als Erlebnisse. Das gesamte psychische Geschehen gehört hierher: Die Sinneswahrnehmungen und die Gefühle, das Denken und Wollen des Menschen und der Tiere inklusive der vielleicht bei niederen Tieren (ausschließlich) vorhandenen unbestimmten, undeutlichen psychischen Vorgängen. (Marbe, 1901/1999, S. 78).

Marbe und Karl Bühler (1879-1963) gelangten durch experimentelle Selbstbeobachtung zu einer detaillierten Phänomenologie der inneren Erlebnisvorgänge bei der Lösung von Denkaufgaben (Bühler, 1907/1999) und solchen des Urteilens (Marbe, 1901/1999). Bühler (1907/1999, S. 170 ff.) konnte durch seine Versuche mit *qualitativen Experimenten* die Bestandteile des Erlebens bei Denkprozessen entdecken, nämlich sinnliche, bildliche Vorstellungen, Vorstellungen des Raumbewusstseins, sog. *zuständliche Prozesse* (Zweifeln, Besinnen, Erstaunen u. a.), Gefühle und schließlich die eigentlichen Gedanken. Erfolgreiche Problemlösungen führen die Versuchspersonen zu einem *Aha-Erlebnis* (Bühler 1927/1978, S. 136).

Die Daten der Würzburger Forscher wurden in einem alltagsnahen Kontext erhoben, das Vorgehen ist qualitativ, entdeckend. Versuche, Versuchspersonen und Aufgaben wurden variiert und die Aussagen der Versuchspersonen auf Homologien, Übereinstimmungen, d. h. auf *Gemeinsamkeiten* analysiert (Bühler, 1907/1999). Daher existiert methodologisch eine große Übereinstimmung der Würzburger Methode mit der Dialogischen Introspektion, wobei jedoch in der Dialogischen Introspektion außerdem die Gruppe als Erkenntnis generierendes Medium eingeführt wird (vgl. Kleining, 1999a).

5.1.3 Die Erlebnispsychologie in den zwanziger Jahren

Bühler hatte 1927 die „Krise der Psychologie" im Verhältnis der verschiedenen zeitgenössischen Schulen der deutschsprachigen Psychologie zueinander beschrieben und Wege zu ihrer Überwindung vorgeschlagen (Bühler, 1927/1978). Er unterschied im historischen Teil das „alte Programm der Erlebnispsychologie" (Bühler, 1927/1978, S. 17) von Descartes, Locke und Hume[36] bis zur „klassischen Assoziationspsychologie um 1890" von den Richtungen, die auf verschiedene Weise ihren Grundannahmen widersprechen. Dazu gehörten als ihre direkten „Gegner" (S. 12 f.) vor allem die (Würzburger) *Denkpsychologie* und die *Psychoanalyse*, im weiteren Sinne der *Behaviorismus*, die *geisteswissenschaftliche Psychologie* und die *Gestaltpsychologie*. Sprangers „Zweiheitslehre" erhält demgegenüber nur untergeordneten Rang.

Die Axiome der klassischen Assoziationstheorie, die die Denkpsychologie und Psychoanalyse in Frage stellten, waren:

1. Das *subjektivistische* Axiom: der einzige legitime Ausgang der Psychologie ist die Selbstbeobachtung; ihr Gegenstand sind die Erlebnisse.
2. Das *atomistische* Axiom: Die Analyse der Erlebnisse findet fest umschriebene elementare Bewusstseinsinhalte; die so genannten verwickelten oder höheren Phänomene sind Komplexionen aus ihnen.
3. Das *sensualistische* Axiom: Genetisch originäre Inhalte sind nur die Sinnesdaten mit Einschluss der „elementaren" Gefühle.
4. Das *mechanistische* Axiom: Die Bildung der Komplexionen und der Erlebnisverlauf unterstehen dem Kontiguitätsgesetz, dem Assoziationsprinzip; es gibt Simultan- und Sukzessivverkittungen. (Bühler, 1927/1978, S. XI)

Bühler konstatierte „... jenes Programm [gemeint sind die Ausführungen von Stumpf und Külpe, 1907. P. M.] verlangte klar und zwingend eine bestimmte Umstellung der Interessen der *Erlebnispsychologie*. ... jedenfalls war mit ihm das einfache Schema der klassischen Assoziationstheorie durchbrochen und ein neuer Horizont für die Wissenschaft von der Erlebnissen erschlossen" (Bühler, 1927/1978, S. 13-14).

Richtlinie der Würzburger Forschungen war „... die deskriptive Bestimmung der Erlebnisse bei den geistigen Vorgängen des Urteilens und des Denkens und die Erfassung spezifisch teleologischer Verlaufsgesetze des seelischen Geschehens" (Bühler, 1927/1978, S. 14).

Ihr Ergebnis war u. a. die Entdeckung der „Eigen*gesetzlichkeit* der Gedanken und der Gedankenfolgen", ihrer Andersartigkeit gegenüber den Vorstellungen, ihres Verlaufs, die „...nicht dem Assoziationsgesetz [folgen], sondern den Forderungen der gedachten Gegenstände" (Bühler, 1927/1978, S. 12). Die Frage nach dem *Sinn* der Erlebnisse führte zur Abwendung von der sinnfreien, mechanischen Theorie des seelischen Geschehens (S. 14).

Andere zeitgenössische Gruppierungen wie die Gestaltpsychologie, hier insbesondere die Berliner Schule, verwandten ebenfalls den Begriff „Erleben". Wolfgang Köhler unterschied die *phänomenale Erlebniswelt* (Köhler, 1959: „phenomenological experience") oder

---

[36] Nach Bühler (1927/1978, S. 17) war diese alte Erlebnispsychologie seit Descartes und Locke als eine Wissenschaft von den Erlebnissen gedacht, als eine Theorie dessen, was der so genannten inneren Wahrnehmung, der Selbstbeobachtung zugänglich sei.

den „*Erlebnisraum*" (Köhler, 1929, S. 401) von der physikalischen Welt. Die Erlebniswelt oder der Erlebnisraum steht als „phänomenaler Sehraum" (Köhler, 1933, S. 343) oder als „anschauliche", „phänomene Welt" der physikalischen, transphänomenalen Welt der materiellen Reizereignisse gegenüber.

5.1.4 Das Ende der Erlebnispsychologie

Bekanntlich begann 1933 die geistige und physische Vernichtung eines Großteils der deutschen und dann der kontinental-europäischen Intelligenz und ihrer Einrichtungen durch den Nazismus. Dies unterbrach auf Jahrzehnte die ehemals autochtone deutschsprachige Entwicklung der Geisteswissenschaften.

Die mühselige Wiederaufnahme der akademischen Forschungen in Westdeutschland suchte in der zweiten Jahrhunderthälfte ihr Heil zunächst im Import der US-amerikanischen Entwicklungen, in der Psychologie und den Sozialwissenschaften vornehmlich der durch die westlichen Besatzungsmächte begünstigten quantitativen Forschungen, die dem Behaviorismus nahe standen und eine Verwandtschaft zur klassischen Assoziationspsychologie aufwiesen. Die akademische Erlebenspsychologie – in den USA praktisch nicht vertreten – galt nur noch als historisch interessant und wurde, wenn überhaupt, in ihrer alten Methodik der Introspektion rezipiert und generell als überholt angesehen – gegen sie hatten sich ja gerade die neuen Psychologien gerichtet. Von ihnen haben sich nur die geisteswissenschaftliche Psychologie und diese auch nur in den Text- und Deutungs-Wissenschaften erhalten.

Seit den achtziger Jahren sind aber gewisse, wenn auch schwache Veränderungen zu erkennen, jetzt auch durch Übernahme von belebenden Konzepten der französischen Philosophie und ein allgemeiner Schwenk zur Deutungskunst, ohne dass an die entdeckende Methodik der vornazistischen, zumeist deutschsprachigen Psychologie angeknüpft wird, wie insbesondere die Wiener Experimente von Charlotte Bühler und Hildegard Hetzer (Hetzer, 1986) die Würzburger Denkexperimente (Bühler, 1907/1999), die Problemlösungsanalysen von Wertheimer (1945/1957) und Duncker (1935/1974) aber auch die Experimente von Piaget (Burkart, 2005a; Piaget, 1926/1978).

5.1.5 Derzeitige Bezüge auf Erleben

1. Definitionen des Erlebens in der Psychologie

Erleben wird in deutschsprachigen Sammelwerken, neben *Verhalten,* als der zweite Hauptgegenstand der Psychologie genannt. Es wird in Lehrbüchern und Sammelwerken von Markus Kiefer (2002), Klaus Schneider (1992), Wolfgang & Ute Schönpflug (1997) als psychische Funktion benannt, allerdings mit der Einschränkung, es entziehe sich dadurch, dass nur dem Individuum selbst zugängliche sei, der objektiven Beobachtung durch Dritte.

Nach Dorsch Psychologisches Wörterbuch (Häcker & Stapf, 1998) gilt das Erleben als:

> ....jegliches Innewerden von etwas, jedes Haben mehr oder weniger bewusster Inhalte, jeder Vorgang im Bewusstsein. Jedes E. besitzt immer nur ein begrenztes Feld (Erlebnisfeld), das allerdings von Mensch zu Mensch mehr oder weniger breit, prägnant oder diffus profiliert (durch

gestaltet) oder flach ist. Das E. kann den Inhalten nach präsent (Wahrgenommenes => Angetroffenes) oder repräsentiert (=-> Vergegenwärtiges) sein. Weiter sind aktive und passive Erlebensweise (ktetisches bzw. leptisches E. nach W. Peters und gnostisches bzw. phatisches E. nach E. Strauss) zu unterscheiden. Aktivität bedeutet hier auswählen, ausrichten, profilieren usw., im Wesentlichen geistige Leistungen. (S. 241)

Im Lehrbuch von Schönpflug und Schönpflug (1997, S. 18) wird das Erleben, als eine Form menschlicher Lebenstätigkeit im Bewusstsein aufgefasst.

Klaus Schneider versteht Erleben unter evolutionsbiologischen Gesichtspunkten als ein Reaktionstrias vom subjektiven Erleben, emotionalem Ausdruck und physiologischer Veränderung. Schneider fasst Erleben als Gefühlserlebnisse auf, eingebettet in Tätigkeiten, die sich durch ein Ineinandergreifen von Emotion, Motivation, Kognition und Handeln ergeben. Gefühle seien ebenso Erlebenssachverhalte wie Empfindungen, Wahrnehmungen, Vorstellungen und Gedanken.

Markus Kiefer (2002, 2008) zählt das individuelle Erleben zu dem Bereich des *phänomenalen Bewusstseins*. Bewusstsein wird als *Eigenschaft mentaler Repräsentation* (Kiefer, 2002, S. 184) beschrieben. Ihm stünden das *Zugriffsbewusstsein* und das *Monitoringbewusstsein gegenüber* (Kiefer, 2002, S. 184).

Das *phänomenale Bewusstsein* (Kiefer, 2008, S. 159) wird definiert als individuelles Erleben von Sinneswahrnehmungen oder Gedanken – mentale Repräsentationen – wie in der Wahrnehmung "des Rotes der Rose" oder im Fühlen "des Stechens des Schmerzes". Solche Erlebenseigenschaften mentaler Repräsentationen zählt Kiefer zu den *Qualia*. Dieses Erleben ist nach Kiefer notwendigerweise an die *Erste-Person-Perspektive* gebunden (ein „Ich" fühlt etwas, bzw. erlebt etwas) und sei deswegen nicht vollständig aus einer (objektivierenden) *Außen-* oder *Dritten-Person-Perspektive* erfassbar, was die wissenschaftliche Erklärung erschwere (S. 159).

In der aus der empirischen Psychologie und der Tradition des Behaviorismus entstammenden Verhaltenstherapie meint man auf den Begriff des Erlebens zugunsten eines umfassenden Begriffs von Verhalten verzichten zu können, welches (äußeres) Verhalten und innere mentale Vorgänge wie Kognition und Emotion, die nach der *kognitiven Wende* Beachtung finden, zusammenfasst (Margraf, 2009, S. 19; Margraf & Schneider, 2009, S. 679).

Nach Thomas Städtlers „Lexikon der Psychologie" (1998) ist *Erleben* ein typisch deutscher Begriff: „Der Begriff *Erleben* bzw. *Erlebnis* ist typisch Deutsch; es war Dilthey, der beide Wörter zu wichtigen Konzeptionen und zu einer Art Modewörtern gemacht hat, sodass einige europäische Sprachen den Begriff *Erleben* als Fremdwort übernommen haben" (Städtler, 1998, S. 1170).

In der englischsprachigen Literatur existiert kein eigenständiger Begriff für *Erleben*. Im Collins International English Dictionary (1998) heißt Erleben *experience*, was man im Deutschen auch mit *Erfahrung* übersetzen kann. Das Wörterbuch definiert *experience* als

1. direct personal participation or observation, actual knowledge or contact, 2. particular incident or feeling a person has undergone: an experience to remember 3. accumulated knowledge, esp. of practical matters. (S. 542)

Das Wort *Erleben* im deutschen Sinne sei am ehesten mit dem englischen, „*... feeling a person has undergone*" (S. 2) zu übersetzen.

Ebenso erscheint der Begriff *Erleben* in dem amerikanischen Psychologielexikon „Encyclopedia of Psychology" (Corsini, 1994, Vol. I) nicht als eigenständiger Begriff. Allerdings beziehen sich die Autoren unter dem Eintrag *Experiential Psychotherapy* auf eine besondere in der Humanistischen Psychologie (Gendlin) geprägten Form des körperbetonten, körpernahen Erleben des *„client's present body felt sense"* (S. 527).

Demnach scheint der Begriff *Erleben,* nach unserer Kenntnis, in einer kontextnahen englischen Übersetzung oder Umschreibung für die englischsprachige akademische Psychologie als Forschungsgegenstand nicht zu existieren. Nur in der klinischen Psychologie – und hier insbesondere in der Focusing Therapy Eugene Gendlins als erlebensbezogene Variante der klientenzentrierten Gesprächspsychotherapie – findet Erleben als eine Form des körpernahen Selbsterleben (*body felt sense*) Eingang.

2. Erleben in der Psychiatrie

In der deutschsprachigen Psychiatrie dagegen wird dem Erleben des Patienten eine besondere Bedeutung zugeschrieben. „Das Seelische ist uns als unmittelbares Erleben zugänglich" (Spoerri, 1966, S. 5).

Christian Scharfetter (1996, S. 3) bezeichnet die Psychopathologie als *Erlebnislehre*. Das Selbst- und Welterleben des Patienten, bei Scharfetter auch *Ich-Erleben* (S. 51) genannt, sei der Schlüssel zur psychiatrischen Diagnostik. Durch Exploration des inneren Erlebens würden bestimmte Verhaltensweisen und Symptome des Patienten verständlich und einer bestimmten Psychopathologie zuordbar (Diagnostik, Nosologie, Klassifikation). Hinter der jeweiligen Symptomatik oder dem Verhalten verbirgt sich ein *Ich-/Selbsterleben* als *Motivationsgrund.* „Das Selbst- und Welterleben ist Motivationsgrund für das Verhalten" (Scharfetter, S. 51).

Bezüglich der Bedeutung des Selbst- und Welterlebens des Patienten für die psychiatrische Diagnostik besteht in psychiatrischen Lehrbüchern weitgehend Einigkeit (vgl. auch Dilling & Reimer, 1997; Spoerri, 1966; Tölle & Windgassen, 2002).

3. Die Experiencing Therapy

In der erlebnisaktivierenden Psychotherapie (experiencing therapy), maßgeblich von Pearls (Gestalttherapie) und dem Rogers-Schüler Gendlins weiterentwickelt, wird das Erleben als eine Form des körperlich spürbaren, präkonzeptionellen, aber explizit mehrdimensionalen Empfindens oder Erlebens (engl.: body felt sense) konzeptionalisiert (vgl. auch Kapitel 3.3.3). Gendlin (2002) konzentriert sich in seiner erlebnisfokussierenden Therapie (Focusing) auf den ursprünglichen Strom des körperlich spürbaren *body felt sense* seines Klienten im Hier und Jetzt der therapeutischen Situation. Ziel des therapeutischen Handelns ist nicht wie in den meisten Psychotherapieformen, die Beseitigung eines Symptoms oder die Lösung eines Problems des Klienten, sondern eine Integration der verschiedenen Aspekte des Erlebens in das individuelle Selbst des Klienten und somit die Förderung seines persönlichen Wachstums:

„Focusing nennen wir jenen ganzen Prozess, innerhalb dessen sich ein Individuum in das direkte Bezugsobjekt seines Selbsterlebens vertieft" (Gendlin, 1964/1978, S. 18). In diesem Sinne verweist das Focusing Gendlins auf dessen phänomenologische Wurzeln, indem der Therapeut den originären Strom des Bewusstseins seines Klienten in seiner ursprünglich ihm gegebenen Zeitlichkeit freizulegen versucht.

Gendlin (2002) betrachtet den Klienten nicht als Monade, die therapeutisch richtig gespiegelt wird, damit er seine Gefühle wieder finde, um so zu seinem ursprünglichen Erleben und damit eigentlichen Selbst zu finden. Er versteht therapeutisches Arbeiten vielmehr als spezifischen Dialog des erlebnisorientierten Antwortens auf den Klienten. Diese Form des Antwortens basiere auf dem Gefühlsausdruck des Therapeuten, welcher bei ihm während einer konkreten Interaktion mit dem Klienten spontan entstehe. Die erlebnisbetonte Reaktion des Therapeuten löse beim Klienten wiederum einen Erlebensprozess aus:

> Meine Reaktionen sind Teil unserer Interaktion. Ich bin es der Klientin schuldig, den Teil der Interaktion, der jetzt in mir entsteht, fortzusetzen. Wenn ich das nicht tue, bleiben wir beide in Hinblick auf diesen Punkt stecken. Natürlich bin ich dafür verantwortlich, *wie* ich reagiere. Das bedeutet, ich muss auf eine Art antworten, die ihr meine Reaktion ehrlich zurückgibt, sie sichtbar macht und muss so handeln, dass sie im Gegenzug auf das reagieren kann, was sie in mir ausgelöst hat. (Gendlin, 2002, S. 2)

Insgesamt führt diese auf den *body felt sense* konzentrierte Form des therapeutischen Dialoges zu einer Fokussierung auf den ursprünglichen Strom des Empfindens des Klienten. Die Arbeiten Gendlins wiederum beeinflussten im entscheidenden Maße die von Carl Rogers begründete klienten-, später personenzentriert Gesprächspsychotherapie (vgl. Kapitel 3.3.3), die sich seit Mitte der sechziger Jahre des letzten Jahrhunderts zunehmend an dem den „Klienten eigenen Erlebensprozess" (Rogers, 1977/1981, S. 185) orientiert und die „fortwährende Konzentration auf die phänomenale Welt des Klienten" (Rogers, 1977/1981, S. 18) anstrebt. Das setze voraus, dass der Therapeut mit dem „Fließen des eigenen Erlebens" (S. 182) vertraut ist.

5.1.6 Erleben in der gegenwärtigen Philosophie

In der neueren Philosophie wird das innere Erleben nach Volker Gadenne (2000) dem *phänomenalen Bewusstsein* zugeordnet. Das subjektive Erleben oder das erlebte „wie" eines mentalen Zustandes wird in der neueren phänomenalen Bewusstseinsphilosophie als *Quale* bezeichnet, das die subjektive Erlebnisqualität oder die phänomenale Qualität des erlebten Zustandes oder Ereignisses beschreibt. Es wird allerdings die Frage gestellt, ob die vom Subjekt wahrgenommene Innenwelt noch ein Thema der Philosophie sein könne, weil der phänomenologische Zentralbegriff der *Intentionalität* keine Familienähnlichkeit mit bestimmten sprachlichen Strukturen habe, also bestimmten Sprachspielen oder Formen des Sprechens über irgendetwas. Somit sei er der von Wittgenstein begründeter und u. a. von Searles weiterverfolgter Normalsprachenphilosophie zuzuordnen.

Zudem drohe der phänomenologische Innenweltbegriff der Bewusstseinsphilosophie nach Sybille Krämer (1996) durch die naturwissenschaftlich inspirierten Bestrebungen der Philosophie des Geistes zunehmend an den Rand des philosophischen Mainstreams gedrückt zu werden. Inspiriert durch die neueren Erkenntnisse der kognitiven Neurobiologie wendet sich die Philosophie des Geistes zunehmend neurophysiologischen Computermodellen zu und weist das Sprechen über eine phänomenal vorhandene und erlebbare Innenwelt vehement als Laienpsychologie (*folk psychology*) zurück.

5.1.7 Erleben aus Sicht der Dialogischen Introspektion

Das Erlebenskonzept der Hamburger Forschungswerkstatt ist *heuristisch* – rein explorativ. Es arbeitet als Entdeckungsverfahren ohne inhaltliche Vorgaben. Die Ergebnisse sind offen, sie entstehen durch regelgesteuerte Erhebung und Analyse von Daten (vgl. Kapitel 1).

Die Dialogische Introspektion versteht sich als Weiterführung der entdeckenden Würzburger Erlebnispsychologie. Die Unterschiede zu ihr – vor allem die Einführung der Gruppe als Erhebungsinstrument und die heuristische Untersuchungsanlage wurden bereits behandelt (vgl. Kapitel 4.2.6).

Durch die Nähe zum Würzburger Verfahren sind die gleichen Differenzen zur traditionellen Introspektionsmethode gegeben, die der klassischen Assoziationspsychologie nahestand. Für die Dialogische Introspektion bestehen folgende Differenzen zu den vier Axiomen der Assoziationstheorie (Bühler, 1927/1978, S. XI; vgl. 5.2.3):

- Zum subjektivistische Axiom: Die Introspektion wird nicht als einzig mögliche psychologische Methode verabsolutiert, sondern als eines von mehreren Verfahren zur Erkenntnis von Erleben angesehen. Andere sind Beobachtung, Experiment und Befragung, insbesondere qualitativer Art, direkt und vermittelt durch Ton, Schrift, Gestus, Farbe, Form, Bewegung etc.
- Zum atomistische Axiom: Die bisherigen Untersuchungen mit der Dialogischen Introspektion bestätigen nicht die assoziationstheoretische Annahme von fest umschriebenen, elementaren Bewusstseinsinhalten, aus denen sich höhere Phänomene als Komplexionen formen. Vielmehr verweisen die Befunde auf Ganzheit und Bewegung der Erlebnisse.
- Zum sensualistische Axiom: Die Ergebnisse der Forschung mit der Dialogischen Introspektion stützen nicht die These, dass „genetisch originäre Inhalte" nur Sinnesdaten mit Einschluss „elementaren Gefühlen" seien. Dagegen haben die Untersuchungen mit dieser Methode nicht nur der Sinneswirkungen mit elementaren Gefühlen, sondern unterschiedliche Funktionen wie Willensakte, Denkformen, Vorstellungen, Wertungen – zu Ganzheiten zusammengeschlossen – ergeben
- Zum mechanistische Axiom: Das für die Bildung von Komplexionen und den Erlebnisverlauf postulierte quasi-mechanische Kontiguitäts- und Assoziationsprinzip mit Simultan- und Sukzessionsverkittungen wurde nicht bestätigt. So fanden sich in den Gefühlsuntersuchungen von Thomas Burkart (2005b) und seiner Untersuchung des Erwägens (Burkart, 2008) ein dialogischer oder dialektischer Charakter des Erlebens. Der Erlebensverlauf scheint nicht mechanistisch nach dem Kontiguitätsgesetz und dem Assoziationsprinzip organisiert, sondern resultiert aus einer dialogischen Verbindung von Wahrnehmen, Handeln, Fühlen, Erinnern, Vorstellen und Denken, aus der sich dialektische Entwicklungen mit umschlagenden und widersprüchlichen Zuständen ergeben können.

5.1.8 Fazit

Die Erlebnispsychologie ist durch die Zäsur durch den Nazismus und den Siegeszug des Behaviorismus in Deutschland seit 1945 weitgehend aus der akademischen Psychologie verdrängt worden. Das individuelle Erleben ist nur in den Randbereichen der Psychologie, der Psychotherapie – hier insbesondere in der erlebnisbezogenen Therapie – und in der Psychiatrie von Bedeutung.

Die erlebnisbezogenen Therapie ist entdeckend, auch wenn die therapeutische Veränderung neurotischer Erlebensstrukturen der Klienten im Vordergrund steht und weniger die Gewinnung von Erkenntnis über die Struktur des Erlebensprozesses. Jedoch konnte Rogers (1977/1981, S. 45 ff.) über den Weg von Einzelfallanalysen von Therapiegesprächen und über umfangreiche quantitativ-statistische Therapiebegleitforschungen eine erlebnisbezogene Phänomenologie des therapeutischen Prozesses und eine Theorie der therapeutischen Beziehung entwickeln. Eugene Gendlins Arbeiten führten zu einer phänomenologischen Theorie des prozesshaften Beziehungserlebens von Klient und Therapeut und bedeuten eine Erweiterung und Vertiefung des personenzentrierten Ansatzes.

In der akademischen Psychologie ist die Weiterentwicklung einer eigenständigen Erlebenspsychologie abgebrochen.

In der gegenwärtigen (psychologischen) Bewusstseinsforschung dominiert nach Kiefer (2008, S. 183) eine überwiegend explorative Vorgehensweise. Explizite Beiträge zu umfassenderen philosophischen, evolutionären und psychologischen Theorien seien kaum zu erkennen. Obwohl der vielschichtige Bewusstseinsbegriff nach einer genauen Definition verlange, bleibe diese häufig bei einer Interpretation von Befunden aus. Diese unsystematische Herangehensweise müsse zwangsläufig zu einer Fülle widersprechender Resultate führen, die der ursprünglich beabsichtigten Klärung des Phänomens des Bewusstseins entgegenständen (S. 183).

In der gegenwärtigen Verhaltenstherapie, in der neben dem Verhalten, Kognitionen und Emotionen der Klienten zunehmende Bedeutung für den therapeutischen Prozess gewinnen, wird der Erlebensbegriff zugunsten einer umfassenden Definition von Verhalten unter Einschluss von kognitiven, motivationalen und emotionalen Vorgängen aufgegeben.

Die Dialogische Introspektion hingegen versucht an die Tradition der älteren deutschen Denk- und Erlebenspsychologie um die Würzburger Schule durch eine verbesserte Methodologie anzuknüpfen (Kleining, 1999a) mit dem Ziel der Entwicklung einer ganzheitlichen phänomenologischen Theorie des Erlebens.

5.2 Dialogische Introspektion, Erleben und Symbolischer Interaktionismus (Friedrich Krotz)

Unter welchen Annahmen kann man davon ausgehen, dass die Dialogische Introspektion zur Erkenntnis der Wirklichkeit beitragen? Um diese Frage zu beantworten, beschäftigen wir uns nicht mit der analytischen Wissenschaftstheorie, also den Regeln des Denkens und Schließens, die auf formaler Logik und Mathematik oder dem darin gründenden Diskurs beruhen. Vielmehr gehen wir von den Regeln der wissenschaftlichen Methode aus, auf der die Dialogische Introspektion beruht bzw. nach denen dialogisch introspektiv gewonnene Daten ausgewertet werden, nämlich von der *Heuristik* von Kleining (1982b). Wir fragen dann nicht normativ, wie diese Daten in bestimmte Formen zu bekommen sind oder wie sie behandelt werden müssen, damit man dieses oder jenes mit ihnen machen kann, sondern nach den impliziten Annahmen über Wirklichkeit, die für Datenerhebung und Auswertung unterstellt sind und die folglich in die gewonnenen Daten eingehen, und zugleich nach den theoretischen Annahmen und den in der Theorie angelegten Menschenbildern. Denn nur, wenn zwischen diesen Annahmen Übereinstimmung besteht, kann man empirische Ergebnisse und Theorie fruchtbar zusammen bringen, wie ich gleich argumentieren werde.

Damit sich aus Daten, die nach den Regeln der Dialogischen Introspektion erhoben werden, sinnvolle Ergebnisse herausarbeiten lassen, müssen mindestens drei Annahmen erfüllt sein:

- Erstens es ist notwendig, dass man akzeptiert, dass Menschen soziale und symbolische Wesen sind, die eine ihnen charakteristische, im Laufe der Sozialisation erworbene, gesellschaftlich, historisch und kulturell vermittelte innere Wirklichkeit besitzen, die in Prozessen verläuft. Denn nur dann macht es Sinn, Untersuchungsteilnehmer zu bitten, zu einem vorgegebenen Thema ihr inneres Erleben, das mit der Konstitution von Sinn und Bedeutung verbunden ist, zu beobachten und dann in kommunikativ angelegten Situationen mitzuteilen.
- Zweitens muss man davon ausgehen, dass Menschen reflektionsfähig sind, und dass die durch sie vorgenommene Beobachtung ihrer inneren Wirklichkeit – Gedanken, Emotionen, Betroffenheiten, Interessen etc. – zu im Hinblick auf den jeweiligen Forschungsgegenstand relevanten Daten führt. Sofern sich eine Studie auf Dialogische Introspektion alleine verlässt, so macht man damit implizit die zusätzliche Annahme, dass in den Daten, die aus der auf das Innere gerichteten Beobachtung der Menschen gewonnen werden, hinreichend viel Wissen angelegt ist, um daraus auf den Forschungsgegenstand insgesamt zu schließen. Ob das stimmt, weiß man freilich häufig erst im Nachhinein.
- Drittens, und das macht das hier diskutierte Verfahren der *Dialogischen* Introspektion zu einem besonderen unter allen Introspektionsverfahren, findet die Mitteilung des inneren Erlebens im sozialen Kontext der Gruppe statt. Es geht also nicht einfach um ein Kundtun, sondern um ein, zwar spezielles, aber doch auf wechselseitiges Verstehen angelegtes Sprechen, also um einen Grundtypus von Verständigung, der immer auch als eine weitere Verarbeitung des inneren Erlebens angesehen werden muss.

Diese drei Annahmen können offensichtlich in einem behavioristischen Setting nicht unterstellt werden, ebenso, wie im Rahmen einer positivistischen oder rationalistischen Wissenschaftstheorie eine Datenanalyse nach den Regeln der Heuristik nicht sinnvoll möglich ist. Sie sind aber etwa im Rahmen des Symbolischen Interaktionismus akzeptabel. Um derartige Zusammenhänge genauer zu verstehen, werden diese Annahmen und die damit zusammenhängenden Überlegungen im Folgenden genauer diskutiert und auf ihre theoretischen Bezüge untersucht. Dabei geht es nicht darum, die Methode für eine Theorie zu reservieren oder umgekehrt eine Theorie an die Methode zu ketten. Eine Methode passt zu vielen Fragestellungen und zu mancherlei Theorien. Während aber die quantitative Methodologie universalistisch immer passend zu sein beansprucht, muss die Verwendung einer qualitativen Methode im konkreten Fall immer im Einzelnen begründet und auch theoretisch rechtfertigt werden.

5.2.1 Zum Zusammenhang von Theorie und Methode der Datenerhebung

Die Dialogische Introspektion macht wie jede sozialwissenschaftliche Methode bzw. wie jedes Verfahren der Erhebung und Auswertung von Daten (Krotz, 2005) implizit oder explizit Annahmen über Menschen und „passt" deshalb gegenstandsübergreifend zu manchen Theorien und zu anderen nicht. Ein solches „Zusammenpassen" zwischen einer Methode und einer Theorie ist in zweierlei Hinsicht möglich. Erstens kann es sein, dass sich eine Methode durch eine Theorie rechtfertigen lässt. Zweitens kann es sein, dass eine Theorie nicht dafür taugt, eine Methode zu begründen, aber dennoch die Ergebnisse akzeptiert, die mit der in Frage stehenden Methode erarbeitet werden. Wenn beides nicht möglich ist, passen Theorie und Methode offensichtlich nicht zusammen.

Diese Prämisse des folgenden Textes lässt sich am leichtesten begründen, wenn man eine Methode wie die Dialogische Introspektion der Hamburger Forschungsgruppe mit theoretischen Vorstellungen wie denen des frühen Behaviorismus à la Watson oder Tolman zusammenbringt. Dieser Behaviorismus konzipiert den Menschen als Tier, dessen vielleicht existierende, spezifisch menschliche innere Prozesse als wissenschaftlich irrelevant gelten.

> I in my future work intend to go ahead imagining how, *if I were a rat*, I would behave as a result of such and such a demand combined with such and such an appetite and such and such a degree of differentiation: and so on. And then, on the basis of such imaginings, I shall try to figure out some sort of rules or equations. (Tolman, 1938, S. 24 zitiert nach Lazarsfeld 1972, S. 10, Hervorhebung von Tolman)

Von einer solchen Position aus kann die Methode der Dialogischen Introspektion weder begründet noch können die Ergebnisse dieses Verfahrens akzeptiert werden.

Das Gleiche gilt für Theorien, die den Menschen als ein Bündel von Variablen mit je spezifischen Ausprägungen konzipieren, wie es zum Teil die Mainstream-Soziologie oder die experimentelle Psychologie tun. Der Begründer der quantitativen empirischen Sozialforschung, Paul Lazarsfeld, hat dieses der mathematisierten Sozialforschung immanente Menschenbild illustriert:

> ... we shall construct a world similar to that found in science fiction stories. This world is not peopled by ordinary human beings. Instead, its inhabitants are monsters who have roulette wheels, like those described in the previous section, which provide answers to questions put to them. There is a separate wheel corresponding to each question that might be asked. (Lazarsfeld, 1954, S. 359)

Es steht angesichts Lazarsfelds breitem und für quantitative wie qualitative Forschung wichtigem Gesamtwerk außer Zweifel, dass er damit nicht aussagen wollte, dass die Welt der empirischen Sozialforschung aus Monstern und Roulette-Rädern besteht, sondern dass hier aus didaktischen Gründen eine implizite Annahme messender Forschung zugespitzt worden ist.

Gerade derartige Zuspitzungen auf extreme Bilder machen aber auch klar, dass die Anwendung spezifischer Datenerhebungsverfahren immer implizite Annahmen voraussetzt: Wenn also in einer quantitativen Perspektive auf offene Selbstauskünfte der Menschen als Datenquelle gesetzt wird, so müssen diese Selbstauskünfte dennoch notwendiger Weise als Ausprägungen von Variablen gedeutet werden. In welchem sozialen Kontext die Daten erhoben wurden und welchen Sinn der untersuchte Mensch in der Situation mit seinen Auskünften verband, in der er sie erteilte, kann dann keine Rolle mehr spielen. Das Erzeugen sinnvoller Aussagen kann mögliche Resultate sogar geradezu problematisch machen, weil dies die als Authentizität einer Antwort verstandene Unmittelbarkeit der Auskunft stören kann. Angemessen kann in einer solchen Perspektive jedoch beispielsweise ein Vorgehen nach der Methode des lauten Denkens sein (vgl. etwa Bilandzic & Trapp ,2000). Bei dieser Methode der Datenerzeugung beinhaltet die Instruktion an die Versuchspersonen meist, dass aktuelle Assoziationen ohne weiteres Nachdenken ausgedrückt werden sollen, die dann mehr oder weniger direkt als Abbild inneren Geschehens ausgewertet werden (wie immer dies im Detail begründet wird).

Zu den Theorien, die vermutlich Ergebnisse gruppenbezogener introspektiver Verfahren akzeptieren, aber Introspektion wohl kaum als Verfahren begründen können, sind die Cultural Studies (Hepp & Winter, 1997) zu rechnen. Insoweit sie konkretes Handeln und die Interaktionen der Menschen untersuchen, gehen sie natürlich von einem sinngeleiteten Handeln aus, wobei der jeweilige subjektive Sinn aber nicht der einzige relevante Handlungskontext ist – soziale Lage, Geschlecht oder Situation sind ebenso von Bedeutung. Dementsprechend wird in diesem Zusammenhang überwiegend mit qualitativen Methoden geforscht (Lindlof, 1995). Denn die Kontextorientierung dieses Ansatzes lässt es ebenso wie sein Bezug auf die Semiotik nur in genau begründeten Fällen zu, dass einzelne Indikatoren von ihren Kontexten abgetrennt werden, wie es der Fall ist, wenn man sie nur für sich als Ausprägungen einer Variable betrachtet. Introspektive Verfahren wären also nicht ausgeschlossen. Andererseits heißt das aber nicht, dass die Cultural Studies sich generell für die inneren Zustände und Befindlichkeiten von Menschen im Einzelnen interessieren oder diese als Voraussetzung für relevantes Handeln betrachten.

Demgegenüber lässt sich die Psychoanalyse als Beispiel für ein wissenschaftliches Paradigma anführen, das von der Existenz und Bedeutung innerer Prozesse ausgeht und auch das darüber Sprechen für eine wichtige Quelle von Erkenntnis über diese inneren Prozesse hält (Freud, 1938/1990). In diesem Ansatz ließen sich introspektive Verfahren der Auskunftserteilung offensichtlich durchaus begründen. Therapeutische Verfahren wie die Selbstanalyse (vgl. z.B. Horney, 1970) knüpfen, wenn auch nicht als ein wissenschaftliches Erhebungsverfahren, an einem derartigen Menschenbild an. Das gleiche gilt für die Ethnomethodologie und allgemeiner, die phänomenologische Soziologie und Sozialpsychologie, wie sie Alfred Schütz (1971), Peter Berger und Thomas Luckmann (1969) entwickelt haben, sie erscheinen ebenfalls für die Verwendung von Dialogischer Introspektion geeignet, weil sie ein ähnliches Menschenbild unterstellen. Dort wird – etwas verkürzt gesagt – davon ausgegangen, dass jedem sozialen Handeln eine Art Tiefengrammatik unterliegt, die es zu erschließen gilt, und in deren Struktur sich Regeln, Relevanzen und soziale Bedingungen und insgesamt der jeweils gemeinte subjektive Sinn manifestieren; hierbei ist auch von Internalisierungen und Externalisierungen die Rede.

Wir haben also im Falle einer wissenschaftstheoretischen Diskussion qualitativer Verfahren generell und im Falle der so lange umstrittenen Introspektion ganz besonders eine komplexe Situation, in der die Frage nach den Begründungszusammenhängen, die Frage nach der Verwendung und die Frage nach dem theoretischen Bezug bzw. von darüber erarbeiteten Forschungsergebnissen gleichzeitig beantwortet werden müssen und man heute nicht mehr voreilig behaupten kann, derartige Verfahren seien nicht zugelassen. Diese Einsicht ist aber natürlich nichts anderes als die Forderung nach einer umfassenden Theorie qualitativer Forschung, die auch beinhaltet, dass bekannt ist, in Bezug auf welche Fragestellung und in Bezug auf welche Theorie man welche der qualitativen Methoden verwendet.

Vor diesem Hintergrund möchte ich nun die Grundannahmen, die die Dialogische Introspektion implizit macht, genauer besprechen, wobei sich die Theorie des Symbolischen Interaktionismus in Anlehnung an George Herbert Mead als theoretischer Kontext anbietet – aus eigentlich leicht einsehbaren Gründen, wie ich im folgenden argumentieren werde.

5.2.2 Introspektion, Erleben und innere Prozesse

Das Verfahren der Introspektion geht zunächst davon aus, dass Menschen Sachverhalte, die in der Welt stattfinden, nicht einfach nur wahrnehmen bzw. von anderen Sachverhalten unterscheiden, dass ihr Bewusstsein etwa äußeres, als Fakten zu interpretierendes Geschehen oder auch Gegenstände nicht einfach nur widerspiegelt, sondern dass sie Geschehen jeder Art aktiv deutend erleben, verarbeiten und darauf bezogen sinnvoll handeln. Dies macht den Charakter sozialen Handelns im Gegensatz zu einer rein mechanischen Aktivität oder einem Verhalten aus. Dabei spielen natürlich gesellschaftliche, kulturelle und individuelle Aspekte eine Rolle – die aktuelle Befindlichkeit und die subjektive Vorgeschichte, die Persönlichkeitsstruktur und die soziale Lage sowie spezifische kulturelle Bedingungen. Erst in einem dadurch gerahmten und vom Individuum aktiv gestalteten Prozess des Erlebens und Einordnens wird Aneignung eines Geschehens als Verarbeitung möglich, die wir als Erfahrung bezeichnen können und die in zukünftigen Handlungen eine Rolle spielen mag. Wie das im Detail funktioniert, darüber gibt es nicht sehr viele zusammenhängende Vorstellungen, die über einzelne, meist in der Sozialpsychologie untersuchte Dimensionen wie Selektion oder Bewertung hinaus weisen. Dies gilt erst recht, wenn man danach fragt, wie sich denn ein Mensch langfristig durch Erleben und Erfahren verändert – denn erst unter Einbezug dieser „Folgen" ist eine umfassende Theorie möglich.

Die Vorstellung von einem grundlegenden Prozess aktiven Erlebens und Verarbeitens spielt gleichwohl in verschiedenen wissenschaftlichen Paradigmen eine Rolle, vor allem in der phänomenologischen Sozialwissenschaft (Alfred Schütz, 1971), in der Psychoanalyse, und eben im Symbolischen Interaktionismus. Der Symbolische Interaktionismus zeichnet sich dabei bekanntlich insbesondere dadurch aus, dass er zu begründen versucht, wie der Mensch in seiner spezifischen menschlichen Art und Struktur durch sein Erleben, Verarbeiten und Kommunizieren entsteht und sich entwickelt. Nicht der fertige Mensch handelt und kommuniziert, sondern der durch Handlung, Kommunikation und Erfahrung werdende Mensch – und Mead rekonstruiert auch, wie das stattfindet. Weder das Triebkonzept der Psychoanalyse noch die phänomenologische Grundlegung Husserls sind dazu notwendig, wie Mead (1969) gezeigt hat. Die spezifisch menschliche komplexe Kommunikation und damit verbunden, ein Leben in sozialen Beziehungen sind vielmehr die Basis für Erleben und Verarbeiten, in denen sich der Mensch realisiert und sowohl in seiner Sozialisation als auch im späteren Leben entwickelt. Weil der Mensch in einem symbolischen Universum lebt, weil er als einziges Wesen umfassend deuten kann und muss und dann auch antizipieren kann, was geschieht, und weil er sich darüber mit anderen Menschen verständigen kann, tritt er in einer spezifischen menschlichen Weise der Realität gegenüber, die er auch mit konstituiert.

Jedes soziales Handeln, z. B. in einem Fußballspiel, setzt dementsprechend zu allererst voraus, dass man sich in die anderen Spieler, sowohl die der eigenen wie in die der gegnerischen Mannschaft hineinversetzen und so ihr Handeln verstehen und voraussehen kann. Nur dadurch ist nach Mead soziales, also auf Andere bezogenes, auf sie abgestimmtes und an sie gerichtetes Handeln möglich. Ein Hilfsmittel dazu hat Mead herausgearbeitet, wenn er sagt, dass Menschen in sozialen Situationen imaginativ die Perspektiven anderer Menschen übernehmen, um zu verstehen, was sie meinen: Generell ist jedes Verstehen in einem bestimmten Moment nichts anders als ein fortlaufender Versuch, auf der Basis vorhergehender Handlungen, vorhergehender Kommunikation und eigener Erfahrungen herauszufinden, was der andere denkt bzw. meint, und damit ein mit den Mitteln der Heuristik zu beschreibender Prozess. Nach Mead geschieht dies, indem der Mensch, der verstehen will, sich die Frage stellt: „Was würde ich meinen, wenn ich in der Situation des anderen wäre, wie sie sich mir im Moment darstellt, und dann das, was er sagt, sagen würde?" – und der so beschriebene Versuch einer Perspektivübernahme dient dazu, diese Frage versuchsweise zu beantworten. Wenn man auf dieser Basis dem anderen dann eine Antwort gibt, so wird man merken, ob auch der andere das als ein Verstandensein akzeptiert oder eine weitere Klärung in der weitergehenden Kommunikation notwendig ist. Die von Mead beschriebene Perspektivübernahme ist also nicht die Lösung eines praktischen Verstehensproblems, sondern beschreibt nur einen möglichen Weg dahin, der aber immer nur ein Schritt in einem komplexeren Versuch sein kann, den anderen zu verstehen.

Im Hinblick auf das Menschenbild macht Meads Verfahren der Perspektivübernahme als eine Möglichkeit, den anderen zu verstehen, aber deutlich, dass Bewusstsein notwendig verknüpft ist mit einem Selbstbewusstsein als Bewusstsein von sich selbst. Denn im Versuch, den anderen zu verstehen, versuchen Menschen die Perspektive des anderen zu übernehmen und sehen so mit den Augen der anderen auf das eigene Handeln und sich selbst. Genau durch diese in diesem Prozess angelegte Distanz erwerben sie ein Bild und so ein Bewusstsein von sich. Damit kann der Symbolische Interaktionismus offensichtlich sinnvoll begründen, dass das, was für Introspektion notwendig ist, auch existiert: *Bewusstsein von dem Sachverhalt, um den es geht, verbunden mit einem Selbstbewusstsein von der eigenen Beziehung dazu. Das ist das, was der Mensch als individuelle wie als gattungsspezifische, als kulturelle, soziale und historische Besonderheit besitzt und was er kann, um der Wirklichkeit als soziales Wesen gegenübertreten zu können, und das ist genau das, was die Introspektion als Datenerhebungsverfahren aufgreift.*

Man kann sich dementsprechend den Prozess der Interpretation und der Aneignung von Geschehen als einen *inneren Dialog* vorstellen, in dem der Mensch die verschiedenen, aktuell bedeutsamen Perspektiven miteinander in Beziehung setzt und sie insbesondere im Hinblick auf ihre Konsequenzen miteinander vergleicht und daraus Schlüsse für sein weiteres Handeln zieht. In den Worten Meads:

> Wir können zu uns selbst sprechen und wir tun dies auf dem inneren Forum, welches wir Denken nennen [...] Unser Denken ist ein Selbstgespräch, in welchem wir uns selbst gegenüber die Rollen ganz bestimmter Personen einnehmen, die wir kennen. Gewöhnlich aber unterhalten wir uns mit dem von mir so genannten „generalisierten Anderen" und gelangen so auf die Ebene abstrakten Denkens und zu jener Persönlichkeit, die wir als so genannte Objektivität so besonders schätzen. (Mead, 1969, S. 95)

Burkitt erweitert diese These, wenn er schreibt: „Even when we are alone, our introspective thinking takes place in the form of internal conversation with our own self mediated by social language and meanings." (Burkitt, 1991, S. 37).

Zusammenfassend kann man also sagen, dass eine Theorie der Introspektion und damit auch eine Theorie der Dialogischen Introspektion ganz generell sowohl ein Bewusstsein als auch ein Selbstbewusstsein der Menschen voraussetzt. Umgekehrt kann man aber auch auf der Basis einer Theorie des menschlichen Bewusstseins und des Selbstbewusstsein Introspektion als eine mögliche Methode des zugänglich Machens innerer Prozesse durch die Wissenschaft begründen. Der Methode der Dialogischen Introspektion als zielgerichtete Mitteilung innerer Prozesse kommt sogar, wenn man das damit skizzierte Menschenbild für grundlegend hält, eine besondere Rolle für die Wissenschaft zu. Denn nur das kann Gegenstand einer Sozialwissenschaft sein, was „von Menschen gemacht" ist und damit auch symbolisch repräsentiert ist, also durch den Prozess der Aneignung und damit immer auch durch einen Gestaltungsprozess des Menschen hindurch gegangen ist. Und nur derartige sozial und kulturell verarbeitete Wirklichkeit kann in den Wissenschaftsprozess als Datum eingefügt werden. Insofern ist Dialogische Introspektion geradezu eine notwendige und unverzichtbare Methode, mittels derer andere Verfahren unterfüttert werden müssen, und mit deren Hilfe natürlich auch Theorien begründet und genauer untersucht werden können, die Introspektion als Verfahren zulassen.

5.2.3 Introspektion als Gruppenprozess

Introspektion wird in der Intention des Hamburger Arbeitskreises primär gruppengestützt praktiziert. Die Gruppe dient dabei erstens dazu, unterschiedliche Perspektiven auf den gleichen Sachverhalt in den wissenschaftlichen Erkenntnisprozess hereinzuholen – wenn man etwas über einen Sachverhalt wissen will, muss man unterschiedliche Menschen dazu befragen (Kleining, 1982b). Deshalb sind Gruppenmethoden generell effektiv. Sie dient zweitens dazu, das Erleben und das Sprechen über das Erleben bei den Gruppenmitgliedern anzuregen, insofern dadurch Bespiele gegeben werden, auf die man sich beziehen kann.

Damit ist die Rolle der Gruppe aber noch nicht erschöpft, weil es sich bei dem „darüber Sprechen" in einem sozialen Zusammenhang immer auch um eine Verarbeitungspraxis handelt. In seinem Alltag denkt niemand immer über die Einzelheiten seines Erlebens detailliert nach – so muss Alltag nach Alfred Schütz (1971) ja gerade verstanden werden. Ich weiß zum Beispiel häufig nur „intuitiv", wie mir ein Film gefällt und wie ich mich während seiner Rezeption fühle. Die Notwendigkeit, im Rahmen einer introspektiv durchgeführten Untersuchung in einer Gruppe darüber zu berichten, setzt deshalb immer Prozesse in Gang, die man als eine Bewusstmachung und Schärfung dessen, was man erlebt, bezeichnen kann. Auskunft geben ist im Rahmen einer Dialogischen Introspektion also nicht bloße Wiedergabe, sondern beinhaltet einen auf die präsente Gruppe bezogenen Reflexions- und Verarbeitungsprozess des eigenen, Fragebezogenen Erlebens.

Natürlich heißt das auch, dass die Gruppe immer und notwendiger Weise auf das Einfluss nimmt, was die Gruppenmitglieder äußern und wie sie es tun. Daraus folgt, dass die Gruppe, soweit das möglich ist, herrschaftsfrei angelegt sein muss, und dass die Auswertung der so erzeugten Daten die Gruppenprozesse gegebenenfalls berücksichtigen muss. Mehr zu tun ist kaum möglich – der Wunsch, reine, gegenstandsbezogene Information abseits aller sozialen Strukturen zu haben, ist nie erfüllbar. Wenn man meint, dass es ein objektives soziales und psychisches Geschehen gibt, das unabhängig von menschlichen Intentionen, von Sinn und Bedeutung einfach stattfindet, so ist dies verkehrt und eine für die Wissenschaft problematische Verfälschung. Wenn man jedoch davon ausgeht, dass jedes Handeln und Erleben sinnhaft strukturiert ist, und dass es deswegen einfach Unsinn ist, Handeln und Erleben zu rekonstruieren, ohne den dahinter stehenden Sinn zu berücksichtigen, so ist dies keine Verfälschung, sondern die Anerkennung einer Vorbedingung, ohne die kein sozialwissenschaftlich relevantes Datum zustande kommen kann. Deshalb ermöglicht diese gruppenorientierte Schärfung des Bewusstseins von individuellem Erleben letztlich bessere sozialwissenschaftliche Einsichten als bewusstlos oder unreflektiert vorgetragene. Dies ließe sich als dritte Funktion der Gruppe begreifen.

Schließlich viertens kann die Gruppe im Rahmen der Dialogischen Introspektion auch dazu dienen, die erhaltenen Daten zu diskutieren. Dies muss natürlich von der eigentlichen Erhebungsphase deutlich getrennt geschehen. Es kann aber zur Validierung der durch Introspektion erzeugten Daten beitragen, insofern Hintergründe erläutert und Missverständnisse beseitigt werden können – jedenfalls dann, wenn der Gesprächsprozess in der Gruppe konsensuell angelegt ist. Dann geht es im Habermasschen Sinne nicht um das instrumentelle Durchsetzen einer Meinung und einer Erlebnisweise, sondern um einen verständigungsorientierten Diskurs (Habermas, 1987).

Systematisiert man die so umrissenen vier Aspekte der Gruppe – Berücksichtigung unterschiedlicher Perspektiven, anregende Kommunikation über den gleichen Sachverhalt, Schärfung des eigenen Erlebens und – deutlich getrennt – verständigungsorientierte Diskussion über die Hintergründe und Zusammenhänge, so wird deutlich, dass der Mensch in der Gruppe als soziales Wesen auftritt, das in einer symbolisch vermittelten und auf Kommunikation beruhenden, von anderen geteilten Umwelt lebt. Nur in dieser Perspektive kann man relevante Daten erheben, genau daran setzt Introspektion an – und genau darauf läuft nicht nur das Menschenbild des Symbolischen Interaktionismus, sondern auch das der Cultural Studies hinaus.

5.2.4 Schlussbemerkungen

Ergänzend sind damit auch einige wissenschaftstheoretisch interessante Annahmen impliziert, etwa, dass die Methode der Introspektion ein Verständnis von Wissenschaft als herrschaftsfreien Diskurs nahe legt. Darüber hinaus lässt sich sagen, dass Erlebnisdaten, die mittels Dialogischer Introspektion erzeugt sind, im Forschungsprozess nicht als konkurrierend begriffen werden, auch dann nicht, wenn sie sich logisch zu widersprechen scheinen. Denn sie werden gerade als unterschiedliche Perspektiven und Erlebnisweisen erhoben. Einzelne Daten oder Erlebnisweisen entscheiden dementsprechend gerade nicht über die Wahrheit einer Theorie, wie es im logischen Positivismus oder in der These von der potentiellen Widerlegung einer Aussage durch eine Einzeltatsache angelegt ist. Stattdessen wird im Falle der Dialogischen Introspektion der Forschungsgegenstand in Anlehnung an Kleining (1982b), als etwas verstanden, das von allen seinen Seiten und damit auch von allen möglichen Erlebnisweisen her rekonstruiert werden kann. Damit ist Wissenschaft aber notwendiger Weise immer ein sozialer und insbesondere kollektiver Prozess, an dem Menschen in ihren aktuellen wie biographisch abgelagerten Beziehungen zu den anderen Menschen und zu den Objekten, mit denen sie sich beschäftigen, beteiligt sind. Nur durch den wechselseitigen Austausch entstehen sozial vermittelte Wirklichkeit und darauf bezogene soziale Theorie. Auch das ist mit dem Menschenbild des Symbolischen Interaktionismus kompatibel.

Insgesamt kann der Symbolische Interaktionismus also das Verfahren der Dialogischen Introspektion rechtfertigen. Umgekehrt können die Thesen des Symbolischen Interaktionismus, die stets auf die (inneren) Prozesse der Konstitution von Bedeutung als Praxis, durch die Erleben und Erfahrung erst möglich werden, Bezug nehmen, mittels Dialogischer Introspektion sichtbar gemacht und untersucht werden. Das heißt natürlich nicht, dass der Symbolische Interaktionismus die einzige Theorie ist, auf die sich Dialogische Introspektion beziehen kann. Im Gegenteil sind alle handlungstheoretischen interpretativen Ansätze wie die phänomenologische Soziologie, die Ethnomethodologie oder die Psychoanalyse und weitere ebenfalls dafür geeignet. Das heißt auch nicht, dass damit eine Theorie der Dialogischer Introspektion vorliegt, aber vielleicht ein weiterer kleiner Schritt zu einer Theorie qualitativer Forschung.

5.3 Wege zur Erforschung des Erlebens (Gerhard Kleining)

5.3.1 Erleben im Alltag

Eine auf die Forschungspraxis ausgerichtete Definition lautet:

> Erleben ist die innere Wahrnehmung der eigenen psychischen Prozesse, die das aktuelle Verhältnis des Subjekts zu sich selbst und zur äußeren Welt betreffen.

In ihrer naturwüchsigen oder *Alltagsform* ist das Erleben spontan, situativ, flüchtig, variabel in Qualität, Intensität und Zeit. Man kann eine mehr aktive, gestaltende und eine mehr rezeptive, erleidende Funktion unterscheiden, die auch in einander umschlagen – „himmelhoch jauchzend, zu Tode betrübt". Erleben erfüllt, neben anderen daraus abgeleiteten psychischen und sozialen Leistungen, im Alltag die Funktion der Orientierung im eigenen Lebensumfeld und der Signalisierung, Symbolisierung, Steuerung und Bewertung von Umständen, die zu Aktionen und Interaktionen führen. Der *Erlebensraum* korrespondiert mit dem *Handlungsraum* und schafft eine sensibel agierende Einheit zwischen dem Individuum und seiner Lebenswelt.

Die wissenschaftliche Erforschung des Erlebens steht vor einer Reihe von Schwierigkeiten, von denen die des *Zugangs* und die der *Analyse* die bedeutendsten sind.

5.3.2 Drei Wege zum Erleben

Die drei Zugänge zum Erleben entsprechen den Bereichen, in denen alltägliches Erleben sich ereignet: im *eigenen Subjekt*, bei der Beobachtung von *anderen Menschen* besonders bei der Interaktion mit ihnen und in der Auseinandersetzung mit *Objekten*. Die Probleme bei der Dokumentation und Bearbeitung von Erlebensinhalten sind in diesen drei Fällen ganz verschieden. Wir beginnen mit dem eigenen Erleben.

1. Eigenes Erleben

Es wird immer als authentisch wahrgenommen, hat den Charakter des Betroffen-Seins. Ihre hervorragenden Merkmale sind ihre Unmittelbarkeit und Spontaneität. Es manifestiert sich einerseits im *Ausdruck* durch spontane oder reflektierte Körperhaltung, Bewegung, Gestik, durch Laut und Ton. Andererseits bildet es sich ab in der „inneren Wahrnehmung der eigenen psychischen Phänomene", nach Brentano eine der Grundlagen der Psychologie (1874/1973, S. 40).

Für die Forschungsperson ist ihr Forschungsgegenstand, das eigene Erleben, *flüchtig* und *veränderlich*. Die Dokumentation, die für eine wissenschaftliche Bearbeitung nötig ist, gerät in das Problem, dass sie ihren Gegenstand verliert (Zorn verfliegt durch Beobachtung, ein Beispiel von Brentano, S. 41) oder verformt (Ärger sucht sich einen anderen Ausdruck). Medien wie Sprache, Text, Bild verfestigen zwar das Erleben und machen es abrufbar, lassen aber gleichzeitig das originale Erleben hinter seiner Symbolisierung verschwinden. Das Erleben einer Naturschönheit, beispielsweise, ist etwas anderes als seine Beschreibung oder Abbildung. Das Erleben von Angst ist etwas anderes als ihre Dokumentation. Man kann im Zweifel sein, wie weit das natürliche Erleben selbst schon medial geprägt oder gefiltert ist.

Seiner raschen Vergänglichkeit wirkt aber die, wenn auch selektive und veränderliche Aufbewahrung in der *Erinnerung* (oder dem *Gedächtnis*) entgegen. Wenn das eigene Erleben nicht erhalten werden kann, so sind es doch seine *Spuren*. Sie sind das eigentliche Untersuchungsfeld für alle Forschung über das Erleben, wie „frisch" auch immer das Erleben in ihm erhalten ist. Introspektion ist immer auch *Retrospektion*. Die Symbolisierung teilt das Erleben mit allen anderen geistig-seelischen Wirkungen, die uns in ihrer Umsetzung in Gestik, Sprache, Schrift etc. erhalten sind.

Anlass und Ausdruck des Erlebens im Alltag sind vor allem die Gefühle und die Techniken des Nachdenkens und der Reflexion. Mehr systematisch, weil bestimmten Verhaltensregeln unterworfen, sind die Meditation, die Dokumentation zur Selbstverständigung in Briefen, Schriftstücken oder Tagebüchern, auch jede Art von kreativen Betätigungen unter dem Aspekt der Selbstfindung und Selbstentwicklung. Das Bestreben zur Verwissenschaftlichung der Zugänge zum eigenen Erleben hat die verschiedenen Methoden der *Introspektion*, der *Selbstwahrnehmung* oder *inneren Wahrnehmung* (Brentano, 1874/1973, S. 40 und S. 137) hervorgebracht, über die in diesem Band berichtet wurde (vgl. Mayer, Kapitel 4.2). Die *Dialogische Introspektion* der Hamburger Forschungswerkstatt gehört hierher, die zwar in der Gruppe ausgeführt wird, die Gruppe aber die Funktion hat, die *individuelle* Introspektion zu fördern.

2. Erleben in der Interaktion mit anderen Menschen

Diese Abläufe sind ontogenetisch ihre frühesten sozialen Manifestationen sowohl für Hervorrufen und Mitteilung als auch für Kontrolle durch die menschliche Umgebung. Menschen erfahren, dass Äußerungen des Erlebens Mitteilungscharakter haben und sie auffordern, in der einen oder anderen Form darauf zu reagieren, sie zu „beantworten". Erlebnisse aus der Interaktion mit anderen Menschen prägen und entwickeln die eigene Persönlichkeit. Der Dialog in seiner weit gefassten Form als Wechselwirkung oder Interaktion hat hier seinen Ursprung. Er lehrt gleichzeitig den Umgang mit dem eigenen Erleben. Der äußere Dialog und – zur Vorbereitung und Aufarbeitung von bestimmten Formen von Erlebnissen – der *innere Dialog* als Introjektion sind bedeutsame Vorformen und Steuerungsmedien sozialen Handelns.

Die Übertragung der inneren Vorgänge in äußere, durch andere Menschen wahrnehmbare und gewissermaßen öffentliche Dokumentationen wirft die Frage der *Authentizität* auf – wie *echt* ist der Ausdruck? Oder auch die nach der bloßen *Eindeutigkeit* der Symbolik – wie klar und verständlich ist die Mitteilung? Da deren Ver- und Entschlüsselung nur durch soziale Übereinkunft gewonnen werden kann, besteht prinzipielle Unsicherheit eines jeden nicht-kausalen Übertragungsverfahrens. Die grundsätzliche Offenheit und Vieldeutigkeit der Symbole bildet jedoch die Basis für die soziale, damit gesellschaftliche und kulturelle Prägung des individuellen Erlebens und ermöglicht erst die Vielgestaltigkeit der kulturellen Erscheinungen.

Für Forschungspersonen gibt es viele Zugänge zum Erleben durch das Studium seiner sozialen Manifestationen. Das können Beobachtungen von sozialen Zusammenkünften oder Interaktionen sein, in denen Erlebnisse produziert, an denen teilgenommen oder über die berichtet wird, beispielsweise Feste, Feiern, Veranstaltungen, Umzüge, Streiks etc. und lebendige Mitteilungen darüber, an denen die Forschungsperson offen oder (unter Beachtung der gesetzlichen Bestimmungen) verdeckt teilnimmt und die Informationen registriert (vgl. „Das rezeptive Interview", Kleining, 1994b). Auch therapeutische Gespräche können dazu dienen, die in der Absicht geführt werden, dem Therapeuten Einsicht zu verschaffen, ebenfalls das Studium von Mitteilungen im Zweiergespräch oder der kleinen Gruppe.

Schwieriger als die Beobachtung von Fremderleben ist die theoretische Erfassung der Vorgänge, welche die Übertragung des Eigenen auf das Fremde und des Fremden auf das Eigene bewirken sollen. Für das „missing link" zwischen dem Ich und dem Anderen, dem ego und alter, sind eine Vielzahl von Konstrukten vorgeschlagen worden, von der Nachahmung, der Sympathie, dem Mitschwingen des Inneren, der Einfühlung oder Empathie, der Deutung, Auslegung, Exegese, Interpretation bis zu den verschiedenen Theorien des Verstehens, von Friedrich Schleiermacher über Wilhelm Dilthey, Max Weber, Alfred Schütz und Hans-Georg Gadamer bis zu den hoch elaborierten Theorien des Symbolischen Interaktionismus und der Ethnomethodologie. Da das Ich-Alter-Verhältnis Grundfragen einer Reihe von Wissenschaftsrichtungen berührt, wie der Pädagogik, der Psychologie, besonders der Entwicklungspsychologie, der Soziologie und der Philosophie, mit denen auch erkenntnistheoretische Fragen der Intersubjektivität bzw. Objektivität verbunden sind, haben theoretische Konstrukte in diesem Bereich zum Teil erhebliche Auswirkungen, nicht nur auf das Selbstverständnis der Wissenschaften – z. B. sind sie interpretativ oder nicht? – sondern auch auf ihr empirisches Instrumentarium – z. B. ist die „qualitative" Psychologie und Sozialforschung ein eigenständiger Weg zu einer als sinnhaft verstandenen Welt? Noch nicht ausgearbeitet ist die Position der heuristischen Forschungsstrategie in dieser Frage, die, wie alle Erlebnisinhalte, auch den Prozess des Verstehens hinterfragt und auf seine Grundlagen zurück zu führen versucht.

3. Objektivierungen des Erlebens

Sie sind geeignet, über fremdes Erleben in seiner *verfestigten* Form Auskunft geben. Quellen reichen von der Darstellung von gestischen, sprachlichen, schriftlichen, bildlichen Mitteilungen bis zur Gestaltung von Gegenständen und Kunstprodukten, sowohl als Zusammenstellung von Vorgefundenem, als auch nach deren absichtsvoller Anfertigung in Gestaltungen und Sammlungen verschiedenster Art. Manifestationen des Erlebens ermöglichen es Forschenden, Dokumente länger zurückliegender Erlebnisse zu sammeln und zu analysieren, also dort die historische Dimension zu erschließen, wo die Erlebenden und Produzenten der Darstellungen nicht mehr verfügbar sind. Das Feld der kulturellen Produktion ist den Analysierenden damit prinzipiell zugänglich, im Einzelfall natürlich abhängig von der Existenz von Artefakten und deren Erhaltungszustand. Bei ihrer Sammlung muss man die Sample-Strategien beachten, will man die Reichweite ihrer Geltung bestimmen; maximale strukturelle Variation ist auch hier eine geeignete Samplestrategie. Damit wird der „historischen" Psychologie eine prinzipiell andere Fragestellung ermöglicht, als sie die historischen Wissenschaften entwickelt haben (vgl. Klotter & Jüttemann, 2000).

5.3.3 Die Eignung der Dialogischen Introspektion für das Studium des Erlebens

Das Verfahren der kontrollierten Selbstwahrnehmung kann die beiden anderen Zugänge zum Erleben – Beobachtung des menschlichen Ausdrucks und Erfassen von Objektivierungen – nicht nur ergänzen, sondern möglicherweise auch begründen. Introspektion öffnet den unmittelbarsten Zugang zum Erleben, den über die eigene Subjektivität. Sie ist der Königsweg zum Erleben. Spontaneität, Authentizität und fraglose Relevanz kennzeichnen das eigene Erleben. Für die wissenschaftliche Betrachtung liegt ihre vornehmliche Problematik gerade in der Subjektivität des Erlebens, in der Schwierigkeit der Beweisführung über Form und Inhalt des Subjektiven. Wissenschaftliche Betrachtung verlangt, gewissermaßen von außen zu sehen, was aus dem Innen lebt.

Die Methode der gruppengestützten Introspektion versucht dem Rechnung zu tragen zum einen durch eine bestimmte Form der Datensammlung und zum anderen durch ihre Einbindung in die heuristische Methodologie. Das Verfahren ist im Kapitel 1 beschrieben und im Kapitel 2 an Beispielen exemplifiziert. Durch die Erfahrung mit diesen und einer Reihe von weiteren Untersuchungen (vgl. www.introspektion.net) können wir einige vorläufige Schlüsse ziehen.

1. Dialogische Introspektion ist ein entdeckendes Verfahren

Im Alltag kann individuelle Introspektion Anlass sein, über drängende Probleme nachzudenken und Problemlösungen zu suchen. Diese Prozesse werden bei dem Verfahren der Dialogischen Introspektion systematisiert. Variation der Perspektiven und Analyse der Daten auf Gemeinsamkeiten sind die Regeln für Sampleanlage und Datenanalyse auch für Daten aus Introspektionsuntersuchungen. Die Einrichtung einer Gruppe für die Datenerhebung beinhaltet schon eine Variation der Erlebnisweisen der Einzelnen, sie wird durch die Konfrontation mit dem Erleben der anderen Teilnehmenden gefördert, weil die persönlichen Erinnerungen erfragt und zur Kenntnis genommen werden. Ziel ist die maximale Öffnung der eigenen Subjektivität im Kreis der Teilnehmenden.

2. Sie hat ein breites Themenspektrum

Das Verfahren findet Zugang zu ganz verschiedenen Themen des Erlebens, von sehr konkreten, wie einem bestimmten Film oder einem besonderen Gebäude zu sehr abstrakten, wie „Vertrauen"; von aktuellen psychischen Abläufen des Erlebens wie Schreck oder Ärger zu solchen mit stark biografisch-historischen Kennzeichen, wie der Thematik einer (Schul-)Tafel. Viele Arten von „Erleben" können mit Dialogischer Introspektion untersucht werden.

Jedoch gibt es auch Grenzen. Sie bestehen dort, wo Themen zu persönlich sind, um sie sie in der Gruppe bekannt zu machen oder die Erlebnisse in einem speziellen Fall zu intim sind, als dass sie die betreffende Person in diesem Kreis mitteilen wollte. Für einen solchen Fall kann jede Person ohne Angabe von Gründen einen Beitrag verweigern, was eingangs als eine der Regeln bei der Introspektion auch mitgeteilt wird. Erlebnisse können auch vergessen oder verdrängt worden sein und deswegen zum Zeitpunkt der Befragung nicht zur Verfügung stehen. Als Richtlinie bei der Festsetzung eines Themas kann gelten, dass ein möglicher Schaden eines oder mehrerer Teilnehmenden durch die Mitteilung eines bestimmten Erlebnisses unbedingt vermieden werden muss. Sitzungen mit therapeutischem Charakter müssen von einer dafür ausgebildeten und qualifizierten Person geleitet werden.

Bei Gruppen von Studierenden oder anderen Zusammenstellungen ohne therapeutischen Hintergrund spricht nichts dagegen, das Thema vor einer Einladung zu einer Introspektionssitzung zu nennen und die Zustimmung der vorgesehenen Personen einzuholen. Gleichwohl ist vorsichtiges Experimentieren zur Erweiterung des Kenntnisstandes erlaubt – so hat eines unserer Mitglieder mit „Mobbing" experimentiert, einem heiklen Thema bei Personen, die sich kennen oder zusammen arbeiten. Jedoch nahm Mobbing bei Rugby-Spielern entgegen der Erwartung einen positiven Charakter an als eine Art „Härtetest" gegen „Weicheier". Wir plädieren also für einen vorsichtigen und verantwortungsvollen Umgang mit der Themenwahl bei Dialogischer Introspektion und in Zweifelsfällen für eine vorherige Abstimmung mit den Teilnehmenden.

3. Das Verfahren kann flexibel angewandt werden

Der Kern des Verfahrens ist die Introspektion in der Gruppe. Deren Zusammensetzung und Größe kann variieren. Werden alle beteiligt, so kann die Gruppe zwischen 5 und 15 Personen umfassen, wir haben aber auch schon mit drei oder auch mit 25 Personen Introspektionen ausgeführt. Bei größeren Personenzahlen empfiehlt sich eine Zweiteilung der Gruppe: 5-7 „aktive" Personen sitzen um einen Tisch (um bequem Notizen machen zu können), sie führen die Introspektion aus und berichten im zweimaligem Durchlauf über ihre Erlebnisse. Die übrigen Personen sitzen in der zweiten Reihe, introspektieren wie die „aktiven", machen sich ebenfalls Notizen, werden aber nur einmal nach Abschluss der Introspektion der „aktiven" befragt. Sie hatten im Allgemeinen ausreichend Gelegenheit, sich ihre Erlebnisse ins Gedächtnis zu rufen. Diese Anordnung eignet sich auch gut zur Demonstration des Verfahrens.

Das Arrangement wird man den Bedürfnissen der jeweiligen Gruppen anpassen. Das Verfahren lässt sich z. B. auch bei Kindern einsetzen (vgl. Burkart, 2006).

4. Das Verfahren ist forschungsökonomisch günstig

Wer mit anderen Erhebungsmethoden schon gearbeitet hat, weiß zu schätzen, dass durch dieses Verfahren sehr vielgestaltiges und für entdeckende Forschung im Allgemeinen sehr gut geeignetes Material erzeugt werden kann. Dadurch sind wenigstens vorläufige Ergebnisse schon bei geringeren Befragtenzahlen möglich. Schon *eine* Dialogische Introspektion kann eine gute Basis für die Analyse liefern (vgl. die Beispiele in Kapitel 2). Man arbeitet mit wenigen Introspektionsgruppen, abhängig von den jeweiligen Ergebnissen und plant nicht im ersten Anlauf 3–6 Einheiten mit bis zu 50 Personen, wie bei Focus Groups.
    Auch der Zeitbedarf ist relativ gering. Im Allgemeinen benötigen Instruktion, Introspektion und die Mitteilung durch die einzelnen Teilnehmenden nicht mehr als eine Stunde. Werden Personen zu einer Introspektionssitzung speziell eingeladen, können danach noch weitere Untersuchungen mit ihnen vorgenommen werden. Der Hauptgrund für die günstige Forschungsökonomie ist der Umstand, dass nicht nur eine augenblickliche Bewertung eines Gegenstandes abgefragt, sondern gewissermaßen seine gesamte Geschichte aufgerufen wird, soweit sie durch die Untersuchungsanordnung aktualisierbar ist.
    Dialogische Introspektion regt zu Erzählungen an, die gefördert werden durch das Zuhören bei den Berichten der anderen. Ist ein Thema interessant oder war es einmal Teil der eigenen Erfahrung und ist es in diesem Kreis präsentabel, wird man gerne berichten. Das Mitteilen von Erinnerungen kann subjektiv sehr befriedigend sein, manchmal auch entlastend. Gerade Personen, die den Eindruck haben, dass man ihnen in Beruf oder Familie nicht genügend Aufmerksamkeit schenkt, schätzen die Chance, ihre eigenen Erlebnisse unbehindert Personen vorzutragen, die ihnen zuhören.

5.3.4 Begrenzungen, Bedenken

Gegen die Vorzüge bei der fachgerechten Anwendung der Methode sind die folgenden z. T. praktischen Aspekte abzuwägen:
1. Jede Einzelmethode bringt nur begrenzte Erkenntnisse

Dialogische Introspektion macht da keine Ausnahme. Die heuristische Methodologie verlangt maximale strukturelle Variation der Perspektiven, wenn vermutet werden kann, dass eine Variable Einfluss auf die Ergebnisse hat. Das ist bei Methoden immer der Fall. Also soll die Methode ergänzt werden durch mindesten *eine* andere Methode. Die Einbeziehung der ersten anderen Methode ist der entscheidende Schritt, nicht die dritte oder vierte. Die zweite Methode sollte schon in den Forschungsentwurf eingebaut werden. Bei Untersuchungen über Erleben empfiehlt es sich, eine der beiden anderen Erlebnis-Methoden – Beobachtung von Fremdverhalten oder Dokumentenanalyse – von Beginn an einzuplanen, auch Einzelbefragung mit Fragebogen kann überlegenswert sein. Wie wichtig eine zweite Methode für die Ergebnisse ist, kann man am Untersuchungsdesign „Vertrauen" erkennen (Kleining, 2010) bei dem Dialogische Introspektion mit Textanalyse kombiniert worden war. Burkart verbindet Dialogische Introspektion über Gefühle mit Beobachtung und Textanalyse und kompensiert damit die Einseitigkeit *einer* Methode (2005b, vgl. Kapitel 2.2 in diesem Band).

2. Die Teilnehmenden müssen sich „öffnen"

Mitteilungen von Gefühlen und Erlebnissen setzen eine gewisse Vertrautheit mit den anderen Mitwirkenden voraus, vor allem die Sicherheit, dass mit den Informationen nicht zum eigenen Schaden umgegangen wird. Dieses Vertrauen herzustellen und zu festigen ist Aufgabe der Forschungsleitung. Die Problematik unterscheidet sich allenfalls graduell von der bei anderen Methoden, z. B. der Befragung, bei denen auch die Kooperation der Forschungsteilnehmenden erbeten und gewonnen werden muss.

3. Das Erhebungsverfahren muss kontrolliert werden

Damit die Mitteilungen aus den introspektiven Prozessen nicht zum Gegenstand einer Bewertung in der Gruppe und damit in Frage gestellt werden, ist eine Diskussion über die mitgeteilten Erlebnisse zu verhindern. Dies wird durch den Introspektionsleiter zu Beginn der Veranstaltung mitgeteilt, gegebenenfalls während der Introspektion bekräftigt. Die Teilnehmer sollen nicht mit einander in einen offenen Wettbewerb treten. Die Sitzung fördert den inneren Dialog, der offene soll nicht stattfinden.

4. Die Datenanalyse ist aufwendig und erfolgt immer separat

Analyse auf Gemeinsamkeiten bedarf in aller Regel eines gewissen, manchmal nicht unerheblichen Zeitaufwandes. Dies ist ein Kennzeichen vieler Bemühungen, die auf Entdeckung gerichtet sind; etwas zu finden, das so nicht gesehen wurde, vielleicht überhaupt neu ist, braucht häufig seine Zeit. Das heißt nicht, dass es nicht möglich sei, in einem vertretbaren Zeitaufwand zu einem stichhaltigen Ergebnis zu kommen. Aber eine Schnelldiagnose, die auch noch richtig ist, ist eine große Seltenheit. Man würde sie nur sehr erfahrenen Forschungspersonen zugestehen, die aber, gerade durch ihre Erfahrung gewitzt, vor Schnelldiagnosen zurückschrecken und den mühsameren Weg der Belege und Prüfungen aller Daten bis zur Lösung eines Problems gehen. Der erste Eindruck und das Alltagsverständnis sind oft einseitig oder falsch und sollen zunächst als vorläufig angesehen werden, als korrigierbar. Leider führt auch nicht jeder Suchprozess zum Ziel. Deswegen muss vor allem auf Sorgfalt bei der Analyse geachtet werden und ausreichend Zeit verfügbar sein. Eigene Erfahrung mit Suchprozessen helfen, bieten aber keine Sicherheit des Findens.

5. Analytische Tiefe ist durch Dialogische Introspektion nicht erreichbar

Der methodologische Unterschied zu Psychoanalyse und Psychotherapie wie auch zu anderen Formen der Analyse besteht darin, dass diese Behandlungen häufige Besuche der Klienten voraussetzen, während die Dialogische Introspektion nach unserer gegenwärtigen Praxis zumeist mit *einer* Sitzung auszukommen hat. Der Preis dafür ist eine geringere „Tiefe" der Aussagen die eine oder, bei erneutem Durchgang, zwei Mitteilungen einer teilnehmenden Person produziert. Jedoch sind solche Mitteilungen im Allgemeinen weitaus umfänglicher, persönlicher und differenzierter als Meinungen, die in einem „normalen" Gespräch oder Interview geäußert werden – Befragte dürfen sich aussprechen und werden nicht unterbrochen.

6. Die Prüfkriterien sind die gleichen wie bei heuristischer Forschung generell

Die Validität und Reliabilität der Ergebnisse hängen davon ab, wie stark die Daten strukturell variiert worden waren, die in die Analyse eingegangen sind und wie gut die Gemeinsamkeiten heraus präpariert werden konnten. Hier gibt es die „100%-Regel": alle Informationen müssen untergebracht werden. Die Reichweite der Geltung der Ergebnisse dagegen wird vom Sample bestimmt, genauer gesagt von den demographischen, psychologischen oder sozialpsychologischen Kennzeichen der Introspektionsgruppe selbst.

Vermag die Analyse die Struktur eines Sachverhalts aufzuklären, ist dadurch noch nicht entschieden, ob diese Struktur auch auf andere Personen, andere Regionen oder andere Zeiten übertragen werden kann. Insofern unterscheidet sich die Dialogische Introspektion nicht von anderen Einzelfall-Studien. Die Grenzen der Gültigkeitsbereiche können getestet und ausgeweitet werden, etwa durch anders zusammengestellte Gruppen, durch Einbeziehung anderer Sprachen, Kulturkreise etc. und auch durch den Einsatz anderer Erhebungsverfahren.

5.3.5 Fazit

Von den drei prinzipiellen Zugängen zur Untersuchung von „Erleben" – eigenes Erleben, Erleben bei der Interaktion mit anderen Menschen und Objektivierung des Erlebens in Artefakten – fordert der Weg über das eigene Erleben das stärkste Umdenken. Die Verwendung rein subjektiver Daten, wie die aus der eigenen Introspektion, darf nicht an der „Objektivitäts-These" scheitern, dass nämlich nur Messbares und Wägbares, anders ausgedrückt Verdinglichtes Thema der Psychologie sein darf.

Durch das Verfahren der dialogischen Introspektion in Verbindung mit der heuristischen Methodologie können Datenerhebung und Analyse auch für introspektiv gewonnene eigene Daten wesentlich verbessert werden, wie wir zu zeigen versucht haben. Es sollte geprüft werden, ob dadurch die Methode der Introspektion, die so viel zur Entwicklung der wissenschaftlichen Psychologie beigetragen hat, wieder aktiviert werden und als spezifisches Verfahren zur Analyse von Erlebnisprozessen verwendet werden kann wie auch zur Erforschung von geistig-seelischen Prozessen generell, die sich im Erleben abbilden.

Literatur

Ach, Narziss (1905). *Über die Willenstätigkeit und das Denken*. Göttingen: Vandenhoeck & Rupprecht. (zugänglich auch als Nachdruck in Paul Ziche [Hrsg.], 1999, S. 98-156)

Aebli, Hans (1981). *Denken: das Ordnen des Tuns: Band II. Denkprozesse*. Stuttgart: Klett-Cotta.

Asch, Solomon E. (1951). Effects of group pressure on the modification and distortion of judgements. In Harold Guetzkow (Ed.), *Groups, Leadership and Men* (S. 177-190). Pittsburgh: Carnegie.

Avermaet, Eddy von (1996). Sozialer Einfluss in Kleingruppen. In Wolfgang Stroebe, Miles Hewstone & Geoffrey M. Stephenson (Hrsg.), *Sozialpsychologie. Eine Einführung* (3. erw. und überarb. Aufl., S. 503-544). Berlin: Springer.

Badelt, Christoph, Meyer, Michael & Simsa, Ruth (Hrsg.). (2007). *Handbuch der Non-Profit-Organisation. Strukturen im Management*. Stuttgart. Schäffer-Poeschel.

Balint, Michael (1957). *Der Arzt, sein Patient und die Krankheit*. Stuttgart: Klett-Cotta.

Beck, Aron (1994). *Kognitive Therapie der Depression* (4. Aufl.). Weinheim: Beltz, Psychologie-Verlags-Union.

Beck, Aron (1995). *Kognitive Therapie der Persönlichkeitsstörungen* (3. Aufl.). Weinheim: Beltz, Psychologie-Verlags-Union.

Berger, Peter L. & Thomas Luckmann (1969). *Die gesellschaftliche Konstruktion von Wirklichkeit*. Frankfurt a. M.: Fischer.

Berger, Peter. L. & Luckmann, Thomas (1987). *Die gesellschaftliche Konstruktion der Wirklichkeit. Eine Theorie der Wissenssoziologie*. Frankfurt a. M.: Fischer Taschenbuch. (Orig. 1969)

Bergson, Henri (1889/1994). Von der Mannigfaltigkeit der Bewusstseinszustände. Die Vorstellung der Dauer. In Henri Bergson, *Zeit und Freiheit*. Mit einem Nachwort von Romanos, Konstantinos (S. 60-105). Hamburg: Europäische Verlagsanstalt.

Biermann-Ratjen, Eva-Maria (2006). Supervision. In Jochen Eckert, Eva-Maria Biermann-Ratjen & Diether Höger (Hrsg.), *Gesprächspsychotherapie – Ein Lehrbuch für die Praxis* (S. 283-294). Heidelberg: Springer Medizin.

Bilandzic, Helena & Bettina Trapp (2000). Die Methode des lauten Denkens : Grundlagen des Verfahrens und die Anwendung bei der Untersuchung selektiver Fernsehnutzung bei Jugendlichen. In Ingrid Paus-Haase & Bernd Schorb (Hrsg.), *Qualitative Kinder- und Jugendmedienforschung: Theorie und Methoden* (S. 183-210). München: Kopäd.

Blumer, Herbert (1973). Der methodologische Standort des symbolischen Interaktionismus. In Arbeitsgruppe Bielefelder Soziologen (Hrsg.), *Alltagswissen, Interaktion und gesellschaftliche Wirklichkeit* (S. 80-146). Reinbek: Rowohlt.

Boring, Edwin G. (1953). A history of introspection. *Psychological Bulletin, 50, 169-189*.

Bosshardt, Marianne, Ebert, Ursula & Lazarus, Horst (1999). *Sozialarbeit und in ihrer Gegenübertragung Sozialpädagogik in der Psychiatrie* (1. Aufl.). Bonn: Psychiatrie Verlag.

Bourdieu, Pierre & Wacqant, Loïc. J. (1996). *Reflexive Anthropologie*. Frankfurt a. M.: Suhrkamp.

Bourdieu, Pierre (1993). *Sozialer Sinn*. Frankfurt a. M: Suhrkamp.

Brecht, Bertold (1971). *Geschichten vom Herrn Keuner*. Frankfurt a. M.: Suhrkamp.

Brentano, Franz (1955). *Psychologie vom empirischen Standpunkte: Erster Band* (Nachdruck der Ausgabe von 1924 von Oskar Kraus). Hamburg: Felix Meiner. (Orig. 1874)

Brentano, Franz (1973). *Psychologie vom empirischen Standpunkt: Erster Band* (Unveränderter Nachdruck der Ausgabe von 1924). Hamburg: Felix Meiner. (Orig. 1874)

Breuer, Franz (2003). Subjekthaftigkeit der sozial-/wissenschaftlichen Erkenntnistätigkeit und ihre Reflexion. Epistemologische Fenster, methodische Umsetzungen [44 Absätze]. *Forum Qualitative Sozialforschung/Forum: Qualitative Social Research [On-line Journal]*, 4 (2), Art. 25. Heruntergeladen am 7.2.2010 von: http://www. qualitative-research.net/fqs-texte/2-03/2-03intro-3-d.htm

Bröckelmann, Christine (2002). *Beratung – Supervision – Supervision im Schulfeld. Eine theoretische Verankerung des Beratungshandelns.* München: Studienverlag.

Bühler, Karl (1907). Tatsachen und Probleme zu einer Psychologie der Denkvorgänge. In E. Neumann & W. Wirth (Hrsg.), *Archiv für die gesamte Psychologie, 9,*(S. 297-365). Leipzig: Wilhelm Engelmann.(zugänglich auch als Nachdruck in Paul Ziche [Hrsg.], 1999, S. 157-212)

Bühler, Karl (1908). Antwort auf die von W. Wundt erhobenen Einwände gegen die Methode der Selbstbeobachtung an experimentell erzeugten Erlebnissen. *Archiv für die gesamte Psychologie, 12,* 93-122. (zugänglich auch als Nachdruck in Paul Ziche [Hrsg.], 1999, S. 213-236)

Bühler, Karl (1965). *Die Krise der Psychologie [The Crisis of Psychology]* (3. Aufl.). Stuttgart: Gustav Fischer. (Orig. 1927)

Bühler, Karl (1978). *Die Krise der Psychologie (Nachdruck der 2. Aufl. der Originalausgabe).* Wien: Ullstein. (Orig. 1927)

Bühler, Karl (1999). Tatsachen und Probleme zu einer Psychologie der Denkvorgänge. In Paul Ziche (Hrsg.), *Introspektion – Texte zur Selbstwahrnehmung des Ichs* (S. 157-212). Wien: Springer (Orig. 1907: *Archiv für die gesamte Psychologie 9,* 297-365).

Bürger, Peter (1996). *Der französische Surrealismus. Studien zur avantgardistischen Literatur.* Frankfurt a. M.: Suhrkamp.

Burkart, Thomas & Kleining, Gerhard (2007). Generalisierung durch qualitative Heuristik. In Leo Gürtler, Mechthild Kiegelmann, Günter L. Huber (Eds.), *Generalization in qualitative psychology* (pp. 37-52). Tübingen: Ingeborg Huber Verlag. Heruntergeladen am 11.2.2007 von http://www.heureka-hamburg.de/html/methodologie_heuristik.html

Burkart, Thomas & Wilhelm, Monika (1999). Introspektion bei der Rezeption eines Kurzfilms. Arbeitspapier. [Vortrag auf der Tagung „Über die allmähliche Verfertigung der Gedanken...", 1. und 2.10.1999, Bremen], Heruntergeladen am 1.9.2007 von: http://www.introspektion.net/html/filmrezeptionburkart.html

Burkart, Thomas (1999). Methodische Einwände und Kritik an Introspektionsverfahren. *Journal für Psychologie, 7 (2),* 14-17.

Burkart, Thomas (2000). Methodologie der dialogischen Introspektion in der Gruppe. In Thomas Burkart, Gerhard Kleining, Peter M. Meyer, Monika Wilhelm & Harald Witt (Hrsg.), *Dialogische Introspektion in der Gruppe.* Hamburg: Universität Hamburg, Psychologisches Institut I. Arbeitspapier. Heruntergeladen am 3.3.2010 von: http://www.introspektion.net/html/ dialogische_introspektion_in_der_gruppe.html#TB

Burkart, Thomas (2002). The Role of the Researcher in Group-based Dialogic Introspection. In Mechthild Kiegelmann (Ed.), *The Role of the Researcher in Qualitative Psychology* (pp. 91-98). Tübingen: Ingeborg Huber.

Burkart, Thomas (2003a). A qualitative-heuristic study of feeling. In Mechthild Kiegelmann & Leo Gürtler (Eds.), *Research questions an matching methods of analysis* (pp. 109-124). Tübingen: Ingeborg Huber.

Burkart, Thomas (2003b). Strukturen des emotionalen Erlebens – eine introspektive Untersuchung. In Michael Dick, Christel Kumbruck, Hartmut Schulze (Hrsg.), *Emanzipatorische Arbeits-, Umwelt- und Technikforschung. Festschrift für Harald Witt* (S. 77-92). Kröning: Asanger.

Burkart, Thomas (2003c). Die Transformation des Erlebens – eine heuristische Untersuchung zum Fühlen. In Otmar Hagemann & Friedrich Krotz (Hrsg.), *Suchen und Entdecken. Beiträge zu Ehren von Gerhard Kleining* (S. 167-187). Berlin, Germany: Rhombos.

Burkart, Thomas (2005a). *Das qualitative Experiment in der Entwicklungspsychologie – am Beispiel von Jean Piaget.* In Günter Mey (Hrsg.), *Handbuch Qualitative Entwicklungspsychologie* (S. 477-625). Köln: Kölner Studien Verlag.

Burkart, Thomas (2005b). Towards a dialectic theory of feeling. In Mechthild Kiegelmann, Leo Gürtler & Günter L. Huber (Eds.), *Areas of qualitative psychology – special focus on design* (S. 39-62). Tübingen: Ingeborg Huber Verlag.

Burkart, Thomas (2006). Dialogische Introspektion in der Medienpsychologie. In *Qualitativ-heuristische Psychologie und Sozialforschung Hamburg, Dialogische Introspektion. Beispiele.* Hamburg: Arbeitspapier. Heruntergeladen am 28.2.2010 von: http://www.introspektion.net/html/medienpsychologie.html

Burkart, Thomas (2008). Introspektion als empirischer Zugang zum Erwägen. In Gerd Jüttemann (Hrsg.), *Suchprozesse der Seele. Die Psychologie des Erwägens* (S. 121-132). Göttingen: Vadenhoeck & Ruprecht.

Burkart, Thomas (2009). Erfahrungen und Erlebnisse mit dem eigenen PC – eine Dialogische Introspektion. In *Qualitativ-heuristische Psychologie und Sozialforschung. Dialogische Introspektion. Beispiele.* Hamburg: *Arbeitspapier.* Heruntergeladen am 4.3.2010 von: http://www.introspektion.net/Computer-Introspek.Analyse310509.pdf

Burkitt, Jan (1991). *Social Selves.* London: Sage.

Carus, Friedrich August (1808). *Psychologie.* Leipzig: Barth & Kummer.

Catell, James McKeen (2010a). The Psychological Laboratory at Leipsic. In Christopher D. Green (Ed.), *Classics in the History of Psychology. An internet resource.* Toronto, Ontario: York University. Heruntergeladen am 28.2.2010 von: http://psychclassics.yorku.ca/Cattell/leipsic.htm (Orig. 1888 in *Mind, 13,* 37-51)

Cattell, James McKeen (2010b). Early Psychological Laboratories. In Christopher D. Green (Ed.), *Classics in the History of Psychology. An internet resource.* Toronto, Ontario: York University. Heruntergeladen am 28.2.2010 von: http://psychclassics.yorku.ca/ Cattell/earlylabs.htm (Orig. 1928 in *Science, 67,* 543-548)

Collins International English Dictionary (4th ed.). (1998). Glasgow: Harper & Collins.

Comte, Auguste (1830). *Cours de philosophie positive: Band 1.* Paris: Bachelier.

Corsini, Raymond (1994). (Ed.). *Encyclopaedia of Psychology. Vol. 1.* (2nd ed.). New York: John Wiley & Sons.

Deffner, Gerhard (1984). *Lautes Denken – Untersuchung zur Qualität eines Datenerhebungsverfahrens.* Frankfurt a. M: Peter Lang.

Deutsch, Morton & Gerard Harald B. (1955). A study of normative and informational influence upon indivdual judgement, *Journal of Abnormal and Social Psychology. 51,* 629-636.

Deutsche Bahn AG (2006a). *DB Infrastruktur. Personenbahnhöfe. Treffpunkt Bahnhof. Ausführende Planer für „Bahnhof Altona Shopping" waren nps tchoban voss, Architekten BDA,* Hamburg. Heruntergeladen am 05.12.2006 von: http://www.bahnhof.de/site/bahnhoefe/de/nord/hamburg_altona/daten_und_fakten

Deutsche Bahn AG (2006b). *Architektengemeinschaft Sandmann, Grossner, Klüsner.* Mündliche Auskunft DB Bauen und Planen. (07.12.2006).

Devereux, Georges (1984). *Angst und Methode in den Verhaltenswissenschaften.* München: Carl Hanser. (Orig. 1967)

Dilling, Horst & Reimer, Christian (1997). *Psychiatrie und Psychotherapie* (3. Aufl.). Berlin: Springer.

Dilthey, Wilhelm (1979). *Gesammelte Schriften: Band 7. Der Aufbau der geschichtlichen Welt in den Geisteswissenschaften.* (7. unver. Aufl.). Stuttgart: Wilhelm Teubner. (Orig. 1883)

Dilthey, Wilhelm (1990). *Gesammelte Schriften: Band I. Einleitung in die Geisteswissenschaften: Versuch einer Grundlegung für das Studium der Gesellschaft und der Geschichte* (9. unver. Aufl.). Stuttgart: Teubner. (Orig. 1883)

Duncker, Karl (1963). *Zur Psychologie des produktiven Denkens* (Erster Neudruck). Berlin: Springer. (Orig. 1935)

Duncker, Karl (1974). *Zur Psychologie des produktiven Denkens* (3. Aufl.). Berlin: Springer. (Orig. 1935)

Eckert, Jochen (Hrsg.). (1997). *Praxis der Gesprächspsychotherapie. Störungsbezogene Falldarstellungen.* Stuttgart: Kohlhammer.

Elizabeth, Vivienne (2007). Another String to Our Bow: Participant Writing as Research Method [48 paragraphs]. *Forum Qualitative Sozialforschung / Forum: Qualitative Social Research, 9* (1). Heruntergeladen am 16.2.2010 von: http://www.qualitative-research.net/index.php/fqs/article/view/331

Ericsson, K. Anders & Simon, Herbert A. (1980). Verbal reports as data. *Psychological Review, 87,* 215-251.

Fellmann: Ferdinand (1993). *Lebensphilosophie – Elemente einer Theorie der Selbsterfahrung.* Hamburg: Rowohlts Enzyklopädie.

Filmportal (o.J.). *Florian Schwarz.* Heruntergeladen am 7.3.2010 von: http://www.filmportal.de/df/d4/Uebersicht,,,,,,,E7EEE810B78E46568066174EED175E0D,,,,,,,,,,,,,,,,,,,,,,,,.html

Fischer, Dietlind (1997). Das Tagebuch als Lern- und Forschungsinstrument. In Barbara Friebertshäuser & Annedore Prengel (Hrsg.), *Handbuch qualitativer Forschungsmethoden in der Erziehungswissenschaft* (S. 693-703). Weinheim: Juventa.

Focusing (2009). *Wikipedia. Die freie Enzyklopädie.* Heruntergeladen am 7.2.2010 von: http://de.wikipedia.org/wiki/Focusing

Freie Assoziation (2008). *Wikipedia. Die freie Enzyklopädie.* am 18. 2. 2008 von: http://de.wikipedia.org/w/index.php?title=Freie_Assoziation&oldid=41951588

Freud Sigmund (1999c). Selbstdarstellung. In Anna Freud, (Hrsg.), *Gesammelte Werke: Band 14* (S. 31-96). Frankfurt a. M.: S. Fischer. (Orig. 1925)

Freud, Sigmund & Breuer, Josef (1991). *Studien über Hysterie* (Neudruck 6. Aufl.). Frankfurt a. M.: Fischer. (Orig. 1895)

Freud, Sigmund (1975). *Schriften zur Behandlungstechnik* (Studienausgabe-Ergänzungsband). Frankfurt a. M.: Fischer. (Orig. 1913)

Freud, Sigmund (1990). *Abriß der Psychoanalyse.* Frankfurt a, M.: Fischer. (Orig. 1938)

Freud, Sigmund (1999a). Die zukünftige Chance der psychoanalytischen Therapie. In Anna Freud, (Hrsg.), *Gesammelte Werke: Band 8* (S. 105-115). Frankfurt a. M.: Fischer. (Orig. 1910)

Freud, Sigmund (1999b). Ratschläge für den Arzt bei der psychoanalytischen Behandlung. In Anna Freud, (Hrsg.), *Gesammelte Werke: Band 13* (S. 376-387). Frankfurt a. M.: Fischer. (Orig. 1912)

Freud, Sigmund (2001). Formulierungen über die zwei Prinzipien des psychischen Geschehens. In Alexander Mitscherlich (Hrsg.), *Psychologie des Unbewussten: Band 3, Studienausgabe. Conditio humana* (9. korr. Aufl.). Frankfurt a. M.: Fischer. (Orig. 1911)

Friederici, Markus R. (2007). *NPO-Beratung in Hamburg. Eine empirische Untersuchung.* Unveröfftl. Manuskript.

Frommer, Jörg & Streeck, Ulrich (2003). Qualitative Psychotherapieforschung. *Zeitschrift für Psychosomatik, 1,* 74-86.

Fuchs-Brüninghof, Erika (1990). Was kann Supervision in der Erwachsenenbildung bieten? Eine Form der Fortbildung mit unterschiedlichen Eignungen. In Erika Fuchs-Brünninghof (Hrsg.), *Supervision in der Erwachsenenbildung* (S. 47-63). Bonn: Pädagogische Arbeitsstelle. Deutscher Volkshochschulverband.

Gadenne, Volker (2000). Qualia. *Information Philosophie, 5.*

Galuske, Michael (2007). Methoden der Sozialen Arbeit (7. Aufl.). München: Juventa.

Gendlin, Eugene (1978). Eine Theorie der Persönlichkeitsveränderung. In Heiko Bommert & Hans-Dieter Dahlhoff (Hrsg.), *Das Selbsterleben (Experiencing) in der Psychotherapie* (S. 1-62). München: Urban und Schwarzenberg (Orig. 1964)

Gendlin, Eugene (2002). The Experiential Response (Erlebnisorientiertes Antworten) – Teil II: Resonanz und Response. *Focusing Journal, 9,* 2-7.

Gendlin, Eugene T. (1981). *Focusing. Technik der Selbsthilfe bei der Lösung persönlicher Probleme.* Salzburg: Otto Müller. (Orig. 1978)

Gendlin, Eugene T. (1998a). *Focusing. Technik der Selbsthilfe bei der Lösung persönlicher Probleme* (3. Aufl.). Reinbek: Rowohlt. (Orig. 1978)

Gendlin, Eugene T. (1998b). *Focusing-orientierte Psychotherapie. Ein Handbuch der erlebensbezogenen Methode.* München: Pfeiffer.

Giddens, Anthony (1984). *Interpretative Soziologie.* Frankfurt a. M.: Suhrkamp.

Giesecke, Hermann (1996). *Pädagogik als Beruf. Grundformen pädagogischen Handelns.* München: Juventa.

Glaser, Barney G. & Strauss, Anselm L. (1967). *The Discovery of Grounded Theory.* Chicago, Illinois: Aldine Publishing Company.

Glaser, Barney G. (1978). *Theoretical sensitivity: Advances in the methodology of grounded theory.* Mill Valley, CA: Sociology Press.

Glaser, Barney G. (2003). Naturalist Inquiry and Grounded Theory [68 paragraphs]. *Forum Qualitative Sozialforschung/Forum: Qualitative Social Research, 5,* (1), Art. 7. Heruntergeladen am 7.2.2010 von http://www.qualitative-research.net/index.php/fqs/ar-ticle/view/652/1412

Graumann, Heinz M. (1976). Das Verstehen. Versuch einer historisch-kritischen Einleitung in die Phänomenologie des Verstehens. In Heinrich Balmer (Hrsg.), *Geschichte der Psychologie: Band 1* (S. 135-247). Weinheim: Beltz.

Gudjons, Herbert, Pieper Marianne & Wagener, Birgit (1994). *Auf meinen Spuren: Das Entdecken der eigenen Lebensgeschichte; Vorschläge und Übungen für pädagogische Arbeit und Selbsterfahrung* (3. Aufl.). Hamburg: Bergmann & Helbig.

Habermas, Jürgen (1968). *Erkenntnis und Interesse.* Frankfurt a. M.: Suhrkamp.

Habermas, Jürgen (1987). *Theorie kommunikativen Handelns, 2 Bände* (4. Aufl.), Frankfurt a. M.: Suhrkamp.

Häcker, Hartmut & Stapf, Kurt (Hrsg.). (1998). *Dorsch Psychologisches Wörterbuch.* (13. neu berarb. Aufl.). Bern: Hans Huber.

Haug, Frigga (1999). *Vorlesungen zur Einführung in die Erinnerungsarbeit.* Hamburg: Argument.

Heimann, Paula (1950). On countertransference. *International Journal of Psycho-Analysis, 31,* 81-84.

Hepp, Andreas & Rainer Winter (Hrsg.). (1997). *Kultur – Medien – Macht. Cultural Studies und Medienanalyse.* Opladen: Westdeutscher Verlag.

Herzog, Herta (1941). On borrowed experience. An analysis of listening to daytime sketches. *Zeitschrift für Sozialforschung/Studies in Philosophy and Social Science, 9,* 65-95.

Hetzer, Hildegard (1986). Anfänge der empirischen Spielforschung. *Spielmittel, 1,* 4-22.

Horney, Karen (1970). *Selbstanalyse.* München: Kindler.

Husserl, Edmund (1977). Grundprobleme der Phänomenologie. Beilage XXVI: Erinnerung, Bewustseinsstrom und Einfühlung Selbstreflexion über den Leitgedanken des 5. und 6. Kapitels der Vorlesungen „Grundprobleme der Phänomenologie" im Wintersemester 1910/11. In Iso Kern (Hrsg), *Edmund Husserl – Grundprobleme der Phänomenologie. Edmund Husserl Studienausgabe.* Den Haag: Martinus Nijhoff. (Orig. 1910-11)

Husserl, Edmund (1986). Phänomenologie des inneren Zeitbewusstseins. In Klaus Held (Hrsg.), *Phänomenologie der Lebenswelt. Ausgewählte Texte II* (S. 80-165). Stuttgart. Phillip Reclam Junior. (Orig. 1928)

Jacobi, Jolande (1989). *Die Psychologie von C. G. Jung, Eine Einführung in das Gesamtwerk.* Frankfurt: Fischer.

Jacobs, R. C. & Campbell, Donald Thomas (1961). The perpetuation of an arbitrary tradition through several generations of laboratory microculture. *Journal of Abnormal and Social Psychology, 62,* 649-658.

Jahoda, Marie, Lazarsfeld, Paul F. & Zeisel, Hans (1960). *Die Arbeitslosen von Marienthal. Ein soziographischer Versuch mit einem Anhang zur Geschichte der Soziographie* (2. Aufl.). Allensbach: Verlag für Demoskopie. (Orig. 1933)

James, William (2007). *Principles of psychology, Vol. 1.* New York: Cosimo. (Orig. 1890)

James, Willian (1890). *Principles of Psychology*. New York: Holt.
Janis, Irving (1972). *Victims of Groupthink*. Boston, M.A.: Houghton Mifflin.
Janis, Irving (1982). *Groupthink* (2nd edn). Boston, M.A.: Houghton Mifflin.
Joyce, James (2006). *Ulysses*. Frankfurt a. M.: Suhrkamp. (Orig. 1922)
Junker, Helmut (2002). *Das Unbewusste – Versuche, das Unbegreifliche zu erklären – Teil I: Ideengeschichtliche Aspekte in der Aufklärung und Romantik bis zu den suggestiven Methoden des 19. Jahrhunderts*. Hamburg: Unveröffentlichtes Manuskript eines Vortrages bei der Hamburger Ärztekammer vom 6.6.2002.
Kanfer, Frederick H., Reinecker, Hans & Schmelzer, Dieter (2000). *Selbstmanagement-Therapie. Ein Lehrbuch für die klinische Praxis*. Berlin: Springer.
Kant, Immanuel (1997). *Metaphysische Anfangsgründe der Naturwissenschaft*. Hamburg: Meiner. (Orig. 1786)
Katze im Sack (2004). *In First Steps der deutsche Nachwuchspreis*. Heruntergeladen am 18.5.2008 von: http://www.firststeps.de/film.html?ID=ce1d5346-08df-4481-98f7-16b0bb5a1ba0
Kiefer Markus (2002). Bewusstsein. In Jochen Müsseler & Wolfgang Prinz (Hrsg.), *Allgemeine Psychologie (S. 180-222)*. Heidelberg: Spektrum, Akademischer Verlag.
Kiefer Markus (2008). Bewusstsein. In Jochen Müsseler (Hrsg.), *Allgemeine Psychologie* (2. neu bearb. Aufl., S. 155-188). Berlin: Springer -Spektrum der Wissenschaft.
Klebert, Karin, Schrader, Einhard & Straub, Walter G. (2002). *Moderationsmethode*. Hamburg: Windmühlen-Verlag.
Kleining, Gerhard (1982a). An Outline for a Methodology of Qualitative Social Research. Translation of the first presentation of the „qualitative-heuristic" methodology for the social sciences in 1982. Hamburg: Universität. Heruntergeladen am 31.3.2010 von: http://heureka-hamburg.de/html/KleiningEng1982.html
Kleining, Gerhard (1982b). Umriß zu einer Methodologie qualitativer Sozialforschung. *Kölner Zeitschrift für Soziologie und Sozialpsychologie, 34*, 234-252. Heruntergeladen am 24.1.2010 von: http://www.ssoar.info/ssoar/View/?resid=861&lang=de
Kleining, Gerhard (1986). Das Qualitative Experiment. *Kölner Zeitschrift für Soziologie und Sozialpsychologie, 38* (4), 724-750. Heruntergeladen am 24.1.2010 von: http://www.ssoar.info/ssoar/View/?resid=863
Kleining, Gerhard (1994a). *Qualitativ-heuristische Sozialforschung. Schriften zur Theorie und Praxis*. Hamburg: Fechner. Heruntergeladen am 24.1.2010 von: http://www.ssoar.info/ssoar/View/?Resid=773&lang=de
Kleining, Gerhard (1994b). Das rezeptive Interview. In Gerhard Kleining, *Qualitiativ-heuristische Sozialforschung. Schriften zur Theorie und Praxis* (S. 123-147). Hamburg: Fechner. Heruntergeladen am 24.1.2010 von: http://www.ssoar.info/ssoar/ View/?resid=773
Kleining, Gerhard (1995). *Lehrbuch Entdeckende Sozialforschung: Band 1. Von der Hermeneutik zur qualitativen Heurisitk*. Weinheim: Psychologie Verlags Union.
Kleining, Gerhard (1999). Die Würzburger Methode und unsere Verbesserung. In *Qualitativ-heuristische Psychologie und Sozialforschung Hamburg, Dialogische Introspektion. Geschichte*. Hamburg: Arbeitspapier vom 29. September 1999. Heruntergeladen am 15.3.2010 von: http://www.introspektion.net/html/verbesserungkleining.html
Kleining, Gerhard (2001a). *Offenheit als Kennzeichen entdeckender Forschung. Kontrapunkt. Jahrbuch für kritische Sozialwissenschaft und Philosophie*, 27-36. Heruntergeladen am 7.3.2010 von: http://www.ssoar.info/ssoar/View/?resid=851&lang=de
Kleining, Gerhard (2001b). *Was ist eine Tafel? Der Prozess der Dialogischen Introspektion. Tübingen: Universität*. [Experiment während eines Workshops der Universität Tübingen in Blaubeuren, Oktober 2001]. Heruntergeladen am 24.1.2010 von: http://www.introspektion.net/html/tafelexperimentkleining.html
Kleining, Gerhard (2003). Ahnung und Gefühl im Entdeckungsprozess. In Christel Kumbruck, Michael Dick & Hartmut Schulze (Hrsg.), *Arbeit – Alltag – Psychologie* (S. 45-59). Heidelberg, Kröning: Asanger.

Kleining, Gerhard (2005). The qualitative-heuristic Approach to Theory. In Leo Gürtler, Mechthild Kiegelmann & Günter L. Huber (Eds.), *Areas of qualitative psychology – Special focus on design* (pp. 27-33). Tübingen: Ingeborg Huber.

Kleining, Gerhard (2007). *Der qualitative Forschungsprozess* [The Qualitative Research Process]. In Gabriele Naderer & Eva Balzer (Hrsg.), *Qualitative Marktforschung in Theorie und Praxis* [*Qualitative Market Research in Theory and Practice*] (S. 187-230). Wiesbaden: Gabler.

Kleining, Gerhard (2008). „Der Raum, in dem wir sind". In *Qualitativ-heuristische Psychologie und Sozialforschung. Dialogische Introspektion. Beispiele.* Hamburg: *Arbeitspapier*. Heruntergeladen am 4.3.2010 von: http://www.introspektion.net/html/analysen. html

Kleining, Gerhard (2010). „Vertrauen" in den Medien und im Alltag. In Maren Hartmann & Andeas Hepp (Hrsg.), Die Mediatisierung der Alltagswelt (S. 127-146). Wiesbaden: VS Verlag für Sozialwissenschaften.

Kleining, Gerhard & Burkart,Thomas (2001). Dialogic Introspection and its Use in Qualitative Media Research. In Monika Kiegelmann (Ed.), *Qualitative Research in Psychology* (pp. 217-239). Schwangau: Ingeborg Huber.

Kleining, Gerhard & Mayer, Peter M. (2002). Roles of Researchers in Historical Introspective Psychology. In Mechthild Kiegelmann (Hrsg.), *The Role of the Researcher in Qualitative Psychology* (S. 99-107). Tübingen: Ingeborg Huber.

Kleining, Gerhard & Witt, Harald (2000). Qualitativ-heuristische Forschung als Entdeckungsmethodologie für Psychologie und Sozialwissenschaften: Die Wiederentdeckung der Methode der Introspektion als Beispiel [The Qualitative Heuristic Approach: A Methodology for Discovery in Psychology and the Social Sciences. Rediscovering the Method of Introspection as an Example] [19 Absätze]. *Forum Qualitative Sozialforschung/Forum Qualitative Social Research [Online Journal], 1* (1), Art. 13, Heruntergeladen am 7.2.2010 von: http://www.qualitative-research.net/ index.php/fqs/ article/view/1123/2493

Kleining, Gerhard & Witt, Harald (2001). Discovery as Basic Methodology of Qualitative and Quantitative Research. *Forum Qualitative Sozialforschung/Forum: Qualitative Social Research [Online Journal], 2* (1) [81 Paragraphs]. Heruntergeladen am 24.1.2010 von: http://qualitative-research.net/fqs-texte/1-01/1-01kleiningwitt-e.htm

Kleining, Gerhard, Witt, Harald & Leithäuser, Thomas (Hrsg.). (1999). Themenschwerpunkt Introspektion als Forschungsmethode. [Vorträge bei der Hamburg Tagung 1998]. *Journal für Psychologie 7, 2, 3-62.*

Kleist, Heinrich von (1966). *Werke in einem Band*. Herausgegeben von Helmut Sembdner. München: Hanser.

Klotter, Christoph/ Jüttemann, Gerd (2000). Historische Psychologie. Christopf Klotter im Gespräch mit Gerd Jüttemann, *Journal für Psychologie 8* (2), 72-80. Heruntergeladen am 20.3.10: http://www.ssoar.info/ssoar/View/?resid=4023

Kluge, Friedrich (1960). *Etymologisches Wörterbuch der deutschen Sprache (*18. Aufl. bearb. von Walther Mitzka, S. 767). Berlin: de Gruyter.

Kluwe, Rainer H. (1988). Methoden der Psychologie zur Gewinnung von Daten über menschliches Wissen. In Heinz Mandl & Heinz Spada (Eds.), *Wissenspsychologie* (S. 359-385). München: Psychologie Verlags Union.

Köhler, Wolfgang (1929). Ein altes Scheinproblem. *Die Naturwissenschaft, 17 (22),* 395-401.

Köhler, Wolfgang (1933). Zur Psychophysik des Vergleiches und des Raumes. *Psychologische Forschung 18,* 343-360.

Köhler, Wolfgang (1959). Gestalt psychology today. *American Psychologist, 17,* 727-734.

Kohut, Heinz (1959). Introspection, empathy and psychoanalysis. An examination of the relationship between mode of observation an theory. *Journal of american psychoanalytical assoc., 7,* 459-483.

König, Eckhard & Zedler, Peter (2007). *Theorien der Erziehungswissenschaft* (3. Aufl.). Weinheim: Beltz UTB.

Korczak, Janusz (1967). *Wie man ein Kind lieben soll*. Elisabeth Heimpel (Hrsg.). Göttingen: Vandenhoeck und Rupprecht.

Krämer, Sybille (1996). Einleitung. In Sybille Krämer (Hrsg.), *Bewusstsein – Philosophische Beiträge*. Frankfurt a. M.: Suhrkamp.

Kris, Anton, O. (1982). *Free Association. Method and process*. New Haven: Yale Univ. Press.

Krotz, Friedrich (2005). *Neue Theorien entwickeln. Eine Einführung in die Grounded Theory, die Heuristische Sozialforschung und die Ethnographie anhand der Kommunikationswissenschaft*. Köln: von Halem.

Kuhn, Thomas. S. (1970). *The Structure of Scientific Revolutions* (2nd ed.). Chicago: University of Chicago Press. (Orig. 1962)

Kutter, Peter (2000). *Moderne Psychoanalyse. Eine Einführung in die Psychologie unbewusster Prozesse* (3. völlig überarb. Aufl.). Stuttgart: Klett-Cotta.

LaBerge, Stephen (1997): *Exploring the world of lucid dreaming*. New York: Random House.

Laplanche, Jean & Pontalis, Jean-Bertrand (1977). *Das Vokabular der Psychoanalyse: Erster Band*. Frankfurt a. M.: Suhrkamp.

Lautes Denken (2010). *Wikipedia. Die freie Enzyklopädie*. Heruntergeladen am 14.2.2010 von: http://de.wikipedia.org/wiki/Lautes_Denken

Lazarsfeld, Paul F. (1954). A Conceptual Introduction to Latent Structure Analysis. In Paul F. Lazarsfeld (ed.), *Mathematical Thinking in the Social Sciences* (pp. 349-387). Glencoe, Illinois: The Free Press.

Lazarsfeld, Paul F. (1972). Notes on the History of Concept Formation. In Paul F. Lazarsfeld, *Qualitative Analysis. Historical and Critical Essays* (pp. 5-52). Boston: Allyn and Bacon.

Leo (2007). Stichwörter *blackboard, Tafel, Forumdiskussion Tafel*. In, *Leo, Englisch-Deutsches und Deutsch-Englisches Wörterbuch*. Heruntergeladen am 12.08.2007 von http:// www.leo.org

Lewin, Kurt, Lippitt, Ronald & White, Ralph K. (1939). Patterns of aggressive behavior in experimentally created social climates. *Journal of Social Psychology, 10,* 271-301.

Lindolf, Thomas R. (1995). *Qualitative Communication research Methods*. Thousand Oaks: Sage.

Lucid dream (2010). *Wikipedia. The free encyclopedia*. Heruntergeladen am 14.2.2010 von: http://en.wikipedia.org/wiki/Lucid_dream

Luhmann, Niklas (1984). *Soziale Systeme*. Frankfurt a. M.: Suhrkamp.

Lyons, William (1986). *The disappearance of introspection*. Cambridge, Mass.: MIT Press.

Mach, Ernst (1980). *Erkenntnis und Irrtum. Skizzen zur Psychologie der Forschung*. Darmstadt: Wissenschaftliche Buchgesellschaft. (Orig. 1905)

Marbe, Karl: (1901). *Experimentell-psychologische Untersuchungen über das Urteil. Eine Einleitung über die Logik*. Leipzig: Wilhelm Engelmann. (zugänglich auch als Nachdruck in Paul Ziche [Hrsg.], 1999, S. 78-97].

Margraf, Jürgen & Schneider Sylvia (Hrsg.). (2009). *Lehrbuch der Verhaltenstherapie: Band 2: Störungen im Erwachsenenalter – Spezielle Indikationen – Glossar* (3. vollst. bearb. u. erw. Aufl.). Heidelberg: Springer Medizin Verlag.

Margraf, Jürgen (2009). I. Grundlagen: Hintergründe und Entwicklung. In Jürgen Margraf & Sylvia Schneider (Hrsg.), Lehrbuch der Verhaltenstherapie: Band 1 (3. Aufl., S. 4-62). Heidelberg: Springer Medizin Verlag.

Margraf, Jürgen (Hrsg.). (1996). *Lehrbuch der Verhaltenstherapie. 2 Bände*. Berlin: Springer.

Marx, Hannah (1990). *Die Balint-Gruppe in der psychologischen und psychotherapeutischen Fort- und Weiterbildung von Ärzten und Medizinstudenten*. Köln: Inaugural-Dissertation zur Erlangung der Doktorwürde an der medizinischen Fakultät der Universität Köln.

Mayer, Peter M. & Burkart, Thomas (2009). Kurze Geschichte der Hamburger Forschungswerkstatt Dialogische Introspektion. In *Qualitativ-heuristische Psychologie und Sozialforschung. Dialogische Introspektion. Vergangenheit und Aktivitäten der Arbeitsgruppe*. Heruntergeladen am 15.3.2010 von: http://www.introspektion.net/html/ aktiv.html

Mayer, Peter M. (1999). *Methode der dialogischen gruppengestützten Introspektion*. Vortrag auf der Tagung „Über die allmähliche Verfertigung der Gedanken...", 1. und 2.10.1999, Bremen. Arbeitspapier. In *Qualitativ-heuristische Psychologie und Sozialforschung. Dialogische Introspektion. Methode*. Heruntergeladen am 15.3.2010 von: http://www.introspektion.net/html/ methode.html

Mead, George H. (1969). *Philosophie der Sozialität*. Frankfurt a. M.: Suhrkamp.

Menge, Hermann (1984). Stichwörter *tabella, tabula*. In Hermann Menge und Otto Güthling (Hrsg.), *Langenscheidts Großwörterbuch Lateinisch-Deutsch (*22. Aufl., S. 740-741). Berlin: Langenscheidt.

Merchel, Joachim (2005). *Organisationsgestaltung in der Sozialen Arbeit*. Weinheim und München: Juventa.

Mertens, Wolfgang (2007). Grundlagen psychoanalytischer Therapie. In Wolfgang Senf & Michael Broda (Hrsg.), *Praxis der Psychotherapie. Ein integratives Lehrbuch* (4. aktual. Aufl., S. 196-237). Stuttgart: Thieme.

Merton, Robert K., Fiske, Majory & Kendall, Patricia L. (1956). *The Focused Interview*. Glencoe Ill.: Free Press.

Milgram, Stanley (1974). *Obedience to Authority: an experimental View*. New York: Harper & Row.

Moscovici, Serge (1976). *Social Influence and Social Change*. London: Academic Press.

Moscovii, Serge & Zavallini, M. (1969). The group as a polarizer of attitudes. *Journal of Personality and Social Psychology, 12,* 125-135.

Moser, Tilmann (2007). *Supervision als Rollenspiel. Kommentierte Beispiele aus der eigenen Praxis*. Stuttgart: Klett-Cotta.

Mruck, Katja & Breuer, Franz (2003). Subjektivität und Selbstreflexivität im qualitativen Forschungsprozess – Die FQS-Schwerpunktausgaben [17 Absätze]. Forum Qualitative Sozialforschung / Forum: Qualitative So*cial Research [On-line Journal], 4* (2), Art. 17. Heruntergeladen am 7.2.2010 von: http://www.qualitative-research.net/index.php/ fqs/article/view/696/1502

Mruck, Katja, Roth,Wolff-Michael & Breuer, Franz (2002). *Subjektivität und Selbstreflexivität im qualitativen Forschungsprozess I., Forum Qualitative Sozialforschung / Forum: Qualitative Social Research [On-line Journal], 3 (*3). Heruntergeladen am 7.2.2010 von: http://www.qualitative-research.net/index.php/fqs/issue/view/21

Nährlich, Stefan & Zimmer, Annette (2001). *Management in Nonprofit-Organisationen. Eine praxisorientierte Einführung*. Wiesbaden: VS Verlag für Sozialwissenschaften.

Nellesen, Lothar (2002) Supervision. In Hans-Uwe Otto, Thomas Rauschenbach, Peter Vogel (Hrsg.), *Erziehungswissenschaft: Professionalität und Kompetenz* (S. 101-113). Opladen: Leske & Budrich.

Nieke, Wolfgang (2002): Kompetenz. In Hans-Uwe Otto, Thomas Rauschenbach, & Peter Vogel (Hrsg.), *Erziehungswissenschaft: Professionalität und Kompetenz* (S. 13-28). Opladen: Leske & Budrich.

nps tschoban voss Architekten BDA (2006). Heruntergeladen am 05.12.2006 von: http://www. architekten24.de/projekt/bahnhof-altona-shopping-hamburg/planer/nps-tschoban-voss-architekten-bda-hamburg/index

Olbrich, Dieter (2004). Kreativtherapie in der Psychosomatischen Rehabilitation. *Psychotherapeut, 1,* 67-70.

Ortony, Andrew, Clore, Gerald L. & Collins, Alan (1988). *The Cognitive Structure of Emotions*. Cambridge: Cambridge University Press.

Paneel (2007). In *Wikipedia. Die freie Enzyklopädie*. Heruntergeladen am 12.08.2007 von http:// de.wikipedia.org/wiki/Paneel

Paul Ziche (Hrsg.). (1999). *Introspektion – Texte zur Selbstwahrnehmung des Ichs*. Wien: Springer.

Petzold, Hilarion (1988). *Integrative Bewegungs- und Leibtherapie*. Paderborn: Junfermann.

Petzold, Hilarion (2003). *Integrative Therapie. 3 Bände.* (überarb. und ergänzte Neuaufl). Paderborn: Junfermann.

Piaget, Jean & Inhelder, Bärbel (1972). *Die Psychologie des Kindes [The Psychology of the Child]*. Otten: Walter (Orig. 1966)
Piaget, Jean (1978). *Das Weltbild des Kindes*. München: dtv/Klett-Cotta. (Orig. 1926)
Plessner, Helmuth (1982). *Mit anderen Augen: Aspekte einer Philosophischen Anthropologie*. Ditzingen: Reclam.
Qualitative Heuristik (2008). In (Hrsg.), *Wikipedia. Die freie Enzyklopädie*. Heruntergeladen am 24.1.2010 von: http://de.wikipedia.org/wiki/Qualitative_Heuristik
Qualitativ-heuristische Psychologie und Sozialforschung Hamburg (2010). *Qualitative Heuristik*. Heruntergeladen am 7.3.2010 von: http://www.heureka-hamburg.de
Rahm, Dorothea, Otte, Hilka, Bosse, Susanne & Ruhe-Hollenbach, Hannelore (1993). *Einführung in die Integrative Therapie. Grundlagen und Praxis*. Paderborn: Junfermann.
Reinecker, H. (1999). *Lehrbuch der Verhaltenstherapie*. Tübingen: DGVT.
Rogers, Carl (1981). *Therapeut und Klient. Grundlagen der Gesprächspsychotherapie.* (2. Aufl.). München: Kindler Verlag. (Orig. 1977)
Rosenstiel, Lutz von (Hrsg.). (2003). *Motivation managen: Psychologische Erkenntnisse ganz praxisnah*. Weinheim: Beltz.
Roth, Wolff-Michael, Breuer, Franz & Mruck, Katja (2003). Subjektivität und Selbstreflexivität im qualitativen Forschungsprozess II. *Forum Qualitative Sozialforschung / Forum: Qualitative Social Research [On-line Journal], 4,* 2. Heruntergeladen am 7.2.2010 von http://www. qualitative-research.net/index.php/fqs/issue/view/18
Schachter, Stanley & Singer J. E. (1962). Cognitive, social, and physiological determinants of emotional state. *Psychological Review, 69,* 379-399.
Scharfetter, Christian (1996). *Allgemeine Psychopathologie – Eine Einführung.* (4. neu bearb. Aufl.). Stuttgart: Thieme.
Schein, Edgar H. (1999). *Process Consultation Revisited: Building the Helping Relationship*. Reading, MA: Addison-Wesley. (Dt.: Prozessberatung für die Organisation der Zukunft. Der Aufbau einer helfenden Beziehung. Bergisch Gladbach: EHP 2000.)
Scherer, Klaus R (1989). Emotion und Propaganda. Zur Psychologie des Pathos. *Neue Zürcher Zeitung,* 30.9.1989, S. 227.
Scherer, Klaus R. (2001). Appraisal considered as a process of multilevel sequential checking. In Klaus R. Scherer, Angela Schorr & Tom Johnstone (Eds.), *Appraisal processes in emotion. Theory, methods, research* (pp. 92-120). New York: Oxford University Press.
Scherer, Klaus R., Schorr, Angela & Johnstone, Tom (2001). *Appraisal processes in emotion. Theory, methods, research*. New York: Oxford University Press.
Schmitt, Annette & Mayring, Philipp (2000). Qualitativ orientierte Methoden. In Jürgen H. Otto, Harald A. Euler, & Heinz Mandl (Hrsg.), *Emotionspsychologie. Ein Handbuch* (S. 469-478). Weinheim: Psychologie Verlags Union.
Schneider, Klaus (1990). Emotionen. In Hans Spada (Hrsg.), A*llgemeine Psychologie* (S. 405-449). Göttingen: Hogrefe.
Schnoor, Heike, Lange, Carmen & Mietens, Arthur (2006). *Qualitätszirkel. Theorie und Praxis der Problemlösung an Schulen*. Paderborn: Ferdinand Schöningh.
Schönpflug, Wolfgang & Schönpflug, Ute (1997). *Psychologie: Allgemeine Psychologie und ihre Verzweigungen in die Entwicklungs-, Persönlichkeits- und Sozialpsychologie. Ein Lehrbuch für das Grundstudium.* (4. Aufl.). Weinheim: Psychologie Verlags Union.
Schopenhauer, Arthur (1968). *Die Welt als Wille und Vorstellung. Sämtliche Werke: Band I und II.* Darmstadt: Wissenschaftliche Buchgesellschaft. (Orig. 1819)
Schulze, Hartmut (1999). *Introspektion als „Königsweg" zum Gefühl. Merkmale von Gefühlen anhand einer Introspektion zu Ärger und anderen Gefühlen.* Forschungspapier. Hamburg: Universität Hamburg.
Schütz, Alfred (1971): *Gesammelte Aufsätze. Band 1.* Den Haag: Nijhof
Schwarz, Peter, Purtschert, Robert, Giroud, Charles & Schauer, Reinbert (2005). *Das Freiburger Management-Modell für Non-Profit-Organisationen* (5. Aufl.). Basel: Haupt.

Scripture, Edward-W. (1907). Über den assoziativen Verlauf von Vorstellungen. *Philosophische Studien, VII,* 50-76.
Senge, Peter M. (1996). *Die fünfte Disziplin. Kunst und Praxis der lernenden Organisation.* Stuttgart: Klett-Cotta.
Sherif, Muzaffer (1935). A study of some social factors in perception. *Archives of Psychology, 187.*
Skinner, Burrhus Frederic (1965). *Science and Human Behavior.* New York: Free Press. (Orig. 1953)
Spence, Donald P. (1982). *Narrative truth and historical truth: Meaning and interpretation in psychoanalysis.* New York: Norton.
Spoerri, Theodor (1966). *Kompendium der Psychiatrie: Klinik und Therapie für Studierende und Ärzte.* (4. veränd. Aufl.). Frankfurt a. M.: Akademische Verlagsgesellschaft.
Städtler, Thomas (1998). *Lexikon der Psychologie.* Stuttgart: Kröner.
Staub-Bernasconi, Sylvia (2007). *Soziale Arbeit als Handlungswissenschaft – systemtheoretische Grundlagen und professionelle Praxis.* Bern: UTB Haupt.
Steitz-Kallenbach, Jörg (1993). Von der wohltuenden Wirkung der Supervision. Ein persönlicher Erfahrungsbericht. In Herbert Gutjons (Hrsg.), *Entlastung im Lehrerberuf* (S. 181-190). Hamburg: Bergmann & Helbich.
Streeck, Ulrich (2007). Psychodynamische Therapieverfahren. In Wolfgang Senf & Michael Broda (Hrsg.), *Praxis der Psychotherapie. Ein integratives Lehrbuch* (4. aktual. Aufl., S. 238-259). Stuttgart: Thieme.
Tapfer, Odila (2004). Ich habe Sprechen gelernt – Akzeptanz und Wirksamkeit von Gestaltungstherapie in einer psychosomatischen Rehabilitationsklinik am Beispiel der Eifelklinik der LVA Rheinprovinz in Manderscheid. In Roland Koechel (Hrsg.), *Psychosomatische Erkrankungen im Spannungsfeld individueller und sozialer Wirklichkeit – Symposium anlässlich des 40-jährigen Jubiläums der Eifelklinik der LVA Rheinprovinz in Manderscheid.* Aachen: Shaker.
Tausch, Reinhard & Tausch, Annemarie (1990). *Gesprächspsychotherapie. Hilfreiche Gruppen- und Einzelgespräche in Psychotherapie und alltäglichem Leben* (9. erg. Aufl.). Göttingen: Hogrefe.
Tenorth, Heinz-Elmar (2000). *Geschichte der Erziehung – Einführung in die Grundzüge ihrer neuzeitlichen Entwicklung.* München, Weinheim: Juventa.
Thomä, Helmuth & Kächle, Horst (1996). *Lehrbuch der psychoanalytischen Therapie: Band 1. Grundlagen* (2. überarb. Aufl.). Berlin: Springer.
Titchener, Edward B. (1901-1905). *Experimental Psychology. A Manual of Laboratory Practice. Volume 1-4.* London: Macmillan.
Tölle, Rainer & Windgassen, Klaus (2002). *Psychiatrie.* (13. aktual. Aufl.). Berlin: Springer.
Tolman, Edward C. 1938): The Determiners ob Behavior at a Choice Point. *Psychological Review 45.*
Torfrock (1977). Presslufthammer B-B-B-Bernhard. *Aus Torfrock – Dat matscht so schön* [LP]. New York: RCA Records, PL 30026.
Traxel, Werner (1964). *Einführung in die Methodik der Psychologie.* Bern: Hans Huber.
Ulich, Dieter (1992). Begriffsbestimmungen und Theoriediskussion. In Dieter Ulich, & Philipp Mayring, *Psychologie der Emotionen* (S. 28-57). Stuttgart/Berlin/Köln: Kohlhammer.
Wagner, Angelika C. (2007). *Gelassenheit durch Auflösung innerer Konflikte. Mentale Selbstregulation und Introvision.* Stuttgart: Kohlhammer.
Wagner, Angelika C. (2008). Gelassenheit und Handlungsfähigkeit durch Introvision als Methode der mentalen Selbstregulation – eine Einführung. *Gruppendynamik & Organisationsberatung, 39,* 135-149.
Watson, John B. (2010): Psychology as the Behaviorist Views it. In Christopher D. Green (Ed.), *Classics in the History of Psychology. An internet resource.* Toronto, Ontario: York University. Heruntergeladen am 13.2.2010 von: http://psychclassics.yorku.ca/ Watson/views.htm Orig. 1913 in *Psychological Review, 20,* 158-177)
Weick, Karl E. & Sutcliffe, Kathleen M. (2003). *Das Unerwartete managen. Wie Unternehmen aus Extremsituationen lernen.* Stuttgart. Klett-Cotta.

Weidle, Renate & Wagner Angelika C. (1982). Die Methode des lauten Denkens. In Günter L. Huber & Heinz Mandl (Hrsg.), *Verbale Daten. Eine Einführung in die Grundlagen und Methoden der Erhebung und Auswertung* (S. 81-103). Weinheim: Beltz.

Weiss, Halko & Harrer, Michael E. (2010). Achtsamkeit in der Psychotherapie. Verändern durch „Nicht-Verändern-Wollen" – ein Paradigmenwechsel? *Psychotherapeutenjournal*, 9 (1), 14-24.

Wertheimer Max. (1957). *Produktives Denken* (Deutsche Übersetzung von *Productive Thinking* [1945] durch Wolfgang Metzger). Frankfurt a. M. : Kramer (Orig. 1945)

Wertheimer, Max (1945). *Productive thinking*. New York: Harper.

Witt, Harald (1999). Prototypische historische experimentelle Anordnungen. *Journal für Psychologie, 7 (2), 12-14.* Heruntergeladen am 25.2.2010 von: http://www.introspek-tion.net/html/ prototypischeanordnungenwitt.html

Witt, Harald (2000): Systematik von Introspektionsversuchen: Phasen der Introspektion. In Thomas Burkart, Gerhard Kleining, Peter Mayer, Monika Wilhelm &Harald Witt, *Dialogische Introspektion in der Gruppe.* Hamburg: Universität Hamburg, Psychologisches Institut I. Arbeitspapier. Heruntergeladen am 3.3.2010 von: http://www. introspektion.net/html/dialogische_ introspektion_in_der_gruppe.html#HW

Wundt, Wilhelm (1873). *Grundzüge der physiologischen Psychologie: Band 2.* Leipzig: Wilhelm Engelmann.

Wundt, Wilhelm (1888). Selbstbeobachtung und innere Wahrnehmung. In Wilhelm Wundt (Hrsg.), *Philosophische Studien: Band 4* (S. 292-310). Leipzig: Wilhelm Engelmann.

Wundt, Wilhelm (1907). Über Ausfrageexperimente und über die Methoden zur Psychologie des Denkens, *Psychologische Studien 3 (4),* 301-360.

Wundt, Wilhelm (1913). *Grundriss der Psychologie.* Leipzig: Kröner.

Weiterführende Literatur über Kunst- und Gestaltungstherapie

Bach, Susan R. (1966). *Spontanes Malen schwerkranker Patienten. Ein Beitrag zur Psychosomatischen Medizin.* Basel: J. R. Geigy.
Jacobi, Jolande (1992). *Vom Bilderreich der Seele (*4. Aufl.). Zürich: Walter.
Jannsen, Paul L. (1987). *Psychoanalytische Therapie in der Klinik.* Stuttgart: Klett-Cotta.
Kramer, E. (1997). *Kunst als Therapie mit Kindern.* München: Reinhardt.
Petersen, Peter (2002). *Forschungsmethoden Künstlerischer Therapien. Grundlagen – Projekte – Vorschläge.* Stuttgart: Mayer.
Petzold, Hilarion & Orth, Ilse (1991). *Die neuen Kreativitätstherapien. 2 Bände.* Paderborn: Junfermann.
Riedel, Ingrid (2002a). *Farben. In Religion, Gesellschaft, Kunst und Psychotherapie* (16. Aufl.). Stuttgart: Kreuz.
Riedel, Ingrid (2002b). *Tiefenpsychologische Deutung von Kreis, Kreuz, Dreieck, Quadrat, Spirale und Mandala. Was Menschen bewegt.* Stuttgart: Kreuz.
Riedel, Ingrid (2005). *Bilder in Psychotherapie, Kunst und Religion. Ein Schlüssel zur Interpretation.* Stuttgart: Kreuz.
Rubin, Aron, J. (Hrsg.). (1991). *Richtungen und Ansätze der Kunsttherapie. Theorie und Praxis.* Karlsruhe: Geradi.
Schmeer, Gisela (1992). *Das Ich im Bild. Ein psychodynamischer Ansatz in der Kunsttherapie.* München: Pfeiffer.
Schmeer, Gisela (1994). *Krisen auf dem Lebensweg. Psychoanalytisch-systemische Kunsttherapie.* München: Pfeiffer.
Schmeer, Gisela (2003). *Kunsttherapie in der Gruppe. Vernetzung – Resonanzen – Strategeme.* München: Pfeiffer.
Schottenloher, Gertraud & Hans Schnell (Hrsg.). (1994). *Wenn Worte fehlen, sprechen Bilder. Bildnerisches Gestalten und Therapie. Bildnerisches Gestalten und Therapie.* München: Kösel.
Schottenloher, Gertraud (1989). *Das therapeutische Potential spontanen bildnerischen Gestaltens unter besonderer Berücksichtigung körpertherapeutischer Methoden.* Konstanz: Hartung-Gorre.
Thomalin, Elisabeth & Schauwecker, Peter (1993). *Interaktionelle Kunst- und Gestaltungstherapie in der Gruppe. Beiträge zur Kunsttherapie, Band 4.* Köln: Richter.

Über die Autorin und die Autoren

Thomas Burkart, **Dr. phil., Dipl.-Psych.**

Psychologischer Psychotherapeut, ist in eigener Praxis in Hamburg psychotherapeutisch tätig. Von 1981–1996 Lehrbeauftragter im Fachbereich für Psychologie der Universität Hamburg.
Forschungsschwerpunkte: Qualitative und heuristische Methoden, Introspektion, Problemlösen und Emotion.
Mitglied der Hamburger Forschungswerkstatt seit 1997.

Markus R. Friederici, **Dr. phil.**

Leitet nach einer Vertretungsprofessur für Sportsoziologie und Sportökonomie an der TU Chemnitz seit März 2009 das Internationale Büro der Fakultät für Erziehungswissenschaft, Psychologie und Bewegungswissenschaft der Universität Hamburg. Hochschuldozent im Institut für Soziologie der Universität Hamburg und Dozent für systemische Paartherapie.
Forschungsschwerpunkte: sozialwissenschaftliche Theorien und Methodologie, qualitative Methoden in Psychologie und Sozialwissenschaft, Organisations- und Techniksoziologie.
Mitglied der Hamburger Forschungswerkstatt seit 2005.

Gerhard Kleining, **Dr. phil. habil. (em.)**

War zuletzt Professor für Allgemeine Soziologie an der Universität Hamburg nach Tätigkeit als Forschungsleiter für Markt- und Sozialforschung in der Industrie.
Forschungsschwerpunkte: sozialwissenschaftliche Theorien und Methodologie, qualitative und quantitative Methoden in Psychologie und Sozialwissenschaften, Heuristik, soziale Ungleichheit, Vorstellungsbilder, Lebenswelten.
Mitglied der Hamburger Forschungswerkstatt seit deren Gründung (1996).

Friedrich Krotz, **Dr. phil. habil.**

Inhaber des Lehrstuhls für Soziale Kommunikation/Kommunikationswissenschaft an der Universität Erfurt.
Forschungsschwerpunkte: Kommunikationswissenschaftliche Theorien und Forschungsverfahren, Kommunikationssoziologie, Cultural Studies, Lebenswelten.

Verantwortlicher Herausgeber von Communications – The European Journal of Communication Research. Koordinator des DFG- Schwerpunktprogramms „Mediatisierte Welten" (www.mediatisierteWelten.de).
Mitglied der Hamburger Forschungswerkstatt seit deren Gründung (1996).

Roman Langer, **Dr.**

Assistent am Institut für Pädagogik und Psychologie der Johannes-Kepler-Universität Linz. Forschungsschwerpunkte: Sozialwissenschaftliche Bildungsforschung, allgemeine soziologische Theorie, Konstruktion didaktischer Modelle wichtiger sozialer Mechanismen und Strukturdynamiken (Finanzmarktkrise, Terrorsysteme, Ungleichheitsreproduktion, kollektive Lernprozesse, soziale Entdifferenzierung, gesellschaftliche Einflüsse auf Bildungssystem und Erziehungspraktiken), Verfahren qualitativer Analyse und Theoriebildung.
War nicht Mitglied der Hamburger Forschungswerkstatt.

Peter M. Mayer, **M.A. in Erziehungswissenschaften**

Arbeitete in gerontologischen Institutionen, leitete ein Erziehungsprogramm für Kinder im Vorschulalter. Derzeit in der ambulanten sozialpädagogischen Eingliederungshilfe für Menschen mit chronischen seelischen Erkrankungen und Behinderungen in einem privaten sozialen Dienst tätig.
Forschungsschwerpunkte: Neurophysiologie, Phänomenologie und qualitative Sozialforschung.
Mitglied der Hamburger Forschungswerkstatt seit 1998.

Heinz Schramm, **Dipl.-Soziologe**

Studierte bis 1996 am Fachbereich für Soziologie an der Universität Hamburg.
Arbeitet hauptberuflich als Arbeitsberater/-vermittler, Trainer und Betriebsberater im öffentlichen Auftrag für eine Hamburger private Arbeitsvermittlungsagentur und als freischaffender Dozent für qualitative Sozialforschung, insbesondere der Qualitativ-Heuristischen Sozialforschung nach G. Kleining.
Mitglied der Hamburger Forschungswerkstatt seit deren Gründung (1996).

Hartmut Schulze, **Dr. phil., Prof.**

Studierte Psychologie an den Universitäten Marburg und Hamburg, arbeitete als wissenschaftlicher Mitarbeiter an der Universität Hamburg im Bereich Arbeits-, Betriebs- und Umweltpsychologie und beteiligte sich an der Hamburger Forschungswerkstatt zur „Introspektion".

Nach der Promotion wechselte er in den Forschungsbereich von Daimler und baute hier ein Team „Psychologie im Engineering" auf mit den Aufgaben der wissenschaftlichen Begleitung und Gestaltung von Organisationsveränderungs- und Technikeinführungsprojekten.
Seit 2007 ist er Professor an der Hochschule für Angewandte Psychologie in Olten, Schweiz, mit den Schwerpunktthemen „globale und virtuelle Zusammenarbeit" und „organisationsübergreifende Zusammenarbeit".

Odila Tapfer, **Dipl.-Kunsttherapeutin (FH)**

Graduiert im DfKGT (Dachverband für Kunst- und Gestaltungstherapie) nach Studium der Methoden der empirischen Sozialforschung an der Universität Hamburg, Praxis als klinische Kunsttherapeutin, war zuletzt klinische Kunsttherapeutin in einer psychosomatischen Rehaklinik.
Forschungsschwerpunkte: Entwicklung und wissenschaftliche Begründung von Methoden der Kunsttherapie zur Optimierung ihrer Wirkung.
Korrespondierendes Mitglied der Hamburger Forschungswerkstatt seit 2005.

Harald Witt, **Dr. phil., Prof.**

Studium der Psychologie an der Universität Hamburg, Mitarbeiter bei der DFVLR (Deutsche Forschungs- und Versuchsanstalt für Luft- und Raumfahrt), wissenschaftlicher Mitarbeiter am Fachbereich Psychologie der Universität Regensburg und an der Technischen Universität München, Professur am Fachbereich Psychologie der Universität Hamburg, Arbeitsbereich Arbeits-, Betriebs- und Umweltpsychologie.
Forschungsschwerpunkte: Qualitative Forschungsmethoden, Softwareergonomie, Neue Technik in der Arbeitswelt.
Mitglied der Hamburger Forschungswerkstatt seit deren Gründung (1996). Seit 2003 im Ruhestand.

Basiswissen Psychologie

Herausgegeben von Jürgen Kriz

Ralf Brand
Sportpsychologie
2010. ca. 120 S. Br. ca. EUR 12,90
ISBN 978-3-531-16699-5

Mark Helle
Psychotherapie und Beratung
2010. ca. 120 S. Br. ca. EUR 12,95
ISBN 978-3-531-16709-1

Margarete Imhof
Psychologie für Lehramtsstudierende
2010. 152 S. Br. EUR 12,95
ISBN 978-3-531-16705-3

Thomas Kessler / Immo Fritsche
Sozialpsychologie
2010. ca. 120 S. Br. ca. EUR 14,90
ISBN 978-3-531-17126-5

Bernd Marcus
Einführung in die Arbeits- und Organisationspsychologie
2010. ca. 120 S. Br. ca. EUR 12,90
ISBN 978-3-531-16724-4

Klaus Rothermund / Andreas Eder
Motivation und Emotion
2010. ca. 120 S. Br. ca. EUR 14,90
ISBN 978-3-531-16698-8

Karl-Heinz Renner / Gerhard Ströhlein / Timo Heydasch
Forschungsmethoden der Psychologie
Von der Fragestellung zur Präsentation
2010. ca. 120 S. Br. ca. EUR 12,90
ISBN 978-3-531-16729-9

Erich Schröger
Biologische Psychologie
2010. ca. 120 S. Br. ca. EUR 12,95
ISBN 978-3-531-16706-0

Thomas Schäfer
Statistik I
Deskriptive und Explorative Datenanalyse
2010. ca. 140 S. Br. ca. EUR 14,90
ISBN 978-3-531-16939-2

Dirk Wentura / Christian Frings
Kognitive Psychologie
2010. ca. 120 S. Br. ca. EUR 12,95
ISBN 978-3-531-16697-1

Matthias Ziegler / Markus Bühner
Grundlagen der Psychologischen Diagnostik
2010. ca. 120 S. Br. ca. EUR 14,90
ISBN 978-3-531-16710-7

Erhältlich im Buchhandel oder beim Verlag.
Änderungen vorbehalten. Stand: Januar 2010.

www.vs-verlag.de

VS VERLAG FÜR SOZIALWISSENSCHAFTEN

Abraham-Lincoln-Straße 46
65189 Wiesbaden
Tel. 0611.7878-722
Fax 0611.7878-400

MIX
Papier aus verantwortungsvollen Quellen
Paper from responsible sources
FSC® C105338

If you have any concerns about our products,
you can contact us on
ProductSafety@springernature.com

In case Publisher is established outside the EU,
the EU authorized representative is:
**Springer Nature Customer Service Center GmbH
Europaplatz 3, 69115 Heidelberg, Germany**

Printed by Libri Plureos GmbH
in Hamburg, Germany